会沢正志斎の晩年と水戸藩

国立国会図書館所蔵『会沢正志斎書簡』解題と翻字

井坂清信
Isaka Kiyonobu

ぺりかん社

会沢正志斎の晩年と水戸藩——国立国会図書館所蔵『会沢正志斎書簡』解題と翻字＊目次

第Ⅰ部　国立国会図書館所蔵『会沢正志斎書簡』解題

第Ⅱ部　国立国会図書館所蔵『会沢正志斎書簡』翻字

第Ⅰ部

国立国会図書館所蔵『会沢正志斎書簡』解題

緒　言

国立国会図書館所蔵の『会沢正志斎書簡』には、江戸時代後期の水戸藩儒会沢正志斎が、同じく水戸藩儒青山延光に宛てた書簡一八〇通が収載されている。『国立国会図書館所蔵貴重書解題 第一四巻 藤田幽谷書簡』の解説をみると、この会沢の書簡集は、同じく同館が架蔵する藤田幽谷・豊田天功等の書簡集と共に、ある時期まで青山家に保存されてきたが、古書肆に処分されたところを、同館の前身である旧帝国図書館が大正九年に一括購入したもの、と記されている。

本書簡集所収の書簡には執筆年次のみならず、差出人・宛名人の名前の明記されていないものもだいぶ含まれている。しかし、これらもまた、その筆跡・内容・伝来等からして、会沢の青山宛書簡と見なすことができるであろう。そして、その多くは短簡で、執筆年次の確定し難いものが多いのであるが、会沢と青山の置かれた立場や各書簡の内容等を勘案すると、そのほとんどが嘉永六年の会沢の弘道館教職復帰以降に執筆されたものとみることができるようである。

但し、通し番号32・157・174の三通は、会沢が延光の父「量介」（延于、拙斎）に宛てた書簡である。そして、163・167両通は、会沢が青山からの来簡の行間等に書き入れをして返書としたものである。他には、通し番号6、27、30、31、36、40、119、121～123、127～129、134、136、170、171等のように、多くの加筆・訂正の跡がみられる意見書等の案文らしきものも含まれているが、青山家所蔵の文書類の中に含まれていたことを考えると、これらもまた、いずれかの書簡に添えられるなどして青山の手許に届けられたものであろう。

ところで、これらの書簡の差出人である会沢正志斎は、天明二年（一七八二）に生まれ、名は安、字は伯民、恒蔵と称し正志斎・憩斎等と号した。先祖は代々常陸久慈郡諸沢村に住して農を営んでいた。水戸藩初に水戸城下に移り、微賤の餌差の職をもって藩に仕えてきたが、父の代に至って漸く下士の列に加えられた。十歳で藤田幽谷に師事し、彰考館の写字生を経て、文化四年（一八〇七）諸公子侍読となり、後に第九代藩主となる斉昭を教育した。天保二年（一八三一）に彰考館総裁となり、天保十一年（一八四〇）には藩校弘道館の開館に先立って、本書簡集の受取人である青山延光の父延于と共に同館の教授頭取となった。弘化元年（一八四四）に藩主斉昭が幕府から致仕謹慎を命じられた折、会沢はこの出来事がらみで同二年に隠居を命じられ、史館総裁・弘道館教授頭取の職を免じられた。さらに翌三年には、幕譴を蒙った斉昭の雪冤運動に積極的に係わった罪により蟄居を命じられ、幽囚生活は嘉永二年（一八四九）まで続いた。会沢が教職に復帰できたのは同六年のことで、安政二年（一八五五）には教授頭取に再任された。この年八月、会沢は、幕府に召し出されて将軍家定に謁見し、その篤学を賞された。同五年、老いを理由に致仕を願い出たが、教授頭取の職は免じられたものの致仕は許されず、引き続き教授職を勤めるよう命じられた。文久二年（一八六二）、藩主慶篤は、八十一歳となった会沢のために寿筵を設け、その老健を慶賀した。この年、会沢は、それまでの新番頭列から馬廻頭上座列に昇進している。翌文久三年七月十四日死去、享年八十二。

会沢の代表的著作『新論』は、文政八年（一八二五）に成り、安政四年に至って初めて、著者名を明かして玉山堂から刊行された。同書が水戸学の経典として重要視され、幕末の思想界に多大な影響を与えたことは夙に広く知られている（『国書人名辞典』、瀬谷義彦『会沢正志斎』、吉田俊純『水戸学と明治維新』、『日本思想大系53 水戸学』解題等）。

一方、書簡の受取人である青山延光は、青山延于の長男として文化五年（一八〇八）に生まれ、諱は延光、字は伯卿、量太郎と称し、佩弦斎・晩翠等と号した。家学を受けた後、文政七年（一八二四）に江戸史館（彰考館）定傭として出仕し、天保元年（一八三〇）には史館編修となり、さらに総裁代役となって『大日本史』紀伝の校訂に尽力した。天保十二年の藩校弘道館の仮開館前年に同館教授となり、同十四年には父延于の跡を継いで教授頭取となった。弘化元年（一八四四）に藩主斉昭が幕譴を蒙った折、この出来事がらみで隠居を命じられた会沢の復職に奔走した青山は、それが実現できなかった責任をとるかたちで、同二年に自ら辞職し謹慎した。しかし、翌三年に国史編修頭取として復帰して『大日本史』紀伝の上木に尽力したことにより、水戸藩は、嘉永五年（一八五二）に長年の宿願であった紀伝全刻本の幕府及び朝廷への献上を実現できた。この刻本に付されている斉昭の跋文は青山が代作したものである。温厚で人と争うことを好まない性格の青山は、不偏不党であったので斉昭・慶篤父子の厚い信任を受け、万延元年（一八六〇）には側用人に取り立てられて藩政の機務にも与った。明治四年（一八七一）九月二十九日死去、享年六十四。

会沢・豊田とならび水戸藩文教の中心的存在として活躍した青山の学問は、日本の歴史を中心とするもので、その著書も歴史に関するものが大部分である。代表作の『国史紀事本末』（文久元年成稿、明治九年刊）は、歴史事象を主題別に整理する「紀事本末体」という史書編纂方式を採用し、『大日本史』と同じ時期を対象として五八の項目を立てて記述した日本の通史である（清水正健『増補 水戸の文籍』、吉田一徳『大日本史紀伝志表撰者考』、山川菊栄『覚書 幕末の水戸藩』、『水戸市史 中巻三』第一七章第一節、秋山高志『近世常陸の出版』等）。

本書簡集所収の多くの書簡は、会沢にとっては人生の最終局面を迎えた時期のものである。そしてこの時期には、ペリー艦隊の来航・ロシアとトルコ間でクリミヤ戦争開始・諸外国との和親条約締結・安政の大地震・米駐日総領事ハリスの下田着任・清国でアロー号事件勃発・インドでセポイの反乱・英仏連合軍による広東占領・井伊直弼の大老就任・諸外国との修好通商条約調印・徳川慶福が家定の継嗣と決定・幕府による安政の大獄開始・フランスによるサイゴン占領・条約批准の遣米特使ら米国に向け出航・桜田門外の変・清国と英仏間で北京条約締結・皇妹和宮の家茂への降嫁発表・清国がロシアにウスリー江東岸を割譲・ロシア軍艦の対馬占拠計画と英艦による退去要求・米国で南北戦争開始・坂下門外の変・ワードの外人部隊が清国の太平天国軍を撃破・フランスが安南からコーチシナ割譲・薩摩藩士による生麦事件・幕府派遣のオランダ留学生長崎出発・幕議が奉勅攘夷に決定・将軍家茂の上洛・長州藩が下関で米艦等を砲撃・薩英戦争勃発等々（『日本史年表　第四版』等）、多くの出来事が生起していることからも窺われるように、日本を含むアジア諸国は欧米列強の進出による巨大なうねりの中に呑みこまれていた。本書簡集所収の書簡は、こうした歴史の大きな転換点に差し掛かった多事多難な激動の時代を背景に執筆されたものでもある。

そこで、本書第Ⅰ部では、本書簡集所収の各書簡の内容を精査し、これを材料として当時の水戸藩内の情勢とその中での会沢の言動等を確認してみることとし、これをもって本書簡集の解題に代えたい。

第一章　安政・万延・文久期の水戸藩情と会沢正志斎

第一節　徳川斉昭への再度の幕譴・雪冤運動と会沢正志斎

安政五年七月五日、前月二十四日に不時登城して大老井伊直弼の無断条約調印を面責した罪により、水戸藩前藩主徳川斉昭は幕府から急度慎を命じられ、その翌日には現藩主慶篤が江戸城への登城停止を命じられた。そして、それから一ヵ月余りが経過した八月八日、非常の事局に対処するため公武合体の実を挙げるようにという主旨の孝明天皇の意向を伝える勅命が、三家はじめ列藩一同にこれを伝達せよとの別紙副書と共に水戸藩に下された。正式の手続きを経ずに出されたことから世に「戊午の密勅」といわれているもので、以後、先の斉昭・慶篤の処分とこの密勅の取り扱いをめぐって水戸藩は大混乱に陥り、この年から翌年にかけて、江戸に上って小梅藩邸に入り、また下総小金駅に屯集して奉勅雪冤運動に従事する士民が続出した。また、この密勅降下を直接的契機として、同年九月八日に京都で梅田雲浜が捕縛され、幕府によるいわゆる「安政大獄」が始まった（『水戸市史　中巻四』第二一章第二・三・四節）。

本書簡集中には、こうした状況を背景にもつ書簡が相当数含まれているが、本節では、斉昭が再度の幕譴を蒙った後、安政六年八月に三度目の幕譴を蒙るまでの間に執筆された主な書簡を、時の流れを辿りつつ順次検討してみることにする。

1　水戸藩士民による第一次下総小金宿屯集関連の書簡

先述したように、不時登城の罪により前藩主斉昭が急度慎を、現藩主慶篤が江戸城への登城停止を命じられ、これに「戊午の密勅」の取り扱いの件なども加わって水戸藩は大混乱に陥り、出府して本所下屋敷小梅藩邸に入り、また下総小金駅に屯集して奉勅雪冤運動に従事する士民が続出することになる。これがいわゆる「第一次小金屯集」である。

本書簡集中の通し番号27の一文は、執筆年次が記されていないが、記述の内容から斉昭が再度の幕譴を蒙った頃のものと推される。そこには、

此度之御儀ニ付、執政参政引受出府可有之候所、江戸表御下知ニハ、苦心之余り致出発候ハ無余義筋ニハ候へ共、却而御登城御慎解御差障りも至り可申、深く御配慮被遊候旨御下知も被為在候へハ、一同厚く存入候へ共、却而御障り相成候而ハ一統恐入候事ニ候間、年寄衆少々御扣ニ相成候所、無余義事ニ候間、無程被相登候様可相成候間、何レも相心得、麁忽之儀無之候様可被相心得候。一同苦心候。

のように記されている。これを意訳すれば次のようになるであろう。「此度之御儀」については、執政や参政が代表して出府すべきところである。けれども江戸表からは、苦慮のあまり出発するのは余儀ないことだが、そうすることでかえって「御登城御慎解」に支障をきたしはしないかと深く憂慮している旨の下知があった。そのため、皆が大変心配していることは承知しているのだが、支障があってはそれこそ大変なので、年寄衆も

少々控えておられたのである。しかし、余儀ないことなので程なく出府されるであろうから、皆々よくよく心得、ゆめゆめ軽はずみな振る舞いのないように。皆が苦慮しているのである、と。

会沢はこのように述べているのであるが、ここにいう「此度之御儀」とは斉昭と慶篤が受けた幕譴のことであろう。そして、この文章は、幕府のこの度の処分を不服とし、その赦免を請うために出府しようとする弘道館諸生達に対して、そのようなことをすれば却って逆効果となることを説明し、出府を思い止まらせる目的で執筆されたものと推される。ただ、同年八月八日に孝明天皇から水戸藩に下された勅書のことには少しも触れていないので、執筆時期はこの勅書の降下以前ということになろうか。文中には大幅な加除訂正が施されており、続き具合の分かりにくい個所もみられるほどであるので、まだ案文段階のもののようである。いずれかの書簡に添えられるなどして会沢から青山に届けられたものであろう。

次に、安政五年八月十七日付の第1通目書簡には、

御草案拝見。愚意ニハ、何レ共良策心付不申、御別紙へ付札仕候。猶又貴意相伺度奉存候。

とある。これによれば会沢は、青山が何かについての草案を自分に送ってきたのに対して、自分はこれといった良策が思い付かないからということで、青山の草案に付札をした上で、返書に添えて送り返したようである。しかし、これだけでは具体的に何のことを言っているのか皆目見当もつかないが、その尚書きのところに、

予め手配り達被出候而ハ、直ニ嫌疑ニ渉り可申候間、万一之節は、此前之通り臨時之御床机廻り等処置の外ハ無之候様奉存候、如何。御国より御為登と成候ハヽ、却て人心動揺可致候歟。鎮静候ニハ、懇ニ御開

諭より外ニハ、何を考候而も心付無之候。

とあることから、事の次第が多少みえてくる。この書簡が執筆された八月十七日といえば、同月八日に水戸藩に下された孝明天皇の勅諚の写しが水戸にもたらされる二日前のことである。そして、これが藩内に報知されたのは同月二十二日であるから、ここではこの勅諚の扱い如何が問題になっているのではなく、幕府によって斉昭が急度慎を、そして慶篤も登城停止を命じられた上に、家老の人事をはじめとして藩政干渉が強化されてきていた状況が問題にされていると推察されるのである。

これより先の八月一日には、幕府が水戸藩駒込邸の藩士を退去させて守山・府中・高松の三連枝（三支藩）に警固させるとか、斉昭を他藩に幽閉するというような流言が飛び交ったことで、在府の水戸藩士が決死の覚悟で防備につき、きわめて緊迫した状況が現出した。こうした事態を憂慮した慶篤が八月四日に諭書を発して藩士の軽挙妄動を戒めていたにも拘らず（『水戸市史　中巻四』第二一章第二・三節）、本書簡が執筆された当時も事態の好転はみられなかったことが、その記述の内容から窺える。

本書簡で会沢は、不測の事態に備えて予め達しなどを出したのでは、幕府に藩政干渉の恰好の口実を与えることになるので、万一のときには先般のように臨時に床几廻りなどの手当てをするというよりほかに手はあるまいという。しかし、その際に国許から派遣したのでは人目に付くので、却って人心を動揺させてしまうことにならないかと心配している。そして、つまるところ人心を鎮静させる方法としては、懇ろに開諭すること以外に妙法は思い浮かばないと述べているのである。

また、安政五年執筆と推定した九月七日付第92通目書簡には、以下のような記述がみえる。

豊田草案付札、御一覧可被下候。乍去実ハ貴稿之方ニ致度候。久木下り迄ハ日間も有之候間、御諳記ニ而御認、小異同ハ夫ニて宜候事と奉存候。

この書簡は、その記述の内容から出府中の青山に宛てたものと思われる。青山は、安政五年九月五日に水戸を発ち、着府後の同月十九日、家老白井久胤らと下総小金駅に遣わされて屯集士民の帰藩説諭に従事している。そして、ここに「豊田草案」とあるのは、八月十九日の夜、会沢・豊田・青山の三名が年寄衆の部屋に呼ばれて意見を求められたことと関連する記述かと推される（小宮山南梁『南梁年録』二六）。おそらく孝明天皇から下された勅書の扱いなどについての下問に応えて、豊田・青山の両名がそれぞれ書いた文章草案のうちの豊田によるもののことであろう。会沢は、これに付札をして青山に送り一覧を請うと同時に、自分としてはこの豊田の案文よりも、先に貴兄から示された文章の方を採用したいと述べ、その上で、安政五年九月二日に江戸へ向けて出立した側用人の久木（直次郎）が、下総小金駅での屯集士民鎮諭の役目を終えて帰水するまでにはまだ間もあるであろうから、小異同には構わず記憶しているかぎりで認め、帰水する久木に託して送り届けてほしい、と頼んでいる。

会沢はまた、本書簡中に「御召命、如諭此度ハ御先鞭ハ別而如何と奉存候。御相談可被成候由、御尤奉存候」とも記している。孝明天皇から下された勅書の件について、会沢は「御先鞭ハ別而如何」、つまりこれを率先して回達し事を起すことに疑問を呈しており、青山も同意見であったようである。青山がこの件について江戸藩邸の重臣たちと相談する心算であることを伝えたのに対して、会沢は当然そうすべきであると応えている。

次の「別啓」で始まる安政五年九月九日付の第2通目書簡も、「御着後如何御座候哉」とあるので、会沢が江戸出府中の青山に書き送ったものであることが分かる。[1]

別啓。御着後如何御座候哉。定而御弁論も御坐候半。御採用ニ相成候得ハ大慶ニ候へ共、如何候哉。御発途前ニも得貴意候通、何より叛名を来し不申候様仕度候。我より見候へハ、勅書を奉し候様ニ候へ共、幕幷世間より見候而も、廻達之義ハ幕ニ引受、天朝伺候上と御約申候事故、夫ニ御任セ置候而も御抜ヶ目ニハ不成と申姿、勅書之趣も公武合体・天下治平之御意味ニて挙義等之事ハ無之候を、御家窘迫よりして、勅を名として発候様ニ而ハ、悪敷致候へハ叛名を受可申、又拠水城之説も有之候へ共、左候而ハ猶更叛形ニ成、夫ニても危難を免レ候事ハなり不申、均しく危難を受候ならハ、泰然と駒込ニて御受被遊候方可然と愚慮仕候。貴意如何御座候哉。尤此事も、先達御同様少々ハ申出候へ共、猶又得貴意候。

ここで会沢は、まず初めに、出府前に青山と打ち合わせておいたことについて言上したかどうか、首尾よく意見が聞き届けられたかどうかを尋ねている。それでは青山の出府前、二人は具体的にどのようなことを打ち合わせておいたのであろうか。

会沢は、勅書の回達を水戸藩が行うというのは、水戸藩側からみれば勅書の意を正しく奉じることになるのであるが、幕府や世間の目でみると、天朝に伺いを立てた上で幕府がこれを引き受けてもなんら支障はないわけであると述べ、その理由を、そもそも勅書の趣旨自体が「公武合体・天下治平」にあるのであって、決して「挙義等之事」を促しているのではないからであると説明する。そして、家中が緊迫しているなかで、あくまでも勅命であることを名分として回達を実行に移しては、最悪の場合幕府から謀叛の疑いを掛けられかねない、と危惧の念を抱いているのである。

結局、会沢と青山は、「何より叛名を来し不申候様仕度」という一点を重視し、勅書の回達にはより慎重を期すべきだということを、出府した青山から具申しようとしたのであろう。会沢が、先にみた九月七日付第92通目書簡の中で「御先鞭ハ別而如何」と記し、勅書回達に疑問を呈していた理由がここに判明したことになる。

しかし、ここでひとつ腑に落ちないことがある。青山は、出府前の会沢との打ち合わせでは、勅書の回達にはより慎重を期すべきだということで意見が一致していたはずである。ところが、青山に従って出府した石河幹脩（明善）がその日記に記しているところでは、藩を亡ぼしても回達するのが武士の本意だと語っていたようなのである（『水戸市史 中巻四』第二一章第三節）。当時の青山は、この件についての対処法にまだ迷いがあったということなのであろうか。

ところで会沢は、本書簡の中で「拠水城之説」にも言及している。当時の水戸藩内には、駒込の藩邸で謹慎している斉昭に水戸城に移ってもらってはどうかという意見もあったらしく、これに対して会沢は、そのようなことをしては猶更謀叛のような形になるだけであり、たとえそうしたからといって危難を免れられるというものでもない。均しく危難を受けるならば、泰然と駒込（水戸藩中屋敷）において受けられるのがよろしかろう、と述べ、「貴意如何」と青山の見解を質している。両者は、この件についてもすでに話し合ってはいたようなので、改めて青山の見解を確認したものらしい。

それから、本書簡中には以下のような記述もみえる。

御小姓願済埒明不申、数人竊発、賤息なとも其一ニ御坐候。尤願済之事、白大夫御承知南上被致候由、何卒相済候様相祈候事ニ御座候。此書着迄江戸御逗留ニ候哉否や不相分候へ共、先ツ草々得貴意候。

この頃、小姓達が藩庁に提出した願いが容易に聞き届けられなかったため、数人が密かに江戸へ向けて出立するという出来事があったらしく、その中には、当時小姓を勤めていた会沢の息子（熊三郎）も含まれていたようである。会沢は、この小姓達の願いについては江戸へ向けて出立した白大夫（白井久胤、家老）も承知のことなので、これが聞き届けられるよう祈っている、と記している。[2] この書簡が届くまで貴兄が江戸に逗留しているかどうかは分からないが、ひとまずお伝えしておく、という文面からは、父親として息子を気遣う気持ちが窺えるであろう。ちなみに、熊三郎が出府したことは、『南梁年録』二八の安政五年十一月二十四日条に、無願出府の廉により逼塞を仰せ付けられたという記述がみえることから明らかであるが、出立した日時は不明である。

それでは、ここにいう小姓達の願いとは具体的にどのような内容のものであったのだろうか。今、当時の水戸藩を取り巻く状況を見てみると、斉昭父子の処罰後も幕府は水戸藩を厳しく監視し、水戸藩情に通じている連枝（支藩）の高松藩主松平頼胤と謀り、幕府の手で水戸藩政を左右しようと画策していた。そして、八月一日には、幕府が駒込藩邸の水戸藩士を邸外に退去させ、代わりに高松・守山・常陸府中の三連枝の兵で警固させるとか、斉昭を他藩に幽閉するなどといった流言により、駒込藩邸の水戸藩士が決死の覚悟で防備につくという不穏な事態となった。この騒動は翌日には水戸に急報されて大騒ぎになり、駒込藩邸の防備で手薄となった小石川藩邸に国許から小姓・床几廻り等を派遣しようという話になったが、まもなくこれが流言であることを伝える急使が到着したため、小姓・床几廻り等の派遣はひとまず見合わせることになった。[3] こうした状況下での小姓達の願いであるから、おそらくは今後も予想される幕府の圧迫に備えるため、江戸の藩邸に自分達を派遣してほしいと要求するものだったのではあるまいか。

この第2通目書簡の一〇日後の九月十九日に執筆された第3通目書簡には以下のような記述がみえる。

先達而ハ貴書被下候所、此地よりハ指而御運申候程之儀も《ママ》〔「無之」欠カ〕、小金御滞留之由ニ付、御疎濶打過候。此節又々江戸御出府之由ニ御坐候所、今以御滞府ニ御坐候哉。江南小金之儀、万々御心配奉察候。此節江南之御沙汰ハ宜候様承知候所、打続回天之姿と奉察候。乍然南上之人々、中々北帰ハ不仕候勢之由ニ相聞、此上如何様之事ニ相成候哉難計奉存候。臨機之御良図何分奉祈候。久々御様子も承知不致候間、一書相書記へ相托申候。

会沢は、本書簡執筆以前に出府中の青山から手紙を受け取っていたが、自分の方からは報告するようなことが何もなく、また青山が下総小金宿に派遣されていて江戸藩邸にはいないことを耳にしていたので、返書を出さずにいたようである。しかし、青山が再び藩邸に戻ったと聞いてこの書簡を認め、江戸滞在はまだ続くのかと尋ねている。

さらに会沢は、江戸・小金方面の状況に思いを致し、最近は江戸表からの悪い知らせは届いていないようあるが、水戸藩を取り巻く情勢は引き続き流動的であって、江戸に上った士民はなかなか帰水しそうもないとのことなので、これからどのようになっていくのか見当もつかない、と先行きの不安を述べ、臨機応変な対応がなされることを願っている。この書簡は、これから江戸に向かう「相書記」（相羽庄左衛門重賞か）に託して青山の許に届けられたもののようである。

この年七月の斉昭・慶篤の処罰以来動揺していた水戸藩士民は、八月三十日に幕府による水戸藩重臣人事への干渉があり、さらに高松・守山・常陸府中三支藩主に宗藩藩政への関与が命じられたとの報に接して憤激し、九月五日頃から出府する者が続出していた。藩庁からは度々諭書を発して事態の収拾に努めると共に、幕府に対して三支藩の藩政関与の解除を求め、これが認められた九月十九日、藩主慶篤は家老白井久胤・太田資忠、教授頭取青山らを下総小金宿に派遣して諭書を下し、文武師範と床几廻の数十人を残し、他は皆国許へ帰るよう命じた。また同日に、謹慎中の斉昭が近臣を同地に遣わして退去を訓戒したことも手伝って、屯集士民はやむなく退去し始めたという（『水戸市史　中巻四』第二一章第三節）。まさに会沢が本書簡を執筆したその日のことであり、会沢がここに言うような、いわゆる「臨機之御良図」が一時功を奏したということか。

それから会沢は、本書簡の末尾に追而書きのかたちで「追々自刃之者有之、御心配と奉存候」と記している。当時、幕府の圧政に悲憤のあまり自刃する士民が各地で続出したらしく（『水戸市史　中巻四』第二一章第三節）、このことを耳にした会沢は、その対応に追われているであろう青山にねぎらいの言葉を書き送り、さらに続けて「此地之儀、幹次郎等へ申遣候。是又貴地ニ而も御承知之事と奉存候」とも記して、すでに貴地にも伝わっているかもしれないが、国許水戸の状況を「幹次郎」（石河）らから伝えさせることにする、と述べている。

次の「別啓」で始まる安政五年の九月二十九日付第4通目書簡は、前出の九月七日付第92通目書簡、九月九日付第2通目書簡及び九月十九日付第3通目書簡に同じく、会沢が、下総小金駅等に屯集する士民の帰藩説諭の命を受けて出府中の青山に書き送ったものである。

ところで、安政五年の九月初め頃から始まった第一次小金屯集が、九月十九日の藩主慶篤の諭書及び謹慎中の斉昭による訓戒によって鎮静化し始めたことは先述したとおりである。そのような状況下で執筆された本書簡には、

別啓。江戸小金へ出候諸士も、御承知之通り貴地より激論ニて誘候者有之候所、村民ニ至り候而ハ別而煽誘之者多く、長屋持抔村人別にて引出され候者も有之、十五、六才之少年もよほと見かけ、無心之者を引出し候而ハ、他日其者共、我ハ出る心もなきを里正抔申聞候間出候抔と申候ハ必然也。夫間牒抔聞付候へ

は、役人より誘候と申事ニ成、又群不逞之徒も郡庁より誘候なと丶申触、或ハ君聡をも奉迷候事難計、是等之事情予め御申上ハ如何。

のように記されている。ここで会沢は、「江戸や小金へ諸士が出向いたのは、貴兄もご承知のとおり貴地から激論をもって誘った者がいるからである。特に村民に至っては煽誘する者が多く、ただ村人別ごとの割合で引き出されただけの者もおり、なかには十五、六歳の少年もかなりいるようである。このように無心の者を引き出したのでは、他日その者らが、自分は出る心算もなかったが里正などが強要するので出たのだ、などと言い訳するのは目に見えていることである。もしもそれを幕府の密偵などが聞き付ければ、役人が誘ったと報告されてしまうことになる。又群れて不逞の行いをするような族も、郡庁から誘われてやったなどと言挙げし、ともすれば君聡を迷わすことにもなりかねないので、予めこうした実情を幕府に報告しておいては如何であろうか」（大意）、と述べている。この度の水戸藩士民による第一次小金屯集について、これを引き起こした直接的な要因に言及した上で、その実態を分析し、それが今後の藩政に及ぼす影響に思いを致して、適切な対策を講ずることの必要性を青山に語っているのである。

会沢は、先にみた第4通目書簡において小康状態がもたらされた第一次小金屯集について分析し、今後の対応策を検討することの必要性を述べていたが、まだ江戸から戻らない青山に宛てた十月四日付第23通目書簡では、今後についてのより具体的な対策案等も述べている。

会沢は、先ず「打続御賢労奉察候」と青山の労をねぎらった後で、「彦根邸中云々可咲候へ共、左程ニ間違候間、此先之危殆寒心仕候」と記している。ここで会沢が言っている「彦根邸中で起こった笑わずにはいられないこと」というのが具体的に何を指すかは不明であるが(4)、会沢は、こうしたことが起こること自体が笑い話で済まされるものではなく、予断を許さない状況になってきている兆候であることを鋭敏に感じ取っていたようである。

続けて会沢は、

日下就捕之由、桜等も危く候半。かくまて羅織の料を操り候事、窮鼠之勢と相見、扨々不容易事御座候。
其後御聞見之義、御示被下候様奉祈候。

と記し、薩摩藩士日下部伊三治が、水戸家に降下された密勅を水戸藩士鵜飼幸吉と共に江戸の水戸藩邸に伝達した罪により捕縛されたことを青山から知らされ、そうだとすると桜（真金、任蔵）も捕縛を免れないだろうと述べている。桜は真壁出身の尊攘志士である。ちなみに、日下部は安政五年十二月に獄中で死去し、桜は同六年七月に大坂で病死している（『水戸市史 中巻四』第二一章第四節、前出『国書人名辞典』）。それはともかく、会沢は、幕府がこのように人を罪する口実を探している様子は、まさに窮鼠猫をかむの様相を呈しており、用心することが肝要であると戒めている。

幕府は、この度の水戸藩への密勅降下の裏には、同藩による鷹司政通（関白）・近衛忠熙（左大臣）ら京都の堂上方への工作が働いているとみており、安政五年九月十八日に鵜飼吉左衛門・幸吉父子を京都町奉行所に拘引したのを手始めに、水戸藩士への弾圧を開始していた。この鵜飼父子逮捕の報は、九月二十四日には江戸の小石川藩邸に届いており（『水戸市史 中巻四』第二一章第四節）、本書簡中で当時の幕府の動静を「窮鼠之勢」と評した水戸の会沢の耳にもおそらく入っていたのであろう。さらに新たな情報を入手したら知らせてくれるよう依頼している。

会沢はまた、

林了蔵より来書、少壮客気、南上を懇々戒候意ニ御坐候。右之所見ニ而ハ、貴地ニ居候よりハ北帰候而鎮静ニ骨折候方、国家之益かと奉存候。一人北帰も如何ニ候ハヽ、佐順・秋長等も鎮静之命を受候ハヽ、夫々鎮静も可仕候哉。尤北帰ハ不本意にも候半。乍去鎮静之任を達被成候ハヽ、徒ニ帰候とも違ひ可申哉。不本意と申にも無之歟。貴意如何。

とも記している。これによると、江戸にいる林了蔵（正龍）から会沢の許に、少壮客気にかられての出府を懇々と戒める内容の書簡が届いたようである。林は、安政四年三月に「訓導立場」として弘道館勤務となっている（「(弘道館）御用留」）。会沢はその書簡の内容を見て、この人物は江戸に置いておくよりも水戸に戻して士民の鎮静に骨折らせる方が国家の益になるのではないか、と考えたようである。しかし、林一人だけを帰水させるのもどうかいうことで、佐順（佐野順次郎、安政三年三月弘道館訓導）・秋長（秋山長太郎、安政三年六月文庫役）等（「(弘道館）御用留」）も一緒に鎮静の命を課するようにしたならば、果して彼らは素直にこれに従うであろうか、と自問し、その上で会沢は、もとより水戸に帰るのは不本意ではあろうが、鎮静の任を果たすためという名目があるならば空しく帰るのとは事情が異なるので、決して不本意とは思わないのではなかろうか、と自答して、青山の見解を質している。

ところで、以上のごとく記した会沢ではあったが、「林生、何方ニ居候哉不相知候間、一通御達被下候様奉願候」と追記しているところをみると、林の所在を把握していなかったらしく、これを知っているかもしれない青山に連絡方を依頼している。

さらに本書簡には、

先日、剛柔之儀得貴意候所、右ハ白大夫抔も心得居候様仕度候。御遺訓抔誰ぞへ被仰付御書抜せ、白卿へ御贈被成候而ハ如何。静謐之世ニ諸士の頭さからさる様、又ハ家も元気衰ぬれハ滅亡すか尤的切之様也。

とも記されている。ここで会沢は、先日相談した「剛柔之儀」については、白大夫（白井久胤）にも心得ておいてもらうようにしたいと述べ、「御遺訓」（威義二公はじめ歴代水戸藩主のか）などを誰かに命じて書き抜かせて贈ってはどうであろうか、と提案している。そして続けて、たとえ鎮静化に成功して静謐の世となっても、それで諸士の生気がなくなり、その結果藩自体の活気が失われてしまうようでは好ましくないという。それ故に会沢は、この士民鎮静化策における「剛柔」の兼ね合いの難しさに頭を悩ませていたようである。

そして、本書簡の最後には、

此節、上町ハ林より来書抔にて大抵鎮静之様子、下町ハ佐順・鮎沢等より来書ニて頗る激発之気ありと承候。佐も此地ニ居候時ハ林抔と同論ニて鎮静論ニ候所、南地ニてハ激発ニ成候哉ニ御坐候。北帰候ハ、林と同論ニ成可申歟とも奉存候。猶又御思慮相願候。

と記している。これによれば、当時、水戸の上町は林からの来書などの影響もあってか概ね鎮静化していたようであったが、下町の方は佐野や鮎沢（伊太夫、勘定奉行）らからの来書によって大いに激発する恐れがあったようである。会沢は、佐野も水戸にいた時分は林などと同じく鎮静論を唱えていたが、江戸に出てからは激発組に変わってしまったかのようだ、と述べた上で、佐野が水戸に帰って林と同論になるよう仕向けてほしい旨を江戸の青山に書き送っている。

先述したように、安政五年の九月初め頃から始まった第一次小金屯集は、九月十九日の藩主慶篤の諭書及び謹慎中の斉昭による訓戒によって鎮静化し始めた。そのような状況下で会沢は、九月二十九日付第４通目書簡では小康状態がもたらされた第一次小金屯集について分析し、今後の対応策を検討することの必要性を述べ、さらに十月四日付の本書簡で、このように具体的な対策案をいくつか提示しているのである。

ところで、これより先の九月三日に外交事情弁疏のため京都に向かった老中間部詮勝は、水府の陰謀と堂上の奸計を叡聞に達することが肝要であるとの大老井伊直弼の意を受けて、条約調印の弁疏という本務の遂行よりも志士及び堂上方への圧迫に力を注いだ。こうして九月十八日に水戸藩京都留守居鵜飼吉左衛門・幸吉父子を京都町奉行所に拘引したのを手始めに、水戸藩士への弾圧が開始されたのであるが、当時の水戸藩士民には京都の情勢に関する情報が不足していたため、すぐには動揺が生じることはなかった。

しかし、十一月に入り家茂の第一四代将軍宣下の報が水戸に届いた頃から再び動揺の兆しがみえ始め、同月下旬にはまたもや江戸出府を企てる者が出てきたため、藩庁は十二月五日に無願出府を戒める訓令を出して鎮静化に努めなければならなかった。それでも士民の不穏な動きが止まらなかったため、同月二十五日には藩主慶篤が、自ら在国の家老らに士民鎮撫の諭書を下したのであった。

そして、このような状況下で安政六年の新春を迎えた水戸藩士民は、三月十二日の間部老中江戸帰還の報に接するや、そのことで密勅の回達が不可能になるだけでなく、水戸藩への弾圧がいっそう強化されるのではないかと気をもんでいた。不測の事態が生起するのを回避したい藩庁からは、慶篤の命として、間部老中の帰府がらみで軽率な行動に走らぬよう注意を喚起する通達が同月十九日に出されている（『水戸市史　中巻』四第二一章

第四節)。

本書簡集中の安政六年四月九日付第7通目書簡は、如上の状況を背景に執筆されたものである。そこには、

只今承り候ヘハ、御番頭大場・岡田・野中・岡部・榊原、其外鈴木靫負・武田彦衛門等、昨夜政府之令を不用発途候哉。士林益動揺可致歟と憂懼仕候。此上国家之事、如何可相成候哉。扨々不及是非候。貴地ニ而何分御謀議御尽力、万祈々々。

と記されている。この日に会沢は、諸番頭の役職を勤める大場(弥之介)・岡田(新太郎)・野中(三五郎)・岡部(忠蔵)・榊原(新左衛門)と、その他鈴木靫負・武田彦衛門らが、昨夜政府の令を待たずに江戸へ向けて出立したという情報を得たらしく、このことを江戸にいる青山に報じている。この出来事は『水戸藩史料』上編坤の安政六年五月十日条に記されているが、番頭といえば藩の上士である。会沢は、高い地位にある彼らによるこのような行動が藩士達の動揺をいっそう増大させる恐れのあることを懸念すると同時に、それが水戸藩の将来にとって大きなマイナス要因になるかもしれないという危機感を抱いたようである。そして、すでに起きてしまったことは致し方がないので、江戸表の方で十分に評議して適切に対処してほしい、と書き送っている。

2　水戸藩士民による第二次下総小金宿等屯集関連の書簡

先に会沢は、安政六年四月九日付第7通目書簡の中で、諸番頭たちの無願出府が藩士たちの動揺をさらに掻きたてることにならないかと懸念し、加えて、それが水戸藩の将来によからぬ影響を及ぼすことを危惧していた。そのような折から、同月二十四日に至って、家老安島帯刀・奥右筆頭取茅根泰・勘定奉行鮎沢伊大夫らに

対して、来る二十六日に評定所へ出頭せよとの幕命が下され、それぞれが尋問を受けた。前年八月八日の孝明天皇による水戸藩への密勅降下の件などで鵜飼吉左衛門らと共謀したという嫌疑をかけられたのである。そして、安島らを拘留し執拗に尋問を行ったことが契機となり、幕府の圧制に抗議する水戸藩士民の示威行動が、五月三日の斎藤監物ら神官八十余名の江戸出府によって口火を切られ、やがて士民有志の大集団が江戸下屋敷本所小梅邸と下総小金宿周辺等に屯集する一大示威運動へと発展した。これがすなわち「第二次小金屯集」といわれている出来事であり、藩当局はその対応に苦慮することになる。

幕府からこれら屯集士民を退去させるよう命じられた水戸藩では、五月二十日に斉昭と慶篤がそれぞれ諭書を下して退去を促している。藩当局としては、出府する者たちの気持は理解できるものの、幕府がこれを咎めて過酷な命令を下してくることを恐れていた。そこで六月十三日に家老白井久胤と中山与三左衛門を老中太田資始の許に遣わし、斉昭の謹慎と慶篤の登城停止の解除を求める嘆願書を提出した。いうまでもなく藩当局は、それ以前から小梅・小金等に幾度も役人を派遣し屯集士民に退去を勧告してきてはいたが、その効果はいっこうに現われず、結局、斉昭と慶篤の問題が解決しないかぎり鎮静化させるのは困難であると判断したからである。

しかし、藩当局によるこうした試みの一方では、屯集者らに金銭や食糧を給して激発の防止に意を用いてもいたのであるから、この件に対する藩当局の取り組みは、好意的にみれば硬軟両様の柔軟さをもっていたといえようが、穿った見方をすれば、当局内部の分裂状態を露呈する波乱含みのものであったとも受け取れるのである（『水戸市史　中巻四』第二一章第四節）。

こうした中で会沢は、五月十九日に上書して、先般水戸藩に下された勅書の主旨は公武合体・国内治平にあるのであるから、少壮客気の論に惑わされてこれを回達し、国内に混乱を招いてはかえって叡慮に背くことになるだけでなく、最悪水戸藩の存亡にも係わる事態を招来しかねないと述べ、軽率に対処することを強く戒めている（『水戸藩史料』上編坤巻二五）。会沢のこのような見解は、先にみた安政五年の九月九日付第2通目書簡の中で既に表明されていたものである。

ところで、この頃に執筆されたと推される六月十八日付第8通目書簡には、

倍令候者之恩賜之事ハ此度も又々有之候由、去年ハ罰して懲役、今年ハ賞して勧役、如何なる政体ニ候哉。尤恩賜之事、弐三臣の掌握ニ出候事と相見、政監両府ニ而ハ不知事之由、原任等ハ不役之筈と相見候。無願登り之者既往之事ニて、佐藤兵介も近臣ニ成り、小監等ニ成候者も数多有之候へハ、原任壱人ニも無之様也。吹毛求疵にも候哉、如何。

のような記述がみえる。ここで会沢は、藩命に背いた者が恩賜に与ることがこの度もあったことを耳にし、去年は罰したのに今年は賞するというのは一体いかなる料簡か、と藩庁の政治姿勢に疑問を投げかけているのである。もっとも会沢は、この件は二、三の重臣の勝手な裁量で行われたことであり、藩庁要路者の大方が与り知らないことだったのは承知していたらしい。それでも会沢は、無役であるべき原任蔵（市之進）が定江戸奥右筆に、そして佐藤兵介が小納戸役に任じられ[5]、目付等になった者も大勢いるこの人事には、どうしても納得できなかったもののようである。そこで会沢は、昨年の無願出府をまだこのように問題視しているのは強いて事を荒立てるものであろうか、とあえて青山に問いかけているのであるが、これは結局、藩庁による硬軟両様の対応の仕方に会沢が賛同していなかったということなのであろう。

本書簡中にはまた、「小金よりも農民千人程帰候由、何卒一方ツ、も鎮静ニ仕度候」という記述もみえる。前

出『水戸市史　中巻四』第二一章第四節に掲載されている「小金・小梅・八幡勢の残留・帰国者概数」と題する表には、安政六年六月八日に小金宿から千人程が退出したことが記されている。会沢は、このようなかたちで各所から順次鎮静化していくことを願っていたのである。

先述したように、水戸藩庁は、安政六年六月十三日に家老白井久胤らを老中太田資始の許に遣わして嘆願書を提出し、斉昭の謹慎と慶篤の登城停止の解除を陳情した。この斉昭と慶篤の問題の解決が屯集者らを鎮静化させる上で必須の条件と判断したからである。会沢は、このように依然緊迫した状況下にあった江戸の動静がよほど気になったものらしく、同年六月二十四日付の第10通目書簡では、「貴地近状如何候哉。弥張依然ニ候哉。幕方も好音も響候様伝聞候所、何卒実事ニ仕度奉万祈候」と青山に書き送っている。ここにいうところの懸案になっていた状況の好転とは、同年六月十八日付第8通目書簡中に「小金よりも農民千人程帰候」とあったようなことを指すものかと推察される。水戸藩庁からのこうした状況好転の報告が幕府の態度を軟化させるに至ったという風聞を耳にした会沢は、もしそれが事実であれば大変好ましいことであるとして、急ぎ青山にその真偽如何を確認したもののようである。

そして、これに続けて会沢は、

此地鎮静ニハ候へ共、志願も貫不申、徒ニ鎮静とのミ申候而ハ、人心も不安候間、別紙草案之通、白大夫へ文通可致奉存候。御一見之上、故障も無之候ハヽ、御指出被下候様奉頼候。

と記している。これによると、当時、水戸の状況は小康状態にあったようであるが、会沢には、たとえ一時的に鎮静化させることはできても、志願が貫けない状態のままでは永く人心を安定させることはできないように思われた。そこで、白大夫（白井久胤）へ書状を出すことにして別紙草案のとおり認め青山宛に送付した上で、ざっと見て不都合な点がないようであれば白井の許に届けてほしいと頼んでいる。さらに会沢は、これを当時江戸弘道館総裁代を勤めていた国友（善庵）にも見てもらうことを後から思い付いたらしく、書簡の末尾に「国友へも御廻し可被下候云々」と追記している。

会沢は、先にみた安政六年六月二十四日付第10通目書簡の中で、懸案になっていた状況が好転した旨の報告を水戸藩庁から受けた幕府が、その態度を軟化させるに至ったということを耳にして、その真偽の程を青山に確認していた。ところが今、同年七月十三日付第11通目書簡を見てみると、

如貴諭好音も虚声ニ相成、貴地より追々書通有之様子ニ御座候。二老をも誘候由、二老近比愛妾ニ耽り候との事ニて、動きも無之歟とハ見へ候へ共、度々ニ成候而ハ曾子母投杼類も難計、苦心仕候。追々御書も有之候由之所、又此度も御書御座候而鎮静を御称し、此上鎮静之儀御委任ニ相成候様、貴地ニ而被仰上候而ハ如何可有之候哉。近密之地ニ而御尽力奉万祈候。

のように記されている。ここには「如貴諭好音も虚声ニ相成」とあるので、こうした風聞を生ぜしめた状況はどうやら持続性のあるものではなかったようであり、続けて「貴地より追々書通有之様子云々」とあるので、依然として緊迫した状況は継続していたことが窺える。

そして、江戸表から追々届くはずの書状では「二老」も誘うことになるであろう、と青山が知らせてきたのに対して、会沢は、この「二老」は最近愛妾に耽っていると噂されており、もしそれが事実ならば誘っても動くことはないであろうが、こうした噂も度重なると事実のように思われてしまいかねないので心配している、

と述べている。この「二老」が誰であるかは分からないが、会沢は、去る七月九日に斉昭が家老らに士民の軽挙妄動を戒める諭書を下していたにも拘らず、又々諭書が下されるとのことなので、それならば士民鎮静の件をこの「二老」に委任するように、江戸の方で斉昭もしくは慶篤に薦めてみてはどうか、と提案しているのである。

本書簡中にはまた、次のような記述もみえる。

小梅云々被仰下、いかさま不平之人も出来候筈之事と相見候。衆心一斉ニ無之も、公室の為にハ宜候哉。乍去有集輩之妄人横肆候様ニ而ハ、如何様之事を生候も難計、寒心仕候。九日ニハ御書御下、貴兄も御出ニ相成候由、御賢労奉察候。何レモ鎮静候哉。

会沢は、青山が小梅の状況等について自分に伝えてきた内容をみて、おそらく不平の者も出てくるはずだと述べた上で、衆心が一斉でないのは公室のためには必ずしも悪いこととはいえないが、屯集者の中の妄人が勝手な振る舞いをするようでは、どのような事態が生起するやも予測できず、まことに寒心に堪えないことであるという。その上で会沢は、去る七月九日に下された斉昭の諭書を家老らが士民に示した際に、青山も同席したことに対して慰労の言葉を述べると共に、士民たちが鎮静化したか否かを尋ねている。

さらに会沢は、次のようにも記している。

外国へ義気を示候との一理有之様ニハ候へ共、居催促ニ而ハ安心不仕候。却而哀訴之儀、閣老取受候付、反覆論候而先ツ一同為引候所、様子ニより候而ハ又々出府も難計候間、近々御処置と執政衆より被申立候ハ、、義気含蓄候而可然様奉存候。実ハ高橋等の為に謀候而も其方宜候様也。貴意如何。一反手ニて国家平穏と存候へ共、誰も用候人有之間敷、扼腕仕候。

ここで会沢は、こうした士民による示威行動は外国に対して義気を示すことになると言って弁明すべきであるとする意見も藩内の一部にはあるようであるが、幕府が執拗に屯集士民の解散を迫ってくる現状では安心できないという。そこで、こうした弁明をするよりは、すべての屯集士民を即時帰藩させるのは難しいという当方の訴えを聞き届けていただいたお陰で繰り返し諭す機会をもつことができ、ひと先ず一同を引き上げさせることができたのであるが、様子次第では又々出府してくるかもしれないので、直ちに適切な対応策を講じることにする、と執政衆より幕府に申し立てる方が、それこそ義気を含蓄することにもなって好ましいように思われる、と主張する。

もとよりこのようなやり方は、実は屯集士民を煽動している高橋（多一郎）等のために謀るようなかたちにもなってしまうのであるが、会沢は、それでもそうすることの効果の方が大であると考えたようである。そして、これに対する青山の考えを質した上で、容易に国家を平穏にできるやりようがあるというのに、これを用いる人がいないのは残念である、と嘆じている。

そして最後に、会沢は、「武老（武田耕雲斎）の意見も承りたいのであるが、応対によって返答も変わる人なので、これに全幅の信頼を置くことはできない。やはり改めて諭書を下していただくのが一番であろう」、と追記している。

この第11通目書簡と同日（七月十三日）に執筆された第12通目書簡には、

星夕ニも好音無之、少年騒擾候由、猶又閣老へ出訴可致抔申候儀、如仰事を生候計と相見候。とかく陰ニ主謀之者有之候故妄論も多く候半。何卒尊慮之趣下へ通候様奉祈候。御仏参等之儀、如仰赤夜叉張臂候而ハ安心不仕候。鷹嘴半分為引候説御座候由、主謀さへ無之候ハヽ、十か八、九ハ引候事と相見候。豈啻其半乎。

という記述がみえる。江戸の青山から少年らが騒いでいるとの便りが届いたらしく、その中には閣老へ出訴すべきだなどと唱える者もいたため、青山は大事に至らないかと心配していたようである。会沢は、青山の心配するのも尤もなことで、このようなことが生ずるのは陰に主謀者がいるためであろうと述べ、さらに、七月九日に斉昭が下した諭書の趣旨が下々まで行きわたることを強く願っている。そして、仏参等は、斉昭・慶篤両人の罪が許されるか否かに懸っているわけであるから、青山の言うように、「赤夜叉」（大老井伊直弼）が張臂している現状では難しいだろうとみている。また、「鷹嘴」（「お茶」の意であるが、ここでは出府した小姓等のことか）を半分引かせるという説があることに対しては、主謀者さえいなくなれば一〇人のうち八、九人は引くように思われるのに、どうして端からその半分に限るのであろうか、と訝っている。[6]

本書簡にはまた、次のような記述もみえる。

鎮静之儀被仰下候所、此節ハ動揺之機も不相見候所、貴地より追々煽誘有之様子故、安心不仕候。陰陽表裏之世の中ニ御座候。

青山から鎮静の件について知らせてきたのに対して、会沢は、この節当地では動揺の兆しも見えないが、江戸の方から追々煽誘があると噂されているので安心はできないと述べ、上意下達が十分に行き届かない藩情になってしまったことを嘆いている。

そして、安政六年七月二十四日付第9通目書簡をみると、

八幡云々被仰下候所、動静共主謀之胸算次第と相見候。高松邸へ神職罷出候由、騒々敷事ニ御座候。御評議も作舎道辺之由、政令多門、左様之勢と相見申候。御謁見も久しく無之、御召之節ハ髭ニ火被付候様之由、御内情奉察候。何卒早く風波平き候様相祈申候。（中略）此地当時異聞無之、側用・監察等追々南上、貴地如何之様子ニ御座候哉。

のように記されている。これによれば、青山が下総八幡宿における屯集士民の様子について報告してきたようであるが、それに対して会沢は、動くも止まるもすべては主謀者の胸算次第のようだ、とその所感を漏らしている。当時、士民の屯集は、下総小金宿だけでなく八幡宿にも及んでいたのである。水戸藩執政の白井久胤と興津蔵人は、七月十六日に老中松平乗全を訪ねて八幡宿屯集士民鎮撫の状況を報告し、同月二十二日にも再度乗全を訪ねて同宿屯集士民が退散したことを報告している（『茨城県幕末史年表』）。

ところで、書中に「高松邸へ神職罷出候由」と記されているのは、安政六年七月十四日に水戸藩領内の祠官斎藤式部ら二五人が高松藩主松平頼胤邸に至り、藩主慶篤の登営停止及び斉昭の謹慎が解除されるよう斡旋してほしいと嘆願した事実を指すが（『水戸市史　中巻四』第二二章第四節）、この一件の報告を受けた会沢は、なんとも騒々しいことだと不快感を顕わにしている。また藩庁では、この屯集士民の問題を解決すべく評議を重ねてきたが、結局は多くの意見が出されて収拾のつかない状態であったようである。会沢は、まさに「政令多門」

（『春秋左氏伝』襄公三十年）とはこのような状態をいうのであろう、と慨嘆している。

青山はまた、久しく謁見していないが、召されて参上するとあたかも髭に火を付けられたような状態になる、と当時の斉昭の様子を報じてきたらしく、会沢は、ご内情お察しするとした上で、早くこの問題が解決することを祈っている、と書き送っている。

そして、最後に会沢は、水戸の方は今のところ異聞はないが、追々側用人・目付等が出府する模様であると報じた後、江戸の様子を尋ねて結んでいる。

先にみた第9通目書簡執筆の五日後の安政六年七月二十九日付第13通目書簡で、会沢は、時候の挨拶の後で「二老云々宜御周旋奉祈候」と記して、先に鎮静の一件を「二老」に委任するよう斉昭もしくは慶篤に薦めてみてはどうかと提案していたことについて、その実現に向けての周旋方を青山に依頼している。

そして、これに続けて、

幕中云々被仰下太田閣老被退候由、夜叉愈益肆毒候半。御同意恐怖此事奉存候。梅徒等も速為引候事可想、何卒其前ニ鎮静為致度候へ共、謀主ハ中々為引不申事と相見候。彼此相激候勢、寒心此事御座候。邸中も洶々之由、執政不残引込候事、御外聞不宜候旨御話被成候由、敬服仕候。側用動候ハ、如仰六ヶ敷候事と相見候。分朋相軋之勢、事之乱源を清め申度事ニ御座候。貴兄ニハ駒邸へ御申上可被成候由、何分御尽力奉万祈候。

と記しているが、これによると会沢は、青山から報じられた幕府の動きに関する最新情報によって、老中太田資始が退任したことを知ったものらしい。太田の同職再任時の在任期間は、安政五年六月二十三日から同六年七月二十三日までであった。水戸藩の内情に少しく理解を示していた太田が退任した結果（『水戸藩史料』上編坤巻二六）、これからは大老井伊直弼が益々権勢を恣にし水戸藩への弾圧をいっそう強化してくるのではないかというのが、この時点での会沢・青山に共通の心配事であったようである。

ところで、この井伊の弾圧から免れるには小梅等の屯集士民を速かに退去させなくてはならないが、そのためにはどうしても激昂した士民を鎮静化させる必要があった。しかし、会沢は、主謀の者たちがそう簡単に退去させたりはしないであろうとみており、進退極まった事態に些か辟易している感が窺える。

また、当時の江戸藩邸内の様子は戦々恐々としていて、現職の執政衆が残らず辞任を申し出るといった動きも現にあったようである。そうした事態に立ち至ってはなんとも外聞の悪いことであると言上した旨を青山が報じてきたのに対して、会沢は、「敬服仕候」と評価し、さらに、側用人などが下手に動けば厄介なことになるだろうという青山の意見に同意した上で、自分がこれに代って意見を具申するつもりだと言ってきた青山の尽力に期待を寄せている。そして会沢自身は、藩内に分裂抗争をもたらしている根源の一掃が肝要であると認識していたことが推知されるのである。

また、安政六年執筆と推定した八月四日付第14通目書簡には、

幕勢変革、此上如何候哉。御同意苦心仕候。八幡云々怪鬼ニハこまり申候。余り梗命候ハ、罪人の扱ニ而も可然哉。老大夫之偏固もこまり切申候。小梅瓦解之勢之由、廟議決候様万祈々々。両侯へ出訴之者、是又怪鬼ニ御座候。両大夫呼出も八幡之事とも承候所、如何。廟堂不断ニ而ハ奇禍可畏候。

のような記述がみえる。先に見たように、老中太田資始が七月二十三日をもって退任したことで、会沢は、青

山と同様に幕勢変革の行方が気掛かりだったようである。それによって水戸藩の今後の幕府対策が左右されることにもなるのであるから、これは蓋し当然のことであったろう。

他にも会沢は、①八幡宿屯集士民が怪しからぬ動きを見せているのは困りもので、あまり命に逆らうようであるならば罪人の扱いにしてもよいのではないか、②「老大夫」（誰かは未詳）が偏固なのには本当に困ってしまう、③小梅宿の屯集は瓦解に向かっているとのことなので、勅書回達等の懸案事項について廟議が決定することを心から祈っている、④両侯（斉昭と慶篤か）へ出訴する者がいるとは怪しからぬことだ[7]、などと諸々記した後で、「両大夫（前出の白井久胤と興津蔵人）の呼出しは八幡の件とも聞いているが如何か。廟堂に決断力がないと思いがけない災厄を招くことがあるものだ」と、藩庁の決断力の欠如に対して暗にこれを戒めるような発言をしている。

第二節　徳川斉昭の国許永蟄居後の藩情と会沢正志斎

安政六年五月の第二次小金屯集の頃になると、密勅の早急な回達を主張する金子孫二郎・高橋多一郎らの一派と、これに反対する会沢らの一派、すなわち激派と鎮派の対立が次第に激しさを増してきた。この両派は、元来尊攘派として、天保期の藩政改革を推進してきた斉昭を支え、改革に消極的な保守門閥派に対抗してきた同志であったが、密勅の取り扱い如何をめぐって分裂してしまったのである。

会沢は、密勅降下後まだ間もない時期に執筆した安政五年九月七日付第92通目書簡及び同月九日付第2通目書簡の中で、早くも水戸藩が勅書を回達することには慎重を期すべきであると主張していた[8]。そして、鎮派の領袖と目されるようになっていたこの時期の会沢は、安政六年五月十九日、藩主慶篤に上書して勅書回達に反対の意見を述べ、また前後しばしば上書して徳川宗家への恭順を説いている。さらに同年八月十九日には改めて勅書回達の不可なることを上書した。これは八ヵ条からなる長文の上書で、そこには勅書をめぐる諸問題に対する会沢の見解が余すところなく表明されているように思われる。

この中で会沢は、勅書回達の不可なる理由として、回達すること自体が公武合体・国内治平の聖意に背く行為であること、無理に勅書を回達すれば幕府の態度をますます硬化させかねないこと、幕府に敵対して示威行動を繰り返せば斉昭の赦免の機会が遠のくだけでなく、その立場をいっそう苦境に立たせることになること、あくまでも回達を主張して止まない激派士民の行動は、藩の取り潰しという最悪の事態も招来しかねず処罰にも値するものであること、勅書を回達しさえすれば諸藩がすぐにもこれに応じるという考え自体が、現状認識の甘い不十分なものであり、また全く人情の機微を弁えない青臭いものであること、激派士民は勅書を回達して攘夷を決行することを一途に唱えるが、諸外国との歴然たる軍事力の格差を考えればそれが不可能なのは明白であること、勅書回達によって国内が混乱し政令が二途に出るような事態となれば、それこそ夷狄の思うつぼとなり、その侵攻を受けて敗北すれば国家存亡の危機に直面する事態にもなりかねないこと、等を挙げている。

そして、回達論の主謀者を高橋多一郎と名指しすると同時に、その利のみを見て害を見ず、事をなせば必ず成就するものとひたすら信じて、一旦事が破れた場合の対処方などは考えずに行動する軽率な性癖のみでなく、もしこれを回達しなければ藩内外の同志に対して面目を失うことになるといった理由をもってこのような重要案件に対処しようとする姿勢そのものが、会沢の目にはとうてい看過できない極めて危ういものと映じたのかもしれない（『水戸市史　中巻四』第二一章第四節、『水戸藩史料』上編坤巻二六等）。

そういえば「安政大獄」が始まった頃、高橋ら尊攘激派は、一藩有志の力だけで事を成すのは困難とみて、広く諸藩の尊攘派同志と連携する目的で、住谷信順（寅之介）・大胡資敬（聿蔵）・矢野長道（長九郎）・関遠（鉄之介）の四人を西国各地へ派遣した。住谷らは安政五年十月十一日に二手に分かれて西遊の途につき、三、四カ月間各地を遊説して回ったが、勅書回達のために諸藩の応援を求め世論の喚起に努める、という当初の目的はほとんど達成することができずに帰水した。こうした貴重な経験から高橋ら尊攘激派が何を学んだものか、安政六年八月十六日には薩摩藩士有村雄助・高崎猪太郎らと江戸墨田の大七楼に会して、井伊直弼要撃について密議をこらしているのである。

そして、これに遅れること十日余りの八月二十七日、ついに会沢が恐れていたことが現実のものとなってしまった。斉昭が幕府から国許永蟄居を命じられ、慶篤も差控えを命じられてしまったのである。幕府は、このとき同時に、水戸藩士安島帯刀に切腹を、同茅根伊予之介と鵜飼吉左衛門に死罪を、同鵜飼幸吉に獄門を、そして同鮎沢伊大夫に遠島を命じている。斉昭は九月一日に駒込邸を発ち、同月四日、一五年ぶりに水戸城に入城した（『水戸市史　中巻四』第二一章第四節）。

本節では、斉昭が国許永蟄居という三度目の幕譴を蒙ってから、会沢が文久三年七月十四日に没するまでの間に執筆された書簡に順次検討を加えてみることにする。

1　水戸藩過激分子による常陸長岡宿屯集関連の書簡

斉昭の水戸での蟄居生活は、先にみた安政六年八月四日付第14通目書簡の執筆後に始まったのであるが、この後暫くの間は、ここでの検討対象となるような書簡は見当たらない。これには、幕府によるこの度の処分のもつ衝撃の大きさに、さしもの水戸藩激派士民も一時その鳴りを潜めていたことによるものか。この幕府の処置の後、水戸藩庁は、同年十月九日に士民動揺・藩中不取締りの罪により金子孫二郎・野村彝之介の両郡奉行に逼塞を、奥右筆頭取高橋多一郎に遠慮を申し渡し、速やかに水戸へ帰るよう命じた。金子らは翌十日に江戸を出立している(9)（『水戸市史　中巻四』第二一章第四節）。

さて、本書簡集中の書簡のうち斉昭が水戸で蟄居生活を始めて以降に書かれた最初のものは、安政六年十月十三日付の第15通目書簡である。そこには、

御代替御式も相済、京師之事有之内ハ暴発有之間敷、貴考之通と相見申候。幕水互相疑、此上苦心奉存候。彦根引込候沙汰も有之候所、当坐之引込ニ候哉、如何。如貴諭、此地勇気か挫不申様致候所、南上之事ハ大公ニも甚御心配被遊候由、士人も其御意ハ体候様致度候。林生等北帰も不相成と相見候所、下町へも折々投書ニ而も致候様貴地ニて御相談御座候而ハ如何。此地ニて鎮静之事被仰付候所、耳目・股肱も無之、往来暁諭之人も無之、老身と申、中々届兼申候。

のような記述がみえる。書中に「御代替御式も相済云々」とあるが、徳川家茂を征夷大将軍に任ずることが朝議で決定されたのは安政五年十月二十五日のことで、同年十二月一日に江戸城で将軍宣下式が挙行され、翌六年九月二十五日に武家諸法度が諸大名に公示された。会沢も青山も、将軍の代替りの式が済んだ後でもあり、また京都がらみのやるべきことがあるうちは幕府が暴発することはなかろうと考えていたようである。そして会沢は、現在のように幕府と水戸藩が互いに疑念を抱きあっている状態を大変残念なことと嘆いている。また、この頃井伊大老の身に何が起ったものか、「彦根引込候」という噂があることに対しては、もしそうだとしてもそれは当座だけのことではなかろうか、と述べている。

この頃青山は、例のごとく江戸に出ていたようであるが、水戸の会沢宛に勇気が挫けないよう気を付けるこ

とが肝要だと言ってきたらしい。会沢はこれに同意を示しながらも、士民の出府のことは大公（斉昭）も大変心配しておられるとのことなので、その御意をしっかり心に留めて行動するようにしなければならない、と応えている。

ところで会沢は、先に安政五年十月四日付第23通目書簡の中で、士民の出府を戒める内容の書簡を会沢宛に送ってきた林了蔵を水戸に戻して鎮撫のことに当たらせてはどうかと言っていた。本書簡では、この林について、水戸に戻すことは実現しないものとみえるが、上町だけでなく下町へも折々出府を戒める投書をさせるよう江戸の方で相談してみてはどうか、と青山に提案している。当時、水戸で鎮撫のことを命じられていた会沢は、手足となって動いてくれる者も往来して相談に乗ってもらえる者もいない上に、老体ということもあって、なかなか行き届かず困っていたようで、できれば林のような人物を身近に置いておきたかったもののようである。

さらに会沢は、「近来、除目とかく謹唯諾候人物御用被遊候様、委靡益甚相成候事と存候。貴意如何候哉」と追記し、高橋・金子ら激派諸士の暴走には手を焼きながらも、唯々諾々と命令に従う者ばかりを起用する最近の人事では藩そのものの活力がいっそう失われてしまうことになる、と藩庁の人事に異を唱えている。

また、安政六年十二月十九日付第5通目書簡には、

寒威御安健御上着候哉。此節勅之事以外申上候歟ニも承及候、如何。若左様之節ハ幕へ御掛合振、別紙之通心付、先達而国友へ申越呈覧候所、貴意如何候哉、御相談申候。

のように記されている。会沢は、本書簡の冒頭で青山に、寒さの厳しい中、無事江戸に到着したかと尋ねてい

る。青山は、藩主慶篤の召しに応じて安政六年十二月十四日に江戸へ向けて水戸を出立していた（『南梁年録』三七の十二月十五日条）。そして、十二月十六日に幕府が若年寄安藤信睦（後に信行、信正）を水戸藩邸に遣わして勅書返納の朝旨を伝達したことについて、藩庁から幕府に対して、全く思いもよらないことである旨を言上することになるかもしれないと仄聞した会沢は、このようなことが起こった場合の幕府との掛け合い方について、先頃、予め別紙のように認め国友（善庵）をとおして慶篤に上呈しておいたので、とりあえずこれを見た上で意見を聞かせてほしい、と青山に書き送っている。しかし、かく言う会沢の心のうちは、この件で意見を具申する際にはこれも参考にしてほしい、ということであったものと推察される。

しかるに会沢は、書簡の末尾に「別紙為書可申候所、進止ヲ取ニハ入用歟も知れ不申候。貴地ニて国友と御相談可被下候」のように追記している。これをみると会沢は、そのとき認めたものの写しを作り別紙として送ろうかと思ったが、実際の役に立つかどうかも分からないので、先ずは江戸の方で国友と相談してもらいたいとして、別紙を本書簡に添付するのは取り止めにしたようである。

ところで、十二月十六日に幕府から伝達された勅書返納の朝旨は、すぐさま急使によって水戸の斉昭に報告された。そして、同月二十日に水戸城中で開かれた大評定では、家老杉浦羔二郎をはじめ、元家老・諸番頭・弘道館教職たちも含めて衆議が尽された。先にみたように、この頃は幕府の藩政干渉によって激派が退けられていたので、勅書の返納は止むを得ないが、これを幕府にではなく朝廷に直接返納すべきであると主張する者が多かった。会沢の意見は、家老を使者として直接朝廷に返納し、その見届け役として然るべき幕吏を同道させる、というものであった。そして同月二十二日、藩議は朝廷に返納することに決し、二十四日にこの旨を藩内に布告した。

しかし、激派の諸士は、朝命とはいえどもこれは幕府の姦計によるものであるから、断じて返納すべきではないと主張し、江戸街道の長岡駅（茨城町）付近に集合して実力で返納を阻止しようとした。当時件の勅書は、斉昭の密命を帯びた元家老大場一真斎が同年十月五日に水戸へ持ち帰り、城内の祖廟に納められていたのである（『水戸市史　中巻四』第二一章第四節）。

明けて万延元年（安政七年三月十八日以降万延と改元）の江戸では、水戸藩が朝廷へ直接返納するという先の藩議決定がすでに幕府によって退けられていたところ、正月九日には若年寄の安藤信睦が直接水戸藩邸に出向いて勅書の返納を迫り、これ以上の遅延は違勅の罪になると警告した。藩主慶篤は、江戸家老と協議して返納を命じた勅命の証書と引き換えに勅書を幕府に渡すことに決し、その旨を報じる使者を水戸へ送った。そして、十二日に使者の報告を受けた水戸の家老たちは直ちに要職を集めて協議したが、これに代わる良策も見出せないのでこの江戸藩邸の決定に従うこととなった。

しかし、こうは決したものの、長岡勢をかわして勅書を江戸へ届けるのは容易なことではなかった。そこで藩庁は、まず長岡勢を諭して解散させ、その後で返納するということにして、あるいは若年寄の大森多膳らを同所に出向かせて退去するよう説得させ、あるいは長岡勢の父兄親族に命じて説得を試みさせたりしたのであるが、いずれも奏功しなかった。こうして事態は膠着状態のまま時間ばかりが経過し、何度も返納猶予を請う水戸藩への幕府からの督促はさらに急迫の度を増してきた。

そうした中で、二月十四日の夜には側用人久木直次郎が水戸城外で襲撃されて負傷し、同月十八日には城下まで偵察に出て来ていた長岡屯集の藩士林忠左衛門らが、説諭のため藩庁が遣わした家老鳥居瀬兵衛らの一隊と城下消魂橋畔で衝突するといった事件が生じてしまった（『水戸市史　中巻四』第二一章第五節）。

以下にみる万延元年二月十九日付第16通目書簡は、このような状況のもとで書かれたものである。その中には、此度之騒擾、御同意難及言語奉存候。諸賢日夜御賢労奉察候。依而ハ廟議無遺算ハ勿論ニ候へ共、逆徒今日中少年輩を煽誘候ハ、、昨夜よりも人数ハ増可申候。面々手筒を持出し候計ニ而も銃数も増可申候上、神勢館ニ有之候銃を押領致候も難計、左候へハ防方ニ而も諸士中手筒を携候而可然と申事、敵ハ多銃ニて味方死傷多く候俗間ニ而も申候而ハ如何ニ候間様子ニ候間、定而右之御評議とハ奉存候へ共、承候事故得貴意候。

のような記述がみえる。ここに「此度之騒擾云々」とあるのは、先述した水戸城下消魂橋畔での衝突の一件と推される。会沢は、このような騒擾は言語に絶することであると言ってきた青山に同意し、昼夜を分かたぬ当局要路者の苦労に思いを致している。そして、こうした要路者による対策に見込み違いなどはないものと拝察するが、と述べた上で、逆徒が今日中に少年輩を煽誘したりして昨夜よりも人数が増えるかもしれないこと、屯集者がそれぞれ手筒を持ち出したりすれば銃数も増えるであろうこと、さらに彼らが神勢館[10]にある銃を押領したりしないともかぎらないこと、などを心配事として列挙している。そして、その対策として会沢は、敵方が多銃で味方に死傷者が多くでるようなことがあってはまずいので、防御する側でも諸士に手筒を携えさせるべきだと考えていたようである。このことは世間でもそうすべきだと言っており、当局の評議もおそらくは同様であろうと推察するが果してどうなったであろうか、と青山に確認している。

さらに会沢は、

此節彼徒ニ被憎候者ハ何レも危く候と申内、第一久木之宅危く候と是又俗間ニて申候様ニ御坐候。是等も非常之御処置ニて御手当御坐候ハ、、伏兵を設て敵を打取候術にも当り可申哉と奉存候。貴意如何御坐候哉。此外御面談候ハヽ、何歟心付候儀も可有之候哉。先ッ指当り右之儀御相談申候。

とも記している。この頃、逆徒どもに憎まれている者はすべて危ないといわれていたが、その中でも第一番に危ないのは先日襲われた久木の宅であると噂されていたようである。当時は会沢自身も、豊田天功・青山延光・久木久敬・桑原信毅と並んで、長岡勢から「五姦」の一人と見なされ敵視されていた（『石河明善日記』二月二十日条）。会沢は、こうした逆徒に対する非常の措置としては、伏兵を忍ばせておいて打ち取るという戦術を用いるのが適当ではないかと提案し、青山の見解を質している。そして、この外にも会って話せば何か思いつくことがあるかもしれないが、さしあたり以上のことどもについて相談したいとしている。

なお、会沢が「戦場之御見通しニて、何事も速ニ御決断御坐候様至願奉存候」と追記し、藩庁要路者に対して、現在の状況を戦場と見立てて何ごとも迅速に決断していくことを求めているところからは、この間の緊迫した様子が窺えるであろう。

この16通目書簡執筆の翌日（二月二十日）に執筆された第17通目書簡には、

作乱之徒如何相成候哉。定而今日抔ハ御処置御座候事と奉存候へ共、一日々々と遷延候而ハ、乱臣ハ次第ニ党類潜誘、多人数ニ相成、日を送り警固夜廻り等も惰り、御役方も帰宅を見透シ張札の言の如く致候も難計候。定而今日抔ハ御処置ニ相成候事と奉存候へ共、此節何事も耳ニ不入、事情も分り兼候間、罷出候而御面語仕度候所、雨天ニて罷出兼候間、書不尽言候へ共得貴意候。何卒作舎道辺不申候様御尽力奉祈候。

とある。先に第16通目書簡を検討したところでみたように、当時水戸藩では、藩庁による勅書返納を阻止しようとする数百名の藩士が常陸長岡宿に屯集し、これを鎮撫しようとする藩庁側と対立していた。そのような中で側用人久木直次郎襲撃・城下消魂橋畔での衝突といった事件が起こっていた。

会沢は、長岡に屯集する「作乱之徒」の動静がどうにも気掛かりであったらしく、本書簡中に、おそらく今日などは何らかの措置が講じられることとは思うが、対策が遷延するようだと乱臣は次第に仲間を誘いあって多人数になる恐れがあり、また当方の警固夜廻り等の者も日が経つにつれて惰るようになる結果、御役方の帰宅を見透して「張札の言」(11)のようなことが為されないともかぎらない、と心配している。続けて会沢は、最近は何ごとにつけ情報不足で事情も分かりかねるので、出向いて行って直接話したいところだが、あいにく雨天なのでそれも叶わず、止むなく書状を出したような次第である、と記した上で、どうかいろいろな意見に惑わされずに尽力してほしい、と青山を激励している。

このように屯集士民の扱いに関する藩庁の態度がなかなか決まらない中で、会沢はじめ弘道館諸生らは断然追討を主張し、文武教官及び諸生二百余名が、進んでその任に当たることを申し出た。そこで、二月二十二日に至って漸く藩庁も態度を決め、諸生らを二手に分けて、一方を寺社奉行渡辺超の、またもう一方を側用人青山の指揮下におき、それぞれを先手同心頭の先鋒隊二隊に付属させた上で、渡辺隊は下町街道から、青山隊は上町街道から、長岡へ向けて同時に進発させることにした。

そして、ついに翌二十三日、総勢四百余名の追討軍が城下を進発した。しかし、十八日の城下消魂橋畔での衝突の後、藩庁が討手の派遣を検討していることを事前に知った長岡勢は、二十日には後図を期して自主的に解散していた。そのため、追討軍が長岡に到着したときには、屯集士民は何処へか姿をくらましてしまっていたという(『水戸市史　中巻四』第二一章第五節)。

ところで、現地に関する地理知識が多少ともある者にとって、このような結果となったのは、とうてい理解し難い不可思議なことである。水戸の城下から長岡までは徒歩でも二時間とかからない距離なのであるから、藩庁側が斥候を送って現地の状況を常に把握しておくことは容易にできたはずである。斉昭主導のもとに行ってきた追鳥狩と称する軍事教練は一体何だったのであろうか。

さらに疑問を増幅させるのは、解散するにあたって長岡勢が藩庁への呈書を地元の者に持たせて若年寄大久保忠貞に差し出していたという事実である（『水戸市史 中巻四』第二一章第五節）。それはつまり、藩庁の要路者は屯集士民がすでに解散しているのを事前に知っていたということを意味するであろう。だとすれば、この派兵は、強硬な幕府の態度を少しでも和らげるための単なるパフォーマンスとして、事の成否は差し置いて敢行されたものであったということか[12]。それならそれで合点はできるのである。

それはともかくとして、会沢は、本書簡執筆後数日を経て執筆した第20通目書簡（二月二十七日付）中に、「郡宰へ達、百姓搦取打殺等之事も一策歟」と記している。郡宰（郡奉行）に命じて百姓どもを搦め取って打ち殺すというのも一策ではないかというのである。当時の不穏な状況は、こうした激越な言葉が思わず口をついて出てしまうほどに収拾が困難であったということであろう。

2　桜田事変・斉昭死去の後に執筆された書簡

先にみたように、水戸藩尊攘激派の長岡屯集は、長岡勢の自主的な解散によってひとまず収束した。しかし、この自主解散の裏には、高橋多一郎・金子孫二郎ら激派の指導者によって極秘裏に進められてきていた井伊大老暗殺計画が、いよいよ実行の段階に差し掛かったという内部事情があったようである。当時蟄居中であった高橋・金子らはひそかに水戸を脱出し、他の同志も相前後して水戸を離れて身を潜め、ついに三月三日の雪の早朝、水戸浪士一七名に薩摩藩士有村次左衛門を加えた一八名は、桜田門外で井伊大老の首級を挙げることに成功した。

事件後、幕府は、町奉行・勘定奉行・目付らに命じて水戸藩邸を監視させると同時に、会津藩をはじめとする諸藩兵に令して水戸藩士民の大挙出府に備えさせた。また、水戸藩では、藩主慶篤が直ちに諭書を在府家老に下し、藩邸警備のため以外は藩士の出府を厳禁した。

ところで、この事件の首謀者の一人である高橋は、二月十八日の消魂橋事件の二日後、嫡男荘左衛門らを伴って水戸を脱出した後、中山道を回り上方へと向かっていた。また、江戸における要撃の総帥である金子も、事の成就の報告を受けるや、薩摩藩士有村雄助（大老要撃に加わった次左衛門の兄）らと東海道を西上した。この両者がともに西上を図ったのは、かねてから水戸・薩摩両藩士が謀議を続けてきた一挙の目的が、単に井伊大老の要撃のみに止まらず、東西相呼応して京都で挙兵し、奉勅攘夷を実行することにあったからである（『水戸市史 中巻四』第二二章第五・六節）。

以下にみる第19通目書簡は、この「桜田事変」の後しばらく経った三月二十日に執筆されたものであるが、そこには、

先日御相談申候京師へ情実御通し之儀、愚意ハ別紙之通之意味を御通し置ニ相成候様と奉存候所、御故障ニ相成候事も無之哉と奉存候。貴意如何候哉。若御心付も無之候ハヽ、横山氏へ御相談被下候様相願申候。木村権之衛門等も西行之由、右之類外ニも可有之候哉。幕ニ而も油断ハ無之事と相見候へ共、京師ニ而ハ一概ニ暴政と見候も難計候間、此方之情実ハ通し置申度事と奉存候。

のような記述がみえる。これによると、先に会沢は、京都の朝廷への実情説明の件で青山と相談をしていたら

しい。その内容は高橋・金子らの目論見に関するものではなかったかと推されるが、会沢は、自分の意見を別紙に認めて青山に送り、差し障りがないかどうかを尋ねた上で、もしなにも問題がないようであれば横山氏（甚左衛門、側用人）に相談してみてほしい、と頼んでいる。

さらに会沢は、木村権之衛門らも京都方面に向かったということを聞いて、このような輩が他にもいるのではないかと心配していたようである。木村は桜田事変の同志であったが大老要撃に直接参加はせず、かねてからの計画どおり京坂の地での工作に加わるべく、関鉄之介・岡部三十郎・野村彝之介らと三月五日に江戸を脱出して上方へと向かった。先に会沢は、金子が西上したことを聞き、金子が入京して公卿らに入説し、勅書を申し受けて幕府に攘夷実行を迫りでもしたら、それこそ戊午の密勅降下と同じ轍を踏むことになると心配し、同月九日にこれを阻止するための上書を藩庁へ提出していた（『水戸市史　中巻四』第二一章第六節、『水戸藩史料』上編坤巻三二等）。

木村の西上をどの時点で会沢が知ったのかは不明であるが、会沢は本書簡のなかで、幕府が桜田事変関係者はじめ尊攘志士の動静を油断なく取り締まっている状況下ではあるが、(13)京都の朝廷にも金子らに同じく幕府の政治を暴政と認識している者がいるやも知れず、もしそうであるとすれば彼らの思惑どおりに事が運んでしまう可能性もあるので、当方の実情はきちんと知らせておくようにしたい、と述べている。このことからも、藩そのものに累が及ぶことを危惧する会沢の気持ちが十分に窺えるであろう。

ちなみに金子は、三月九日夜、薩摩藩士有村雄助と同道していたことから、伊勢四日市で薩摩藩の捕吏によって捕縛され、同月十五日に伏見奉行に引き渡されている。また高橋父子は、同月二十三日に捕吏の追捕を受け、大坂四天王寺の寺役人小川欣司兵衛宅で切腹して果てている（『水戸市史　中巻四』第二一章第六節）。

本書簡にはまた、次のような記述もみえる。

永芳等礒浜辺ニ居候由、何とか御処置有之事と相見候所、勦撫二字ニ不出候半。撫候へハ川和田の如く帰家抔と申、又他へ移類増長可致、勦候へハ潜匿と相見、弥張流賊之態をなし申候。乍去勦ニ出候へハ分散候て、公然と党を募候事なり兼可申哉。貴意如何。

ここに「永芳」とあるのは、先の下総八幡宿屯集から戻った後で長岡屯集に加わっていた永井芳之介のことであるが（『水戸市史　中巻四』第二一章第五節）、会沢は、この永井らが今は礒浜（大洗町）の辺にいることを耳にして、これらに何とか対処しなくてはならないが、結局は「勦撫」いずれかの方法しかないだろう、と述べている。そして、もし慰撫する方を選択すれば、「川和田」（水戸市内）の例のように帰家するといいながら実は他へ移動して仲間を増やすことになり[14]、また勦滅しようとすれば潜居して流賊と化してしまうことになって、ともにマイナスの面はあるのだが、後者を選択すれば自ずと分散することにはなるので公然と徒党を組むのは困難になるだろう、と記して、「貴意如何」と青山の見解を質している。

ところで幕府は、この桜田事変を収拾するにあたり、水戸・彦根両藩の衝突を回避すべく、三月三十日に水戸藩主慶篤の登城を再び停止すると同時に、井伊直弼の大老職を免じて嫡子愛麻呂に家督を相続させるという、いわば両成敗のかたちとなる弥縫策を採った。

しかし、三月五日に開始された桜田浪士の拘留組に対する評定所での訊問では、吟味掛のメンバーを井伊大老の党類もしくは反水戸派の者でかため、この事変の背後には必ず斉昭の陰謀があると疑って執拗にこの点を追及した。そして、訊問は閏三月二十六日までの間に数回行われたが、結局、吟味掛は、浪士達から斉昭の関与を認めるような供述を引き出すことはできなかった。

このように幕府から嫌疑をかけられていた当の斉昭は、三月六日に小石川藩邸からの変報を受けると、使いの者に、彦根藩の怨みを買うことは避けられないのでこれに対する備えは必要であるが、それも過度になると弊害が生じるので注意をするようにと江戸の慶篤に伝えるよう命じた。また同じ日に、諸番頭らに対して諸生の出府を厳禁するよう直諭するなど、あくまでも慎重な姿勢を持して鎮静化を図ろうとしていた（『水戸市史 中巻四』第二一章第六節）。しかし、この桜田事変から半年余りが経過した八月十五日の夜、斉昭は水戸城中において急逝し、永蟄居のまま波瀾に満ちた生涯を閉じてしまうのである（『水戸市史 中巻四』第二一章第七節）。

さて、桜田事変からやや時が経過すると、それまで井伊大老の党類もしくは反水戸派の者で占められていた幕閣の構成が少しずつ変化し、大老の遺策を継承する安藤信行はなお留まったものの、久世広周などかつて大老と対立した経歴をもつ人物も再任されるようになった。そして、久世が勝手掛を、安藤が外国事務取扱掛をそれぞれ担当することとなった新幕閣は、桜田事変の反省の上に立って公武合体の方針を採用し、皇妹和宮の将軍家茂への降嫁案実現に向けて動き始めた。

このような状況下で、幕府の対外貿易開始による士民生活圧迫への不満やロシア軍艦による対馬占領未遂事件といった外国人による暴行は、水戸藩を含む全国の尊攘派の面々を大いに憤激させた。そして、その怒りの矛先は、井伊大老の遺策を継承し外国事務取扱を担当する老中安藤信行と、締盟各国の滞日外国人に対して鋭く向けられることとなった。万延元年十二月五日にアメリカ通訳官ヒュースケンが三田で浪士に斬られ、文久元年五月二十八日には、水戸浪士を中心とする一八名の暴徒が江戸高輪東禅寺のイギリス仮公使館を襲撃し、公使館員二人を傷つけるという事件が起こった。水戸藩ではこの事態を重くみて、事件後の六月一日に藩主慶篤が在藩の家老たちに命じ、士民が浮説を信じて妄動することのないよう取り締りを強化させた。

このとき幕府は、同月七日に慶篤を登城させ、鎮派の執政を登用して藩政を正し、こうした藩の存亡にも係わるような事件の再発防止に努めるよう厳しく注意を喚起した。その結果、同月二十四日には、これまで尊攘激派に理解を示してきた家老の杉浦政安・肥田政好をはじめ、岡田徳至・大場景淑・武田正生ら政務参与がすべて退けられ、それぞれ罷免・逼塞・謹慎等を命じられた。

会沢は、かねてから尊攘激派の行動を危険視し、厳しく対処すべきことを訴え続けてきたのであるが、八月十九日に上書を奉呈し、その中で、これまで激派の者たちの脅しに屈して二の足を踏んでいた役方が、やっと最近になって悪さをすれば召し捕る方向で評議一決したことを歓迎し、この政策を推し進めていけば最終的には静謐に戻るであろう、と述べている。

一方、鎮派で占められた水戸藩庁による東禅寺事件残党はじめ藩内の尊攘激派に対する捜索は厳しさを加え、逮捕投獄される者が続出した。彼らは、追いつめられながらも他日を期して、長州・薩摩・土佐等の諸藩や常野の尊攘激派との連携工作を試みていた。そして、紆余曲折を経て文久元年十一月に至り、大橋訥庵らとの間で採用することに決したのが、水戸藩尊攘激派の主唱する老中安藤信行斬奸策であった。この計画は、初めは文久元年中に決行する予定であったが、諸事情による二度の延期の後、同二年一月十五日の上元の佳節に坂下門外で実行に移された。しかし、安藤の乗った駕籠が警固の士によって厳重に守られていたのと、要撃に参加したのが僅か六人という少人数であったこともあり、この一挙は安藤に軽傷を負わせただけで失敗に終わったのである（『水戸市史　中巻五』第二二章第一・二節）。

ところで、万延元年三月三日の桜田事変、八月十五日の斉昭逝去の後は、ここでの検討の対象となるような内容をもつ書簡はほんの僅かしか見当たらなかった。その中の一つが、安藤老中斬奸計画が進行中であった文久二年正月四日に執筆された第161通目書簡である。そこには、茅根葬式之儀、両生弊廬へ参候節も、筋へ申出候上ニ候ハ、此方ニ而ハ構不申候とハ僕も答候所、とかく不呑込と相見へ情と申事を申張候間、礼と情との弁も開諭候所、柄鑿入兼候様子ニ候へき。然所、貴兄御許被成候ニてと申候而宅へ持込候由、如諭癡人面前不可奈何、養父を不仁也と憤候由、僕抔不仁仲間ニ相見候。呵々。

のような記述がみえる。これによると、両生（未詳）が、茅根（通称伊予之介、号寒緑）の葬式の件で会沢宅へ相談にやって来たらしい。その際会沢は、その筋へ申し出た上で執り行うのであれば支障はないであろうなどと答えたようである。しかし、両生は、会沢の対応にどこか納得のいかないところがあったとみえて、「情」云々ということを言い張ったので、会沢は「礼」と「情」との違いについて教諭したものらしい。それでもどうにも納得できない様子だったと報じた後で、会沢は、貴兄の許可を得た上で拙宅へ相談に来たとのことであったが、常々貴兄とも話しているように、癡人が相手ではどうにも為す術がないものだ、と慨嘆している。また、この両名は、茅根の養父のところへも同じ話を持って行って埒が明かなかったものか、養父を「不仁」であると憤ってもいたようである。会沢は、僕なども不仁の仲間と見られているらしいと述べ、ただ苦笑するばかりであったようである。

ここで話柄に上されている茅根伊予之介は、水戸藩士茅根為敏の次男として生まれたが、後に、父の家督を相続した叔父為敬の養嗣子となった（『国書人名辞典』）。斉昭の信任を得て江戸詰となり奥右筆頭取を勤めていた茅根が、安政の大獄で捕えられ、安政六年八月二十七日に死罪に処されたことは先述したとおりである。

万延元年十月十八日から十九日にかけて、水戸藩は激派の藩士住谷寅之介・矢野長九郎らの蟄居を赦すと同時に、安島帯刀・茅根らの遺族に禄を与えている。この措置は、同年九月に、幕府が安政大獄で処罰された一橋派の諸大名はじめ幕府関係者の謹慎を解いたのを受けて採られたものではあろう（『国史大辞典』）。しかし、同時にこの措置は、桜田門外での井伊大老暗殺の一挙に対して内心拍手を送る者が、要路者も含めて藩内に少なくなかったことを示唆しているともいえまいか。

それはともかくとして、水戸藩士で安政五年以降に罪を得た者すべてが幕府によって赦免されるのは、斉昭三周忌にあたって側衆新見正興が太田瑞竜山に遣わされ、将軍名代として焼香をした文久二年八月九日まで待たなければならなかった（『茨城県幕末史年表』）。本書簡の中で茅根の葬式云々が問題にされているのは、この幕府による赦免の令がまだ下されていなかったためと推測される。

それから、以下に示す文久二年閏（八）月十九日付第25通目書簡も、ここでの検討対象となる書簡の一つで、そこには、

昨日御相談申候所、鵜飼も入候而可然旨被仰下、御尤至極御同意奉存候。但安・茅ハ全く一橋公一条ニ候間、草案之内、一橋公云々ハ先ツ夫ニて段落、跡へ鵜飼も次第柄ハ一様ニ無之候へ共、先公御開明之上ハ一同御免抔と申気味ニてハ如何。猶又貴考次第宜御刪正奉祈候。

と記されている。これによれば、先に会沢は、安政の大獄で罪せられた者たちの赦免を請う文書の案文を認めて青山に示し意見を求めていたようである。それに対する青山からの返書には、赦免を請う対象者の中に「鵜飼（吉左衛門）」も入れた方がよいという意見が記されていたらしく、会沢は、「誠にそのとおりであると思います。但し、安（安島帯刀）・茅（茅根伊予之介）はひとえに一橋公擁立に係わったことで罪せられたわけですから、草案のうち一橋公云々については先ずそれで一段落として、鵜飼はその後へ、これとまったく同類とはいえな

いが先公（斉昭）が赦免となったからには同様に赦免を請う、というかたちで付け加えるというのではどうでしょうか」と記した後、存分に刪正してほしい、と結んでいる。

先述したように、本書簡執筆の一ヵ月余りまえの文久二年八月九日、幕府は、安島帯刀・茅根伊予之介・鵜飼吉左衛門ら水戸藩士で、安政五年以降に罪せられた者を赦免した。本書簡をみると、この幕府の決定を受けてか、会沢らが彼らの赦免を請う文書を作成し藩庁に提出しようとしていたことが分かる。

そして、文久二年も後半になると朝廷の勢威が大いに伸張した結果、幕府は、十一月二十八日に朝旨を奉じて大赦の令を発し、彼らの墓石建立を許可すると同時に、獄舎に繋がれていた者を釈放した。水戸藩主慶篤は、同年十二月二十六日、先に幕府から命じられていた「戊午の密勅」の奉承を藩中に布告し、この勅書の降下がらみで処罰された藩士の赦免を決定したのである（『水戸市史　中巻五』第二二章第二節、『茨城県幕末史年表』）。

ところで、以上にみてきた通し番号161・25の二通の書簡が執筆された頃から会沢が死去するまでの間には、文久二年一月十五日の坂下門事変、二月十一日の将軍家茂と皇妹和宮の婚儀、四月二十三日の薩摩藩島津久光による伏見寺田屋事件、六月十日の勅使大原重徳の島津久光を従えての東下、七月六日の徳川慶喜将軍後見職就任と九日の松平慶永政事総裁職就任、八月二十一日の薩摩藩士による生麦事件、閏八月一日の松平容保の京都守護職就任、閏八月二十二日の幕府による参勤交代制緩和、十一月二十八日の幕府による大赦令の発令、十二月十二日の高杉晋作らによる品川御殿山の英国公使館襲撃事件、十二月十五日の幕府による戊午の密勅の公表、十二月二六日の水戸藩主慶篤による戊午の密勅奉承の藩中への布告等があり、そして文久三年に入ると、三月四日の家茂の上洛、三月五日の慶篤の京都到着、三月七日の家茂の慶喜・慶篤らを従えての参内、三月十一日の天皇賀茂社行幸への慶喜・慶篤らの供奉、四月十一日の将軍目代慶篤の江戸帰着、四月二十日家茂が攘夷期限を五月十日とする旨を奉答、五月十日の長州藩による下関海峡通過米商船への砲撃、七月二日の英艦隊と薩摩藩の鹿児島湾での交戦等々（『日本史年表 第四版』『茨城県幕末史年表』等）、水戸藩のみならず幕藩体制の根幹にも、また日本国の将来にも大きな影響を及ぼすような出来事が数多く生起していた。

そうした中で、当時会沢の興味を惹いたのは文久三年五月二十日に京都で起こった姉小路公知の暗殺事件だけだったということでもあるまいが、本書簡集中に含まれているここでの検討対象となるような書簡は、唯一同年六月朔日付の第22通目書簡だけであり、それも「京師姉小路殿、甚敷事ニ奉存候」というごく短い記述がみえるのみである。会沢は、こうしたテロの横行する世の中になってきたことを嘆いているようであるが、ここでは何故か多くを語ろうとはしていない。ちなみに、姉小路公知は、文久二年十月に三条実美が勅使として江戸に派遣された際に副使を勤めた人物である（『水戸市史 中巻五』第二二章第三節）。

今、この疑念に関連して我々が想起すべきなのは、当時会沢が、斉昭逝去後に藩命を受け、青山・豊田らと『烈公行実』（文久元年成稿）の編纂に携わると共に、『閑聖漫録』（文久三年刊行）・『読易日札』（文久二年成稿）・「時務策」（文久二年成稿）等の著作を執筆しているという事実である（『水戸市史 中巻四』第二一章第七節、瀬谷前掲書、『日本思想大系53 水戸学』の解説、秋山前掲書等）。

なかでも「時務策」は、一橋慶喜に呈したものとも門下の子弟に示したものともいわれているが、その中で会沢は、政治を行う上では時勢の変化を見極め臨機応変に対応していくことが肝要であり、長期・短期の両面からわが国の独立と安全にとって最も有効と思われる政策を選択し実施していくことが強く求められる、として開国論を主張している。この一文を読んだ尊攘激派の諸士は、かねて尊攘運動の理論的指導者として令名の高かった会沢を、あるいは変節したと非難し、またあるいは耄碌したと嘲笑した。けれども、こうした会沢の主張がその主著『新論』（文政八年成稿、安政四年公刊）以来一貫したものであったことは、すでに先学の指摘しているところである（『水戸市史 中巻五』第二二章第三節、『日本思想大系53 水戸学』解説）。

このように精力的に著作活動を続ける当時の会沢から激派諸士のいうような老耄の兆しを感知するのは、少なくとも知的活動の面に関するかぎり容易なことではあるまい。ここでの検討対象となるような書簡が少なかったのも、世の中の出来事に関心を示さなくなってしまったからということでは決してなかったものと推察される。そのことは、会沢が、文久二年閏八月五日付の原田明善（誠之介）宛書簡の中で、故斉昭の従二位権大納言追贈の勅旨が幕府から伝達されたことを喜び、幕府による公武合体策の推進が容易でない状況や幕府の中で慶喜が疎外されているらしいことなどを憂慮し、幕府が諸外国と和親を結ぶのも現状では止むを得ないと述べ、京都の堂上方が事情をよく弁えずに攘夷を唱え続けているのを説得しなければならないなどと語っているのをみれば、何人も首肯するであろう（西村文則『会沢伯民』、『日本思想大系53　水戸学』解説）。

第三節　幕府による諸外国との条約締結と会沢正志斎

本書簡集中には、諸外国との条約締結に対する会沢の見解の一端を窺うことのできるものが、僅か三通ではあるが含まれている。一通は和親条約に、あとの二通は通商条約に係わるものである。そこで、本節ではこれらを順次検討していくことになるが、そのまえに当時の外国船来航の状況とそれをめぐっての幕府の対応について粗々見ておくことにしたい。

1　諸外国との和親条約締結に係わる書簡

嘉永六年六月三日、アメリカ東印度艦隊司令長官ペリーは四隻の軍艦を率いて浦賀に来航し、日本との国交と通商を求める大統領フィルモアからの国書の受領と回答を要求した。浦賀奉行戸田氏栄はこれを幕府に報じると共に、対外関係の交渉は長崎奉行の職掌なので長崎に回航するよう指示したが、江戸湾において日本政府に国書を受領させることこそ重要と考えるペリーはこれを拒否し、湾の奥部まで侵入し水深測量などをして幕府に圧力をかけた。こうした示威行動に堪りかねた幕府はついに国書受領を決定し、同月九日、久里浜で受領式を挙行した。国書に対する回答は明年にするという約束を幕府から取り付けた上で、ペリーの艦隊は、暫く江戸湾内に留まり示威行動を繰り返した後、同月十一日に漸く退去した。

ペリーの艦隊が再来するのは安政元年（嘉永七年十一月二十七日から安政に改元）の一月十六日であるが、それ以前の嘉永六年六月晦日、水戸藩前藩主徳川斉昭が幕府の海防参与に就任し、隔日登城して老中に意見を具申することとなった。そして、丁度その前後に、幕府は三家はじめ諸大名等に米国大統領の国書の扱いについて諮問した。斉昭は、これに応えるかたちで、七月八日と八月三日に併せて一三ヵ条の国防方策を幕府に建議した。これら二つを併せて「海防愚存」と称するが、そのなかで斉昭は、いわゆる「内戦外和の論」を展開する。これは、当面は士民を緊張させ鼓舞することによって真剣に武備の充実に取り組ませ、十分に武備が充実し当方に勝算が出てくるまではじっと堪えて低姿勢で相手に臨み、国書に対する明確な返答も先延ばしにするというものである。彼我の戦力の違いが歴然としていたことから案出された苦肉の策であろうが、阿部正弘を首班とする当時の幕府は、このいわゆる「ぶらかし策」をもって再来することになっているペリーに対応するつもりであった。

そうした折柄、七月十八日にロシア使節プチャーチンが長崎に入港し、ペリーに続いて和親通商を要求してきた。しかし、当時は露土戦争が勃発しようとしていたのに加えて、英仏両国にオスマン帝国側で参戦する気配がみえたため、プチャーチンは幕府代表との条約交渉も中途に、十月二十三日長崎奉行に再渡来を約して上海へ退去した。その後もプチャーチンは、十二月五日と翌安政元年三月二十三日に長崎へ来航したが、二月三十日に英仏両国との間に戦端が開かれたこともあって、いずれも短期間の滞在で慌ただしく退去している。

このようにロシアのプチャーチンがクリミア戦争でのっぴきならない状況下にあったさなか、アメリカのペリーが安政元年一月十六日に再来し、九隻の軍艦の軍事的圧力を背景に、三月三日神奈川で日米和親条約を締結した。前回に勝るペリーの強硬な態度をまえにして、当初幕府が採るつもりであった斉昭流の「ぶらかし策」で対応することは不可能であった。そして、条約締結一週間後の三月十日斉昭は海防参与を辞し、阿部宰相の慰留も振り切って病と称して登城しなくなったのである。

ところで、この条約では、下田と箱館の開港、漂流民等の両港での引き渡し、最恵国条項、締結一八カ月後の領事駐劄などが規定されたが、幕府は同年八月二十三日にイギリスとも同様の条約を締結している。

そして、英仏軍艦による拿捕を警戒してシベリア海岸のインペラトルスキー湾に退避していたプチャーチンは、国境画定が懸案となっていたこともあって露日条約締結に強い意欲を示し、拿捕される危険を冒して同年八月三十日に箱館に入港し、それから太平洋岸を南下して九月十八日に大坂湾へ侵入した。ここで日本側と折衝した結果、下田が条約交渉の場と決定し、十月十五日に下田に入港、十一月三日から交渉を開始した（『水戸市史　中巻四』第二〇章第一節、宮地正人『幕末維新変革史』上巻第八章、瀬谷義彦『新装　水戸の斉昭』等）。

さて、ここまで諸外国との和親条約締結の経緯をみてきたところで、安政元年（月日未詳）執筆と推定した通し番号31の一文の検討に入ることにしたい。この文中には、

大坂之儀ハ畿内之地と申、且橋船ハ京都迄も直ニ乗込候事も容易ニ候へは、皇城御警衛厳重ニ可有之ハ勿論之儀ニ而、彦根其外近畿之諸侯より人数指出候儀と相見候。先ツ京師空虚と申にも無之、此度迚も浦賀同様和議之御含にてハ諸国を罷弊候而厳備候にも不及候様存候者有之も難測候へ共、此節之儀ハ天下人心

向背之界ニて、万一幕府ニて御警衛御疎略之様ニも諸国へ聞へ候而ハ人情解体仕、諸侯之中ニも異論を生候者有之候ハ、幕府之御威令ニも拘り候間、至而御大□〔判読不能、「切」カ〕之場合と奉存候。依而ハ諸侯人数指出候上ニ為御目代閣老衆幷御目附等被遣候而可然、尾州様抔よりも定而ハ人数御差出ニ相成候儀と奉存候。扨又有志之士議論有之、御当家ニ於ても一隊之御人数御差出ニて可然と申者も追々相見申候。遠方之儀ニは候へ共、御当家之御儀ハ他家と違、義公様以来朝廷御尊崇被遊候段天下の目を付候儀ニ候へハ、御人数御指出ニも相成候ハ、天下の人心興起可仕候間、有志之論も尤之様奉存候。何レ天朝御尊崇之御意味天下人心向背之機と申義、当今第一之眼目と奉存候。

のような記述がみえる。これを意訳すれば以下のようになるであろう。

大坂は畿内の地であり、橋船（はしけ）で京都まで直接乗込むことも容易にできるので、皇城の警衛を厳重にすべきなのは勿論のことであり、そのため彦根その他の近畿の諸侯から人数を差し出すことにしているのでありましょう。このような訳ですので、さし当たり京師が無防備の状態にあるということでもなく、この度も幕府が浦賀同様の和議を結ぶ心算であるならば、わざわざ諸藩を疲弊させてまで備えを厳しくするにも及ぶまいと考える者がいるかもしれません。
しかし、この件は天下の人心の向背が懸っていることですので、万一にも幕府が警衛を疎略にしているというような評判が諸藩へ伝わるようなことがあっては、人情が解体し諸侯の中に異論を唱える者が生じるおそれがあります。そうなっては幕府の威令にも係わりますので、大変重要な選択を迫られていると存じます。よってここは諸侯から人数を差し出させ、その上で将軍目代として閣老衆並びに目付等を遣わすのが適当かと存じます。さだめし尾州様などからも人数を差し出すことになるでありましょう。ところで有志の士の間では議論があり、当家からも一隊の人数を差し出すのがよいと申す者も追々出てきているようであります。遠方のことではありますが、当家の場合は他家とは違いまして、義公様以来朝廷を尊崇してこられたことが天下に知れわたっておりますので、当家からも人数を差し出すとなれば天下の人心が興起することでしょうから、こうした有志の者の論も尤もであると存じます。いずれにいたしましても、天朝を尊崇することは天下人心の向背に係わることであり、これこそが当今第一の眼目であると愚考する次第であります。

この内容から推察するに、ここで検討しようとしているこの一文は、先述したプチャーチンの大坂寄港という出来事に係わるもののようである。この中で会沢は、大坂から端舟で容易に乗込むことのできる位置にある皇城の警衛は当然厳重にすべきであるという考えのもとで、彦根その他の近畿の諸侯から然るべき人数を差し出す手筈になっている現状に触れ、さらに、このようにして京師の防備は今でも決して怠っているわけではないので、幕府がロシアともアメリカ同様の条約を結ぶという考えであるならば、これ以上防備を厳しくすることで諸藩を疲弊させるにも及ぶまいと主張する者が出てくるであろうことを想定した上で、この件は天下の人心の向背が懸っていることであり、万一にも幕府が京師の警衛を疎略にしているというような評判が諸藩に伝わって、諸侯の中に異論を唱える者が生じたりしては幕府の威令にも係わる重大事なので、ここは熟慮の上で慎重に対処すべきだと主張する。会沢自身は、諸侯から人数を差し出させた上で将軍目代として老中・目付などを遣わすのが適当と考えていたようであり、尾張藩などからも人数を差し出すことになるだろうと予測している。

ところで、当時水戸藩では、有志者の中に水戸藩からも一隊の人数を差し出すべきだと主張する者がいたらしく、これに対して会沢は、京都は遠方ではあるが、当家の場合は他家と違って義公（光圀）以来朝廷を尊崇してきたことが広く天下に知られているので、当家からも人数を差し出すとなればさぞかし天下の人心が興起することであろうから、こうした有志者の意見は正鵠を射たものである、と賛意を表している。そして、いずれにしても天朝を尊崇することは天下人心の向背に係わることであり、これこそが当今第一の眼目であることを強調するのである。

この一文にはまた、

夷情難測候へ共、大坂を下田同様船繋之場所ニ相願候ニハ有之間敷哉。縦令右様ニ而も、諳厄利亜同様長崎・箱館之外へハ御許し無之義と奉存候へ共、大坂之儀ハ皇城近旁と申、且咽喉之地ニ候へハ、夷□（欠損、「舶」カ）来泊之場と定り候而ハ、筑前・佐嘉両家長崎を固候如く警衛無之候而ハ不相成、此節多事之砌天下の罷弊を増し可申、且万一諸国之漕運を妨られ候事も有之候而ハ天下の大患ニ可相成、其上外国来泊之場所多く相成候而ハ、此後邪教或ハ阿片等之御制禁も届兼可申候間、大坂泊船之儀ハ必御許無之候様仕度奉存候。

のような記述もみえ、意訳すれば以下のようになる。

夷情につきまして推測するのは難しいですが、大坂を下田と同様に船繋の場所として要求してくるのではないでしょうか。もしそのようなことになりましても、イギリスの場合と同様に、長崎・箱館以外は許可されないものと拝察いたします。大坂は皇城の近傍、まさに喉元ともいえる地ですので、外国船が来泊する場所に決まってしまいますと、現在筑前・佐賀両家が長崎を固めておりますような警衛体制をここでも整える必要が生じ、もしそのようなことにでもなりましたら、それでなくてもこの節は多事の砌、天下の疲弊をいっそう増大させてしまうことになるのは必定であります。さらに、万一全国の漕運を妨られたりしては天下の大患を招くことになります。加えて、外国船が来泊する場所が多くなりますと、この後邪教や阿片などの制禁も行き届きかねるようになりますので、大坂泊船の件は決して許可しないようにしていただきたいと存じます。

ここで会沢は、ロシア側の意図するところを忖度するのは難しいとしながらも、下田と同様に大坂も開港するよう要求してくるのではないかと心配している。万一大坂開港というようなことになれば、皇城近傍の地ということもあるので長崎同様の警衛体制を整える必要が生じ、そのための出費により天下の疲弊をいっそう増大させてしまうことになるのは必定であるという。この財政上の負担増の可能性に加えて、会沢は、全国の漕運を妨られることによって経済上の混乱が生じる可能性、及び開港場が増えることで今後キリスト教や阿片などの制禁が行き届かなくなり、その結果として風教上の混乱が生じる可能性をそれぞれ指摘して、大坂の開港は断固拒否し、イギリスの場合と同様、長崎・箱館以外は許可しないようにすべきことを提唱するのである。

安政元年九月十八日、プチャーチンが大坂湾にその姿を現し天保山沖に錨を下ろしたことで、大坂と目と鼻の先に位置する京都では大きな衝撃をうけ、京都所司代（脇坂淡路守）は郡山藩（松平時之助）に伏見街道を、亀山藩（松平豊前守）に山崎街道の警備を命じ、当時京都市中の警備に当たっていた彦根藩からは藩主井伊直弼の率いる増援部隊が入京して備えを強化した（徳富蘇峰『近世日本国民史　開国日本㈣』、大仏次郎『天皇の世紀1　黒船渡来』『天皇の世紀2　地熱』等）。

そのような中で会沢は、以上にみたようにロシア船の大坂寄港を憂慮し、その対応策をいろいろと思いめぐらしたのであるが、結局、幕府によるロシア側との折衝の結果、下田が条約交渉の場と決まり、ロシア船は早々に大坂湾を退去して下田へ回航し、この場はひとまず事なきを得ることができた。そして、安政元年十二月二十一日、ロシア側は、条約交渉の地となった伊豆下田での大津波による罹災にも拘らず、同地において露日和親条約の調印に漕ぎつけるのである（宮地前掲書上巻第八章）。この条約においてロシア側は、嘉永六年から安政元年にかけての交渉時に日本側に示した条約草案中の開港希望地「大坂」には固執しなかった（徳富前掲書㈢㈣）。その結果として会沢の心配が杞憂に終わったのは幸いなことであった。

ところで、この一文には差出人・受取人・執筆年月日等が記されておらず、文中の随所に加除訂正が施されていて下書きのような体をなしているが、筆跡は確かに会沢のものであり、その伝来からしても会沢から青山の手に渡ったものとみて支障はあるまい。また、その内容からすると、藩庁等に提出する上申書の中味を青山と協議するために作成された案文ではないかと推察される。

2　諸外国との通商条約締結に係わる書簡

本書簡集の通し番号124の一文は、安政五年六月十九日の日米修好通商条約調印の少しまえに書かれたものと推されるのであるが、ここでもその検討に入るまえに、米国駐日総領事ハリスが伊豆下田に来航してから日米修好通商条約調印に至るまでの経過を概観しておきたい。

安政三年七月二十一日、伊豆下田に来航した米国駐日総領事ハリスは、玉泉寺を領事館として八月五日に着任した。そして、同四年五月には下田奉行井上清直との間に日米約定（下田条約）を締結するが、これは先にペリーが締結した日米和親条約を補足するものであってハリスの目指していたものではなかった。総領事兼条約改訂全権委員のハリスは、当座の最重要任務である日本との通商条約締結を直接幕府首脳と交渉すべく、幕府に対して出府登城を認めるよう強く求めていた。

しかし、これには諸大名の多くが反対し、当然のことながら斉昭・慶篤父子も反対である旨を建言したのであるが、ハリスの強硬な要求に屈した幕府はこれを許可し、ついに同年十月二十一日、ハリスは江戸城に登って将軍家定に謁見し、大統領ピアースの国書を受理させた。また、同月二十六日には老中堀田正睦邸を訪れ、世界の大勢を説くと同時に、米国との通商条約締結のメリットを延々六時間にわたって演説した。

幕府は、米国大統領の国書と堀田邸でのハリスの演説書等を三家以下諸大名に示して意見を求めたが、提出された意見書の大部分はハリスの要求は受け入れざるを得ないであろうというものであった。このような結果を受けて、幕府全権の下田奉行井上清直と目付岩瀬忠震は十二月四日にハリスとの会談に入り、このときハリスが提出した日米修好通商条約及び貿易章程の原案をもとに蕃書調所での審議を開始した。そして、この日米交渉は安政五年一月十二日まで一三回にわたって行われ、最終的にはアメリカ側の主張をほぼ全面的に採り入れた条約案で合意することとなった。

幕府はまた、同月十五日にこの原案を三家以下諸大名に示し、自由貿易を認めることの可否について再び意見を求めた。そして、同月二十九日には、大廊下・溜間・大広間詰の大名に登城を命じ、将軍出座の上で堀田閣老から通商条約締結の止むを得ない旨を告げたが、特に水戸家に対しては、川路聖謨・永井尚志を小石川藩邸に遣わして、斉昭・慶篤父子を納得させるべく丁寧に説明させた。

ところで、安政四年時の幕府の諮問に対する有力大名の答申には、朝廷に奏聞して勅裁を仰ぐべきであるとするものが少なくなかった。そこで幕府は、国論統一のためには条約調印の勅許を得るのが良策として、老中首座の堀田を京都に派遣することにした。幕府からハリスに調印を二ヵ月間延期することを通告した上で、安政五年一月五日、堀田は川路聖謨と永井尚志を伴って西上の途についた。幕府は、従来の朝幕関係からして目的の達成は容易であると見込んでいた。

堀田ら一行は、二月五日に着京して孝明天皇と朝廷への説得工作に取り掛かるが、案に相違して説得は難航し、三月二十日に至って幕府の条約勅許奏請が拒絶され、三家・諸大名の意見を求めて再上奏するよう命じた沙汰書が下された。堀田らが従来の公儀の威光に頼って確固たる幕政改革案も具体的な対外防御策も示すことなく、世界の大勢論のみで説得工作に臨んだことがこのような結果を招いたものとみられている。幕府としては、国論統一のために京都に派遣した堀田らがその目的を達成できなかっただけでなく、幕府の権威そのものが失墜しつつある現状を天下に晒すことになるとは、全く想定していなかったはずである。

安政五年四月二十日、堀田ら一行は滞京二ヵ月にして空しく江戸に帰着した。このとき既に、ハリスと約束した条約調印の期限は切れてしまっていた。しかるに堀田は、前月の五日から出府してその帰府を待っていたハリスに対して、あろうことか再度の調印延期を要請した。ハリスは、幕府のこうした態度を厳しく非難し、執拗に調印を促した。当時の幕閣は、堀田帰府の三日後に突然井伊直弼が大老に就任し、堀田に代わって幕政を主導することとなり、四月二十五日に大名・旗本に総登城を命じて条約調印についての意見を求めた。これに応えて、慶篤は五月一日に、また斉昭は同月三日に、それぞれ答申しているのであるが、幕府は、ハリスの勢いに押しきられるかたちで、同月二日に勅許の有無如何に拘らず七月二十日を調印期日とする旨をハリスに確約したのである。

ところが、この確約期日を前にした六月十三日、米国軍艦ミシシッピー号が下田に入港し、第二次アヘン戦争で清国が英仏連合軍に広東・天津を占領された結果、露米を加えた四ヵ国と天津条約を結ぶに至ったことがハリスに報告されたことで、懸案の条約調印問題は急速な展開をみることとなった。この情報を得たハリスは、清国との戦いに勝利した英仏連合軍がその余勢を駆って日本にも来航するはずであるから、そのまえに米国と調印を済ませておけば、米国は英仏に対してこれと同等の条約で満足するよう周旋することができる、と説いて幕府に決断を迫った。

井伊大老を中心とした幕閣は、安政五年六月十九日、遂に日米修好通商条約及び貿易章程に調印し、同月二十一日には老中連署の宿継奉書をもってこれを朝廷に奏聞した。また、その翌二十二日には、在府諸大名に総登城を命じて条約調印を報告すると共に、そうせざるを得なかった事情を説明した。

この事実から我々は、ゆるやかなテンポで動く日本の国内政治のメカニズムが、十九世紀半ばの国際政治の荒波に呑み込まれ崩壊の危機に瀕していた状況を如実に窺い知ることができるのである（『水戸市史　中巻四』第二一章第二節、宮地前掲書上巻第八・一三・一四章等）。

さて、如上の経過を辿り日米修好通商条約は調印に至ったのであるが、ここで検討しようとしている通し番号124の一文は、「此度公辺へ被仰立候趣ハ、心付候儀別紙申出候所、猶又三ヶ条御尋之儀ニ付、為御含大意左ニ申出候」という記述で始まっている。これによると、当時、斉昭もしくは慶篤が幕府に提出しようとしていた日米修好通商条約調印に関する意見書の件で会沢らに下問があり、これに応えて心付いたところを別紙に認め提出したのであるが、その後さらに三カ条の下問があったらしく、それに対して会沢は、以下にみるごとく奉答案文を作成し、青山に示したものらしい。

一　永世安全との御儀ハ古今無之儀ニて、神州皇統無窮、御安全ニハ被為在候へ共、中ニハ承久之変元弘建武之乱其外御危難之御儀も不少、猶更近来戎狄之勢甚盛ニ相成候へハ、只今ニも如何様之変を生し候儀難測、永世之憂此時と奉存候。禦侮之方、富国強兵ハ勿論ニ候所、永世ニ伝り候儀ハ神聖の道を興し邪教を防き候事大本と奉存候。然所近頃洋学大ニ行レ、当路之人有名之学士書生等も洋教ハ大害無之抔と申触、神聖忠孝之訓堙晦仕候而ハ、民心一旦邪教ニ染候ヘハ再ひ挽回不相成、終ニハ戎狄之隷属と成候義、永世之禍根と奉存候。

一　不拘国体後患無之方略との儀、国体を辱め卑屈仕候ハ一時の苦痛を免れ候迄ニて、既ニ墨夷抔も最初之望よりハ次第ニ増長仕候を見候而も、後患無之との見留ハ立不申儀指見候事と奉存候。

一　下田条約之外御許容無之防禦処置之儀、太平久敷天下安逸ニ耽り戦場ニ不習候間、只今戦場と存天下一統必死之心得ニ而も戦勝ハ如何ニ候所、幕府諸有司を始め戦を畏、諸家も安逸ニ習ひ、只今戦場と存候家風指を折候程も無之、御国を始め上下共戦場之模様ニ無之家々而已ニて、兵糧も軍用金も乏敷、実戦ニ臨防禦行届可申とハ不被存候。他家ハ無是非候ヘ共、御家計も太平之逸楽を忘れ、当今戦場之心得ニて上下共勤倹ニ相成、戦場之駆ヶ引を心掛候風儀ニ仕度事と奉存候。猶又御掛も御坐候ハヽ、委細申出候様可仕候ヘ共、指掛り之儀ニ付先ツ大意而已申出候。

その第一は、「永世安全」ということについて。永世安全などということは古今に例を見ないことである。我が国は皇統無窮で安全なところではあるが、承久の変、元弘・建武の乱のような危難に際会したことも少なからずあった。なおのこと近年は、戎狄の勢力が甚だ盛んになってきており、今すぐ何らかの異変が生ずるやも測りかね、まことに憂慮に堪えない状況にある。禦侮の方策としては、富国強兵は勿論のことであるが、やはり恒久的に威力を発揮するのは神聖の道を興し邪教を防ぐことである。これこそが大本であるにも拘らず、近頃は洋学が大いに行われ、当路者や有名な学士、書生等も洋教は大害なしなどと言いなしている。仮に洋学が普及することで神聖なる忠孝の訓が堙晦し、ひとたび民心が邪教に染まってしまえばもう取り返しがつかず、終には戎狄に隷属させられる結果となって永久に禍根を残すことになる。会沢はこのように述べている。

その第二は、「国体に拘らず後患のない方略」について。会沢は、国体を辱め卑屈になることで一時の苦痛は免れられるかもしれないが、すでに明白なように、アメリカなども最初の要求よりは次第に増長してきているのであるから、いかなる方略であっても後患がないと断言することは不可能であるという。

その第三は、「下田条約の外には許容しない防禦処置」について。会沢は、太平が久しく続いたことで天下が安逸に耽り戦場に慣れていないので、たとえ只今は戦場と自覚して天下一統が必死の覚悟をもって臨んでも、それで戦に勝てるかどうかは分からないという。ましてや、幕府の諸有司をはじめとして戦を畏れ、諸藩も安逸に泥んでいる現状では、只今を戦場と見立てるような藩は指折り数えるほどもない。当藩をはじめとしていずれの藩でも、身分の上下に拘らず戦場という認識をもたない者ばかりである上、兵糧も軍用金も乏しく、実戦に臨んで防禦できる態勢が整っているとはとても言えない状態である。他藩はさておき当藩だけでも、太平の逸楽を忘れて当今は戦場であるとの心得をもち、上下共勤倹に努めると同時に、戦場での臨機応変な対応に心掛けるような風儀にしたいものである。このように述べて上で会沢は、さらにお尋ねがあればその都度詳しく申し上げることにして、先ずは大意ばかりを申し上げておく、と結んでいる。

ちなみに、ここに言う「下田条約」は「日米約定」とも言い、安政四年五月に下田奉行井上清直とハリスとの間で締結されたことは先述したとおりである。これは先にペリーが締結した「日米和親条約」を補足し、「日米修好通商条約」の先駆となったもので、米国人居住権・領事裁判権・領事旅行権等を規定している。

会沢は、このように三ヵ条の下問に応えた後、「ただし仮条約等を断わるにしても、国法が許さないということのみを理由としたのでは、狭隘の論ということでことごとく拒絶されてしまうであろう」と述べ、次のような対応の仕方を提案している。

但仮条約等御断之儀も、御国法と而已御断ニ而ハ狭隘之論と一円ニ相破り候事と相見候。開闢以来之国体を俄ニ変候而ハ諸侯より万民迄多くハ服し兼、天下之乱を生し候勢ニ候ヘハ、外国より善意を以和親之心得ニ候ハヽ、国家之乱を生し不申様致候而社善意と可申候。然るを無理ニ押付我国を乱し、治平の民を烈焔猛火ニ殺候而ハ不仁之至ニて天意ニ背候間、是迄ハ都而其国より申所を御許ニ相成候上ハ、少々ハ其国の意ニ不満候事有之候共、扣候廉も無之候而ハ片落ニ候間、其国も我国も双方共互ニ存意を扣ヘ候而、双方之為ニ宜候様致候ハヽ、和親之意味ニも叶候と申儀を以御断ニ相成候ハヽ、此方之辞命も正大ニて、何程戎狄之残暴ニ而も、不得已存意を扣候儀も可有之哉。是等之意味ハ幕府之有司も心得候様致度儀と奉存候所、是迄応接ニも右様之意味不相見候ハ遺憾之儀ニ奉存候間、序ニ申出候。以上

会沢はまず、開闢以来の国体を俄かに変えたのでは諸侯から万民に至るまでの多くが納得せず、天下に混乱を生じてしまいかねないという当方の事情を先方に伝えるべきであるという。その上で、先方が和親の気持ちを大事に考え、我が国内に混乱を生じないようにすることこそ真の善意というものであり、無理に押し付けて我が国を乱し、治平の民を烈焔猛火の下に殺戮したりしては不仁の至り、天意にも背く行為であることを知らしめるべきであるという。さらに会沢は、「これまで我が国が貴国の申し出をすべて容認してきたのであるから、少しは意に満たないことがあっても堪えてもらわねば不公平となる。貴国も我国も互いに存意を扣え、双方のために良いように計らうならば、和親の意味にも叶うというものであろう」、という具合に説得することを提案している。

そして会沢は、このように説いて断れば、当方の応接の言葉としても正々堂々としたものとなり、どれほど戎狄が残暴であっても、止むを得ず存意を控えるようにもなるのではないかと述べ、こうしたことは幕府の有司方にも心得ておいてもらいたいものだが、これまでの幕府の応接においてこのような意味合いの対応がみられないのは遺憾なので序でに申し添えておく、と述べている。

ここで会沢が「仮条約等を断わるにしても云々」といっている「仮条約」とは、言うまでもなく「日米修好通商条約」のことである。先にハリスの伊豆下田来航から日米修好通商条約調印に至るまでの経過を概観したところで述べたように、幕府は、国論統一のため条約調印の勅許を得るという思惑がはずれたことを、安政五年三月二十日に朝廷から下された勅諚で知らされた上に、三家・諸大名の意見を求めて再上奏するよう命じられたため、同年四月二十五日に又々大名・旗本らに総登城を命じて意見の提出を求めていた。

水戸藩主慶篤は、同年五月一日に同件に関する建議書を幕府に提出したのであるが、これに先立つ同年の四月中に、会沢らは同件に関する慶篤の諮問に応えた答申書を提出している（『水戸藩史料』上編坤、『茨城県幕末史年表』）。先に筆者は、「当時、斉昭もしくは慶篤が幕府に提出しようとしていた日米修好通商条約調印についての意見書の件で会沢らに下問があり云々」と記しておいたが、ここで「斉昭もしくは慶篤」としていたところは、どうやら「慶篤」と訂正する必要があるようである。そして、この通し番号124の一文は、その下問の背景に何があったかはいざ知らず、あくまでもこのとき慶篤が提出しようとしていた二度目の建議書の内容を補足するものとして認められたと推察されるのである（徳富蘇峰『近世日本国民史　堀田正睦㈤』）。

また、次にみる安政六年六月十八日付第8通目書簡も通商条約調印に係わるもののようである。そこには以下のような記述がみえる。

条約云々幷呑の形を露し、要塞兵器等漸隠然相見候由、御同意扼腕仕候。御細注委曲被仰下、一として憤激之事ニ非るハ無之候。此節諸侯動静可有之哉被仰下候所、何卒追々様子御示被下候様奉祈候。此地ニ而も海上ニて異舶見掛候由、砲声も遙聞候由、尤一艘と申事ニ御座候。

これによると会沢は、在府中の青山から、幕府が諸外国と締結した条約が次第に「幷呑の形」を露呈してきており、ついに外夷が陰で「要塞兵器等」をちらつかせるようになってきているとの情報を得て扼腕し、送られてきた詳細な情報は一つとして憤激の対象でないものはない、と憤りを露わにしている。

安政五年六月十九日に米国駐日総領事ハリスとの間で日米修好通商条約を締結した幕府は、同六年五月二十八日に翌六月から神奈川・長崎・箱館の三港において、露・仏・英・蘭・米五カ国との自由貿易を許可する旨を布告した。こうして日本は、いわゆる安政五カ国条約体制のもとで急速かつ否応なしに世界市場の中に組み込まれることとなったわけである（『茨城県幕末史年表』、宮地前掲書上巻第一四章）。このとき青山が会沢に対して何をどのように報じたのかは定かでないが、こうした現下の情勢を会沢同様由々しき事態と捉えてはいたようである。

本書簡中で青山は、併せて昨今の諸侯の動静についても知らせてきたらしく、これを受けて会沢は、今後とも引き続き様子を知らせてくれるよう依頼している。そしてその上で、会沢の方からも異舶の姿を一艘見掛け砲声も遠方から聞こえてきた、といった国許の情報を在江戸の青山宛に書き送っている。

第四節　水戸藩内政上の二、三の案件と会沢正志斎

1　水戸藩の大船建造に関する書簡

水戸藩第九代藩主徳川斉昭は、天保十年六月、第一二代将軍徳川家慶に対して一一項目からなる長文の建白書を上呈した。これは執筆された年の干支を採って「戊戌封事」と呼ばれているが、その中に「船艦」という一項がある。ここで斉昭は、幕府の大船禁止の法令を改正すべきことを強調している。この大船建造解禁の提言は斉昭が初めて提唱したものではないが、御三家の権威もあって注目されるところとなった。

それから十五年近い歳月が経過し、嘉永六年六月三日にペリーが来航すると、斉昭は既に藩主の座を退いていたが、老中阿部伊勢守に請われて海防の幕政参与となり、七月八日には海防の大本についての意見一〇カ条を、また八月三日には一三カ条を建議した[15]。それらの中にも海防における大船の重要性を説いた箇条が含まれていた。そして幕府は、この建言を受けて同年九月一五日に漸くその禁を解くに至り、十一月十二日には水戸藩に大船の建造を命じたのである（瀬谷義彦『新装　水戸の斉昭』、『茨城県史料　幕末編Ⅰ』解説等）。

幕命を受けた水戸藩では、安政元年一月四日、江戸石川島において大船建造に着手し、同二年二月十六日には新造艦の船霊祭を行っている（『水戸藩史料』上編乾）。

今、三月三日付の第52通目書簡をみると、

船霊祭式、如仰音楽ニハ及申間敷被存候。其外儀器・神饌等も少々節減候而も可然哉。（音楽ニ准候而節減）東湖へ御為登、可然御運可被下候。

という記述がみえる。ここに「船霊祭式云々」とあるのは、この船霊祭挙行に向けての準備に係わる相談と推されるので、水戸藩では大船建造に着手してまだ間もない頃から、この時のための準備を始めていたことが分かる。それはともかくとして、ここで会沢は、船霊祭式の際に奏する音楽や使用する儀器、それから御供えする神饌等について言及し、音楽は省略、儀器・神饌等も少々節減しては如何かと提案している。そして、江戸にいる東湖（藤田）とも相談の上で、然るべく取り計らってほしい、と青山に依頼している。

この船霊祭に関しては、もう一通、三月十二日付の第57通目書簡に「船霊祝詞之事、御取扱ニ相成奉謝候」とある。これによると、青山が船霊祭で読まれる祝詞について何らかの手当てを講じたものらしい。そのことで会沢が謝意を述べているのである。

水戸藩では、既に安政二年正月に進水式を済ませていた大船を、船霊祭挙行後に横浜へ移して艦内の造作を整えさせることにしたのであるが、それに際しては、二月二十一日に藩士鱸半兵衛らを伊豆国戸田村へ派遣し、ロシア人の造船を見学させたりしている[16]。そして、安政三年五月には艦内の造作もすべて完了し、七月十二日に船名を「旭日丸」とすることに決定した。

ところで、この船名についてであるが、国立国会図書館所蔵の『豊田天功書簡』をみると、豊田が青山に宛てた六月八日付の第62通目の書簡に、

此度御出来之大船名撰被仰付云々、至極御撰御的当奉存候。乍去其内、長風・頸風・龍撃之三ツ之内宜敷様愚考仕候。報国丸之尊慮ハ御尤ニ奉存候。尽忠抔も宜敷様ニ御坐候。是又御申上可被下候。快風ハ快名ながら、旧来之御船名ニ御坐候ヘバ、只今ニ而ハ何と歟別名御命可宜様ニ御坐候。右之儀御答草々如此ニ

御坐候。

という記述がみえる。これによれば、大船の名称を検討するよう命じられた青山が、いくつかの候補名を挙げて豊田に書き送り、意見を求めたようである。豊田は、青山から示されたいくつかの案のうち、長風・頸風・龍驤の三案の中から一つを選ぶのがよいのではないか、と応えている。そのほか報国や尽忠などもよいと思われるので、このことも申し上げてほしいと頼んでいる。ただ、快風は心地よい名ではあるが、すでにこの名をもつ船があるという理由で、候補から外すことを薦めている。

この大船の名称については、如上の豊田書簡と同じく六月八日の日付をもつ第28通目書簡に、「船名之儀僕も考見可申候所、とかく宜相願候。豊田之方も宜相願候」と記した後、「安政丸ハ天子ニ非ハ不宜候様也、如何」と追記したりしているのをみると、会沢自身も一応は考えてみたようであるが、ほとんど青山・豊田両名にお任せの状態であったと推察される。

なお、先にみた豊田書簡中に出てきた「報国丸」は斉昭の案だったが、「報国の称は諸侯の船に在りては則ち可なり幕府の軍艦として報国と命ずるは事体宜に適せず」と幕議で退けられてしまったという。その後数回協議がもたれ、武徳丸・晴旭丸・東海丸・仁風丸・旭日丸・安政丸・長風丸などの佳名を選び、最終的には斉昭の意見により「旭日丸」と決定したようである（『水戸藩史料』上編乾）。

2　安政期水戸藩の財政窮乏と救荒対策に関する書簡

水戸藩領内は、天保期に数度の凶作に見舞われたが、弘化になってからも元年から四年にかけて、天候不順による不作等で収納が減少し藩財政は逼迫の度を増す一方で、士民の生活も窮迫し、まさに危機的な状況を呈していた。嘉永期には、元年三月の大風と五年八月の大風雨以外は、天候不順による凶作に遭わずに済んだようであるが、安政期に入ると二年から六年迄、毎年のように大雨による那珂川の氾濫に苦しめられた（『水戸市史　中巻四』第一九章第九節、第二〇章第三節）。本書簡集中には、逼迫した藩財政と凶作に苦しむ士民の救済について触れているものが二点含まれている。

その一点目は、通し番号36の一文である。この文章には日付が記されていないが、異筆の張紙に「丙辰／大風災　節倹」とあり、安政三年の八月二十五日に水戸地方が大風雨に見舞われ、城下の上町・下町に家屋の倒壊による多くの死傷者の出たことが前出『水戸市史』中にみえるので、この「丙辰」は安政三年と推される。ちなみに、この大風雨は、江戸・東海・東山諸国にも被害をもたらしたとあるので、おそらく台風によるものであろう。それはともかくとして、この一文を示せば以下のごとくである。

此度風災ニ付節倹之儀御達も御坐候所、指当り之儀ハ、我々共年々拝領之初鮭、諸指南等迄ニハ余程之御品数ニも相成候間、我々共当年之儀ハ頂戴不仕候様仕度奉存候。外々之儀も御了簡之上、不被下候而も宜候哉と奉存候。

一　年々文武御見分済候て諸生へ御酒被下候儀、御風教ニも不宜候間御止ニ相成可然段申出置候所、御判断御隙取申候共、先ツ当年ハ風災ニ付御止ニ相成候而宜候様奉存候。猶又右ニ准シ御酒被下其外御費ニ相成候儀、御省略ニ相成候而宜敷儀も可有之哉。少々宛成共御省ニ可相成儀ハ御評議之上夫々御省、其廉々多く相成候ハヽ、御取締之一端ニも可相成哉と奉存候。此段（後欠）

ここで会沢は、先ず弘道館の文武教職が毎年拝領している初鮭について、「この度の風災で、その筋から節倹の御達がございましたが、私共に差し当たりできますこととして、私共が年々拝領しております初鮭は、諸指南等まで配られますと余程の数量になりますので、今年は頂戴するのをご遠慮申し上げる所存でございます」と述べて、今年は一同辞退する意向であることを明らかにしている。さらに続けて、「外のいろいろなものにつきましても、よくご検討の上、下賜しないことにされてもよろしいのではないかと存じます」とも述べており、藩当局の財政負担の軽減に積極的に協力しようとしている学館教職一同の姿勢を窺うことができる。

そして次には、毎年一回、十月から十一月にかけて行われている文武の大見分（試験）の際に受験生に下される「御酒」について、「毎年文武の見分が済んだ後で諸生へ御酒が下されることにつきましては、予々風教にもよろしくないのでお止めになるよう申し上げてまいりました。これをどうするかの最終的な決定は即座には下せないかもしれませんが、ともかく当年につきましては、風災のあったことでもありますので、お止めになってもよろしいのではないでしょうか。なお又、これに準じた振舞い酒をはじめ経費のかかる諸事の中には、省略しても差し支えないようこともあるのではないでしょうか。少しずつでも節約できることはご評議の上で実施に移し、そうしたことが積み重なっていけば、お取締りの効果も現われてくるものと存じます」と述べている。この文武大見分では、終了後に藩主自ら学校御殿に臨んで受験生一同に慰労の辞を与え、その後で家老・用達以下関係者一同、さらには受験生にまで酒肴を賜ることが恒例になっていた（鈴木暎一『水戸弘道館小史』）。会沢は、風教にもよくない諸生への御酒饗応は、なんとかこれを機に止めさせたかったようである。そして、たとえ些細なことであっても、精査した上で省略できることは省略する努力を継続していくことの必要性を具申している。

なお、この一文は、料紙にはさらに書き続けるだけの余白が十分あるにもかかわらず、「此段」と記した後中断してしまっているが、筆跡は会沢で間違いないので、何らかの事情があってこのかたちのまま青山の手に渡ったもののようである。文章の内容や書式等から推するに、会沢らが藩庁に提出した意見書の案文ではなかろうか。

その二点目は、通し番号30の一文であるが、この文章も通し番号36の一文に同じく、その筆跡や伝来等からして、会沢が、青山に宛てた書簡に添えるなどして届けた意見書等の案文かと推される。この一文には以下のごとく記されている。

御勝手御不如意、御武備御手当御六ヶ敷候段、御指支之御儀と奉存候。猶又当年不順之気候、縦令此上天気揃候而も時節後れ候間、諸作不熟之御見込ニ無之候而ハ不相成事と奉存候。左候ヘハ、御収納不足之上ニ窮民御救之御手当、且民間も先年よりハ困窮之上ニ蔵中虫付、旁貯穀も少く友救も先年程にハ安心不仕候間、御手当も別而御大切と奉存候。兵革起り候日にも人夫無之候而ハ軍行も不相成、飢餓之民を駆使仕候も可憐事ニ御坐候間、万事御省略、前文後宮御入目を以武器御製作ハ勿論、其外御普請等も新規事ハ多分御見合、其外是も惟御差略御坐候儀一々ニハ書取兼候ヘ共、都而乱世之心得ニて毎事易簡ニ相成候様ニと奉存候。

先に筆者は、安政期に入ると水戸の城下は毎年のように大雨による那珂川の氾濫に苦しめられ、特に安政三年八月二十五日の大風雨で、上下両町に家屋の倒壊等による多くの死傷者が出たことに言及したが、この一文には「当年不順之気候云々」という記述がみえることから、大風雨のあったその年に書かれたものではなさそうである。前出『水戸市史　中巻四』の五九九頁に、安政四年は夏のうちから冷陰で作柄が悪く年貢収納が減少したと記されているのが、執筆年次推定の手掛かりになるのではないかと筆者はみているのであるが、これを特定するまえにこの一文の内容について見てみることにしたい。

会沢は、一つ書きのかたちをもつ本文で、先ず藩財政の逼迫により武備の手当てが十分にできなくなることを懸念している。そして、当年の気候が不順であるのを考慮すれば、たとえ今後天気が回復してもすでに手遅れの状態であり、諸作の不熟は必定と見込まれ、そうすると当然のことながら、年貢の収納が不足する上に窮民への救荒対策が必要となってくる。さらに、昨今の民間の状況をみると先年よりは困窮しているので、富商・豪農その他有志による救恤活動にも先年ほどの期待はもてないであろうし、蔵中の貯穀自体が少ない上にこれに虫が付いてしまったような状態なので、藩当局による救荒対策がより切実に求められることになるだろう、と推測している。ちなみに、ここにいう「蔵」とは、斉昭が天保期に救荒対策用の貯穀のために設けさせた「常平倉」のことのようであり、また「先年云々」といっているのは、天保期の度重なる凶作の際に水戸藩の行った救済活動が大きな成果を収め、諸国の人々から称賛された事実を想起しての記述かと推察される。

さらに続けて会沢は、いざ戦争となれば人夫なしの軍事行動は不可能であるが、かといって飢餓の民を徴発して使役するのも心苦しいことなので、万事に節約を心掛け、「前文」に記したように後宮の経費を削減して武器の製作に充てるべきなのは勿論のこと、そのほか新規の普請等も見合わせる等々、只今なすべき施策のすべてをここに書き連ねることはできかねるが、ともかく乱世の心得をもってすべてを易簡にすることが肝要である、とその見解を縷述している。

この一文の内容は以上のごとくであり、文中に「前文云々」とあること、また一つ書きのかたちを採っていることなどからも、この一文が財政再建及び救荒対策に関する会沢の意見書等の案文の一部であることが推知され、「当年の気候が不順であるのを考慮すれば、たとえ今後天気が回復してもすでに手遅れの状態云々」と記されていることから、先にも言及したように安政四年の執筆とみて差し支えないのではあるまいか。

今、これを傍証する有力な資料としては、『水戸市史　中巻四』五九四頁に紹介されている安政三、四年頃執筆の国友善庵宛会沢書簡に関する記述があげられる。これによると会沢は、当時江戸在勤の国友にたびたび書状を送り、藩財政の逼迫した状況と農商の窮乏の実態とを知らせると同時に、そうした中でも大奥だけは相変わらず豪奢な生活をしている事実を指摘し、それが政治の深刻な害毒となっていることを慨嘆していたようである。会沢は、この一文でも「前文」の個所に後宮の経費を削減して武器の製作に充てるべきであると記したと言っているのであるから、これも、それら国友宛書簡と同じ時期に書かれたものと見なすことができそうである。

とにかく安政期の水戸藩は、大雨による那珂川の氾濫、天候不順による不作等で収納の減少が続いた上に、安政二年の大地震による被災からの復旧、大船建造、反射炉建設と大砲鋳造、砲術等の訓練機関である神勢館の開設、藩校弘道館の本開館等々の経費を要する事業が重なり、先述したように藩財政がますます逼迫の度を増し、士民の生活も窮迫する一方であった。このような危機的状況の中でも、藩当局による救荒対策と外圧に備えての海防の手当ては待ったなしに求められた。藩主慶篤は、安政四年八月に水戸総家中へ直書を下し、上下一致して財政難を凌ぎ、軍備を整えて国恩に奉じようと激励し、同時に、安政元年に次いで藩庁から出された倹約令で藩主自らが大奥の生活を簡素にすることを謳い、率先垂範しているのである（『水戸市史　中巻四』第二〇章第五節）。

そして、こうした状況に対して会沢がここに示した対応策は、結局、皆が「乱世の心得」をもって、たとえ些細なことであれ精査の上で省けるものは省く努力を続けていく、という一点に尽きるのであった。

3　水戸藩の内連枝長倉松平家の葬地に関する書簡

本書簡集所収の通し番号164・165・166の書簡をみると、長倉松平家の葬地のことが話題に上されている。水戸徳川家の墓所である瑞竜山（常陸太田市）にすべきか、「自分屋敷地」である長倉にすべきかが問題にされているのである。

長倉は常陸国那珂郡（現常陸大宮市）のうちにある村で、旧佐竹時代には城が築かれており、江戸期になると那珂川舟運の河岸ができて栄えていた。天保十年、水戸藩第九代藩主徳川斉昭の命により水戸徳川家の一族である松平頼譲がこの地に土着し、長倉城跡に館を構えて近村三千石を領することとなった（『角川日本地名大辞典』八）。

松平頼譲（申之介・将監）は、弘化元年五月六日、藩主斉昭が幕府から隠居謹慎を命じられた、いわゆる「甲辰の国難」の際、会沢正志斎ら藩内改革派有志たちによって斉昭雪冤運動の中心人物に推され、同三年正月元日紀州藩邸に斉昭有免への助力を嘆願し、さらに高松藩主松平頼胤・守山藩主松平頼誠・常陸府中藩主松平頼縄の三連枝（水戸徳川家の分家）にも出府の理由を陳述して協力を要請した。これら三連枝は、斉昭の嗣子慶篤がまだ若年ということで幕府から水戸藩政を後見するよう命じられていたのである。

しかし、頼譲らの願いは聴許されなかったばかりか、頼譲は無許可出府の罪で隠居謹慎を命じられ、家禄のうち千石を没収されるという結果を招いてしまった。そして、長倉松平家は頼譲の伯父の松平竜四郎が相続し、大寄合頭列となって知行二千石を拝領することとなったのである（『水戸市史　中巻四』第一九章第三節）。

時は経過して万延元年六月十一日、長倉松平家では現当主采女（松平竜四郎子息）の養父で隠居の身である頼譲が死去し、数日後には采女自身および頼譲妾腹の男子も死去するという不幸に相継いで見舞われた。死因は三人とも「暴疾」というから（『南梁年録』四七）、なにか急激に症状が悪化する流行病にでも罹ったものであろうか。いずれにせよ長倉松平家では葬儀を執り行う必要が生じたわけであるが、この折に水戸藩内では同家の葬地をめぐって以下のような議論が展開されたのである。

万延元年六月二十二日付第164通目書簡によれば、当時の水戸藩庁では、先に死去した頼譲の伯父竜四郎が長倉に埋葬されたことを理由に、長倉松平家の葬地は長倉でよいとする考えが支配的であったようである。これに対して会沢の見解は、竜四郎殿が水戸徳川家歴代の葬地である瑞竜山でなく長倉に埋葬されたのは嫡流でなかったからであり、これを前例としてこの件を処理するのは適当でないというものであった。そして、水戸藩歴代藩主に陪葬されることは同家にとってこの上ない寵栄であり、ましてや瑞竜山埋葬については竜四郎殿から将監殿へ遺命もあったと聞いているので、長倉埋葬は家臣達にとっても決して承服できることではないであろう、とも述べている。そもそも高松藩を除く水戸家の連枝は瑞竜山埋葬が慣例であったから（『藩史大事典』）、罪もないのに家格を引き下げるようなことをするのは不適切であり、また一度そうしてしまうと同家の瑞竜山埋葬の可能性はこの先永久に失われてしまうことになるのではないか、と会沢は危惧するのである。

さらに会沢は、同書簡中に「葬祭之儀ハ御同様学校持前之事」と記し、また「御同様学職之長を辱め、ヶ様之葬祭等之大礼を等閑ニ旁観候而ハ、何共恐入候儀奉存候」とも記している。葬祭は学校教職が管掌すべき事項であり、とりわけこの事例のような重要事案を等閑に付して拱手傍観するのは、つい先頃まで教授頭取職を勤めていた身として決して許されることではない、会沢はそう考えていたようである。

ただ、「老夫儀ハ病中出門も相成兼候間、乍御賢労貴兄へ奉託候間、何分御存分御負荷、委細御申上ニ相成候様万祈此事奉存候」という記述からも推知されるように、当時の会沢は、奈何せん高齢であり体調もだいぶ思わしくなかったとみえて、具体的対応についてはすべてを青山に委任せざるを得なかったようである。

ところで、この書簡の三日後の日付をもつ第166通目書簡を見ると「長倉葬地之儀、昨夜山崎幾之進申聞ニハ六ヶ敷候由」とあるので、会沢・青山の尽力にも拘らず、この件は両者の望んでいた方向へと順調に進展することはなかったようである。同書簡中の「甚力を落し候事御座候」という記述からは、こうした状況を慨嘆する会沢の思いが十分伝わってくるであろう。

しかし会沢は、このような不利な状況下にあることを知らされても、先の第164通目書簡と同様に、本書簡中において以下のような理由を挙げて瑞竜山埋葬の妥当性を主張している。

先ず、「瑞竜も高所と違、山下平衍之地ニは如何程も地面有之、此後幾世葬候而も狭隘之患ハ無之」と記し、瑞竜山がこれから先も埋葬するための敷地に不自由することはない点を挙げている。その上で会沢は、長倉松平家の葬地は「御先代様親々之思召」、すなわち身近な血縁関係にある者を大事に思う御先代様によって御連枝様に準じて瑞竜山に賜ったものであり、これは水戸藩付家老中山家や同藩重臣山野辺家等でも叶わぬ名誉なことで、「全く親々之尊慮」「御聖徳之御儀」に起因するものである、と述べている。そして、現在館持ちになったからということで「私邑」である長倉に葬るというのは、「御先代様之厚き尊慮」を軽んじる行為であり、こうした「御孝道ニ於ても如何」と思われるような措置には賛同できない旨を述べているのである。

さらに会沢は、「長倉之儀ハ是迄主従心を一にして忠誠を尽候所」とも記している。このときの会沢の脳裏には、「甲辰の国難」の際に斉昭雪冤運動に尽力した松平将監（頼譲）の姿が想起されていたものであろうか。こうした水戸徳川宗家と長倉松平家との良好な関係に罅を入れかねない誤った決定が為されては残念至極であるので、そうならないよう「御同様職分を尽し申度」と、その決意の程を青山に伝えている。

この第166通目書簡への青山の返書を見て書かれたのが第165通目書簡と推されるが、書中に「瑞竜ニて可然と江戸伺被成候由」とあるのを見ると、青山は、瑞竜山に葬るのが適当である旨の意見を現藩主慶篤のいる江戸藩庁に上申したようである。会沢は「夫なれハ何を申にも不及候」と青山の採った措置に満足の意を表明すると同時に、「此節ハ夜過候も如此と相見」と記して、この年三月に起こった桜田門の変以後は藩情に多少の変化が見られるが、いまだにこうした事態が生起している現況を確認した上で、「君徳ニも拘り候儀」であるばかりか「彼家痛哭」も十分に理解できることなので、「政府ハ政府学校ハ学校ニて（中略）御挽回之儀仰万牛之力申候」と、この件の劣勢を挽回すべく、政府筋とは別個の学校独自の対応策を青山と協力して模索していこうとしている。

そして、本書簡に「先君親々之盛徳獲麟、御同意不勝憾候」と追記しているところをみると、会沢は、前藩主斉昭が再度の幕譴を蒙った上に国許永蟄居を命じられていた最中でもあるので、この長倉松平家の葬地の件に限らず、斉昭が天保の改革以来推進してきた諸施策が再び廃絶の危機に見舞われるのではないかと危惧していたのであろう。ともかく斉昭存命中であるにも拘らず、藩庁ではこうした問題が提起され議論されていたのである。[17]このことは、「何ニ致セ親々之義入御聴中度奉至願候」と記されているのをみると、一つには斉昭への言路が閉ざされていたことに起因するといえるであろう。会沢が事態を深刻に受け止めたのは蓋し当然のことと推察される。

また、本書簡が第166通目書簡と同じ日付を有するのは、先述したように青山が会沢からの同書簡を見て書いた返書に対して、その日のうちに会沢が急ぎ認めたからであろう。松平頼譲（将監）は既にこの年六月十一日に死去していたのであるから、本件の検討はそれだけ急を要するものであったのである。

ところで、本書簡集中には本件に関する書簡はこの三通しか見当たらず、この件がどのような帰結を見たものかは分からないのであるが、前出『南梁年録』四七の六月二十五日条を見ると、「願之上瑞竜山へ送葬可相成候由」とあるので、最終的には会沢・青山らの望んでいた方向で落着したようである。ただし、既に長倉に埋葬されていた采女の父竜四郎は、そのまま長倉に留め置かれることになったと記されている。

最後にもう一つ、同じく『南梁年録』四七の七月二十九日条を見ると、以下のような出来事が記されている。

長倉松平殿家来将監殿葬穴相済神主之供致シ罷帰候節於大里村慮外之もの有之打留候由六七日已前之事之由陪臣之儀慮外打如何可有之哉

この記述によれば、七月二十二、二十三日頃、長倉松平家の家来が、亡くなった同家隠居将監の「葬穴相済神主之供致シ」ての帰途、大里村（現常陸太田市）で無礼を働いた者があり、これを手打ちにするという事件が生起したようである。この事件が、ここで問題にしてきた長倉松平家の葬地如何の件と直接的な係わりがあるか否かは不明であるが、松平将監が瑞竜山に葬られたことの傍証資料にはなるので、ここに採り上げておくことにした。

4　川越君（斉昭八男）の葬儀と故斉昭の遷廟延期に関する書簡

本書簡集中の八月二十一日付第88通目書簡には、

川越君御葬も、有馬侯之庶子在国候を御養子ニ付、十月比之御葬と申来候。如何御承知候哉。左候へハ何時頃御発喪ニ候哉。

という記述がみえる。ここにいう「川越君」とは斉昭の八男八郎麿（昭融）のことで、安政元年に川越藩主松平典則の養子になり藩主直侯となった。直侯は、安政五年から体調不良を訴えていたが、文久元年八月十五日に死去してしまった（瀬谷義彦『新装 水戸の斉昭』、『鈴木大日記』、『南梁年録』五五等）。この直侯には嗣子がいなかったようで、有馬侯（久留米藩主頼徳）の国許にいる庶子（五男富之丞、のちの川越藩主直克）を養子にすることとなった。そのため葬儀が行われるのは十月頃になるだろうという情報を得た会沢は、そうであるならば発喪（死亡の公表）はいつ頃になるだろうか、と青山に尋ねている。

この川越藩主直侯の死去は、水戸藩内政上にいくつかの影響を及ぼすこととなったが、その一つに前年八月十五日に死去した斉昭の神主の遷廟延引のことがある。九月四日付の第167通目書簡は、会沢が青山からの来簡に書き入れをして返書としたものであるが、これをみると、

> 然は御遷廟御儀、昨日奥御殿様御話ニハ、因州様より段々川越之方御聞セ候所、御弘メハ十一月ニ相成可申、仍而此節之所御仮葬被成候趣、さすれハ急々之事ニも無之候間、此方ニ而ハ十月ニ相成候ヘハ、御内実御服忌も御済ニ相成候故、御遷廟有之候てよろしく可有之や之御儀、何も申合候上ニてと申被下候。仍而御相談仕候間、貴意伺度候。御同意奉存候 別紙之通申出草案も試ニ相認候所、御一覧可被下候。御同意御指出可然奉存候 右申出候ニも不及候所、申出有之方御目付方へ御懸ニも可宜歟と被存候。（行間は会沢の書き入れ）

とある。すなわち、昨日の「奥御殿様」（斉昭正室吉子）のお話では、「因州様」（斉昭五男昭徳、鳥取藩主池田慶栄の養子となり慶徳と称す）が川越の方から得た情報によれば、先にみた88通目書簡の情報とは異なり、死去の公表は十一月になるだろうとのこと。また、そうするとそれまでは仮葬ということになろうから急いでどうこうということでもなく、当方としては十月になれば事実上の忌明けともなるので、遷廟を挙行しても差し支えないであろうとのこと。青山は、こうした「奥御殿様」の話を会沢に紹介した上で、いずれとも相談して対処するよ

うに、との奥御殿様の意を受け、「別紙」に認めたこの件に関する申出草案を会沢に示して一覧を請うているのである。

これに対して会沢は、「御同意御指出可然奉存候」と行間に書き入れ、内容に異存はないのでこの申出書を当局に提出するよう促している。

ところで青山は、本書簡の日付の後に、追伸のようなかたちで次のように記している。

大和守様御儀、御弘メニ相成候義ハ十一月之比ニ可有之やニ而、此節御仮葬之由ニ候へハ、中納言様ニハ、御内実御服ハ当月中之間被為祠候故、烈公様御遷廟ハ来月初旬より服忌致候て御式御坐候ても可然や奉存候。御兄弟様之御儀ニて長く御遷廟御延ニ罷成候も如何と奉存候。且御中奥ニ被為入候内ハ近火等も難斗、旁十月中御遷廟有之可然奉存候。此段申出候。以上。

この内容をできるだけ本文に忠実に訳せば、以下のようになろう。「大和守様（松平直侯）死去の公表は十一月頃になるようで、それまでは仮葬とのことですので、中納言様（水戸藩主慶篤）の服忌の期間は当月中ということでもありますから、烈公様（斉昭）の御遷廟は来月初旬から服忌して御式を執り行っても差し支えないと存じます。御兄弟様が死去されたことで長々と御遷廟を延引しては如何かと存じます。また、いつまでも御中奥に神主を安置しておきましては、火災による類焼の危険もあることですので、十月中に御遷廟されるのが至当かと存じます」と。

これをみると、ここには内容的に本文と重複することが記されており、その上、この文章の末尾の記述が「此段申出候。以上」のようになっている。このことから我々は、この部分が追伸ではなく、青山が本文中に

「別紙之通申出草案」と記しているところの別紙申出草案に相当するとみることもできるのではあるまいか。この書簡は三枚の紙を継いで書かれているが、本体は日付までが記されている前半の二枚で、最後の一枚がもとは別紙だったのが、いずれかの時点で本体に継ぎ足されたと仮定してみる。そうすると、本文との内容の重複も文章最後の記述の仕方も、少しも不自然ではなくなるのである。

それはともかくとして、青山は、藩主慶篤の弟である直侯の死去による斉昭神主の遷廟遅延が長引くのを不都合なことと見なしていた。その理由の一つとして、火災による類焼の危険もあることを挙げている。会沢がこうした青山の意見に同意を表明しているのは、先にみたとおりである。

そして、前出『南梁年録』五五の文久元年十一月十二日条に、「烈公様御神主去ル八月中御遷座御廟へ可被為入候処今日御遷座被為済候事」とあるのによれば、この烈公神主の御廟への遷座は、文久元年十一月十二日に無事執り行われたようである。

ところで、この斉昭神主の遷廟に関連すると思われる記述が、この遷廟について検討していた頃に執筆された第18通目書簡（八月十一日付）中にみえる。そこには、

> 御夾室、先輩之議定ニて宜事と奉存候而居候所、貴書之通顚倒驚入申候。御夾室之礼ハ無之筈ニ候所、昭穆を正し候にハ東西を御くり替ニ無之候而ハ不相成と奉存候。大動ニ候へ共不得已候歟。猶期拝眉候。

とある。一般に中国の士大夫の居宅では東側に家廟を建てるが、その中央の建物が祠堂（みたまや）と呼ばれ、ここに祖先の神主を安置する（加地伸行『儒教とは何か』）。本書簡にみえる「夾室」とは、堂の奥の室をはさむ両側の部屋のことで、会沢は、この夾室に関することは従来どおりでよいと考えていたところ、青山から「顚倒」

してしまったと知らされて驚いている。古く宗廟において死者の神位を並べて祭るとき、始祖の神主が室の西方にあって東面し、それ以下は始祖の東方に北列で南面するものと、南列で北面するものとに分け、前者を「昭」と言い、後者を「穆」と言った。そして、始祖の子が昭列の第一位、さらにその子が穆列の第一位という具合に、順次配列していくことになっていた（日原利国編『中国思想辞典』）。この定則に従えば、斉昭は九代藩主なのでその神位は穆列に配置されることになる。本書簡では、なにやらこの配置を変えなければならないような意見が出され、会沢らが大いに驚きかつ戸惑いを覚えたということのようである。結局どのようになったのか筆者は確認できていないのであるが、会沢は、書中に追記のかたちで「烈公様、穆位へ御入ニ相成候宜候様奉存候」と記し、従来の規定に則った配置とすべき旨を改めて主張している。

第二章　安政・万延・文久期の水戸藩校弘道館と会沢正志斎

第一節　弘道館本開館と会沢正志斎

1　弘道館本開館を間近にひかえての書簡

本書簡集中の二月十九日付第126通目書簡に、弘道館施設の一つである社廟の普請に関するものと思われる記述がみえる。そこには、

只今御普請奉行来候而申聞候ハ、別帳御用人より達有之候所、寸法無之候而ハ取掛り兼候由ニ付預り置候所、青柳へ不遣候而ハ分り不申事と奉存候間〔明日申出候様可申遣候哉〕、御相談申候。（行間は会沢の書き入れ）

と記されており、さらに追伸のようなかたちで、「孔廟之方残し置、此方ニて何レと歟不致候而ハ相成間敷候。明日にも相廻り候様致度との事ニ御座候」とも記されている。

これらの記述によれば、会沢のところに普請奉行がやってきて、「別帳にあるような御用人からの通達があったが、それには寸法が記入されていないので普請に取り掛ることができない」、と話していったようである。

会沢は、とりあえずその達しの記された別帳を預って置いたが、これについては「青柳」に聞かなければどうにも分かりかねることなので、明日この件に付いて申し出るよう連絡した方がよいだろうか、と青山に相談している。さらに、普請奉行は明日にも作業に取り掛りたいとのことだったようで、会沢は、「孔廟」の方は差し置いて、なんとか当方で対処しなければならないだろう、とも述べている。

周知のように、水戸藩校弘道館は第九代藩主徳川斉昭によって天保十二年八月に開設されたが、諸施設の工事は天保十一年二月に着手され、翌十二年七月には概ね竣工した。しかし、この時点では工事のすべてが完了したわけではなく、また学則をはじめとする諸規則等の制定も間に合わなかった。なかでも敷地内に設けた鹿島神社への鹿島神宮からの分神遷座の儀式並びに孔子廟に孔子の神位を安置する儀式も済んでいなかったことなどから、当時の開館は仮の開館と見なされた。斉昭は早期の本開館を目指していたようであるが、弘化元年五月に幕府から致仕謹慎処分を受けたことが影響して長らく遅延してしまっていた。漸く本開館実現に漕ぎつけたのは安政四年五月のことである（鈴木暎一『水戸藩学問・教育史の研究』）。

本書簡は、この本開館の準備で忙しかった安政二年から四年の間に執筆されたものと推され、書中に「青柳」とあるのは青柳村の神官小川修理のことであろう。小川は、本開館式挙行の際に行われた鹿島神社の分祠式で読まれた祝詞を起草した人物である。この小川に聞かなければ分からないというのであるから、おそらくここでは、鹿島神社に関して何らかの問題があったのであろう。弘道館の諸建造物は仮開館時には概ね完成していたようなので、本開館を前にして何か手直しや細工を施す必要でも生じたのであろうか。

また、「孔廟」とあるのは孔子の神位を祭る聖廟のことであるが、この「孔廟」の方は差し置いても、当方でなんとかこの件に対処しようと言っているのであるから、孔子廟の方にもまた何か手を加える必要があったのかもしれない。それはともかく、普請奉行が明日にも作業に取り掛りたいと言っているところから、かなり急いでいる様子が窺われるので、本書簡は、断定はできないが安政四年に執筆されたものである可能性が大である。

この件に関しては、第78通目書簡の「神社等御作事向大抵出来、今日見合と御普請方より申出候由」という記述から、無事に作業が終了し、今日六日に検査が行われる旨の報告が普請方からあったことが分かる。この書簡も「六日」とだけしか記されていないので年月は特定できないが、どうにか本開館式には間に合わせることができたようである。

2　会沢の弘道館本開館式参列に係わる書簡

前述したように、水戸藩では、安政四年五月八日から九日にかけて藩校弘道館の本開館式を挙行し、鹿島神社への鹿島神宮からの分神遷座の儀式と孔子廟に孔子の神位を安置する儀式を執り行った。この本開館式を前にして、既に高齢であった会沢は体調自体も思わしくなかったようである。

安政四年執筆と推定した五月六日付第38通目書簡をみると、会沢は、高橋（多一郎）を伴って会沢宅を訪れた参政杉浦（羔二郎）から、本開館式には是非出席するよう勧められたようである。杉浦へは「安心無之とハ存候へ共、出仕候筈」と応えておいた、と青山に報じている。そして、これは杉浦・高橋両名には話さなかったこと、とわざわざ行間に傍記した上で、日々悪風喘息等が止まず、性来のことではあるが熱気もあり、夜中には毎夜微熱を発するという現在の体調を、青山には隠さずに打ち明けている。夜中にあまり無理をすると後々大変なことになるのをこれまでの経験からよく承知していた会沢は、本開館式を明後日に控えて不安を覚えている様子であった。藩庁からは、鹿島神社への分神遷座の儀式と孔子廟への神位安置の儀式と両度に出向くようにして、その間は自宅で休息していてもよいと言われていたようではあったが、実際に鹿島神社の儀式は夜の十二時頃、孔子廟のそれは明け方頃に行われる予定であったようなので（鈴木暎一『水戸藩学問・教育史の研究』）、「夜中ニハ畏縮仕候」という会沢にとっては、それでも大きな負担に感じられたものと推される。当時青山と共に教授頭取職に就いていた会沢としては、無理をして開館式に出席して体調をさらに悪化させ、その後に始まる教育活動に支障が生じるようなことは回避したいという思いもあったのであろう。

ところで、この書簡の中には「駒説改候上ハ云々」「駒之事を変候も如何云々」という気になる記述が見えるが、これはどのようなことを意味しているのであろうか。会沢は、このことがあるのでどうしても式には出席したいと考えていたようである。ここにいうところの「駒」とは前藩主斉昭のことと推される。斉昭は、弘化元年五月から嘉永六年八月まで駒込の中屋敷に居住していた。この書簡が執筆された時点では小石川の上屋敷に移っていたのであるが、斉昭を直接名指しするのを避けてこのように表記したのであろうか。

この件に関しては、安政三年の執筆と推定した十一月三日付第105通目書簡中に「祠神の式、神官御任如何と申御論ニて云々」と記されており、これによると、鹿島神社関連の儀式は神官に任せてはどうか、というのが斉昭の考えであったことが分かる。であるからして、ここで問題にされているのは、祝詞の撰文及び読誦を神官の担当とするという斉昭の考えをどう受け止めるべきかということであったと推察されるのである。

この件についての会沢の考えは、「神官迚も別物ニ不致候方神儒合一之意之様奉存候」というものであった。神官といえども「別物」扱いしないのが神儒合一の精神に適っているというのであるが、それが具体的にどのような意味であるのか分かりにくい表現である。神に係わる儀式だからということで短絡的に神官に任せるというのでは、却って「弘道館記」に掲げる学館教育の五つの重要項目の一つである「神儒一致」の方針に悖ることになりはしないか、としてこれに反対しているのか、あるいはまた、神官だからという理由でこれを祝詞の撰文及び読誦の選考対象者から除外してしまうのはよくない、ということでこれに賛意を示しているのか、どうも判然としないのである。

そして、この件について会沢は、「貴意如何候哉」と青山の考えを質しているのであるが、青山の考えは、この書簡が書かれてから半年余り時間が経過しての資料ではあるが、「神職御扶持も被下置候ニ付神官ニ而読可然」という「石河明善日記」(安政四年五月六日条)中の記述から窺うことができる。

ところで、この日記を残した弘道館訓導石河幹脩(通称幹二郎、号明善)は、同日記の同日の条に、「孔廟を頭取ニ而御持ニ相成候上ハ神社ハ勿論頭取御持ニ而可然、左なく神社を神官へ御任セニ相成候而ハ神儒合一之思召ハ無ニ相成可申云々」と記している。すなわち、孔廟の方を頭取に任せておいて神社は神官にというのでは神儒合一の精神に悖ることになる、というのである。石河は青山に向かってこのように主張し、その結果、その場は弘道館教授頭取が読むということに決定した、と記されている(鈴木前掲書)。ちなみに石河は、これより先の安政三年十一月八日、「存意書」を藩庁に提出し、すでに斉昭が青柳村(水戸市)の神官小川修理に祝詞を執筆させていたことにも異を唱えていたのである(鈴木前掲書)。

さて、このようにみてくると、祝詞は弘道館教授頭取が読むべきであるというのが、安政四年五月六日の時点におけるこの件についての弘道館教職たちの結論であったことが分かる。ところが、式前日の七日に至って、斉昭の意向により、鹿島神社への祝詞は静・吉田両神社長官が順番で読誦し、今回は静神社長官が担当すべきこと、そして、孔子廟の祝文については、自今以後、弘道館教授もしくは助教が担当することと決定し、先に青山らが出した結論は採用されなかったのである(鈴木前掲書)。

先述したように、この件に関する会沢の見解はよく分からないのであるが、会沢の弟子筋にあたる石河をはじめとする弘道館教職者の大方が斉昭の意向に反する方向へ進もうとしており、青山もその勢いに押されてそれに同調する流れになっていたわけであるから、会沢としては式当日の展開がどうなることか大いに気に掛かったものらしく、できるだけ出席して事の成り行きをその目で確認したかったのであろう。しかし、式の前日に斉昭から先述したような最終的決定が伝えられた結果、何事もなく済んだのは幸いであった。

ところで、これは本開館式後のことであるが、会沢は、第65通目書簡（五月十一日付）中に「読祝ハ、如諭重き事ニハ無之」と記し、また「当職ハ、如諭御廟同様賛礼之職と定り居り候而可然、読祝も御廟同様御小姓頭之職を教授以下勤候而可然哉」とも記して、祝文の読誦などは貴兄の言うようにさほど重要な仕事ではない、とした上で、教授頭取はこうした儀式の進行等を指導する立場にあるわけであるから、教授以下が頭取に代わってこれを行っても差し支えないのではないかと述べている。これから推するに、会沢・青山両頭取は、祝詞の教授頭取読誦に固執する気持ちは石河らほど強くはなかったようである。

以上のごとく、会沢の体調不良や祝詞読誦の問題などで一波乱ありはしたが、なんとか無事に本開館式を済ませることができた翌十日付の第64通目書簡には、「昨日ハ胙肉御配分被下奉謝候。乍去出仕も不致恐入申候」という記述がみえる。ここにいう「胙肉」とは、本開館式が無事に終了した後で家臣に分配された供え物のことと推され、それを青山が会沢に届けたことが記されている。ということは、式の当日、会沢はその終了以前のいずれかの時点で退席したもののようである。そして、その翌日は欠勤したことが分かる。

また、その翌々日の十一日に執筆された第65通目書簡には、「親書写御廻被下奉謝候。入学之者ニ拝見為仕候共、写ハ弥張広く出候方宜様被存候」と記され、さらに「僕御預り申候より御蔵之方ニ而ハ如何」とも記されている。ここにいう「親書写」とは、本開館式の最後に参加者が拝見した藩主慶篤による文武奨励の諭書で、同年四月二十九日付で教授頭取に下されたものである（鈴木前掲書）。会沢は、これを学館に入学する者だけでなく、写しを作って広く家中一統にまで見せることを提案し、そして「親書写」本体は、自分が預かり置くよりも「御蔵」に収蔵しておくことを勧めている。

さらに同書簡には、「謁弘道館社廟之題、貴諭可然奉存候」とあり、また「僕も一首賦可申候」ともみえる。この度の弘道館本開館を記念して、「謁弘道館社廟」の題で詩文集を編むことを青山が提案したものか、会沢もこれに賛意を表し、自分も一首賦してみるつもりだ、と述べている。その折に会沢の賦した一首が、『南梁年録』一九の安政四年五月十三日条に転記されている。以下がそれである。

天神肇天業　建雷佐経営　三器伝皇統　忠孝訓既明　仲尼述堯舜　明倫因人情
日胤千万年　聿修由至誠　明教賛皇猷　大道愈恢宏　世態雖万変　扶植在俊英
明君継先志　黌舎新落成　崇甍暎朝暾　高門対大城　社祀鹿嶋神　廟伝洙泗声
貞珉勒記文　勧勉興群生　敬神又崇儒　声教朔南鳴　文武一其塗　治教無重軽
君子強不息　請看健天行　□霊威当揚　討恒要正名　鞭策作士気　可以誅蛟鯨
閑聖駆左道　寰宇須廓清　正期人弘道　徳輝益八瀛

3　「弘道館学則」はじめ諸規則の検討等に係わる書簡

先述したように、水戸藩校弘道館は第九代藩主徳川斉昭によって天保十二年八月に開設されたが、この時点では諸施設の工事のすべてが完了したわけではなく、また学則をはじめとする諸規則等の制定も間に合わなかった。なかでも敷地内に設けた鹿島神社への鹿島神宮からの分神遷座の儀式並びに孔子廟に孔子の神位を安置する儀式も済んでいなかったことなどから、当時の開館は仮の開館と見なされた。

斉昭は早期の本開館を目指していたようであるが、弘化元年五月に幕府から致仕謹慎処分を受けたことが影響し、長いこと遅延していた。しかし、安政元年四月に至って、斉昭は会沢・青山両人宛に書簡を送り、早期の本開館式挙行に向けて祭式その他を調査するよう督励し、さらに十一月には、文武兼習の事、文武諸生取調役方の事、賞罰の事、目付方の事、席順の事、文武見分の事、入塾入学の事、入学式の事、刻限の事、家塾の事、他藩人学校にて修行の事、経書を定むる事、国書を講ずる事、寄宿寮の事、会読の事、役方廻りの事、教官職掌の事、教職詰所の事、神社聖廟の事、舜水祠堂の事、御馬乗職の事、次男三男の事、名器を慎む事、という学制全般にわたっての二三項目を示して広く文武教職らの意見を求め、従来不備であった諸規則はこれを修正し、あるいは新規に定めて教育の充実を期するなど、本開館に向けての動きを活発化させた（鈴木暎一『水戸藩学問・教育史の研究』）。

そして安政四年五月、ついに宿願であった本開館が実現したのであるが、本書簡集の中には、このとき斉昭が提示した諸々の項目中のいくつかについて言及されている書簡が含まれているので、それらを検討しつつ会沢の見解等を瞥見してみることにしたい。

①弘道館学則案の確定・上木について

会沢は、安政三年七月、江戸弘道館の国友尚克（通称与五郎、号善庵）等の同意を得た上で、弘道館の「学規」の草案を作成した。この「学規」は、安政四年二月に同僚教官の意見を容れて「学則」と改められた。同年五月の本開館式までには成案が得られなかったが、六月にはこれを板行する際の字詰め等を検討するまでに至った。ところが、七月頃に歌道方訓導の吉田尚徳（通称於菟三郎、号璞堂）らから、学則には本居宣長の国学の主張を盛り込むべきであるという意見が提示され、その収拾に手間取った結果、漸く十二月になって原案に新たに一条を追加することで決着し、翌五年三月に補入一条が書き加えられた。全九ヵ条からなる学則の第三条目がそれである。その後、六月に矢島義容（又左衛門。石川伝蔵の弟で矢島慎の養子〈『水府系纂』巻四八〉）が清書に取り掛ったが、これがいつ終わり、いつ刊行されたのかは不明とされている（鈴木前掲書）。

ところで、本書簡集の中には、この学則案の確定・上木に関連した書簡が何通か含まれているので、以下にこれらを見ていきたい。

先ず安政四年五月十日執筆の第64通目書簡をみると、「先日御相談申候学則、塗抹ニ相成候間浄写仕候。御熟覧被下候様奉祈候。其上ニて豊田へ遣候様可仕候」とあり、さらに「御目掛り之儀、必一々被仰下候様相願候」とも記されている。これによると、この頃会沢は、いろいろと手を入れたりしたため見にくくなっていた学則の草稿を浄写し、青山に送付して熟覧を求めており、その後で豊田にも見てもらおうとしていたようである。青山には、気付いた点は必ず知らせてほしいと頼んでいる。

また、同月二十一日執筆の第69通目書簡には、「学則、豊田之付札等も有之等故、御相談之上、教職へも今一応為見、貴兄より御示被下候共、とかく宜様奉頼候」と記されており、会沢が、すでに豊田への回覧が済んでその付札された浄写本を、再度教職に見せた上で藩庁へ提出してほしいと青山に依頼している。

そして、これも同年の執筆と推定した七月二十二日付第82通目書簡には、

先日御相談申候学規、一条増補仕候。茅書記滞留も今少しニ候間、国友迄為登、茅へも相談可仕候哉。実ハ先ツ出シ不申候而幾重にも改竄候上と奉存候所、為登候而も此上何程も改竄ハ出来候間、先ツ為登可申候哉。依而ハ私著とも違候間、御存分御削正相願申候。又ハケ様之物も更ニ無之方可然候哉。無御伏蔵御示教奉祈候。

と記されている。先にみたように、七月頃に弘道館歌道方訓導の吉田尚徳らから、学則には国学の主張を盛り

込むべきであるという意見が出されて紛糾し、原案に新たに一条を追加することで決着を見たのは十二月のことであった。しかし、本書簡に記されているところをみると、会沢は、早くも七月二十二日の時点で、これから後に吉田らの意見を容れて増補することになるかもしれない一条の案文を、一応作成していたことが分かる。そして、当時水戸に出張していたらしい「茅書記」がまもなく江戸に戻るとのことなので[18]、江戸の国友までこの案文を届けさせ、一緒に相談させてみてはどうかと提案し、青山の意見を質している。ここにいう「茅書記」は安政二年から奥右筆頭取に抜擢されていた茅根泰（通称伊予之介、号寒緑）、「国友」は当時江戸弘道館で教授頭取代を勤めていた国友善庵のことである。

会沢は、水戸の方でもっと慎重に推敲を重ねてから江戸表での検討に回すことも考えたが、案文を江戸に送ってからでも改めることはできるという思いもあって、どうしたものか迷っているようであった。すべてに控え目な青山に対して、私的な著作物ではないので存分に削正してほしいと頼むと同時に、そもそもこのような案文を作る必要などないものなのかと自問するような記述もみえ、容易に思いの定まらない様子が窺えるのである。

ところで、本書簡では学則が「学規」と記されているが、安政四年二月に同僚教官の意見を容れ、それまで学規と称していたのを「学則」と改めたのであるから、これは会沢がついうっかり誤記したものであろうか。

それから、学則の上木について触れている書簡も一通含まれていた。それは安政五年執筆と推定した八月十一日付84通目書簡で、そこには、

学則浄写出来候間訓点仕候所、御一覧被下、宜御改竄之上剞劂へ御付可被下候。右扱振心得不申候間、宜相願候。柏へ遣候事ニ候ハ、家僕遣可申候間、弊廬へ御遣可被下候。

と記されている。これによると会沢は、浄写の済んだ学則に訓点を施して青山に送付し、一覧して補訂を加えたのちに上木に回すよう依頼している。さらに、上木の手順について不慣れだったらしい会沢は、この仕事を青山に一任すると同時に、もしこの付訓浄写本を柏（左一兵衛、御文庫役）のところへ届ける必要があるならば、当方の家僕を遣わすので弊廬まで返送してほしい、と書き添えている。

してみると、矢島義容が安政五年六月に取り掛った学則の清書作業は、同年八月十一日の時点では終了していたようで、ただちに上木のための手続きが開始されていることが分かった。上木完了の年次が明記された資料はまだ見つかっていないが、学則自体は僅か数葉のものなので、板木に彫ってから刷り上がるまでにそれほど時日を必要としないはずであるから、おそらくこの後あまり時を経ないで刊行されたものであろう。

②師弟の関係について

本書簡集の通し番号122の一文には、異筆で「師弟之義」と表題が記されている。この文章は、安政三年に執筆されたと推定した第75通目書簡に、「師弟之義申出、先日起草云々」とある会沢起草の意見書の案文と推察される。恐らくは同書簡に別紙として添えられたものであろう。長文なので原文は本書第二部の本文翻字を見ていただくとして、ここではその全文を意訳して示すことにする。

この度、文武の指南をしていて役職にも就いている者の中に、自ら願い出て指南を御免になった者がいるとのことです。役方の仕事が繁勤ということで指南が行き届かず御免になったということならば、それは止むを得ないことであります。しかし、今後万一繁勤の者すべてが御免というようなことになっては、よろしくないと存じます。人によっては繁勤であっても指南が行き届く者もおりますし、又仮に指南を譲ることになったとしても、それにふさわしい人物が見当たらず、無理して左程でもない人物に譲るようなことをしては、これまで指南を受けてきた門人達もさぞかし力を落すこととなりましょう。そのようなことになっては「文武御引立之御主意」に叶わないことにもなり兼ねず、もし又役職によっては「外交」(自由な交際)が差し止められているといった理由から、指南はよろしくないということにでもなるようでは、従来の政令とも相違し、学校創設の御主意をも失うこととなりましょう。

古来、師弟の道はきわめて重視され、君臣父子と並び「在三」と称され尊ばれてきております。師のためには「心喪三年」とされ、君父と同様に喪服すべきとされてきたのであります。このような訳で、従来、当藩でも師弟の交わりは格別と見なされ、役筋の者も勝手次第に指南することが許されてまいりました。先君斉昭公は、学校創設に当たって師弟の道をとりわけ重視され、師弟の交わりをいわゆる「外交」などとは見ておられなかったことを、ここで皆に周知させる必要がありましょう。指南に関する従来の制度を変えては師弟の道を軽視することとなり、明らかに学校の規則を破ることにもなります。もし又「外交」云々を理由に指南は不可ということになれば、役職に就いている者は学校へ出席することすら出来なくなってしまいます。そもそも斉昭公の御主意は、役職に就いている者も時々学校に出席して学ぶようにとのことだったはずです。かような次第ですので、学校においては師弟の道を格別に立て、先君の御主意を取失うことのないよう、後々のためよくよく論定しておかれるべきかと存じます。

これをみると、当時役職に就いていて文武の指南をしていた者が、自ら願い出て指南を御免になったという事例があったらしく、会沢はその件について、役職に就いていて繁勤のため指南が行き届き兼ねるということなら止むを得ないが、それも人によることで、これを前例として今後繁勤の者すべてが御免というようなことになるのは好ましくないという。また、役職によっては自由な交際が差し止められているからという理由で指南は不可とされるかもしれないが、そもそも学校創設にあたり、先君斉昭公は役職に就いている者も時々学校に出席して学ぶようにせよと申しておられた訳であるから、このことをもって指南を禁止する理由とすることはできないとも述べている。

その上で会沢は、「古来師弟の道はきわめて重視されてきたが、水戸藩でも師弟の交わりは格別と見なされ、役筋の者も勝手次第に指南することが許されてきた。かような次第なので、学校においては師弟の道を格別に立て、先君の御主意を取失うことのないよう、後々のためよくよく論定しておくべきである」と述べ、ここで軽率な結論が出されないよう釘を刺しているのである。

ところで、ここにいう「文武指南」とは城下の私塾（家塾）での教育のことと推察される。天保十二年の弘道館仮開館当初は、規定の就学年齢である十五歳に達しなくても、希望すれば館内の句読寮で素読を受けられたが、程なく十五歳に満たない者の教育はすべて家塾に委ねることとなった。当時、藩士の子弟は八、九歳頃から修業を始めるのが一般的であったから、これ以後家塾は弘道館の初等教育を担う機関として位置づけられることとなった。そして、家塾教師には入塾者数によって一定の扶持が給されたようである（鈴木暎一『水戸藩学問・教育史の研究』）。周知のように、会沢も「南街塾」を開いて私塾教育に携わっていた。

会沢によってこの意見書案文が執筆された当時、水戸藩では、嘉永二年に藩政関与を許され反改革派の手から藩政の実権を取り戻した前藩主斉昭の主導で、改革派中心の政治が行われるようになっていた。青山は同五年に弘道館教授頭取再勤となり、会沢も同六年に弘道館教職に復帰し、安政二年には教授頭取に再任されている。けれども、嘉永六年に訓導職に再任された石河幹脩が、その日記の中で「老公之尊慮抔一分も心得候者ハ学館中ニハ有之間敷相見候」と述懐しているところからすると（鈴木前掲書）、実権は掌握したものの、改革政治を実践していくことは決して容易ではなかったと推察される。

会沢はこの案文中で、役職に就いていて文武の指南をしていた者が自ら願い出て指南を御免になったという事例のあったことに注目し、今後この事例がモデルケースとされ、役職に就いていて繁勤の者はすべて指南禁止というようなことにならないかと懸念していた。弘道館教育に占める家塾教育の役割の重要性を熟知している会沢としては、これは蓋し当然のことといえよう。

この件が果して反改革派の仕掛けた策謀であったか否かは不明であるが、暫く反改革派主導の政治が行われてきたことで、改革派の間でも学校創設時の建学精神が忘れられてしまったかのごとき感のある現況に対して、警鐘を鳴らす必要性を強く意識しての提言であった推察される。折しも当時は、弘道館本開館に向けての準備作業が本格的に進められていた時期だったのである。

会沢は、第75通目書簡の中に「御存分御削正、別ニ御立稿ニ而も宜候間、御熟覧奉願候」と記していたが、これに青山がどう応えたかは分からない。結局、安政四年の弘道館本開館後は、学館の文武教職中から選任された者が家塾教師を兼ねることとなり、家塾教師は月に六度、本務を離れ在宅して塾生の指導に当たったということであるから（鈴木前掲書）、このような会沢の心配は杞憂に終わったようである。

③文武兼修実践の具体案について

水戸藩校弘道館における教育の基本方針は、徳川斉昭の名で天保九年三月に公表された「弘道館記」に、神儒一致、忠孝一致、文武一致、学問事業一致、治教一致の五綱目として明示されている。この中の文武一致は、斉昭が神儒一致と並んで特に重視した方針で、士人の文武兼修の必要性を強調するものである。

水戸藩は、天保十二年八月一日に弘道館の開館式を挙行したが、この時点では未整備の点がいくつかあったため仮の開館とされ、正式の開館式は安政四年五月八、九両日に挙行された。この間十五年余りが経過し、仮開館以来の実践をとおして問題点がいくつか浮き彫りにされてきており、そのうちの一つに、文武一致の精神が士人の間に十分浸透していない現状が挙げられていた（鈴木暎一『水戸藩学問・教育史の研究』）。

そうした状況の改善を企図し、本開館にあたって定められたのが「朝文夕武」の規定であり、それは諸向への文武修業の基本方針を示した通達として提示された（『水戸藩史料』上編乾）。四カ条からなるこの通達の第一条目に、

御家中文武之諸生修業振之儀此度ょり朝文夕武と御定に相成朝五ッ時より九ッ時迄一日之星に相定一統文館へ相詰可申又九ッ時より夕七ッ時迄を一日ト相定武場へ罷出一統可致修行候

とあるのがそれで、これはその第三条目の、

文武之諸生廿五歳以下之族文武兼学候義は勿論に候処近比片寄一方へのみ罷出候族も有之哉に候処学校御造立之尊慮にも不被為叶如何之事に候条以来は右日割丈之日数は文武等分に必出精罷出片寄不申候様屹と相心得可申候

の中にみえる「文武兼学」を、つまりは「文武一致」を効果的に実現するための具体的な対策案といえるものである（鈴木前掲書）。

ところで本書簡集の中に、会沢がこの「朝文夕武」の規定に言及した気になる書簡が一通含まれている。それは、その内容から文久二年の執筆と推定した第123通目書簡である。今、鈴木前掲書の三八七頁を見てみると、斉昭は、「偏文偏武之弊」を除去して「文武兼修」の実をあげるため、本開館後「朝文夕武」を実施したが、文久二年八月ごろにはこれを改めて本開館以前のごとく文武を午前と午後に並行して行う「文武同刻」に戻すべきであるとの要請が武館師範の間から高まっていた。もっともこのような動きは、万延元年十月九日の再開に当たって、わざわざ「朝文夕武之御達」を必要とした事態にすでに表れていたものと考えられるが、文久二年閏八月、青山教授頭取・会沢教授は「文武同刻」は「烈公様御意」に反するのでこうした措置はとらないでほしい、と藩庁に「申出」ている。

という記述がみられるが、これは茨城県立歴史館が所蔵する「諸申出留」所収の資料に基づいて記されている。この記述からも本書簡の推定執筆年次の正当性を裏書きできるのであるが、それはともかくとして、この第123通目書簡は、まさに会沢・青山両名が文久二年閏八月に藩庁に提出したという申出書の会沢による案文と推定されるのである。

そこで、本件に関する会沢自身の見解を、この案文の記述から逐一見てみることにしたい。先ず案文の内容を意訳して示せば、以下のようになる。原文は長文なので第二部の本文翻字をご覧いただきたい。

学校で修業する際の「朝文夕武」の件につきお尋ね故、言上いたします。元来、烈公様のお考えは「文武一致」ということで、武芸を学ぶ者も少年のうちは必ず文学を学び、文学を学ぶ者も成長してからは必ず武芸も学ぶようにせよとのことでした。勿論これは、文武に甲乙があるということではなく、長時間にわたって気力を集中しなければならない文学は雑念の少ない少年のうちに学ぶのが適当であり、体力は消耗するが気の滅入ることのない武芸は成長してから始めても遅くはない、というのがその理由でありました。これは、ややもすると文武に甲乙を付けているようにも受け取られがちですが、実はこうすることによって丁度文武の釣り合いが保たれることになるのです。このことは、今は亡き藤田誠之進や私恒蔵らが度々烈公様から伺い、よく記憶しているところであります。

お尋ねの「朝文夕武」の件も、文武の釣り合いを保つという意味から、昼前は必ず文学を学ぶようにとお定めになったものなのです。このような事情であるにもかかわらず、武芸師範の方からは、学校が開設された当初そうであったように、午前十時頃から午後二時頃まで「文武同刻」に学ぶようにしてもらいたい、という声が上がっているようであります。「文武同刻」が行われていたのは全く学校開設当初の試行錯誤の時期のことでありまして、暫くこのやり方で運営してきてみてこれが修業に適さないことが判明し、学校本開館の際に「朝文夕武」の制度に改めたものであります。その結果、諸生は昼前には文学を昼後には武芸を学ぶこととなり、偏文偏武の弊害が無くなるはずになったのでありますが、もし今これを「文武同刻」に戻してしまうようなことをすれば、先に述べましたような理由から、武芸の稽古に出る者ばかりが多くなって文学の方は衰え、まさに偏武の状態となってしまうことは目に見えております。そのようなことになっては、この制度を設けた烈公様の深いお考えに背くこととなり、臣下の身として誠に恐れ多いことであります。

ところで武人の中には、昼飯後に登校してもよいということになれば小給の者には好都合だ、と申す者もいるやに聞いております。本来なら諸生共は毎日登校すべきなのですが、小給のため差し支えのある者もいることを考慮して、それぞれの登校すべき日数を定め、決められた日数だけ登校すれば御咎がないようにしているので、これで小給者への配慮は十分に為されているわけであります。にも拘らず、さらに登校時間を遅らせるべきだなどと要求するのは、余りにも身勝手というものでありましょう。烈公様のお考えは、少年の者ほど在校時間を少しでも長くしたいということでしたから、登校時間を遅らせることでこれを短くしてしまっては、そのお考えに全く反することになります。烈公様が逝去された現在、御遺業を破ってお考えに背いたのでは、何とも嘆かわしい次第と存じます。その筋の皆様も烈公様の御遺志を堅く守っておられることとは存じますが、お尋ねということですので斯く言上いたします。ご不明な点などございましたら、どうぞ幾度でもご下問ください。

これによれば、元来斉昭は「文武一致」を唱えてきており、武芸を学ぶ者も少年のうちは必ず文学を学び、文学を学ぶ者も成長してからは必ず武芸も学ぶようにすべきことを主張してきたが、これには然るべき理由があり、実はこうすることによって丁度文武の釣り合いが保たれることになるというのであった。これは会沢らが斉昭から度々聞いてよく記憶しているところであったらしく、「朝文夕武」の件も、文武の釣り合いを保つという意味合いから定められたものであるという。

ところが、この案文が執筆された当時、武芸師範の方から学校が開設された当初そうであったように「文武同刻」に学ぶようにしてもらいたいという声が上がっていたらしく、これに対して会沢は、それが修業に適さないことが判明したために学校本開館の際この制度に改めたのに、それをまた元に戻すことによって偏武の状態に復してしまっては、こうした斉昭の深い考えに背くこととなり、臣下の身として誠に恐れ多いことであるという。武芸師範の方からはまた、昼飯後登校云々の意見も出されていたようであり、これに対しては、斉昭の考えは少年の者ほど在校時間を少しでも長くしたいということだったのであるから、登校時間を遅らせることでこれを短くしてはその考えに全く反することになると述べ、斉昭死去後に生じたその遺業を破ることにな
りかねない動きに反対の意思を表明しているのである。

ところで、こうした動きが今に始まったことではなく、これより先の万延元年十月九日、斉昭没後の弘道館
再開に当たり、藩庁からわざわざ「朝文夕武」の通達が出されていたことは会沢も当然承知していたはずであ
る。しかるに、会沢が改めてこの申出書を認めたのは、もちろん「朝文夕武」の制度が重要なことを強調する
必要性も感じてのことではあったろうが、それと同時に、斉昭の死去に乗じてその遺業を破ろうとするかのご
ときこうした動きそのものを、決して見過ごしてはならない不忠なものと見なしたからではあるまいか。当時
の会沢は格式馬廻組上座に列せられていたのであるから、このような提言の中で「不忠」などという表現を不
容易に用いることは憚られたであろう。その代わりに会沢が用いたのが、「臣下之身奉恐入候次第」とか「何共
歎敷次第」といった表現だったのではあるまいか。

この「申出」案文は、その筋からの諮問に応えるような書き出しになっている。しかし、本書簡の本文中に、
「朝文夕武の件で俗論が蜂起しているとのこと。当然当方にお尋ねがあってしかるべきですが、政府の無思慮
な判断からこうした俗論に従うようなことになっては大変ですので、お尋ねの有無に拘らず、当方の意見を言
上した方が好いのではないでしょうか」と記されているところをみると、この時点ではまだ会沢らにその筋か
らの諮問はなかったようで、あらぬ方向へと向かってしまうことを懸念した会沢が、事前に自ら案文を作成し
て青山の見解を質したもののようである。(19)ちなみに、本書簡の日付は「閏月七日」となっている。

④講習寮の席順について

弘道館本開館に際して、斉昭が検討を命じた学制全般についての二三の項目のひとつに「席順の事」がある。安政四年五月の本開館後間もない頃の執筆と推定した第119通目書簡は、「入学規則之儀」のうちの「講習寮席順」について会沢が検討した案文と推される。弘道館の文館には、初め居学・講習・句読・寄宿の四寮が設けられたが、ここで検討の対象となっている「講習寮」は、新規に入学を許された学生（講習生）のための教場である。[20] 今、会沢の案文を示せば以下のごとくになる。

入学規則之儀、別紙ニ付札ニて申出候所、講習寮席順之儀、布衣ハ布衣之長幼、物頭ハ物頭之長幼と申説も世間ニ有之候へ共、右様法律を以厳正ニ致候ハ朝廷之礼ニて、学校之儀ハ敷五教在寛と申義舜之詞ニて、法律等ニて糾し不申、易簡寛厚ニて束縛不仕、人材を長養致候事ニ御さ候間、布衣物頭等之格式を立不申、互ニ礼譲を以、下位ハ下席ニ坐候様、舎長等申含候方宜候様被存候。是迄迚も自然と布衣之子弟ハ上席、物頭ハ其次と申様ニハ相成居候間、其中ニ不遜之者ハ其時々教諭致候方、学校之意味ニ可有之候。然を布衣ハ布衣之長幼と屹ト法を立候ハヽ、布衣之内ニて年長之者ハ五千石取之上へも坐候様ニて、不都合之義も出来可申候。左候迚、御目見席の如く一役切ニ正候事も相成兼申候。猶更社廟御開以来多人数ニ相成、講習生居余り候所、遅く出候者之為ニ布衣物頭之席ヲ空席ニ致置候而ハ別而坐席ニ指支可申、又文館ニて席を分候ハヽ、武場同様ニ候所、武場ニて席を細ニ分候義も届合兼可申候。又下位之者驕慢ニ成候との説も有之候へ共、学校ニてさへ文武共上下を分候事ニ成候ハヽ、上位之者ハ別而驕心増長可致、古より在上不驕抔申候而貴者之驕心ハ第一ニ聖賢之戒候事ニて、尤治教之害と相成候間、学校御設之尊意も、一ニハ貴者之驕心を抑へ下情ニ通候様ニとの思召ニ御座候。賤者之驕心を抑候事ハ貴者を抑よりハ易き事ニ御さ候間、教職舎長等ニて時々心を付可申事歟と奉存候。依而学校之義ハ、繁密ニ法律を設不申、簡節疎目にして寛厚を貴候儀、執法吏と教職との相違と奉存候。

これによると会沢は、「入学規則之儀」について「別紙」に付札をして提言したようである。その中で会沢は、「講習寮席順」について、布衣は布衣で物頭は物頭で、それぞれ長幼の順にしてはどうかという説も世間にはあるが、そのように規則で厳正に定めるのは「朝廷之礼」であって、「学校之儀」は規則等で規定せず易簡寛厚にして、束縛することなく人材を育成するのがあるべき姿である。よって、布衣とか物頭といった格式を持ち出すことなく、互に礼譲をもって下位の者は下座に座るよう舎長等が輔導するのが望ましい、と述べている。

さらに会沢は、これまでも布衣の子弟は上席、物頭はその次という具合に自ずとなっていたので、もし偶々不遜の行いをする者がいたならば、その時々に教諭して改めさせるというのが学校本来の役割にも適うというものであろう。それに、予め布衣は布衣の長幼などと決めておいても、たとえば布衣のうちの年長者が年少の五千石取の上座に座ったりするというような不都合が起こることも考えられ、それならばと御目見席のように一人一人席順を指定することまではできかねる。特に社廟御開以後の学校は出席者が多く、講習生の中には座れない者も出るほどなので、布衣・物頭用の席だからということで、遅く出てきた者のために席を空けて置くというのは好ましいことではないと述べ、加えて、もし文館で席を分けた場合は武場も同様にしなければならなくなるが、武場で席を細かく分けることなど迚もできない相談であるとも述べている。

会沢はまた、席順を決めないと下位の者が驕慢になるとの説があるのに対しては、学校においても文武共に身分の上下を持ち込むようなことになっては、上位の者の驕心をさらに増長させることになるのではと案じている。古えより貴者の驕心は聖賢が最も戒めたことであり、治教にとって最大の害となることなので、学校を設けた斉昭の尊意も、ひとつにはこの貴者の驕心を抑へ下情に通じさせるところにあったとし、対する賤者の驕心については、貴者のそれを抑えるよりも容易なことであり、教職・舎長等が時折心を配るようにすれば十分であるというのである。

そして、このように説いてきて会沢は、学校に関することについては、繁密に法を設けず、簡節疎目にして寛厚を貴ぶのが望ましいのであり、そこのところが執法吏と教職との相違点なのである、と前言を繰り返し述べてこの文章を結んでいる。

会沢は、如上の案文を示した後に、「前文草稿、ちとくど過可申候哉。宜御取捨可被下候」と書き添えている。この案文にはいろいろと記されているが、要するに会沢の考えは、「席順については各人の良識に任せ、もし不遜の振る舞いをする者が現われたならば、その時々に教諭して改めさせるのがよい」ということであるから、これだけのことを言うためにあまりに多くの言葉を費やしたことが気になったものか、青山に文章の斧正を依頼しているのである。

⑤文武諸生の勤惰等の査定について

本書簡集の通し番号121の一文は、会沢が「学校文武諸生勤惰等取調」について所見を述べたもので、安政四年頃の執筆と推定され、いずれかの書簡に添えられるなどして青山のもとに届けられた案文とみえる。水戸藩では、安政四年五月八、九両日にわたって藩校弘道館の本開館式を挙行したが、これに併せて諸々の改革も同時に行おうとしていた。この一文は、弘道館文武諸生の勤惰等の査定法について、その改善案を提言するものである。以下にその全文を示して会沢の見解を見てみたい。

学校文武諸生勤惰等取調之儀、御目付方持前之様ニ候へ共、右役所専務ニも無之、出精帳ニて取調候而已ニ而ハ情実ニ当り様ニ計も行届兼候儀出来、文武館へ日々立入候ニも無之、調方ニ至候而も文ハ教職之調、武ハ師範々々之調ニて、両様ニ相成平均ニ無之、偏文偏武之弊ニも相成候間、文武共諸生惣調致候役相立可然旨、教職よりも追々申出候儀ニ御座候間、両三人も弘道館勤被仰付、教職幷武芸師範ハ勿論、書記監察等へも時々申合、文武惣調致候様相成候ハヽ、賞罰其外万端模通り宜候哉と奉存候。右人物之儀ハ矢野大介・鹿島又四郎抔可然哉共奉存候所、猶又御評議之上、相当之人物被仰付候様仕度奉存候。尤御目付方調之儀ハ是迄之通取調、別ニ右之通相成候ハヽ、両様御見合ニも相成候ハヽ、御模通宜候哉と奉存候。此段申出候。以上。

会沢は、「文武諸生勤惰等取調」というと即「御目付方」の持前のように考えて済ませてしまっていることに疑問を呈している。学校に関することは目付の専務ではない上に、文武両館へ日々立ち入ることもなく、ただ出精帳によって取り調べるだけでは不十分だというのである。さらに、従来行われてきた調査方法についても、学問は学館教職の、武芸は各武芸師範の調査結果をそれぞれ基にしていることから、結果的に両様となり、文武いずれかに偏った評価となる危険性があることを指摘している。

その上で会沢は、文武にわたって諸生の勤惰を査定する専門の役職を新たに設けることを提唱する。その役には両三人を配して弘道館勤務とし、教職並びに武芸師範は勿論、書記（右筆）や監察（目付）等とも時々話し合いを持つようにしていけば、賞罰その他すべてが首尾よく行われるようになるであろうというのである。そして、その役職に相応しい人物として矢野大介と鹿島又四郎（良幹）の二名を推挙しているが、さらに評議を重ねて適任の人物が登用されるようにしたいとしている。

会沢は、以上のごとく自説を展開しているが、それは従来の「御目付方」による調査は廃止するということではなかったようで、それはそれ、これはこれで両様の調査をすれば、両々相俟っていっそう首尾よく事が行われるであろうとも述べており、役人的な気配りも決して忘れてはいないのである。

ところで、本開館に際して整備された賞罰規定では、文武の教職が常に諸生の勤惰、操行の良し悪しに目を配り、褒賞に値する者を毎年初めに教授頭取から藩庁へ申請することとなり、その文案は、文館は舎長、武館は手副が教職の意を受けて作成することとなった。また一方では、目付も諸生の出欠の状況を調査し、日頃の操行と併せて藩庁へ報告することとされたのであるから（鈴木暎一『水戸弘道館小史』）、結局のところ、ここで会沢が提唱しているような教職と目付による二本立ての評価方式が採用されることにはなったようである。しかし、前出「（弘道館）御用留」をみるかぎりでは、「文武諸生勤惰等取調」を専務とする役職が新たに設けられて矢野と鹿島がその職に任じられる、ということにはならなかったものらしい。

⑥エリート教育に係わる通達について

本書簡集の通し番号128の一文は、「布衣以上幷三百石以上之族」及び「家塾師範之族」に向けての通達の案文と推察される。先ず前者については、

一　布衣以上幷三百石以上之族へ

布衣幷三百石以上之惣領、一ヶ月七日以上文館へ相詰候様達置候所、家塾ニ而致素読候初学之族ハ、日々罷出不申候而ハ修行ニ不相成候間、素読相済候迄ハ御定日数ニ不拘、一ヶ月十五日以上屹ト罷出可申候。但当主ニ而も繁勤ニ無之族ハ同様ニ有之候事。

一　右之族、毎月廿日於学校講釈素読改有之候間、師範より指図次第罷出可申候。

のごとく記されている。天保十二年の弘道館仮開館の際に布達された学生課業例規では、「布衣以上并三百石以上之惣領」は修業の日割が毎月「十五日」と定められた。しかるに、如上の案文中に「一ヶ月七日以上云々」とあるのは、一五日のうち正味「七日」以上は必ず「文館」へ出席するように、ということであろう。先に「朝文夕武」の規定について検討したところでみたように、本開館にあたって藩内に下された四カ条からなる通達の三条目に、「以来は右日割丈之日数は文武等分に必出精罷出片寄不申候様」にせよ、とあったのに合致する記述である。文武兼修の理念の実を挙げる目的で、本開館時にこのような通達案文を作成したものと推察される。

そして、とくに「布衣以上并三百石以上之族へ」としているのは、当時、将来藩の重職を担うことになる大身の子弟ほど学業に怠惰であるという現実があったからであろう。こうした弊風の是正を本開館に先立つ時期に訓導や舎長から指摘されていたのであるが（鈴木暎一『水戸藩学問・教育史の研究』）、そうした指摘を俟つまでもなく、会沢自身が、仮開館以来教職を勤めてきた中で（弘化二年の致仕から嘉永六年の教職復帰までの期間は除く）、こうした弊風の存在は十分承知しており、その是正が必要なことも痛感していたはずである。

なお、まだ家塾で素読を受けている初学者については、素読が済むまでの間は、御定日数に拘らず一カ月一五日以上は必ず出席するようにせよ、また当主であっても繁勤でない者は同様にせよ、とも記されている。繁勤でない当主云々はさておき、初学者教育については、本書簡集の通し番号6にも「幼年者学文」と朱筆で題した以下の一文がある。

御家中学校へ相詰候儀、文武勝手次第ニ候所、文学ニ長じ候而も武芸ハ必兼候事ニ相成居候へ共、武芸者ニハ一切文を心得不申向も多く相見候。尤年齢長し候者ハ只今より読書も成兼可申候へ共、幼年より武芸斗習候類も有之、間々ハ惜敷少年抔も相見申候間、十五歳以下ハ武よりも読書を専ニ為致候方可然奉存候。且又素読之者ハ御定日数を追候位にてハ所詮埒明不申候。幼年ニ而ハ武芸雑事等忙敷事も無之候間、毎日も出精相成候間、素読之者等心得方御達ニ相成候様奉存候。猶更布衣幷三百石以上抔之子弟ハ、別而御用ニ立候人物出来不申候而ハ不相成候所、是迄通惰候風ニ候間、格別御世話御坐候様奉存候。此節御留守方ニ相成候而ハ一等弛候勢も御座候間、右之振を以可然御斟酌之上、御達ニ相成候様奉存候。

会沢は、この文章でも、その前段で文武兼修のことに触れ、仮開館以来文武を兼修することとされてきてはいるのだが、学び方自体の調整は本人に任されてきた結果、とりわけ武芸者の間で偏武の傾向が強くみられるようになり、あたら文学の才能のある少年の芽を摘み取ってしまっているようなケースも間々見受けられる、と慨嘆している。そして、こうした弊害をなくすためにも、十五歳以下の少年は武芸よりも読書に専念させるべきである、と主張する。なかでも、まだ素読の段階にある初学者などは、定められた出席日数をこなす程度では到底埒が明かないので、幼年で雑事等に忙殺されることもなく、毎日でも出精することができるわけであるから、特にこのような者たちを対象とした心得方を通達すべきであると提言し、続けて「布衣幷三百石以上抔之子弟」について、学業に怠惰であるという現実を指摘した上で、こうした弊風是正のための格別の対策をたてる必要性を強調し、「右之振を以可然御斟酌之上、御達ニ相成候様奉存候」と、その筋に対して要請している。

してみると、この「幼年者学文」と題した一文は、先の通達案文と一緒に藩のその筋へ提出する予定であった意見書の案文のようにも思われてくる。そして、ここで会沢が幼年者教育の対象として想定していた中には、素読の段階にある初学者一般も含まれてはいたのであろうが、とりわけ重視していたのが「布衣幷三百石以上抔之子弟」であり、彼らのためのエリート教育をどうすべきかについて検討するのが主要な目的であったと推測されるのである。

そして、こうした幼年者教育のための具体的方策を検討した結果を、以下の「家塾師範之族へ」という通達案文で示したものと推察される。そこには、

一　家塾師範之族へ

布衣以上幷三百石以上之惣領、一ヶ月七日以上文館へ相詰候様達置候所、家塾ニ而致素読候初学之族ハ、日々罷出不申候而ハ修行ニ不相成候間、素読相済候迄ハ御定日数ニ不拘、一ヶ月十五日以上屹ト罷出候様相達候而、其旨相心得、廿日以上を出精と致、十五日以上ハ並、右以下ハ不精と心得、精不精取調、年々七月翌年正月両度ニ学校へ書出可申候。

一　右之族致素読書名、是又右同様書出可申候。

但右以下ニ而も、格別出精又ハ格別器用ニて果敢取候者ハ、右同様書出可申候。

一　右之族、毎月廿日於学校教職致出席、講釈素読改有之候間、月々十五日迄ニ師範より学校へ姓名書出可申候。

のように記されている。ここでは「布衣以上幷三百石以上之惣領」及び「家塾ニ而致素読候初学之族」に向けて前者と同じ提言を記した上で、これらを指導する師範たちに対して、毎年正月と七月の二回、学生の勤惰の

状況を学校へ報告することを義務付けようとしている。その際の評価の基準は、二十日以上出席を出精、十五日以上は並、そしてそれ以下は不精とする、というものであった。

また、学生たちが素読をしている書物のタイトルや、格別出精の者、格別優秀で進歩の著しい者の名前なども報告させようとしており、さらに加えて、毎月二十日に学校において教職が列席して講釈・素読の吟味をすることにして、毎月十五日までに吟味を受ける者の姓名を記して学校へ提出することを師範たちに求めているのである。

ところで、これらの案文の末尾には、「右之振合を以、夫々御達ニ相成可然哉と奉存候。／尤右御達ニ相成候て、教職御目付方等へも夫々御達御座候様ニと奉存候」と記されているので、これらが通達の案文であることが裏書きされると同時に、会沢が、これらを教職並びに目付等へも下達することを望んでいたことが分かる。なお、これらの案文は、「家塾師範之族」への通達の中で学生の勤惰判定の基準がより詳細に記されていることから、本開館に際して執筆されたものと推される。随所に加除訂正の跡を残したまま、いずれかの書簡に添えられるなどして青山の許に届けられたものであろう。

第二節　弘道館における諸業務と会沢正志斎

1　藩士教育以外の諸業務に関する書簡

①諸公子教育について

水戸藩第九代藩主徳川斉昭には、記録に残るところだけでも二二男一五女、合わせて三七人の子女がいたとされている。そうした斉昭の、特に諸公子の教育に関する一見識を窺うことのできる恰好な資料がある。それは渋沢栄一が著わした『徳川慶喜公伝』で、そこには以下のような記述がみられる。

烈公は都会軽佻の風俗が幼稚の心に浸染するを恐れ、且つ文武の修行も思ふに任せず、附人又は着服等までも、封地に比して無益の失費少からざるを慮り、幕府に請ひて、諸公子は悉く水戸に下さるゝ事と定められき。（中略）烈公嘗て公の傅役井上甚三郎に、諸公子教育の要を諭されし書の中に、庶子は嫡子と異りて、養子に望む家あらば直ちに遣はすべきものなれば、永く我が膝下に教育し難し。されば文武共に怠らしむべからず。若し他家に出し遣る時、柔弱にして文武の心得なくば、我が水戸家の名を辱むる事あるべし。

すなわち斉昭は、諸公子たちが軽佻浮薄な江戸の風俗に染まること、また、手狭な江戸屋敷の中では文武の修業も十分にできないばかりか、諸事において無益の失費がかさむこと等を憂慮して、幕府に願い出た上で、諸公子はすべて水戸で養育することにしたという。また、特に嫡子の外は、他家から養子に望まれれば直ちに遣わすことになるので、永く膝元に置いて教育することができない。そのため養子に行った先で水戸家の名を辱めることにならぬよう、文武共にしっかりと学ばせなければならないとも言っていたという。

このような斉昭の教育方針のもとで、公子たちは日々藩校弘道館において、午前中は書物を学び、午後は武芸の修練をして、孜々として修業を怠らなかったことが、同じく渋沢前掲書に記されている。弘道館における藩士子弟の教育においては、身分別に毎月最低限度の出席日数が決められていた。しかし、諸公子の場合は、毎月の文館課業表に三日、十三日、二十三日が「公子会読」の日と定められていたが、休館日以外は毎日登館して文武の修業をすることが求められたようである（鈴木暎一『水戸藩学問・教育史の研究』、宮田正彦『水戸学の復興』）。

そして諸公子の教育には、弘道館の教職者の中から選ばれた者数人が携わったようである。本書簡集中には、この諸公子教育に関連した書簡が数通含まれている。その中の一つの安政六年執筆と推定した七月十三日付第12通目書簡をみると、

諸公子御相手相勤候付、御同様長綿一把ツ、被下候所、当年ハ御同様御相手も勤不申候間、返納致候方可然候哉。別紙ハ手元へ扣置御相談申候。

とある。これによれば、諸公子の読書の相手を勤めた褒美として会沢・青山両名に「長綿一把」ずつが下賜されることになったようである。しかし、安政五年七月五日に斉昭が再度の幕譴を蒙ったことも影響したのか、この年は両名とも諸公子の相手を勤めていなかったらしく、これを拝領することに疑問を感じた会沢が、これは返納した方がよいものかを青山に相談している。

この件については、同年七月二十四日付第9通目書簡に、「御褒美之儀御同意之由、此節ハ不快ニ而頼合居候所、両三日中ニハ出勤可仕候間、其節書記抔相談可仕歟と奉存候」とあるところをみると、青山も会沢の抱いた疑問に同意を示し、その旨を会沢に伝えてきたようである。これを受けて会沢は、両三日中に出勤した折に書記（右筆）等に相談してみる、と返信している。

そして、同年八月四日付の第14通目書簡に、

諸公子御相手ニ付賜物之義、書記へ申談候所、御師範之分、文武共師弟の礼ニて被下被成候間、頂戴候而可然との事ニ御坐候間、受取候筈ニ仕、貴兄之御分も御代ニて受取可申候。

とあるのによれば、会沢がこの件について右筆に確認してみたところ、師範への褒美は文武共に師弟の礼として下されるものなので、頂戴しても差し支えないという回答が得られたらしい。そこで会沢は、これを拝受することにして、青山の分も自分が代わりに頂いて預っておくと伝えている。

ここで前出の「(弘道館)御用留」安政六年七月十三日条を見てみると、この折には会沢・青山両名の外に原任蔵にも「長綿一把」が下賜されており、さらに、鈴木子之吉・石河幹次郎・石川伝蔵・津田繁太郎の四名には、それぞれ「金百疋」が下賜されたことが記されている。この前年の七月には、これら四名に加えて、秋山長太郎・川瀬順之介・佐野順次郎・柳瀬八十太郎の四名も「金百疋」を拝領しているのであるから、諸公子教育はそれなりの人数で対応していたものらしく、担当者へは年に一、二度、ここにみたような褒美が下賜されたのである。

ところで、諸公子教育に関連する書簡としては、次の八月二十一日付第88通目書簡も挙げられる。

川越君御葬も、有馬侯之庶子在国候を御養子ニ付、十月比之御葬と申来候。如何御承知候哉。左候へハ何時頃御発喪ニ候哉。庶公子御読書、余り長く御休も如何ニ候間、御内実御忌たけ立候ハ、御始ニて、追而御発喪之節又々御休ニても可然哉と奉存候。御程合御聞繕、可然御御《ママ》〔「御」重複〕取計候而ハ如何候哉。心付候間得貴意候。

先に本書の第一章第四節第四項でみたように、斉昭の八男八郎麿(昭融)は、安政元年に川越藩主松平典則の養子となり、当時は藩主となって直侯と称していたが、文久元年八月十五日に死去してしまった。嗣子がいなかった直侯の跡には有馬侯（久留米藩）の国許にいる庶子が養子に迎えられることとなったため、葬儀が行われるのは十月頃になるだろうとのことであった。

このような情報を得た会沢は、もしそうであるならば発喪はいつ頃になるだろうか、と青山に質している。そというのは、「庶公子御読書」があまり長く中断してしまうのは好ましくないと考えたからのようである。そこで会沢は、内輪の服忌の期間が過ぎたら教育を再開し、追って発喪の日取りが決定したところで再び休むことにしてはどうか、と青山に提案している。とにかく、状況の推移を見極めながら然るべく取計らうことにしようということのようであった。ここから我々は、老碩儒会沢の諸公子教育に真摯に取り組む姿を垣間見ることができるのである。斉昭の八男で慶篤の弟である直侯の死去は、先にみたように父斉昭の神主の遷廟を延引させただけでなく、水戸藩の諸公子教育にもこのような影響を及ぼしていたのである。

そして最後になるが、本書簡集の通し番号129の一文の中にも諸公子教育に関連する記述がみえる。その全文を示せば以下のごとくである。

如論御幼年より尊大ハ不宜、且撫軍監国ハ世子之事ニて庶支ニてハ如何。日本武尊ハ英傑之才、非常事故常法とすへからす。東征西伐も刺客ニ等しき事抔ニて、御名代と申にも無之歟被存候。公子御英傑ニも可有御座候へ共、御幼年ニて摧隗の任を御引受にも相成間敷、又熊襲蝦夷の勁敵あるにも非、操練而已ニ候へハ非常ニ出候時勢にも非、義公も子供ハ子供の様ニて宜敷との御意に相当不仕候。老臣ニて摂候事ハ当然と被存候。

文中に、「撫軍監国ハ世子之事ニて庶支ニてハ如何」「公子御英傑ニも可有御座候へ共、御幼年ニて云々」「操練而已ニ候ヘハ云々」等とあるのをみると、ここで問題にしている公子教育は、どうやら斉昭が始めた水戸藩の軍事操練である追鳥狩と係わりがあるようである。天保十一年三月から行われていた追鳥狩は、斉昭が幕府から隠居謹慎を命じられた、いわゆる「甲辰の国難」後しばらく中断していたが、安政二年四月に再開され、以後同五年三月まで年一回実施された（『水戸市史 中巻四』第二〇章第六節）。これがどの年の追鳥狩の時のことかは確定し難いが、再開後に行われたうちのいずれかであることに間違いはなかろう。

この文章中で会沢は、青山の「御幼年より尊大ハ不宜」という意見に同意した上で、「撫軍監国」を世子以外の公子が行うのは如何なものか、と述べている。「撫軍」とは、太子が君主に従って従軍すること、「監国」とは天子が地方へ巡幸するとき太子が国政を代行すること。文字どおりの意味はこのようであるが、ここではいずれかの公子に追鳥狩の指揮を執らせることをいっているのではあるまいか。

これに対して会沢は、上代の日本武尊の東征西伐や中国後漢の群雄の一人である隗囂を駆逐した光武帝の例などを挙げつつ、こうした措置に反対である旨を主張している。いかに公子が英傑であるとはいえ、まだ幼年のことでもあり、しかも追鳥狩はあくまでも軍事の操練なのであるから、このような定法から外れた措置をここであえて採る必要があるのか、と疑問を投げかけているのである。

そして最後は、義公（光圀）が言ったという「子供は子供らしいのがよい」という言葉を挙げ、この訓えに反しないようにすることを勧めると共に、老臣が代行すべきであると述べて文章を結んでいる。

さて、ここまで筆者は、「撫軍監国」の意味をいずれかの公子に追鳥狩の指揮を執らせることとみて、この文章の内容を検討してきた。前述したように、斉昭には記録に残るところだけでも三七人の子女がいて、そのうちの二二人が男子であった。嫡子の外は他家から養子に望まれれば直ちに遣わすことになると斉昭自らが語っていたように、嫡子慶篤とその養子となって水戸家を継いだ余八麿（昭武）、そして、文久三年二月に兄慶篤に従って京師に入り禁闕の守衛に従事した余四麿（昭訓）の外は、すべて他家に養子に入っている。[21] 斉昭は、初めは七郎麿（昭致、のちの慶喜）を長子慶篤の控えとして手許に留めるつもりでいたようであるが、弘化四年に一橋家の養子となって出たため、その後は一四男昭訓に期待を寄せたらしく、自分の代理として各種の行事に出席させたり、会沢らに命じて編纂させた排邪書『息距編』に序文を書かせたりしている。その昭訓は不幸にも、元治元年に病を得て京都で死去してしまった。このとき弱冠十七歳であった（瀬谷義彦『新装 水戸の斉昭』、宮田前掲書、清水正健『増補 水戸の文籍』、『茨城県史料 近世政治編Ⅰ』等）。

筆者は、ここで「撫軍監国」を任されようとしていた公子とは、この一四男昭訓だったのではないかと推測している。そして、この一文には、斉昭が昭訓の存在を積極的に、しかしあまりにも性急に藩の内外にアピールしようとしていることに対する会沢らの懸念が表明されているとみるのだが、如何であろうか。

②他藩からの文武修業者への対応と付家老中山家家臣の処遇について

安政三年執筆と推定した十一月三日付第105通目書簡をみると、

> 他所人来候節ハ、文武共御役方御書院ニて応対済候上ニ而ハ、文ハ席上之芸故御書院ニて講釈為致、武ハ本より土之上働故御庭ニて為致候。雨天ニハ不得已稽古場ニて遣ひ、終候節御書院ニて挨拶候ても宜候様ニ候へ共、成事不説、以後御手入等届候へハ何よりニ御座候。

と記されている。ここで会沢は、他藩からの修業者の扱い方について、「文武共、御役方が御書院において応対した上で、文については御書院で講釈させ、武については御庭で教授させるが、雨天の場合は已むを得ないので稽古場を使わせ、終了後に御書院で挨拶させるようにしてもよいのではないか」、と述べている。

先述したように、「他藩人学校にて修行の事」は斉昭が提示した二三の検討項目中の一つであった。この件については、本開館に際して藩庁が出した「教授并文武師範之面々へ」という通達の中に、「他邦より修行人家塾に而留学之者武芸は学校に而修業相済候処以来は家塾に而修行為致尤他流手合之節は学校へ指出可申候」という一条がみえる（『水戸藩史料』上編乾巻一六附録下）。これによると、他藩からの修業者については、本開館以前は武の修業者に限り学校（弘道館）での修業を許可していたが、以後は文武共に家塾で修業させることと決定したようである。そしてこの決定は、本書簡が執筆された時点においてすでに為されていたもののようであるが、会沢がこの決定に納得していなかったことは、書中で、「成事不説」（『論語』八佾篇）というから「決定してしまったことは仕方がないが、将来改正などされるようであれば何よりだ」、と述べていることから推知されるであろう。

ところが、本開館式終了後の安政五年三月十四日付第58通目書簡をみると、

他所諸生別紙之通到来、大胡申聞候所、兼而伺置候通御書院ニて講釈為致、雑・杉始我々教職・諸生も勝手次第聴聞為致、其外武芸同様之扱ニて宜候様奉存候。尤大胡明朝杉参政へ伺候筈ニ仕、老夫も御城ニて参政へ相談可仕奉存候。

のような記述がみえる。ここで会沢は、他藩からの修業希望者が到来した旨を「他所諸生掛」を勤める大胡（聿蔵）から「別紙」をもって報告され、その対応の仕方について青山に、かねて当局に伺いを立てて置いたとおりにしたいと伝えているのであるが、それは、文については御書院において講釈させ、雑（賀）・杉（浦）は

じめ教職・諸生らも勝手次第に聴聞させるというものであり、武についてはこれまで同様に扱うというものであった。

ということは、その後の「御手入」が功を奏して、本開館の後に当局の考えが前掲第105通目書簡で会沢が述べていた内容と近いものになってきていたということなのか。もしそうでなければ、会沢らがあくまでも自分の意見に固執して藩庁の決定に逆らうかたちとなってしまうのである。それはともかく、以上のことを青山に伝えた上で会沢は、念のため大胡には明朝杉浦参政に伺いを立てさせ、自分も登城して参政と相談するつもりである、と述べている。

さて、水戸藩では、弘道館本開館に際して、他藩からの修業者への対応の仕方について以上のような再検討が為されていたのであるが、その過程において陪臣、ここでは「備前守」（水戸藩付家老中山氏）家来の取り扱いをどうするかも検討されたようである。

この件についての会沢の見解は、「直参陪臣」という異筆の端裏書があり、安政二年から四年頃にかけての執筆と推定した以下の一文（通し番号127）に示されている。

備前守殿家来学校修行之儀、右家来ニハ格別筋目之者も有之、陪臣中ニ而ハ次第も有之候へ共、小異同ニて陪臣ニハ相違も無之、御直参と陪臣と分り候所ハ大体ニ関り候儀ニ御座候。学校之儀ハ陪臣不罷出候御定ニ候へハ、小異同を以大体を破候而ハ不宜、千葉栄次郎門弟罷出候ハ稽古場引立候手伝之義ニて自分修行ニハ無之、又諸家ニ而陪臣より教職等相勤候ハ人才を以挙候儀ニて、非常之人才を挙候ハ本より非常之扱ニて、其人之身柄ニ拘り候儀ニハ無之候。学校修行之儀ハ御直参と限り候ハヽ、瑣細之異同ニハ御構無之方と奉存候。

すなわち会沢は、「中山家の家来は、等しなみに陪臣とはいえど、確かに並の陪臣とは少しく異なるところがある。しかし、学校で修業できるのは直参に限ると規定した以上は、この基本方針は厳密に守られるべきである」（大意）と述べ、続けて、「千葉栄次郎[22]の門弟が学校に来ているのは稽古場を引立てる手伝いとしてであって自分の修業のためではなく、また諸家において陪臣から教職等を採用したりしているのは抜擢人事であって、あくまでも特殊な事例であるから、これらをもってこの件の判断材料とすることはできない」（大意）とも述べて、水戸徳川家にとっては陪臣にあたる中山家の家来が学校で修業することには反対の意を表明している。

会沢のこうした見解には、中山氏が斉昭の改革政治推進を積極的に支持する姿勢を示してこなかったことから、斉昭が中山氏を快く思っていなかったという事実が反映しているのかもしれない（瀬谷義彦『新装　水戸の斉昭』）。

結局、最終的に中山家の家来がどのように扱われることになったのかについては、残念ながら本書簡集所収の書簡からは何も窺うことができなかった。先にみた他藩からの修業希望者に対する扱いも、最終的にどのようなところに落ち着いたのかは同様に分からない。しかし、ここで採り上げた書簡からあえて会沢の心情を忖度してみると、この中山家の家来に対する扱いのごとく冷たく事務的に処理しようとするような心持ちではなかったように見受けられる。

③『大日本史』の改刻と仮名書き『大日本史』のこと

水戸藩の『大日本史』編纂事業は、明暦三年（一六五七）、徳川光圀が江戸駒込の中屋敷に史局を開設したときに始まった。寛文元年（一六六一）第二代藩主に就任した光圀は、同十二年には史局を小石川本邸に移し、「彰考館」と命名して事業を継続した。『大日本史』は、中国の司馬遷の『史記』に倣って紀伝体の史体を採り、本紀七三巻・列伝一七〇巻・志一二六巻・表二八巻・目録五巻、全四〇二巻からなる大部な史書である。

事業は、まず紀伝の編纂から着手され、光圀没後一五年が経過した正徳五年（一七一五）十二月、漸く本紀七三巻、列伝一七〇巻が完成して光圀の廟前に献じられた。越えて享保五年（一七二〇）には、安積澹泊の手になる論賛を付けて幕府に献上することができた。

この後四、五十年間は修史事業にさしたる進展が見られなかったが、立原翠軒が彰考館総裁に就任した天明六年（一七八六）以降、漸く中興のきざしがみえてきた。翠軒を中心に、紀伝の刊行に向けて校訂を急いだ結果、寛政十一年（一七九九）の光圀百年忌には、その浄写本八〇巻を廟前に献ずることができた。

しかし、この前後から翠軒と弟子の藤田幽谷との対立が次第にエスカレートし、享和三年（一八〇三）の翠軒失脚後は、幽谷一派が修史事業の主導権を掌握し、文化三年（一八〇六）から再訂を終えた分の上木に取り掛かり、同六年、神武紀より天武紀に至る本紀二六巻分の刻本が、はじめて幕府に献上された。さらに翌年十二月には、幽谷が代作した藩主治紀の上表文を付して、水戸藩長年の宿願であった朝廷への進献も済ませることができた。これに続く第二回目の進献は文政二年（一八一九）に行われ、紀伝刻本四五巻が幕府と朝廷に献上された。

さて、文政九年十二月朔日に幽谷が没するが、それ以降の水戸藩修史事業は、青山拙斎が、天保元年（一八三〇）に総裁職を辞するまで、江戸にあって館務を統括した。この年、藩主斉昭（斉脩の弟、文政十二年水戸藩第九代藩主となる）は、江館を縮小して館員の大半を水戸に移した。水戸では、拙斎の嗣子延光等によって紀伝の校訂作業が引き続き進められ、天保十二年の藩校弘道館設置以降は、その付設機関となった彰考館において作業が継続された。そして、嘉永二年（一八四九）、ついに紀伝全巻の上木が完了して光圀百五十年忌の廟前に献納された。その後も誤脱などの訂正をし、同五年二月七日には幕府への、また二月三十日には朝廷への献上も無事に済ませた。ここに至って漸く、紀伝については決着をつけることができたのである（『茨城県史料　近世思想編―大日本史編纂記録』解説、福田耕二郎「大日本史のすべて」、井坂清信『江戸時代後期の水戸藩儒』第一章等）。

水戸藩では、こうして無事に幕府と朝廷に『大日本史』刻本の献上を済ませた後も、不備な点が見つかればこれを訂正し、安政二年十月五日には、改刻『大日本史』三七巻を朝廷へ再献上している（『茨城県幕末史年表』）。本書簡集中の五月二十七日付第70通目書簡（安政元年執筆と推定）には、この『大日本史』改刻について、以下のような記述がみえる。

国史改刻之分、早速出来候様仕度奉存候。応神紀ハ埋木大《ママ》く候間、一張皆改刻ニ而ハ如何。埋木大ニ而ハ、年を経候而浮立候事有之由承候へき。后妃伝后坐巫蠱廃、坐巫蠱云々続紀ニ有之候哉。（圏点ママ）

ここで会沢は、応神紀の扱いについて、訂正個所が多いので埋木によらず、一丁すべてを改刻してはどうか、と具体的な提案をしている。埋木の個所が多いと、年月の経過によって訂正個所が浮き立ってしまうことがあるのを聞き知っていて、そうなるのを心配したようである。

ここではもう一点、后妃伝の記述に関して出典の確認をしている記述がみえる。光仁天皇の后妃（巻七六列伝第三后妃三）の条中の「皇后井上内親王」の項にみえる「坐巫蠱云々」という記述が、「続紀」（『続日本紀』）によるものか否かの確認を青山に求めているのである。ちなみに当該個所は、現行本『大日本史』には、「宝亀三年三月、后巫蠱に坐して廃せられ、尋で皇太子を廃したまふ」とあるが（川崎紫山『訳注大日本史』）、この個所が『続日本紀』を典拠として記されたという注記はみられない。

本書簡集中の『大日本史』改刻に係わる書簡はこの一通のみであるが、これによって我々は、当時会沢が、『大日本史』改刻を喫緊の業務の一つとして対応していたことを窺い知ることができる。

ところで、本書簡集中には、この「国史改刻」とは別に、「日本史仮名之儀」についての記述のみえる書簡が二通含まれている。

栗田勤『水藩修史事略』をみると、天保十一年九月、斉昭が弘道館総教（教授頭取、これは「教授」の誤りか）青山延光に自ら仮字文に直した『大日本史』神武天皇紀を示し、このような簡易な仮字文『大日本史』を作って刊行し世に広めれば、必ずや名教に裨益するところ大であろうと述べ、検討を命じたことが記されている。しかし、この頃青山は、『大日本史』紀伝本体の刊行を完了させるべく鋭意作業に取り組んでいた最中であり、とても仮字文『大日本史』などまで考える余裕がなく、ただお話を承るに止めておかざるを得なかったためか、はたまた筆者の寡聞によるものか、これに関連する記述を当時の文献の中に見出すことはできなかった。

ところが、先述したように嘉永二年（一八四九）に紀伝全巻の上木が完了した後、同五年二月七日には幕府への、また二月三十日には朝廷への刻本献上を無事に済ませ、安政二年十月五日に改刻『大日本史』の朝廷への再献上まで済ませた斉昭は、先に青山に検討を命じたが諸般の事情でお蔵入りになっていたらしい「日本史仮名之儀」の検討を、改めて会沢らに命じたようである。その辺の事情を我々は、本書簡集中の通し番号47・48両書簡から若干窺うことができる。

先ず二月五日付第47通目書簡には、

一昨日長谷川来候而、日本史仮名之儀申上候所別而御親書御座候旨申聞候間、書抜仮名を付板ニ致候事此方より伺可申、御付よりハ頭取へ申聞候とのミ御受申上候筈ニ仕候。上木ハ随分宜候様奉存候。夫ニハ神名・人名之外、地名・物名・巌瓶等之類も仮名有之可然、十枚位ニてハ不済事故頗手数もかゝり可申、尤専業ニ致候ニハ不日ニ出来可申候へ共、教職等本務之余業ニ致候ニハ日数もかゝり候間、夫等之事伺候而可然歟、貴意如何候哉。伺候ニハ轍《ママ》〔「撤」カ〕剣伺之序ニ伺可然候哉。教職の懐も承候上ニて伺可申候哉、又夫にも不及候哉、御相談申候。

と記されている。これによると、会沢が一昨日自宅を訪れた長谷川（軍之衛門、小姓頭取）と「日本史仮名之儀」について話をしたところ、それについては特に「御親書」も下されていると長谷川から聞かされたため、形式上は当方から書抜きに仮名を付けて開板したい旨の伺いを立てたことにし、斉昭へは御付の者から、この件は教授頭取にしかと申し伝えましたとだけ報告しておく、ということで話が纏まった、と青山に報じている。会沢は、この上木の仕事を有意義な事業とは考えていたように見受けられるが、実際にこれを行うとなると、神名・人名・地名等々まで仮名にする必要があり、量的にも板木十枚位で済むものではなく、手数も大変に掛かる仕事なので、とても教職等の本務の片手間ではできないとみていたようである。このことをはっきりと言上した方がよいものか迷った会沢は、青山の意見を質している。また、この仕事をするとなれば、当然のことながら教職の面々に負担が掛かることになるので、彼らの考えも聞いた上で伺いを立てるべきは否かについても相談している。

また、その翌日に執筆したと推される二月六日付第48通目書簡には、

惣体神名御尤奉存候所、神代紀ハ不残位ニ成候間、伊弉冊尊ノ条ナトノ如き、煩敷様ニも可有之哉。日本史を主ニ致、御認之目録之内ニて何天皇紀誰某伝と申事を分候方披索ニ宜候哉。先ツ紀伝之分を集候而、

志類ハ別ニ集候而も可然哉。左候ヘハ神祇志等ニ出候神名ハ出候間、惣而位ニ成可申とも奉存候、如何。猶又他日御面語可仕候。教職ニ掛候所承知ニ御座候。

のように記されている。先にみた第47通目書簡で会沢は、仮名付けする対象の一つとして「神名」を挙げていたが、それについて青山が何ごとかを書き送ってきたようである。それに応えるかたちで会沢は、次の三点について青山に諮っている。一つ目は、『日本書紀』「神代紀」に出てくる神々などは残らず仮名付けすることになるであろうが、そうすると「伊弉冊尊」の条などは煩わしくなるのではないかということ、二つ目は、検索の便のためには、『大日本史』の「何天皇紀誰某伝」という具合に分けて目録に記載するのがよいのではないかということ、三つ目は、先ず紀伝の分を集め、志類の分はこれとは別に集めてもよいのではないか。そうすることで神祇志等に出てくる神名はほとんど補うことができるので、おおよそ全体を集めたことになるであろうから、ということ。これらについてとりあえず書簡で伝えておき、他日じっくり面語しようというのが会沢の心づもりであったようである。

それから、同じく第47通目書簡で会沢は、この仕事をするとなれば、当然のことながら教職の面々に負担が掛かることになるので、彼らの考えも聞いた上で伺いを立てた方がよいものかについても相談していたが、これについての青山の考えは、彼らの意見を聞いた方がよいというものであったことが分かる。

ところで、これら二通の書簡の内容を検討してみて気付いたことは、同じく「日本史仮名之儀」とはいっても、天保時のそれと安政時のそれとでは少しく意味合いが異なっているのではないかということである。前者が漢文で書かれた『大日本史』全体を読み下し文にしたものをいっており、これはかつて義公(光圀)が作成を企図したところのものである(栗田前掲書)。これに対して後者の場合は、神名・人名・地名等々を書き抜いて仮名を付け、索引のようなものにして検索の便を図るということのようなのである。

そこで、さらに栗田前掲書を見てみると、

此事已ニ日本史ノ成文アレバ、仮字ヲ違ヘズ、直サシムルハ、三輪信善、又ハ鶴峯戊申、前田夏蔭等ニ命セバ、容易ナラン、猶藤田彪、会沢安、石河幹忠等ニ、協議スベシトイヘリ、

とあり、斉昭が『大日本史』全体を読み下し文にするのを、いとも容易な作業のように見なしていたことが窺われるのであるが、内外とも多事多端な安政期となっては、このような作業にじっくり取り組めるほどの余裕があったとはとても考えられない。「日本史仮名之儀」の意味合いの変更は会沢らにとっては窮余の一策ということだったのであろうが、これについての斉昭の同意が得られていたのかどうかは不明である。それはともかく、栗田前掲書には光圀の仮字文『大日本史』作成の企図が実現しなかったことが記されており、光圀に倣おうとしたらしい斉昭の試みも、結局同じ結果に終わってしまったことになる。

④弘道館における図書館的業務

本書簡集中には、藩校弘道館における図書館的業務に係わる記述のみえるものが数通含まれているので、それらを業務別に順次見ていくことにしたい。

先ず初めは資料の収集に係わる記述であるが、五月十四日付第67通目書簡には、「御買上書之儀、外ニ心付無之候。中臣祓ノ所へ付札仕候所、如何候哉」と記されている。会沢は、青山から届けられたらしい購入候補資料の一覧に目を通した上で、外にこれといったものは思い当たらないが、一覧に挙げられている「中臣祓」

の個所に付札をしておいた、と記している。「中臣祓」は、大祓の際に宮廷の神事・祭祀を掌った中臣氏が読みあげる祓詞（『スーパー大辞林』）をいうが、これは、『日本書記』神代巻とともに垂加神道の根本教典とされている（『日本古典文学大辞典』）。ここではその注釈書のようなもののことであろうか。いずれにせよ、会沢も購入候補資料として検討に価すると見ていたようである。これは、嘉永六年十一月の会沢の教職復帰以降にあった話である。

この資料収集業務に関しては、安政二年執筆と推定した八月二十九日付第90通目書簡にも以下のような記述がみえる。

南山巡狩録と申書、旗下士大草某所編纂、南朝之逸事頗詳候様相見候間、館本ニ一部、此地筆耕ニて為写可申歟奉存候。如何。

安政二年八月十五日、会沢は幕府の命を受けて江戸城に登り、将軍家定に拝謁してその篤学を賞された。本書簡は、この出府の折に会沢が水戸にいる青山宛に江戸から書き送ったものであるが、この中で会沢は、大草某が著わした『南山巡狩録』には南朝の逸事が詳しく記されているようなので、一部を館本として収集してはどうか、と提案している。そして、もし収集することに決まれば、江戸で下書き原稿の浄書を請け負う筆耕に頼んで筆写させる考えであったようである。本書の著者大草公弼は、安永四年に生まれ文化十四年に没した国学者で、幕臣として諸家系譜編纂員・幕府御書院番等を勤め、蔵書家でもあった。南朝の歴史に関する完書のないことを嘆いて著わしたのがこの『南山巡狩録』であるという（『国書人名辞典』）。

ところで、弘道館本開館に向けて動き出していた安政三年頃、教職・舎長らから学館の現状と問題点について多くの建議書が提出された。その中の一つである訓導原市之進（諱任蔵、号伍軒）の建議では学館蔵書の貧弱さが問題視されており、天保十二年の仮開館からこのかた、書籍の購入が一度も行われなかったことが指摘されている。また、この折の建議者たちからは、学館における漢籍偏重の傾向が建学の精神の一つである神儒一致に反しているという指摘もなされている（鈴木暎一『水戸弘道館小史』）。ここで採り上げた二通の書簡の内容には、当時、学館の教職らの間で普段に話柄に上され議論されていた可能性のあるこうした問題点が反映しているとみられる。

さて、次に採り上げるのは書物を保管・保存するための収蔵庫に関する記述である。弘道館の蔵書は、本館及び彰考館等に付属する文庫（図書室）に収蔵されていた。そうした書籍の収蔵庫の新築・移転に関する記述が、以下に示す安政三年執筆と推定した六月五日付第74通目書簡の中にみえる。

御蔵湿地故他へ移候ハ宜候へ共、御蔵御普請之地所にも指支申候。遠く候而ハ、管庫等一刀にて参り兼候場所ニ而ハ、出勤等不便利ニ候歟。若又南之御蔵へ不残移候而、夫ニて事済候様筋ニて存候而ハ、代り御蔵ハ出来候事六ヶ敷成候半。不容易候様奉存候。猶又御御《ママ》〔「御」重複〕熟慮之上御申出候方と奉存候。

これをみると、当時、現在の書庫は湿地にあって資料の保存に適さないため、別の場所に移すべきであるという意見が出されていたらしく、会沢もその方がよいとは考えていたが、適当な場所が思い当たらず苦慮していたようである。遠すぎては書籍の管理等の業務に携わる管庫らの通勤に差し支えるのでよろしくないが、いつまでも適当な場所の選定ができずにいると、それを口実として、その筋の意見が南側にある書庫に蔵書を全部移動することで当座を凌ぐ、というような方向に向ってしまう恐れがあり、そうなっては新たな書庫の建設は難しくなってしまい、それこそ一大事である。会沢は、このような考えを青山に述べた後、もう少し熟慮した上で自分たちの意見を上申することにしようと提案している。そして、本文の後に「先日御用部屋ニ而、岡田出候而味噌蔵ニ致度と申事ニ候へき」と追記されていることからも窺えるように、その筋には「味噌蔵」で代用しようなどという意見もあったらしいので、会沢も新書庫建設の実現が容易でないことは十分想定していたもののようである。会沢らのこの新書庫建設計画がその後どのような展開をみたのかは、大いに興味のもたれるところであるが、筆者はいまだこの件に関する資料を見つけることができず、不明のままとなっている。

そして、最後に紹介するのは「晒書」、すなわち曝書の仕事に関する記述である。これは虫やカビの害から書物を護るために通気を良くし湿気を除くことで、虫干し・虫払い・風干、あるいは広く書物以外のものの保存をも含めて、風入れ・曝涼などとも呼ばれた。伝来の蔵書等を多く保有する寺社や貴族の家などでは、古くから年中行事として行われてきていた（『日本古典籍書誌学辞典』）。

今、安政六年執筆の七月十三日付第12通目書簡を見てみると、

忠四郎下着対話仕候。当月中此方ニ居候筈之所申聞候所、来月ハ登り候而可然候哉。若御用も無之候ハヽ、此方ハ晒書手不足ニ候間、其趣申出候方可然候哉。貴意如何。

とある。江戸から水戸に到着した「忠四郎」（鈴木）と会って話をした会沢は、鈴木がこの七月中は水戸に滞在する予定だというのを聞き、当時江戸に出ていた青山に彼の予定についての確認を依頼すると同時に、もし彼が何か特別な仕事などを抱えていないならば、水館の晒書が手不足の状態なので、彼をこの仕事に当たらせたい旨申し出たいのだが如何であろうか、とその意見を求めている。

そしてこの件については、同年の七月二十四日付第9通目書簡に「忠四郎事、御沙汰有之候迄ハ登りニ不及候由、当人ニも申通候様可仕候」とあるのをみると、青山からの返書には、その筋からの沙汰があるまで出府するには及ばない旨が記されていたようである。そこで会沢は、このことは当人にも伝えておいた方が良いだろうと述べている。けれども、鈴木に水館の晒書の手伝いをさせる件について青山がどのように応えてきたのかは、本書簡の記述からは分からない。

ちなみに、本書簡集と同時代を背景にもつ『豊田天功書簡』（国立国会図書館所蔵、『貴重書解題第一五巻 豊田天功書簡』に翻刻）の通し番号80は、万延元年執筆と推定される十一月二日付の書簡であるが、その中に「一昨年七月御国難以来、曬書手遅れニ相成居、御本虫食損傷甚敷、御文庫役手不足ニ而間合不申候間云々」という記述がみえる。この書簡は、当時彰考館総裁を勤めていた豊田天功が、側用人で弘道館教授頭取を兼任していた青山延光に宛てたもので、安政五年七月五日に斉昭が不時登城の罪により再度の幕譴を受けたことが影響し、暫く「曬書」（晒書）ができなかったため書物の虫損等がひどくなり、元々手不足状態にあった文庫役（管庫）ではとても対応できないほどの状況となっていることが報じられている。そして、これに続く記述をみると、「矢之倉佐次左衛門《ママ》」を暫くの間水戸に留め置いて対応させたいのでよろしく取り計らってほしい、と依頼しているのであるから、まさにほぼ同時期に、彰考館でも同じような状況下で対応に苦慮していた事実が窺える。

ところで筆者は、先に原市之進がその建議書の中で弘道館蔵書の貧弱さを指摘していることに言及したが、彰考館所蔵分も含めると相当量の蔵書を所蔵していたわけであるから、原が貧弱と言っているのは、弘道館本館が所蔵している蔵書に限ってのことと推される。

⑤弘道館における諸事調査等の業務

(1)「鹿島神新嘗祭」延期の是非について

本書簡集中の通し番号170の一文は、鹿島神宮の新嘗祭と靖定夫人（光圀生母久昌院）の忌日（寛文元年十一月十四日逝去）がかち合うということで、どのようにしたらよいものか青山から相談を持ちかけられた会沢が、自分の意見を青山に書き送ったものである。そこには、

> 来ル十四日鹿島神新嘗祭、靖定夫人様御忌日ニ御勝合ニ付、十五日ニ御延之儀御伺被成候所、重き御祭ニ付御日延無之様との思召被為在候趣、神を御敬被遊候御儀ハ御盛意ニ御座候所、礼意ニ於ても、却而重き御祭故御日延と申次第ニ御座候。礼ニ吉凶不混候と申儀ハ、神ニ事え候にハ清潔純一を貴候所、忌日ハ主人哀心有之候故、心中ニ哀情有之候而ハ清潔《ケツ》ニ相成兼、哀と敬と相混し誠敬之心純一ニ難相成候間、忌日を不用候儀、神へ誠敬之心を純一ニ致、心中ニ掛り曇り無之、清潔を以神に事え候ハ、神を敬候意より出候儀ニて、重き御祭ハ別而誠敬を専ニ致候為ニ御座候。猶更朝典ニも、卯日大嘗祭辰日大嘗の節会ニて、両日共同し神事之日ニ候へハ、辰日ニ御延ニ相成候而御次第も無之様奉存候。吉凶御同日ニて哀心と敬心と混雑候而ハ、却而敬神之御意味ニ叶不申候様奉存候間、今一応御伺ニ相成候方と奉存候。

と記されている。前出『南梁年録』四九に「(万延元年) 十一月十日達」が転記されており、その中に靖定夫人の二百回忌のために十二日から十四日まで「目当鉄砲等」が禁止となることが記されているので、この文章の執筆年次は万延元年と推定される。

さて、この文章によると、青山が新嘗祭延期の件について藩主慶篤に伺いを立てたところ、慶篤から「重き

御祭ニ付御日延無之様」にせよとの意向が伝えられたようである。この件に関する会沢の見解は、敬神の心をもつことは大事だが、礼の意味合いから考えても、重要な祭祀であるが故に延期するのがよい、というものであった。

そして、その理由を次のように説明する。礼において吉凶が混在するのは好ましくないといわれるが、それは神に事えるには「清潔純一」であることが求められるからである。忌日には主人に哀心があるもので、心中に哀情があっては清潔とはなりかねる。また、哀と敬とが混じては「誠敬之心」が純一となるのは難しい。つまり、忌日を用いないのは、神に対して「誠敬之心」を純一にして心中に一点の曇りもない状態にするためであり、清潔をもって神に事えるというのは神を敬う意からそのようにするのである、と。そして会沢は、重要な祭祀ほど誠敬を専一にすることが求められるものであるという。

さらに続けて会沢は、朝廷の儀式を引き合いに出し、卯の日が大嘗祭で翌辰の日が大嘗の節会となり、両日併せて神事の日ということになっているのであるから[23]、鹿島神の新嘗祭の場合も、期日を卯の日の翌日に延期しても少しも障りはなく、むしろ吉凶の行事を同日に行って哀心と敬心とを混雑させては、かえって敬神の意味合いを損ねてしまうことになる、と繰り返し主張する。

大川真氏は、会沢が、内憂外患の国家的危機を打開するには「人心の活動エネルギー」に注目する必要があり、これを祭政により結集することによって統一的国家を形成することができるという強い期待感を示していたという。ただし、この民心の持つエネルギーには元来定準がなく、不可知で不安定なものなので、会沢は、これに正しいフローを確保させる一種の装置としての重要な役割を祭祀に求めていたと大川氏はみているのである（大川真「後期水戸学における思想的転回」）。

会沢が、この一文の中で如上の自説を展開した後で、再度慶篤に鹿島神新嘗祭の期日変更の伺いを立ててみるよう青山に勧めているのは、このように祭祀のもつ重要性を認識していた会沢としては、きわめて自然な帰結であったはずである。

(2)庶人の棺制について

水戸藩における天保の改革の一環として斉昭主導のもとに行われた社寺の改革は、弘道館の開設、領内総検地の実施という改革の二大眼目の達成後に急速に展開された。その内容は、寺院の整理、僧侶の整理と風儀粛清、梵鐘仏具類の没収、葬祭その他仏事風習の刷新、民間信仰の取締り、神仏分離、神社振興、新葬祭と氏子制度の実施など実に多岐にわたる。そして、こうした従来の宗教制度を大きく変革することになる事業は、寺社奉行とその属僚が中心となって推進した。しかし、民俗風習に浸透している仏教系・道教系・その他の雑信仰を一掃し、民衆生活の様式を神道一式に改めることを企図するこの案件によって惹き起こされた民心の不安と動揺は著しく、その結果、弘化元年に斉昭が失脚すると、急速に改革前の状態に戻されてしまったようである（『水戸市史　中巻三』第一五章八節）。

本書簡集中の三月二十六日付第160通目書簡では、こうした社寺改革の一環であろうか、庶人の葬儀の際に棺をどのようにするかが検討されている。そこには初めに、

> 庶人官《ママ》〔「棺」カ〕制之儀付札ニ而申出候所、一説ニ庶人臥棺相用候ハヽ、長持の如く棒へ掛候様為致可然との説も御座候。是も一理有之様候間、棺之儀ハ坐棺臥棺共面々心次第、但臥棺相用候ハ、下ヶ棺ニ可致旨、御達ニ而も可然哉。尤付札ニ而申出候通、先ツ御沙汰無之方穏之様ニ候へ共、右両様之内ニ而御判断御坐候様奉存候事。

のように記されている。これを意訳すれば以下のようになるであろう。

「庶人官（棺）制之儀」について付札によって意見を述べましたが、庶人が臥棺を用いるときは長持ちのように棒へ掛けて担ぐようにさせるのがよいという一説もあるようです。これも一理あるように思われますので、棺をどうするかについては、坐棺・臥棺ともそれぞれの心次第とし、臥棺を用いる場合には「下ヶ棺」にするよう通達する、ということにしては如何でしょうか。もっとも、付札に記したとおり、先ずはどちらとも指図をしない方が穏当なように思われますが、いずれにせよ右の両様のうちから選択するのがよろしいでしょう。

この部分から我々は、この件についてその筋が作成し会沢らに示して意見を求めてきた案に対して、会沢・青山両名が検討を加えた結果を付札によって回答していた事実を知ることができる。そして、以下の引用個所からは、その回答を提出したのが本書簡執筆の前日であったことが分かる。

右之通り之一説も先日承候処、昨日ハ心付不申候へき。依而是も申出置可然哉と存候所、猶又御思慮之上可然と思召候ハヽ、御復写御差出可被下候。夫ニも及間敷と御了簡被成候ハヽ、其儘ニ御指置可被下候。

これによると会沢は、先に「庶人が臥棺を用いるときは長持ちのように棒へ掛けて担ぐようにさせるのがよい」という一説のあることを青山から聞いていたらしいが、本書簡を執筆した前日にその筋が作成した案文に付札をして自分の意見を青山に伝えた際には、失念してこのことには触れなかったようである。そこで、その筋へ再提出することを念頭に置き、こうした説もあることを書き加えた上で青山に提示したのが、先に引用して示した文章と推される。

しかし会沢は、その処理方については、もしこのことも書き加えて改めて上申した方がよいということであればこの文章を転写して提出し、それには及ばないということであればこのまま聞き捨てにしてほしい、と青山に一任しているのである。

ところで、この書簡はいつ頃執筆されたものであろうか。あるいは斉昭が天保の改革の一環として葬祭その他の仏事について制限し、「葬祭式」を制定した弘化元年二月前後のことであろうか。葬祭その他の仏事の制限は天保十三年から十四年にかけて厳しさを増してきたようであるが、弘道館創設以来会沢と共に教授頭取を勤めてきた青山の父延于は、天保十四年頃には体調を崩し、とても弘道館教授頭取としての公務に堪えられる状態ではなかったようであるので、会沢がこの件について延于の嗣子量太郎（延光）と相談したとみることも許されそうなのである。(24)

しかし一方では、前述したように弘化元年五月に斉昭が失脚するや、改革の緒に付きはじめた葬祭その他の仏事の制限などは急速に改革前の状態に戻ってしまったようであるから、斉昭が再び藩政関与を許され、かつ会沢も弘道館教職に復帰した後の、改革政治の巻き返し期に執筆されたものである可能性も否定することができない。

このように本書簡は、今はまだその執筆時期を確定することができないのであるが、庶人の棺制については、「葬祭式」の規定に同じく坐棺・臥棺とも各人の心次第とし、先ずはいずれとも指図をしない方が穏当なようだ、というのが当時の会沢の見解であった。

(3)神主の書法について

水戸藩の社寺改革に関連しているか否かは不明であるが、神主の書法について言及されている書簡が一通みられる。それは十二月二十三日付の第169通目書簡である。そこには、

陥中ハ身体同様故生時之称而已ニて、諡ハ死後之称故陥中へ不書、粉面ハ外飾故死後之号を書との事、一理有之様ニて候へ共、神主へ文字を題候事宋以後始り候へ共、生前死後の号をヶ様ニ分候説も見当り不申、諡も死後の号とハ乍申、弥張生前之徳行ニ象候事ニて、身体中ニ徳行をも兼称し、且賜諡之類其人の寵光を身体ニ荷はせ候ハ、情にも叶義ニも無害候様被存候。家礼ニも死後之称を不書と申所ニ意義有之候ハヽ、諡を不書と申事を文面ニ著し候筈ニ候所、只某公と計有之候ハ、諡の有無ニ不拘大略を挙候迄ニて、諡を書候も不書候も人々心得次第ニて、指て意義有之事ニハ無御坐候様奉存候間、情義ニ本つき候へハ諡を書候方穏当かと存、前便論及候所、固執候次第ニハ無之候間、僻見ニ候ハ、御再論可被下候。

とある。ちなみに神主というのは、儒教で死者の官位・姓名等を記して祠堂に安置する霊牌のことである。

ここで会沢は、「陥中」は身体同様なので生前の称のみ書いて死後の称である諡は書かず、「粉面」は外飾なので死後の号を書く[25]、という説は一理あるようにもみえるが、そもそも神主に文字を題すること自体が中国の宋代以降に始まったことであり、生前と死後の号をこのように分ける説は見当らないという。さらに続けて、諡は死後の号というけれども、やはり生前の徳行に象って称されるのであるから身体中に徳行をも兼称するものであり、なおかつ賜諡によってその人の寵光を身体に荷はせることは情義にも十分叶うことである、と述べ

ている。その上で、もし死後の称を書かないというところに意義があるということであれば、諡を書かないということが「家礼」[26]の中にも記されていそうなものであるのに、そうはなっておらず、ただ某公とだけ記されているのは、諡の有無に拘らず大略を挙げたまでのことであって、結局は、諡を書くも書かぬも人々の心得次第であり、それほど意義のあることではないように思われると自説を述べ、続けて、情義にもとづけば諡を書いた方が穏当かと考えて前便でも論及したのであるが、決してこれに固執するものではないので、なお僻見の印象が拭えないようであればご再諭いただきたい、と結んでいる。

そして、このような見解を述べた後で会沢は、

拝啓。豊瑞御同慶奉存候。御用書中陥中之儀、愚意如右ニ御坐候所、猶又貴論も伺度奉存候。以上。

十二月廿三日　　　　　　　　　　　　　　　　安拝

と、この書簡の本文を記している。これらをみると、この案件に関する藩庁からの用書を受け、会沢は前便で己の考えを青山に示したが、それは青山を納得させるに十分なものではなかったらしく、再度如上の見解を述べて青山の意見を求めたもののようである。

ところで、本書簡には宛名の部分が欠けているが、その内容・伝来等からすると会沢から青山に宛てた書簡とみて差し支えなさそうである。そして、その執筆時期については、書中に「豊瑞御同慶奉存候」とあるのがひとつの手掛かりを示してくれる。会沢と青山が同じく弘道館教職にあった期間、豊年であった年はきわめて少なかったようで、管見のかぎりでは、『南梁年録』五六の文久元年十二月の記事に「本年諸州共豊熟之由ニ相聞候云々」という記述がある以外に、それと分かる資料は見当たらない。嘉永六年と安政元年も大風雨による

那珂川の氾濫こそなかったようであるが（『水戸市史　中巻四』第二〇章第三節）、豊年であったかどうかは不明である。そこで、ここはひとまず文久元年を本書簡の執筆年次と見なしておくことにする。ただ、ここで問題になっている神主が誰のものなのかは、今はまだ分からない。

⑷祝姫（斉昭息女）の死去と建碑について

水戸藩第九代藩主徳川斉昭は子宝に恵まれ、記録に残るところだけでも二二男一五女、合わせて三七人の子女がいたことは先述したとおりである。ここで採り上げる「祝姫」もその中の一人である。

安政元年執筆と推定した三月十二日付第57通目書簡に「祝姫様御届之文、貴書書入申候」とあるが、これは嘉永六年三月に死去した祝姫の一周忌に係わる記述と推される。祝姫は、天保十二年に山野辺義正（包丸）に輿入れしたが、この頃「御発黄御症ニ而御水気等」があり体調が勝れず、「昨夜寅刻過被及御大切候」と「（弘道館）学校日記　嘉永六年」の三月二十四日条に記されている。その葬儀が四月に執り行われ、「貞操院」と諡された（『南梁年録』八）。ちなみに、山野辺氏は水戸藩の家老を勤める家柄で、山野辺義観が斉昭の天保の改革に協力的であったことから、斉昭によって天保七年五月に新設された「海防総司」の要職に任じられ、同年十二月からは助川村（日立市）に設けられた居館に土着して異国船の来襲に備えていた（『水戸市史　中巻三』第一五章第六節）。斉昭の義観への信頼は、自分の息女を嗣子義正に嫁がせるほどに厚かったようである。

ところで、嘉永六年三月の祝姫の死去後に建碑の話が出たようで、五月二十七日付第154通目書簡に、

御碑文何も存意無御座候。祝姫様之分、水戸中納言景山公と勲有之候ハ、詳ニ相分可申候所、官ノ下へ号ヲ出候例ハ御見当り無之候哉。御相談申候。

と記されている。これによると、青山が碑文の案文を作成して会沢に送り、削正を求めていたようである。これに応えて会沢は、特に何も言うことはないが、祝姫様の出自について、「水戸中納言景山公」の息女とか記したらその氏素性がより明らかになるのではないか、と述べた後で、「中納言」という官位のあとに「景山」と号を持ってくるような記載例があるかどうかを青山に尋ねている。

また、九月十一日付第168通目書簡には、

御碑面之儀、山野辺婦人之方宜候様奉存候。貞操院も御先例ハ有之候へ共、仏家之称に候間、実ハ瑞竜へハ相当も不仕候。均しく不相当ニ候ハヽ、書法正候方可然候哉。猶又貴考之上、可然御申出可被成候。

とあり、碑面には「山野辺婦人」と記すのがよろしかろうと述べている。「貞操院」というような謚号を記した先例もなくはないが、これは本来「仏家之称」なので瑞竜山に建てる碑には相応しくないというのが会沢の考えのようである。そして、そもそもこの建碑自体を疑問視していたものか、会沢は、いずれにせよ相応しくないことをするのであるから、せめて書法だけでも正しくすべきではないかと述べ、再考の上で然るべく提言してほしい、と青山に一任している。

ところで、今『江水御規式帳』を見てみると、「祝姫様天保十二年山（野）辺兵庫様へ御輿入れ後　御城内へ御帰兵庫殿も御逝去也云々」という記述がみえる。これによると祝姫は、なにか事情があって夫君兵庫が死去する前から水戸に戻り、城内で暮らしていたようである。会沢がこの建碑自体を疑問視していたのには、この辺の事情が係わっていたのであろうか。

そして、この建碑の件がいつ頃検討されたのかは、これらの書簡の執筆年次が推定できれば自ずと分かることなのであるが、今は会沢の弘道館教職復帰後であるということが言えるのみである。但し、会沢が祝姫の建碑を疑問視はしても反対することができなかったのは、その当時斉昭がまだ在世していたからなのではあるまいか。もしそうであれば、自ずと執筆時期の下限も定まってくるであろう。

(5)順貞夫人の祔廟及び孝文・順貞両夫人位牌の仏寺への収納のこと

水戸藩第一〇代藩主徳川慶篤夫人幟子は、安政三年十一月十九日の死去後に「順貞夫人」と諡された。その新葬法事が同年十二月五日から七日にかけて伝通院で執り行われ、翌四年二月二十二日には水戸藩歴代の御廟へと遷座されている（『南梁年録』一八・一九）。この順貞夫人を御廟に併せ祭るに当たっての祭り方等について、会沢らが藩庁に提出した意見書の案文と思われるのが以下に示した通し番号171の一文であり、いずれかの書簡に添えられるなどして青山の許に届けられたものと推される。

順貞夫人様御祔廟之儀、雑記ニ婦附於其夫之所附之妃と有之（喪服小記ニも婦附於姐姑と有之）候間、孝文夫様《ママ》〔「人」欠カ〕御廟へ御同室ニて御祔祭ニ相成候而宜候御儀と奉存候。御祭之儀ハ、（中略）喪主ハ即ち祭主と相成候事ニ御さ候間、当君様ニ而御主祭被遊候而可然奉存候。但小記下文ニ祔則舅主之（中略）と有之候間、御遷廟之節ハ、老公御主祭之所を御摂祭之御例ニて宜候様奉存候。猶又後世以夫祭妻之例相添、此段申出候。以上。

この文中で会沢は、『礼記』中の諸説を典拠として、順貞夫人はその夫慶篤の祖母である「孝文夫人」の御廟に併せ祭るのが適当である、としている。また御祭の際には、喪主が祭主となるのが決まりであるから、現藩主慶篤が主祭すべきであるが、遷廟の際は、本来ならば慶篤の父斉昭が主祭すべきところを、前例のごとく代行によって済ませればよろしかろう、と述べている。そして、「猶又後世以夫祭妻之例相添、此段申出候」と記しているところをみると、会沢は、この文章に、後世夫が妻を祭った例を添えて提出するつもりでいたようである。

ちなみに筆者は、先に示した案文中では、煩わしさを避けるため、『礼記』の雑記上第二〇、喪服小記第一五、服問第三六等からの引用文の個所を省略したのであるが、会沢も、この引用文の個所の扱いが気になったらしく、この案文を「以上」と締めた後に、「礼書之文解釈候而委敷認候方宜候哉」と追記し、引用文の解釈を記したものかどうかについて青山の意見を求めている。

ところで、ここで採り上げた一文と共通する内容の記述が、十二月六日付第131通目書簡にも次のように出てくる。

此間之御書抜、夫主妻之祭事ニ御坐候所、読礼通考抔ニ喪主之例可有之、喪主に候ヘハ主祭之事故、同しくハ古主妻之葬之事を証ニ引度被存候。其外祔廟之事も、祔于祖姑候事、読礼か又ハ吉礼廟制之部抔ニハ類例ニ而も有之間敷候哉。順快ニハ候ヘ共今以日々発熱、登館相成兼候間一寸相伺候。

ここにいう「此間之御書抜」とは、先に検討した一文に記されている「後世以夫祭妻之例」のことであろう。本書簡中で会沢は、先の書き抜きでは広く夫が妻の祭事を掌る例を示したが、これを「喪主之例」に限定し、改めて「古主妻之葬之事」の類例を『読礼通考』[27]によって調査して提示したいと述べている。また、「祔廟之事」のうち「祔于祖姑候事」についても、同書の廟制の部などに類例がないかを調査してみたかったようである。しかし、そうしたいと記してはみたものの、当時会沢は、体調不良で登館することもできないような状態であったため、この調査を青山に代行してもらいたかったものとみえる。

さて、時は下って、文久二年の執筆と推される正月四日付第158通目書簡をみると、そこには孝文・順貞両夫人の位牌を仏寺へ納めることが藩内で論議されていたことが記されている。

此節高野聖御借用之議ニて、孝文・順貞両夫人御位牌御納との説客冬承及候所、高野聖永久之害ハ世人所知勿論ニ候所、御位牌御納と申事威義以来無之儀、御卓見之段会沢と御家而已と承候所、猶更先公排仏之思召ハ御幼年より始終如一ニ候を、薨後直ニ御変革と申ハ臣子之情不忍聞奉存候。先公ニも右之思召抔と申説も後宮抔ニ有之歟之様ニも承候所、大臣衆へ屹と御意ニも無之候而ハ、曖昧夫人之語抔ハ非可信候。排仏之御素志ハ御著書ニも歴然候を、思召抔と奉誣候而ハ天下後世へも可愧之甚と奉存候。黙し候而ハ辱職候様ニ候間、戸執政へ極晩故一書《手紙也》遣候所、慥之所ハ未承候へ共、□□□〔判読不能〕へ可申旨返書ニ御坐候。貴兄も何歟御承知ニ候哉。如何ニも御駁議奉祈候。

ここで会沢は、前年の冬に耳にした両夫人の位牌を「高野聖」[28]に頼んで高野山に納めるという話について、高野聖のもたらす弊害は昔から世人に知られていることである上に、そもそも位牌を高野山に納めるなどということ自体が、水戸藩では威・義両公以来なかったことである、とこれに異を唱えている。そして、藩当局者の中でこうした意見を主張するのは青山と自分のみであるということを青山から知らされた会沢は、先君斉昭の排仏の念は終始一貫していたことであるのに、斉昭の死去後直ちにこれを変更するというようなことは臣子の情としてとても聞くに忍びない、と慨嘆している。

当時、藩の後宮などには、先君斉昭もこの件には同意していたなどと主張する者もいたようである。しかし会沢は、藩政の枢機に与かる者にその意向を伝えた確かな証拠がないかぎり、夫人方の曖昧な語などはとても信じることができないという。ましてや先君斉昭が日頃排仏の素志を抱いていたことはその著書中にも歴然としていることであるのに、この件には本人も同意していたなどと虚言を吐くのは、天下後世に対しても大いに恥ずべきことである、と難じている。

その上で会沢は、これを黙って見過ごしては職責を果たしたことにならないので、戸執政（戸田銀次郎）に手紙を書いて反対の意を表明しておいたと青山に伝えると同時に、青山にも反対意見を表明するよう勧説している。

それにしても、当時の水戸藩においてこのような案件が生じたのは如何なる事情があってのことなのであろうか。孝文夫人は第一一代将軍家斉の娘であり順貞夫人は第一二代将軍家慶の養女であって、ともに将軍家からの輿入れであったことが何か関係しているのでもあろうか。

ところで、この件と関連すると推される記述が、通し番号162・163の両書簡にもみえる。先ずはじめに、会沢が青山からの来簡の行間等に書き入れをして返書とした第163通目書簡を見てみると、

然は別紙之通御位牌認候儀、筋より申来候ニ付、木主牌子書式検閲候所、追々御位牌も史館ニて認候趣ニ〔迷惑なる事ニ〕相見へ〔候へ共不得已候〕申候。尤此節ハ史館ニ書家無之候へは、宇留野へ被仰付、〔此通りニて可然奉存候〕御用部屋ニて認候て可然候。但裏書ハ此方より廻し可然候故、別紙之通相認入御覧申候〔存寄無御座候〕。置牌抔可咲事ニ候へ共、先従旧例申候。貴意可被仰下候。以上。（御位牌仏寺へ御納、非礼之礼ニ候間、置牌等之字面も不苦候様奉存候）（行間と括弧内は会沢の書き入れ）

と記されている。これによると青山は、藩当局から位牌を認めることになった旨を知らされ、その書式の調査をしたのであるが、実は藩当局では、この作業自体を弘道館付設の史館に行わせようとしていたことが追々明らかになってきたため、藩当局からの通達を別紙として本書簡に添えて、その旨を会沢に伝えてきたようである。会沢は、迷惑なことではあるが止むを得ない、と行間に書き入れている。

さらに青山は、現在史館には専門の書家がいないため、宇留野（庄次郎）に命じて御用部屋で認めさせることを提案し、会沢もこれに同意している。もっとも宇留野に任せることは、後にみる第162通目書簡に「書家ハ宇留野被仰下候通可然奉存候」とあるのだから、会沢へはすでに打診済みのことであったらしい。ただし、裏書は当方でしなければならないと考えていた青山は、別紙にその案文を認めて会沢に示したところ、会沢からは特に異存はない旨の返事が得られた。

そして、本書簡の末尾で青山は、そもそも位牌を仏寺へ納めること自体が一笑に付すべきことではあるが、行き掛かり上とりあえず旧例に従っておいたとして、認めた位牌等の字面の批正を会沢に求めている。これに対して会沢は、位牌を仏寺へ納めることは「非礼之礼」であるので、その字面もこれでよろしいのではないか、と応えている。

この最後のくだりに至ってはじめて、これら両書簡が先にみた第158通目書簡に同じく、孝文・順貞両夫人の位牌を高野山へ納めることに係わるものであることが明らかとなり、従って文久二年に執筆されたことも判明するのである。

次に四月二十六日付第162通目書簡を見てみると、会沢は、これより先に届いた青山からの書簡に応えるかたちで、以下のように記している。

櫝へ認候と申も珍敷候へ共、数多御排列ニて御分り兼候故、不得已候歟。櫝を塗候様ニも見へ候間、胡粉抔ニて認候哉。書家ハ宇留野被仰下候通可然奉存候。

一　御侍妾之神位櫝有之候由、ちと出来過と被存候。是ハ既往之事不得已候へ共、御方々様是ニ御傚にも礼意ニ叶候方宜様ニ候へ共、是又御出来ニ候ハヽ、致方無之候。塗もかき合せ抔ニて、御歴代様より一等御手軽之廉ニ而も有之可然候所、如何御出来ニ候哉。都而鼠こつ過の如く、次第ニ御手重ニ相成候。如何。

ここでは「櫝」をどうするかといったことが問題にされているが、これだけでは内容が少しも見えてこない。ところが、この翌日の日付をもつ青山からの返書（前出の第163通目書簡）の尚書きに次のように記されていることから、その事情が明らかになってくる。

尚々、昨日は貴答奉謝候。櫝へ認候ニハ無之、是迄紙張り被認候分、紙ヲ取りて認直候事ニ可有之候。櫝之儀貴意之通可宜ニ、既ニ先達而伺候様申出候へ共、伺之上左様相成候事と相見へ申候（不得已奉存候）。

（括弧内は会沢の書き入れ）

ここで「櫝」といっているのは位牌を収納する箱のことのようである。[29] 第162通目書簡で会沢は、位牌を収納する箱に誰の位牌が納められているかを直接書き入れるものと理解していたらしく、「それは珍しいことであるが数多く排列されていると誰のものか分りかねるのでそれも止むを得ないことか。箱にはおそらく漆が塗ってあるのであろうから胡粉などによって認めるのであろうか」、などと記していた。しかし、第163通目書簡での青山の説明によって、箱に直接書き入れるのではなく、それまで紙に書いて張り付けてあったのを剝がし、新たに書き改めた紙を張り付ける意味であることを知ったのである。

さらに会沢は、第162通目書簡で、「従来水戸藩では、侍妾の神位も箱に納めてきたとのことであるが、これは少々やり過ぎではないか。既往のことなので止むを得ないが、今回孝文・順貞両夫人の位牌の扱いをこれに準じて行うにしても、礼意には叶うようにするのがよろしかろう。しかし、これもすでに作製済みということであれば致し方あるまい。塗りも柿合わせなどの簡素なものにして、歴代藩主の神位を収納する箱よりは少し手軽に済ませてもいいと考えているのであるが、果してどのようなものが作製されたのであろうか」などと述べた上で、すべてにおいて思慮が行き届かず、次第に奢侈に流れてきている現状を嘆じている。

これに対して青山は、箱の件については事前に会沢の意見を聞いていたものらしく、貴意のとおりに言上しておいたがこのようなかたちに落着してしまった、と報じ、会沢も、止むを得ないこと、とこれに応えている。

(6)稲荷祭に関する斉昭の諮問への会沢の奉答について

本書簡集中の通し番号136の一文は、「稲荷祭之儀御受」という表題を有するため、あるいは「稲荷祭」に関する会沢の見解を何程か窺うことができるかもしれないという期待を抱かせるであろう。稲荷信仰は、京都の伏見稲荷大社を中心とする信仰であるが、地域社会に定着する過程において様々な変容がみられるようである。江戸では、二月の初午（二月最初の午の日）の当日には、市中に挑燈行燈をともし五彩の幟等を立て連ね、神前には供物燈火を奉げ修験禰宜に請うて法楽し、神輿や練り物も出るなど、江戸の町を挙げての祭りであったという（『日本宗教事典』）。それでは、水戸の「稲荷祭」はどうであったのであろうか。

立原翠軒著の「水戸歳時記」を見てみると、十一月十五日の項に「稲荷祭」とあり、二月の条には「此月、初午ノ日、稲荷祭、此日祭ル家ニテハ十一月ノ祭ナシ、十一月祭処ニテハ此日ノ祭ナシ」と記されている。また、無名氏による「常陸国水戸領風俗問状答」の十一月十五日の項には「いなり祭あり、初午の如し」とあり、二月の初午の項を見てみると、「初午、ぢくちのあんとん、大鼓をうち、造物なともいたす。村々にてハ角力を催すも有」のように記されている（両著共に秋山房子編『水戸歳時記』所収）。

この二つの資料から我々は、水戸でこの祭りがいつ、どのように行われていたかについて、ごく僅かではあるが知ることができた。そこで次に、会沢による通し番号136の一文を見てみると、以下のように記されている。

御親書謹奉拝見候。稲荷祭之儀ニ付、委細御意之趣奉畏候。則小川修理へ相掛申候所、別紙書抜差出申候間、奉入高覧候。如御意作り物等ニて少年輩風儀を傷ひ候儀ハ不宜候間、何歟見替ニ相成候儀御座候様仕度奉存候所、修理申聞ニも本式俗式等之内此節御取用相成候様之儀も見当り不申、稲荷ニ限り候儀ニハ無之候へ共、里神楽等之類も外ニハ心当りも無之由申聞候儀御座候。十五座之儀、京抔ニ而ハ如何様之儀を仕候哉。江戸抔ニて折々見当り申候十五座廿五座抔申候ハ、大神楽舞之抔の種類ニも御座候哉。仮面を蒙り狂言の様なる真似を仕、甚鄙俗なるものゝ様相覚申候。尤是迚も其職之者仕候儀ニ候間、諸士の子弟作り物等を仕、風儀を乱し候にハ勝り可申奉存候。同しくハ今少し上品なる戯有之候へハ宜候所、外ニ可然戯事も心付不申候。掛行燈・子供大鼓打ちハ、如御意不苦候哉と奉存候。依而別紙相添、御受奉申上候。

これによれば、斉昭が会沢に親書を下し、その中で自分が述べている稲荷祭に関する見解について会沢の所見を求めたものらしい。そして、これを受けた会沢が急ぎ青柳村（水戸市）の鹿島明神祠官小川修理（義局）に検討を依頼したところ、小川が別紙に検討結果を認めて送ってきたらしく、会沢は、この別紙を添えて次のように奉答したようである。

仰せの如く、少年輩が風儀を傷うような作り物等を拵えて繰りだすのはよろしくありませんので、何かこれに代わるようなものがないものか思案してみましたが、小川の報告にもありますように、本式俗式に拘らずここで採用できるようなものは見当たりません。これは稲荷祭に限ったことではなく、里神楽等の類の中にも思い当たるものがないとのことでございます。里神楽の十五座などは、京都辺りではどのように演じているものなのでしょうか。江戸などで折々演じられている十五座や廿五座などは、大神楽舞の部類に属するものなのでしょうか。[30]仮面を付けて狂言のような真似をする甚だ鄙俗なものという印象がございます。そうは申しましても、これを生業とする者が演じていることですから、諸士の子弟が作り物等を拵えて風儀を乱したりするのに比べれば勝っているとは存じます。できることならばもう少し上品な戯れ事が望ましいのですが、然るべきものが思い付きません。掛け行燈や子供大鼓打ちは、仰せのとおり支障がないものと存じます。（大意）

この奉答文から窺えるように、斉昭による諮問の趣旨は、前出「常陸国水戸領風俗問状答」中に「造物なともいたす」とある「造物」を「諸士の子弟」らも作って参加しているが、これら「少年輩」の作るものは風儀を乱すような代物でどうも好ましくないので、これに代わるもっと上品な「戯事」を検討せよというものであった。当然のことながら、会沢と小川は、斉昭の諮問に答えるべく相応の努力はしたのであろうが、あまり捗々しい成果は得られなかったようである。

ちなみに、会沢の最晩年の著書『閑聖漫録』中に「稲荷社」と題する小文が収載されているが、その中で会沢は、狐を稲荷の神と称する世俗の考えは誤りであるなどと記しているのみで、この祭り自体についての具体的なことには全く言及していない。結局、当初に我々が抱いた期待には残念ながら応えてもらえなかった。小川による別紙もみなければ何とも言えないが、これで果して斉昭を満足させることができたのであろうか。

ところで、この一文は、書中の幾ヵ所かに加除訂正の跡が見られることから、まだ案文の段階のものであり、提出する前に斧正を請うべく、いずれかの書簡に添えるなどして青山の許に届けられたものと推される。その執筆時期は、会沢が弘道館教職に復帰した嘉永六年十一月九日以降で、小川修理が没した安政五年十一月二十五日以前と考えられる。

2　弘道館人事の主な事例に関する書簡

①会沢の弘道館教授頭取復職と隠居願提出

本書簡集中の三月十一日付第33通目書簡に、「今日太公より御親書御下、難有奉存候。乍然老躬何共恐入候儀奉存候」という記述がみえ、「太公」（斉昭）からの「御親書」が、書簡末尾に以下のごとく転記されている。

太公御親書写

再勤愛度候。老衰の嘆息追々相聞候へ共、右ハ中納言も我等も委細承知之上申付候儀、元より恒蔵を一介の武役ニ用候積りニハ無之、学校本開之上、文武実用為教授申付候事故、青山申合、押張可相勤候也。

三月初九

憩斎事

この親書は、会沢が安政二年に弘道館教授頭取に復職した折に、斉昭が高齢の会沢を労って下したものである（『水戸藩史料』上編乾）。

会沢は、弘化元年五月六日に藩主斉昭が幕府から突然の隠居謹慎を命じられた、いわゆる「甲辰の国難」の翌年三月三日に致仕し、「憩斎」と号して隠居生活に入ったが、翌三年一月一日、斉昭雪冤運動に加わった罪に問われて禁固刑に処された。この禁固生活は嘉永二年四月十四日で終わったが、弘道館教職に復帰できたのは藩内外の諸情勢が変化してきた嘉永六年十一月十九日のことであった。そしてこの度の教授頭取への復職である（瀬谷義彦『会沢正志斎』）。

当時の会沢はすでに七十四歳に達しており、斉昭の大きな期待が込められたこの人事には、いささか戸惑いを禁じ得なかったようである。それというのも、この教授頭取復職の前年、斉昭から会沢・青山両人に宛てて四月四日付の親書が下され、弘道館本開館の早期実現を督励されていたのであるから、その責任の重大さは、老儒臣に大きな重圧を感ぜしめるに十分なものであったと推察される。そして、こうした斉昭の会沢に対する期待は、会沢が、ときの将軍家定の謁見を賜わるという出来事があったことによっていっそう高まったようである。

会沢が弘道館教授頭取に復職し斉昭から先にみた親書が下されたその年の八月八日、幕府は、会沢を八月十五日に江戸城に登城させるよう老中阿部伊勢守の名で水戸藩当局に通達し（前出「(弘道館）御用留」）、当日、会津藩の黒河内十太夫（松斎、長沼流兵学者）・津藩の斎藤徳蔵（拙堂、藩校有造館督学）ら他藩の碩儒と共に将軍家定に拝謁させた（内藤耻叟『徳川十五代史』）。その時の模様は、西村文則『会沢伯民』の中で「国友文書在公日録」

を資料として詳記されているが、本書簡集中にも、この件に係わる書簡が三通含まれている。

その一通目は六月二日付の第72通目書簡であり、そこには、

命令之書、倅学校へ持参致候筈ニ仕候。倅等より教官へも為見候様致候積りニ御座候。此度ハ安心不仕、譴責を蒙候も難計。諸生之送序ハ学文之為にも可然候間渇望仕候。

と記されている。前出の西村前掲書に引用されている「国友文書在公日録」に、「五月二十九日。従　公辺の達に、御家来会沢恒蔵御用之儀有之候間、御指出被成候様にとの事に候。（中略）六月朔日召之旨当人に相達、六月十一日発足、四日道中にて十三日上着云々」とあるのをみると、本書簡の中で「命令之書」といっているのは、「在公日録」中にみえる会沢を出頭させるようにとの幕府からの通達のことのようである。会沢は、六月一日に拝受した達書を倅（璋）に持たせて学校へ届け、教授たちにも見せようとした。そして、その時点では幕府の意図がまだ十分呑み込めていなかったのか、譴責を蒙るようなことになるかもしれないと心配しつつも、勉強になるからという理由で、送別時に贈る文章である「送序」を諸生らに執筆させることを希望している。この「在公日録」の記述によれば、幕府からの出頭命令を六月一日に水戸藩庁から伝達された会沢は、同月十一日、江戸へ向けて出立したようである。

その二通目は八月十四日付の第156通目書簡である。書中に「今日ハ僕邸中ニて謁見被仰付、明日ハ幕府へ罷出申候」とあるところをみると、会沢は、家定に拝謁する前日に、水戸藩の小石川藩邸において明日の謁見を藩当局から通達されたようである。この時点では、もはや「譴責云々」の心配はしておらず、続けて書中に、雑事に忙殺されているので今は取り急ぎこのことだけお伝えしておく、と記し、館僚諸子への報告を青山に依

頼している。

その三通目は八月二十九日付の第90通目書簡である。書中に「二十日云々被仰下、前便御吹聴仕候通、不才無能、叨蒙寵栄、慙愧之至奉存候」とあるが、これをみると青山は、将軍家定への拝謁実現を喜んだ藩当局によって八月二十日付で格式新御番頭列に昇任され五〇石を加増された会沢に（前出「（弘道館）御用留」）、水戸から祝いの書状を送ったようである。これに対して会沢は、この度の御目見得も昇任も不才無能にも拘らずみだりに寵栄を蒙ったもので、まことに慙愧の至りであると謙遜の辞を連ねた後、「帰期も大抵六日発途、四日道中ニて九日着と奉存候」と記し、（九月）六日には江戸を発して、四日の道中で九日には水戸に着く予定である、と報じている。水戸・江戸間の行程は通常二泊三日となっているが、会沢は高齢である上、水戸に帰れば本開館に向けた諸々の準備作業が待っていることから、大事をとって往路と同じく四日の行程としたものであろう。

高齢といえば会沢は、安政二年の執筆と推定した二月二十七日付第140通目書簡の中に、「七十以上武役御免と申事ニ候間、追鳥狩も御免ニ可相成候哉。其筋御問合被下候様奉祈候」と記し、さらに、同年の三月朔日付第37通目書簡には、「春蒐之事承知仕候」と記した後に、続けて、

両番等ハ陣代差出候事ニ候へハ、僕事も陣代指出候様ニハ相成間敷候哉。御問合被下候様奉祈候。右ニ付心付候所、当職蒙命候参政より達御廻申候哉。若落脱ニハ無之候哉。老耄ニて安心不仕候。何分御寛恕可被下候。

会沢憩斎

一

右は及老年候所弘道館御開ニ付而ハ乍太儀《ママ》押張出精相勤候様可相達との御事ニ候

如右ニ御座候所、春蒐等押張得病候様ニ而ハ、御開御用も勤り不申、盛意ニ辜負仕候間、陣代之儀宜奉頼候。壮強之時ハヶ様之事ニハ進取之性質ニ候所、衰病如此、御憐察可被下候。

のごとく記していた。両書簡ともに「春蒐」（追鳥狩）が話柄に上されているが、水戸藩では安政二年四月九日にこれを再開・実施している。この行事は、天保十一年三月に当時の藩主斉昭が、武備の充実と藩士の士気の高揚を図って始めた大規模な軍事教練であるが、弘化元年に斉昭が幕府から隠居・謹慎を命じられたことで中断していたのであった。会沢は、七十歳以上の者は武役が免除されるということなので、追鳥狩にも参加しなくてよいものか、その筋に問い合わせてほしいと青山に頼んでいるのである。

この依頼を受けて青山がその筋に問い合わせたところ、「両番等ハ陣代差出候事」となっているという回答だったようで、自分も「陣代」（代わりに戦場に赴く者）を差し出せばよいのか伺ってみてほしい、と再度の依頼をしている。ちなみに「両番」とは、「御書院番」と「大御番」のことである。

その後で会沢は、この件に関して思い出したことがある、として、同年二月の弘道館教授頭取職再任時に参政から下された達書を、老耄のため貴兄に御廻しするのを忘れたかもしれないので念のため、ということで書中に転記している。その内容は、老年となり大儀なことではあろうが、なんとか頑張って弘道館の本開館を実現せよ、との斉昭の命を伝えたものであった。

会沢は、この達書に示された斉昭の命を理由に、追鳥狩で無理をして病気になっては本開館に向けた御用が勤らず老公の盛意に背くことになるので、代理の者で済ませることができるよう取り計らってほしいと青山に依頼し、壮年の頃はこのようなことにはむしろ積極的に取り組んだものであったと追懐しつつ、衰病故の体たらくと御憐察いただきたい、と理解を求めているのである。事程左様に、当時の会沢は自らの肉体的な衰えを自覚していたということであろう。

先に第二章第一節第二項でみたように、本開館式の当日、会沢は式が終了する以前のいずれかの時点で席を外し、その翌日には欠勤していたことを思えば、こうした会沢の心配は決して取り越し苦労ではなかったようである。そして、本開館式の済んだ翌安政五年、会沢は遂に致仕を請う願書の提出を決意することになるのである。安政五年執筆と推定した三月九日付第141通目並びに翌三月十日付第142通目の両書簡をみると、会沢が、この辞表提出の件で青山に相談している様子を窺うことができる。

先述したように、会沢は、安政二年に格式新番頭列に補せられ弘道館教授頭取として勤仕してきたのであるが、第141通目書簡をみると「太平之世と違、兵端開候日云々」とあり、安政五年当時の日本の諸情勢を通観した上で、米国総領事ハリスの強硬な通商条約締結要求に反対する勢力によって戦端が開かれる可能性もないとはいえないと考えたらしく、「八十ニて軍籍ニ列候事、何より指支云々」と記して、老年の身でありながら格式新番頭列の軍籍に連なっていることの不都合を述べ、青山が慰留したにもかかわらず、致仕を請う願書の提出を決意するに至ったようである。ちなみに、この年会沢は七十七歳であるから、ここに「八十」とあるのは文字どおりの意味ではなく、「八十歳近い年齢になって」ということであると推される。

さて、こうして致仕を決意した会沢であったが、第142通目書簡には、願書草案の中味とその提出方法について青山と相談している記述がみえる。

先ずは願書草案の中味についてであるが、会沢は、第141通目書簡では漠然と軍籍に連なっていることへの疑問を呈したのみであったが、ここではこの点をもう少し具体的に、「戦場之儀も御免同様ハ如貴諭ニ候所、筋より表立候而達無之候而ハ御軍用方抔ニ而弥張行伍へ組候事と相見候云々」と説明している。すなわち、その筋からの正式な通達がないかぎり、軍用方などでは自分なども部隊の編成に組み込んでしまうかもしれないと述べ、この点で少し楽観的な見方をしていたらしい青山に、十分念を入れて対処する必要がある旨を伝えているのである。

一方青山は、会沢が今後も学校には係わってくれるよう望んでいたらしく、それに対して会沢は、「閑散ニさへ成候へハ、貴教も有之候間、学校へハ罷出候而も達次第ニて不苦と奉存候」と応えている。会沢は、青山の懇望もあることなので、その筋からの達し次第では、諸々の情勢が落ち着いてきたところで考慮してみてもいい、と考えていたようである。

次に、その提出方法について会沢は、「誰ぞへ頼不申候而ハ相成間敷候所、乍御手数貴兄より御指出被下候儀相成間敷候哉。同クハ外人之手を経不申様致度候」と記して、誰かに頼まなければならないのだが、可能であれば御手数ながら貴兄にお願いしたい、とその役を引き受けてくれるか否かを青山に打診している。さらに、「誰ぞへ頼杉浦殿へ口上ニて願之儀、僕ハ書記ニ心安き人も無之候所、貴兄より柳瀬江か誰かへ御話被下候様ニハ相成間敷候哉」とあるのをみると、願書を提出するにあたっては、事前にその旨を学校掛りの若年寄杉浦（羔二郎）に口上で伝えて置く必要があったものか、自分はこの件を担当する書記（右筆）の中に心安くしている人物もいないので、貴兄の方から表御右筆の柳瀬（八十太郎）か誰かへ話してはもらえないものだろうか、と相談を持ちかけている。まさに会沢自身が「貴兄計奉煩候へ共云々」と記しているように、この書簡からは、当時会沢が青山に多くを依存していたことがよく窺えるであろう。

以上に見てきたような経緯を経て、会沢の致仕願書は藩庁に提出されたのであるが、同年五月十四日付で会沢に下された藩命の内容は、教授頭取職は免ずるが引き続き教授として勤仕せよというものであった。会沢の致仕願いは聞き入れられなかったわけであるが、この藩命には、風雨等の節は登館しなくてもよいという特別の優遇条件が付与されていた（前出「（弘道館）御用留」）。

ところで、安政五年重陽付の第177通目書簡をみると、「隠居席之儀、武田之席相定候由被仰下、僕迚も右之心得ニて罷出候様可仕奉存候」という記述がある。同年七月五日に斉昭が幕府から急度慎を命じられると、少し遅れて八月三十日、当時家老職にあった武田（正生、耕雲斎）が、同じく幕府から隠居を命じられた。ここに引用した記述からは、その武田のために「隠居席」が設けられたことを青山から知らされた会沢が、実は自分も同様の扱いで勤仕を続けたかったのだ、と青山にその意中を漏らしていたことが分かる。ここにいう「隠居席」が具体的にどのようなものであったかは未詳であるが、会沢にはこの年五月に致仕を願い出て許されなかったという経緯もあり、また相手が心を許せる青山ということもあって、思わず本音が口をついて出てしまったのであろうか。

②国友善庵の国許への異動

嘉永六年十一月、会沢が教職に復した際に、国友善庵も江戸弘道館の助教に任じられた。国友は、享和元年（一八〇一）八月二十三日の生まれで、名は初め尚友、後に尚克。字は伯庸等で、与五郎等と称し、善庵等と号した。高橋坦室・藤田幽谷らに学び、天保九年彰考館に入館し、天保十二年の弘道館仮開館時に同館訓導となった。しかし、弘化元年五月六日に藩主斉昭が幕府から突然の隠居謹慎を命じられた、いわゆる「甲辰の国難」がらみで、会沢と同様、長いこと教職から遠ざけられていた（『国書人名辞典』、前出「弘道館御用留」）。

安政二年二月、弘道館本開館の早期実現を目指していた斉昭は、武田正生（耕雲斎）を大番頭兼学校奉行に任じて水戸の弘道館を監督させ、九月には側用人藤田東湖を学校奉行兼務として江戸の弘道館を統括させることとした。藤田が学校奉行兼務となったこの人事の背景には、当時江戸弘道館の教授頭取代を勤めていた国友による藩主慶篤への強い要請があったという（鈴木暎一『水戸藩学問・教育史の研究』後編第五章）。

また会沢が、安政三年七月頃江戸弘道館の国友らと相談しつつ、弘道館「学規（のち学則）」の草案作成に取り組んでいたことは、学則案の確定・上木について検討した際に見ておいたとおりである。また、安政三年六月十六日付第75通目及び同年六月二十三日付第76通目の書簡などにも、国友が学校に関する何事かの申出案を作成し、水戸の会沢らに相談している事実の窺える記述がみえる。

このように江戸にあって意欲的に弘道館教育と取り組んできた国友が話柄に上されているのが通し番号40の一文である。そこには、

国友与五郎御国勝手被仰付、無御拠儀とハ奉存候得共、学校之儀ハ烈公様深き尊慮を以御取立被遊、江戸表当職代役之儀も、御目利を以与五郎へ被仰付、是迄相勤候義ニ御坐候所、此度御国勝手ニ相成、代役之儀ハ石川吉次郎ニ被仰付候。吉次郎儀も学問ハ宜候へ共、役方抔相勤与五郎程ニハ精学不仕候間、是迄よりハ手薄く相成、学校も御引立一段衰候而ハ、烈公様御在世ニ被為在候ハヽ、如何可被為思召候哉。御遺志ニ御相違之御手始を学校より御発端ニ相成候而ハ、当君様御初政より御継述之思召も空敷相成候様奉存候。依而ハ与五郎再勤、吉次郎と一同代役相勤候様相成候へハ無此上奉存候へ共、若又此節右様之御判断も御六ヶ敷候ハヽ、先ツ在江戸ニて子弟を引立候様被仰付候ハヽ、御遺志之廉も少々ハ相残り候儀と奉存候間、右両様之内ニて宜御判断御座候様ニと奉存候。

とあり、国友が弘道館教授頭取代を免じられて水戸勤務を仰せ付けられたことが記されている。そこで前出「（弘道館）御用留」の文久元年七月二十五日条を見てみると、「国友与五郎／其方儀此度教授頭取代　御免被

遊候条御国江引越可相勤旨被　仰出もの也」とあるので、執筆年が未記入のこの一文は、文久元年に執筆されたものと分かる。さらに、ここには「取来御役料ハ上ル」と付記されているのであるから、これまでの役職手当が召し上げられたこと、また新たな役職に就くことはなかったことが推知される。

会沢は、このような措置はよんどころない事情があってのことではあろうが、学校のことは烈公様（斉昭）が深いご尊慮によって始められた事業であり、国友は、烈公様にその才能を認められて江戸表教授頭取代に任じられ、これまで勤仕してきたわけであるから、その代役に任じられた石川吉次郎が、たとえ学問もできるとはいえ役方を勤めてきた者なので、国友にはとうてい及ぶべくもないという。石川が国友に代わって教授頭取代に任じられたことは、同じく「（弘道館）御用留」文久元年七月二十五日条にみえるが、そこではそれまで勤めてきた「御小納戸」との兼務が命じられているのである。会沢が、これまでより学校が手薄になるのは避けられない、と事態を深刻に受け止めたのも得心がゆくであろう。

さらに続けて会沢は、この人事によって学校事業が衰退するようなことになっては、今は亡き烈公様に対して申し訳が立たないともいう。現藩主慶篤が親政を開始し先君の遺業を引き継ごうとしている矢先に、あたかもこれに水を注すかのごとく、斉昭が推進してきた諸々の改革事業を旧に復そうと目論む動きがあるなかで、その先陣を学校が切ってしまうようなかたちになるのは、なんとしても回避したかったようである。

そこで会沢は、国友を再勤させ、石川と一緒に教授頭取代を勤めさせるようにするのが最善の策だと主張する。もしそれが難しいということであれば、次善の策ではあるが、従前どおり国友を江戸勤務に戻し、子弟の教育に携わらせるようにすべきであるという。そうすれば、決して十分とはいえないが烈公の遺志を継承できると考えたようである。そして藩当局に対して、これら両様の方策のうちのどちらかを選択するよう進言している。

国友は、この文章が執筆された翌年の二月二十九日に六十一歳で没している。その二年前の万延元年二月に起こった消魂橋畔での長岡勢との戦闘による負傷がもとで子息忠之介を失ったことが（「石河明善日記」二月二十四日条）、その死を早めた原因のひとつであったのかもしれない。ここで会沢が提案したどちらの方策も採用されずじまいとなったわけであるが、結局こうした案は、国友の体調などに関する十分な情報がないままに会沢が希望するところを述べたものであるため、もとより実行不可能なものであったということであろうか。

この文章は、「願書ニハ及申間敷口上覚抔被申候方可然候哉」と追記されているところから推するに、会沢が国友に関する人事について、以上に見たような見解を藩当局に具申するために書かれた案文で、提出方法も含めて事前に意見を求めるべく、いずれかの書簡に添えられるなどして青山の許に届けられたものであろう。

ところで国友は、会沢と同じく藤田幽谷の門に学んだが、二十歳ほども年長の会沢に兄事することきわめて篤く、たびたび杉山復堂（忠亮）らと会沢の書斎「欣賞斎」に集っては雅遊を楽しんでいたという。また、会沢と国友のあいだには、先に逝った者の墓誌銘を後に残された者が書くという黙契があったようで、国友の墓誌銘は年長の会沢が書いている（西村前掲書）。

③学校人手不足の状況とその対応策

安政五年七月五日、斉昭は不時登城の罪で幕府から急度慎を命じられた。そして、同年八月八日には孝明天皇の勅諚が水戸藩に降され、幕府がその返納をもとめて執拗に圧力をかけてきていた。こうした幕府の圧制に抗議するため、多くの水戸藩士民が続々と江戸へ上った。こうしたこともあって、藩校弘道館の教育活動は暫く休業状態となっていたが、安政六年の十月に至ってやっと再開することができた。

しかし、この折の再開は会沢はじめ弘道館教職たちの賛成が得られていなかった。彼らは、出府した士民の多くが藩庁の説得によって一旦帰郷したとはいえ、斉昭の急度慎が解かれず人心の動揺が解消されていない状況下で課業を計画どおりに実施するのは困難と判断し、学校の再開はいまだ時期尚早と主張していたのである。こうした意見に耳を貸さず、藩庁は十月七日に再開を強行したが、案の定、諸生の登館はまばらであったという（鈴木暎一『水戸弘道館小史』）。

そしてまた、この度の斉昭が蒙った再度の幕譴に始まる藩内の混乱は、弘道館の教職に「人詰り」という状況を生じさせる原因ともなったようである。諸生のみならず教職の中にも、幕府による強圧的な措置を不当として江戸へ上る者がおり、皆が落ち着いて教務に専念できるような状況ではなかったため、再開後も自ずと人手不足の様相を呈することになってしまったものと推察され、加えて、翌万延元年三月に起った桜田事変が、こうした状況の進行にいっそう拍車を掛けることとなったのであろう。本書簡集中の万延元年執筆と推定した三月十九日付第56通目書簡中の以下の記述からは、当時の混乱した様子が如実に窺えるのである。

> 学校人詰り之由、外ニ致方も無之、先ツ如貴意より外ハ有之間敷奉存候。講釈ハ相止、公子方舎長御雇可然、二ノ御備之分ハ登館候事と相見、石河も同之僕抔出勤とも存候へ共、気力未全復、人詰り之所へ罷出候而ハ勉強も届兼候様奉存候。舎長ニて講釈迄ハ、如貴諭勤り兼候事と奉存候。ヶ様ニ人詰りニ而ハ学校無人郷ニ相成候間、教職へハ舎長より御雇、舎長へハ又外より御雇抔と申様之権宜之策ハ有之間敷候哉。又外ニ御良策も御座候哉、相伺申候。瀧川謙蔵も史館勤と申事ニ候へハ、定而御編集之方と相見候。教職・舎長等御雇ハ、二、三男ハ勿論他役より出来候而も、戦争之世ニ成候而ハ非常之処置ニて可然哉、御相談仕候。

これによると会沢は、青山が人手不足への対応策を会沢に示したのに対して、外に良策が考えられないのでそうするしかないだろうと応えている。青山は、講釈は中断し、公子対応の舎長を雇い、石河（通称幹次郎、号明善）など控えの者も登館させるなどの措置を講ずることを提案していたようである。そして会沢は、自分も出勤すべきであるとは思うのだが、体調不十分の状態で出勤してはかえって邪魔をしてしまうことにもなるだろう、と如何にももどかしげに独白している。

今、前出「（弘道館）学校日記」を見てみると、万延元年の講釈は、正月二十日に石河幹次郎が講番で行った後、同月晦日に「（講釈）聴聞御止」の「御筆」が下され、加えて三月三日に桜田事変があったこともあり、四月二十日の再開まで中断されている。つまり、本書簡執筆後一ヵ月の間は青山が提案したように中断されているのであるが、実はすでにそれ以前から中断されていたのである。そうした中で両者がここで改めて中断云々を話柄に上せているのは、このような状態が長く続くことによってもたらされる弊害を懸念してのことであろうか。

青山は、いかに人手不足とはいえ舎長に講釈を任せることはできないと考えていたようであり、会沢もこれに同意はしている。しかし会沢は、このような人手不足の状態が続けば学校は「無人郷」になってしまうので、他に良策もないようであれば、教職へは舎長から抜擢し舎長へは外から補充する、というような緊急避難的な措置を講じてみるのはどうだろうか、と青山の意向を打診するのである。

また、会沢が、同年の三月七日付第54通目書簡に、「瀧川生、どうか編集局へ取られ可申勢も有之歟ニ相聞候間、館僧之事早く申出度奉存候。貴意如何」と記して、彰考館に採られる前に本館の方で採用したいと考えていた「瀧川生」（瀧川謙蔵）も、結局は「系纂方」での勤務を命じられたらしく[31]、これを耳にした会沢は、多分『大日本史』志表の編集業務に就くことになるのだろうとだけ述べている。系纂方はかつて彰考館内に置かれていたので、会沢にとっては、系纂方勤務はすなわち彰考館勤務ということになるのであろう。

そして、これに続けて、現今のような「戦争之世」となっては、教職・舎長などの採用は二、三男からは勿論のこと、他役から引き抜いてくるなどの「非常之処置」を採るのも止むを得ないのではないかと述べ、青山の見解を質している。

ちなみに、ここで「戦争之世ニ成候云々」というのは、万延元年二月十八日、勅諚返納阻止を企て常陸長岡駅に屯集した水戸藩士民の一部とこれを説諭するため藩から派遣された一隊との間に衝突が生じたこと、さらには同年三月三日に水戸浪士らによって井伊大老が暗殺されたことなどにみられるように、殺伐とした空気が漂い始めていた世情を言い表したものと推察される。

先に筆者は、弘道館における図書館的業務について検討したところで、会沢が人手不足で曝書ができず困っていると記しているのを見ておいたが、本書簡を検討した結果、当時の弘道館の人手不足が、水戸藩の教育行政の根幹をも揺るがしかねないほど深刻な状況であったことを知らされたのである。

④弘道館文館の「別局世話役」人事の一例

安政元年の執筆と推定した五月二十七日付第70通目書簡中に、「別局世話役之儀被仰下、致承知候」という記述がみえる。ここにいうところの「別局」とは軍書寮（講習別局）のことで、天保十二年の弘道館仮開館時の規定では、二十五歳になっても素読等の初等教育の成果が認められない学生は、ここに入れられて仮名の書物を読まされた。ちなみに、安政四年の本開館後は、この年齢が二十歳に引き下げられている（鈴木暎一『水戸弘道館小史』）。また「世話役」とは、舎長などを助けてこのような学生の学習を補助した者のことであろう。たとえば、弘道館教授杉山忠亮（復堂）が江館設立にあたって藩庁に提出した学館構想に示された「課程」のなかに、習字の際には一〇人に一人ずつ「世話役」を立てると記されているが、本書簡中の「世話役」というのも、これと同類のものと推される。本書簡をみると、青山がこの「別局世話役」のことで何ごとかを会沢に書き送ってきたらしく、これに対して会沢が、承知したと応えているのである。

そして、その何ごとかが何であるかを知る若干の手掛かりを与えてくれるのが、七月十日付第80通目書簡にみえる以下の記述である。

別局世話役、両人御免、四人歟新被仰付候達御坐候間、教職・柏へも相談、御免ハ手紙ニて達、新ニ被命候ハ明日呼出候筈ニ仕候。僕気力も大抵復候へ共、明後日輪講ニ付、明日ハ御頼合ニ仕度奉存候。宜相願候。

これによれば、これまで別局世話役を勤めてきた二人を免職とし、新たに四人を任命するという通達が下されたようである。そこで会沢は、教職の面々や柏（左一兵衛）とも相談し、免職の者には手紙で知らせ、また新任の者には明日呼び出して知らせることにした、と青山に報じている。当時の会沢は、体調は回復してきていたようであるが、明後日の輪講に備えて明日は欠勤するつもりでいたらしく、当該案件の処理方を青山に依頼しているのである。

この別局世話役というのは、その任免が藩庁から通達されているところをみると、弘道館が自由裁量で雇える要員ではなかったようである。しかし、あくまでも教職の業務の補助要員という扱いであったためか、同館の御用留などに「別局世話役」という職名はみえるが、その個々人の名は記されていない。それ故に、本書簡中の「両人」「四人」がそれぞれ誰であるかは分からない。それはともかくとして、青山が70通目書簡で会沢に書き送ってきたのは、この別局世話役の任免に係わることだったようである。

⑤弘道館付設「系纂局」の人事の一例

安政四年執筆と推定した三月二十五日付第60通目書簡に、「森跡系局、斎藤彦次郎申出候而可然候哉。貴意如何」という記述がみえる。「森跡系局云々」の「森」とは森観斎のことと推される。当時、森は弘道館に付設されていた「系纂局」に勤務していたものらしい。

水戸藩では、第二代藩主徳川光圀が編纂させた水戸藩士の系譜『水府系纂』を継続増補する係を彰考館内に設け、係員数名を配置して代々連綿と書き継いできた。天保十二年の藩校弘道館設立に伴い、その業務は文館付設の「系纂局」で引き続き行われていたのであるが、森はこの部署に配属されていたのである。ちなみに、観斎は森の号で、諱を忠義等、字を仲仁といい、藤十郎と称した。石川桃蹊の次男で、森子行の養子となった。文久元年に七十八歳で没している（鈴木暎一『水戸弘道館小史』、清水正健『増補 水戸の文籍』）。

その森が安政四年に致仕したことで、後任を誰にするかが検討されていたようであり、本書簡からは、会沢が斎藤彦次郎（左次衛門）を推薦していたことが窺われる。斎藤は、安政元年九月七日付第94通目書簡に、「斎藤管庫御雇御免之由、致承知候」と記されている人物のようであり、この時点では、弘化二年頃から勤めてきていた「管庫御雇」を免じられていたものらしい[32]。

しかるに、前出「(弘道館)御用留」の安政四年閏五月十四日条を見てみると、「斎藤左次衛門」が「系纂方勤」を命じられた旨が記されているので、本書簡中で会沢が質していた青山の意向も、会沢と同じであったようである。こうして斎藤は、会沢の推薦によって系纂局勤務となったのであるが、同書の同年十二月二十五日条をみると、五両三人扶持で「史館物書」に任じられていることが分かる。

第三章　会沢正志斎晩年の私事にわたることども

第一節　会沢晩年の改名に関する書簡

安政二年執筆と推定した二月二十七日付第140通目書簡に、会沢の改名に関して、

改名之儀も、中衛門・太郎兵衛と願出可申奉存候。認振等柏等へ宜御頼被下候様奉祈候。隠居より俗名ニ改候事例も無之候間、改名迚も例ニはつれ候而も可然哉、其筋へ宜敷御内談被下候様奉祈候。

のような記述がみえる。会沢は、いわゆる「甲辰の国難」の折に斉昭雪冤運動に加わった罪で弘道館教授頭取職を免じられ、弘化二年に一旦致仕して「憩斎」と称していたが、嘉永六年に弘道館教授職に復すると、思うところがあってか改名したい旨を藩庁に願い出たようである。

書中の記述から、会沢は、「中衛門」もしくは「太郎兵衛」と名乗りたいと考えていたようで、願書の記述を柏（左一兵衛）などに頼んでほしいと青山に依頼している。そもそも隠居の身分であった者がこうして現役に復帰して俗名に改めること自体が稀なことなのであるから、このような例に外れた名前にするのも許されるので

はなかろうか。会沢はそう考えて、青山にその筋への内々の掛け合い方も依頼しているのである。

しかるに、同年の三月十八日付第137通目書簡をみると、「恒蔵と相改可申旨達ニ相成候旨被仰下、致承知候」とあるので、会沢が希望していた「中衛門」や「太郎兵衛」はともに藩庁の許可するところとならず、「恒蔵」と改めるようにとの通達があったことを青山から知らされたようである。これは会沢がかつて元服後から使用していた通称であるから、結局は弘化二年の致仕以前のそれに戻ることとなったわけである。

今、前出「(弘道館)御用留」を見てみると、安政二年二月十九日条までは「憩斎」と記されており、また「(弘道館)学校日記」では同年五月二十日条に「恒蔵」が初出し、それ以降は両資料共に「憩斎」の使用例は見られなくなっている。ただし、この通し番号140及び137の両書簡が執筆された当時の会沢は、体調が勝れず欠勤することが多かったらしく、素読・講釈吟味や講番等の記載個所にその名がみえないので、この件についての基本資料であるこれら両史料からこれ以上詳しい情報を引き出すことはできなかった。

ここで想起されるのが、会沢が弘道館教授頭取に再任された折に斉昭から下された安政二年三月九日付の親書である。その親書の本文中に「元より恒蔵を一介の武役ニ用候積りニハ無之云々」とあり、加えて、宛名がわざわざ「憩斎事／恒蔵へ」と記されているところをみると、斉昭がこの親書を認めた時点ではすでに「恒蔵」と改名させることが決定済みで、斉昭もそれを承知していたということのようである。

第二節　会沢への斉昭手製薬下賜に関する書簡

斉昭が、日頃から医学に関心を示して積極的に知識を求め、家臣らの病気に対しても単にこれを気遣うだけでなく、ある者には自分の知っている薬方を教えてやり、またある者には手製の薬を与えてやったりしていたことは、すでによく知られているところである（瀬谷義彦『新装 水戸の斉昭』、宮田正彦『水戸学の復興』等）。以下に引用した四月二十六日付第144通目書簡からは、会沢もこうした斉昭の恩寵に与った一人であることを窺うことができる。

賤恙順快ニ御座候。右ニ付松宮より御手製之御薬頂戴、且親批を以用法等委細蒙御意、難有仕合奉存候。病中御受も指上兼申候間、貴兄より宜御礼被仰上被下候様奉祈候。且瘧も落候間、乍恐不被為紆高慮候様、是又御申上可被下候。

これを意訳すれば、次のようになるであろう。「小生の病気は良くなってきています。このたび斉昭公御手製の御薬を松宮（未詳）を介して頂戴したばかりか、御手ずからその用法まで詳しくお示しいただき、大変有難く存じております。病中のため御礼状を差し上げることができませんので、代わって貴兄からお礼を申し上げておいてください。また、瘧も治まってきましたので、どうかご心配なさらぬようにとお伝えください」と。斉昭から手製の薬を頂戴し用法まで伝授された会沢ではあったが、病中なので自分に代わって御礼の気持ちを伝えてほしいと青山に依頼しているのである。

ところで、この書簡が書かれたのは何時のことであろうか。今、閏月十三日付の149通目書簡を見てみると、青山が依頼に応えてくれたことへの謝意を会沢が述べているものと思われる記述がみえる。そこには、

御手紙致拝見候。御薬方拝領被仰付、難有仕合奉存候。御礼之儀御取扱ニ相成奉謝候。右御答得貴意度如此御座候。

のごとく記されている。先にみた書簡の日付「四月廿六日」の後で閏月が間近にある年を調べてみると、閏四月のある嘉永二年と閏五月のある安政四年が挙げられるが、第149通目書簡の署名が「恒蔵」となっているので、これら両書簡の執筆年次は安政四年ということになろうか。なぜならば、会沢は、弘化二年三月から「憩斎」と名乗っていたが、安政二年三月頃に改名して元の「恒蔵」に復しているからである。

先に「弘道館本開館式参列に係わる書簡」の項で触れたように、水戸藩では、安政四年五月八日から九日にかけて藩校弘道館の本開館式を挙行し、鹿島神社に鹿島神宮から分神遷座する儀式と孔子廟に孔子の神位を安置する儀式を執り行った。この本開館式を前にして会沢は、すでに高齢であった上に体調自体も思わしくなく、日々悪風喘息等が止まない上に、夜中には毎夜微熱を発するという状態であることを青山に隠さず打ち明けていた。しかし藩庁では、本開館式には会沢に是非出席してもらいたかったようで、参政杉浦羔二郎をわざわざ自宅まで遣わして出席を促した。この藩庁の意向は、同時に斉昭の強い意向でもあったはずである。斉昭が会沢に手製の薬を下賜した背景には、この弘道館本開館という重要な行事が間近に迫ってきているという現実があったのである。

当時会沢は、藩庁から鹿島神社への分神遷座の儀式と孔子廟への神位安置の儀式と両度に出向くようにして、その間は自宅で休息していてもよいと言われていたようであったが、会沢にとっては、それでも大きな負担に感じられたのであろう。結局会沢は、式の当日は、その終了前のいずれかの時点で席を外しており、その翌日に欠勤していること等は前述したとおりである。そして、この本開館式終了後、会沢の名前が弘道館の活動日誌中に初めてみえるのは閏五月十日のことであった（前出「（弘道館）学校日記」）。斉昭との仲介役を勤めてくれた青山への礼状執筆がこのように大幅に遅れたのは、第六節で後述するように、当時は青山自身も体調不良の状態で、両者が容易に面語の機会をもてなかったことも影響してはいるであろうが、なによりも会沢のこうした体調不良が主な原因であったと言えるであろう。

第三節　会沢著『及門遺範』と『閑聖漫録』の刊行に係わる書簡

会沢は、周知のごとく多くの文章を残しているが、生前に刊行されたものはごく僅かであり、そのうち嘉永六年の教職復帰以降に刊行され、刊行年の確かなものということになると、『新論』(安政四年)、『及門遺範』(安政五年、文久元年)等が挙げられるに過ぎない(『国書総目録』、秋山高志『近世常陸の出版』等)。

ところで、本書簡集中の十二月二十一日付第146通目書簡をみると、「新刻書呈咲候所、為御礼芳樽御投恵被下、奉感謝候。乍去木桃瓊瑩、慙愧之至奉存候。御礼期拝眉候」と記されている。ここにいう「新刻書」とは、本書簡同様「御告云々」の記述のある通し番号161通目書簡中に、安政六年八月二十七日に刑死した茅根伊予之介の葬式に関する記述が見えることから、文久元年刊の『及門遺範』がこれに該当するのではあるまいか。会沢がその新刻書を青山に贈呈したところ、青山からお礼として樽酒が送られてきたらしい。これに対して会沢は、過分なお礼に恐縮している旨を書き送っているのである。

ところが、会沢は、この書簡の六日後に執筆した第151通目書簡でも、「拙著呈咲候所、為御報美酒御投恵被下、木桃瓊瑛、奉拝謝候。御礼期拝眉、草々及貴答候」と、ほとんど同じ内容のことを記している。この書簡には「尚々、鈴祐文御示被下、熟覧可仕奉存候。以上」という尚書きがあるが、主文の内容は、あくまでも自著を贈呈したお礼として美酒を贈られたことへの返礼なのである。ついうっかり記してしまったというにはあまりにも文章の表現が似ているので、会沢の体調如何が気になるところではある。

さて、会沢の著作の刊行に関する書簡としては、もう一通、六月朔日付の第22通目書簡がある。そこには、

拙文、玉巌主人より無拠被頼候所、例之不文、世ニ公布候事ニ候間、何卒御存分御削正被下候様奉万祈候。

とある。玉巌堂の主人から頼まれて止むを得ず刊行することになったが、拙い文章のまま公刊するわけにはいかないので、存分に削正してほしいと青山に頼んでいるのである。それにしても「例之不文」とは、謙遜も度が過ぎると嫌味に感じられるものである。しかし、これは単なる謙遜でも無意味な社交辞令でもなかったのかもしれない。高齢ゆえの思わぬ粗相を避けたいという本心の表れた言葉ととれなくもないであろう。

それはさておき、ここで刊行されようとしていた著作とは何だったのであろうか。この書簡が執筆されたのは、書中に「姉小路殿甚敷事」とあり、これは文久三年五月二十日に姉小路公知が暗殺された事件のことと推されるので、同年であることが分かる。会沢は、この文久三年にその著『閑聖漫録』を刊行している。しかし、その版元は、江戸の書肆玉巌堂ではなく水戸の「東壁楼」であった。本書簡中で会沢は、玉巌堂主人に請われて著書を刊行することになったと記しているが、もしかするとこれは、二年前の文久元年にその著『及門遺範』を刊行したのが玉巌堂だったことから（秋山前掲書）、ついうっかりこのように誤記してしまったのではあるまいか。いずれにせよ会沢は、本書簡執筆の一カ月あまり後の七月十四日に八十二歳で没しているから、おそらく刊行された本書を手に取ることはなかったであろう。

第四節　会沢の彗星についての見解に関する書簡

本書簡集中の安政五年八月十七日付第1通目書簡には、

彗星被仰下奉謝候。一星転行と申道理も、愚意ニは解兼申候。星変ニ付意見と申も、漢儒を学候外ニハ有之間敷哉、如何。御草案拝見。愚意ニハ、何レ共良策心付不申、御別紙へ付札仕候。猶又貴意相伺度奉存候。

のような記述がみえ、さらに尚書きとして、

天度ハ一定之所、一昼夜之内ニ東西転行、纏〔躔カ〕度進退と申ハ、愚意ニハ解兼申候。何ニ致せ、星変等ハ司天之職持前ニて、天文家之外ニてハ非所論、天変ニ因て事を論候も漢以後之事ニて、聖人之徒ニハ無之事故、星変ハ天文家ニ譲り、不論候方と奉存候。一星転行と申事解兼候間、疑を闕申度奉存候。

とも記されている。この書簡が執筆された安政五年八月には、初旬から翌月中旬にかけて彗星が毎夜現われていたことが、斎藤月岑『増訂　武江年表』・小宮山南梁『南梁年録』等々の諸書に記されている。折しもこの年、江戸ではコレラが猛威をふるい多くの命が失われたのであるが、やがてその魔の手が水戸方面にも延びてきて、八月頃には死者も出はじめていた。古来凶事の前兆と、[illegible]彗星の出現と猛威をふるうコレラの脅威、そ

れが当時の人心をどれほど不安にさせたかは想像するに難くないであろう（『水戸市史 中巻四』第二一章第三節）。

本書簡中に記されているところによれば、会沢・青山両名は、この連夜の彗星の出現という不思議な現象について藩庁から意見を求められていたようである。そして、そのことで青山が何か言ってきたのに対して謝意を述べた上で、会沢は、天体の運行に関する原理については知識がなく自分には分かりかねるが、つまるところ「漢儒」の所説に学ぶ以外に方法がないのではなかろうか、と述べている。

ここにいう漢儒の所説というのは、中国の前漢から後漢にかけて流行した「讖緯説」のことと推される。天文占を中心とした未来予言はすでに春秋戦国時代から流行していたが、讖緯説の「讖」も天文占を中心に、その他自然・人事の諸現象に応じた予言で形成されている。これに対して「緯」は、経書を漢代に流行した天人合一思想等の神秘思想によって解釈したもので、漢代思想の解明には不可欠なものとされている。讖緯説は、その内容がすぐれて神秘的呪術的である上に、革命思想とも係わる一面があることから、後世しばしば批判と禁圧の対象にされてきた。この讖緯説は、早く奈良時代のわが国にも流伝して当時の時代思潮に影響を与えたという（日原利国編『中国思想辞典』、加地伸行『儒教とは何か』）。

結局会沢は、尚書きのなかでも天体の運行に関する原理は自分には分からないと繰り返した上で、天文現象の異変などは「司天之職」の専門とするところであり、天文家でない者があれこれ論ずるべきではないとし、加えて、元来天変によって事を論ずるようになったのは漢以後のことであり、儒教本来の教えにはないことなので、星変については天文家に譲って論じない方がよかろう、と述べている。『論語』為政篇にあるように、「疑闕」、すなわち疑わしいものは除いておくのがよい、ということのようである。

ところで、当時水戸藩では、斉昭・慶篤父子が幕府から譴責を蒙った上に、駒込藩邸の警護が高松・守山・常陸府中の三支藩に命じられるなど幕府による藩政干渉が強化されてきたことも加わり、藩内の士民が動揺し始めていた。そのような中で火に油を注ぐかのごとく、八月八日には水戸藩に孝明天皇の勅諚が下され、藩情が混乱の度を増してきていた（『水戸市史　中巻四』第二一章第二・三節）。

本書簡からは、当時市中で猛威をふるっていたコレラへの対処法に加えて、混迷する政治状況にどう対処すべきかを模索していた藩の要路者が、この彗星出現という天文現象の意味するところを会沢らに読み解かせることで、何か現状打開の指針のようなものを導き出せるかもしれないと期待していたことが窺えるのである。

第五節　会沢の易占に関する書簡

会沢には『読易日札』七巻の著作があり、『易経』六十四卦の卦爻辞に注解を加えているが、別に『泰否炳鑑』四巻では、六十四卦中の「泰・否」二卦を注解することで世の治乱興亡の原理を示している[33]。総じて会沢の「一君二民」「陽尊陰卑」等の思想は、こうした易の研究に基づくものとされている（『日本思想大系53　水戸学』の今井宇三郎解説）。

この会沢の『易経』講究は、先師藤田幽谷の学問を祖述するものであった。会沢は、その著「及門遺範」の中に幽谷の言葉として、「易の起る、本、象数に由りて義生ず。（中略）学者、象・義を兼ねて之を推求せよ。然る後、始めて易を学ぶの本末を失はずとせん」（原漢文）と記している。この幽谷の言葉を要約すれば、易を学ぶにあたっては、後に加えられた様々な解釈だけでなく、易が本来もっている占筮の書としての一面を併せ学ぶ必要がある、となるであろう。幽谷学を祖述する会沢の『易経』講究の基本的スタンスもこれに沿うものであったと推察される。

幽谷の言を俟つまでもなく『易経』という書物は、深遠な哲理を説く儒教の経典の一つとして学問的な研究対象とされてきただけでなく、その原初的な一面である神秘的な占いの書としても重視されてきたのである（金谷治『易の話』、土田健次郎『儒教入門』）。そして、今ここで筆者が問題にしたいのはこの後者の一面についてである。

本書簡集中には、会沢が易占を行っている書簡が一通含まれている。それは文久三年六月朔日付の第22通目書簡で、そこには、

豚児ニ御伝言儀筮候所、遇噬嗑不変ニ御坐候。占も分り兼候へ共、京師之責言水国之安否之命亨利用獄、御情実分り可申歟。柔得中而上行雖不当位利用獄、抔も符合候様ニも可有之歟。貴占如何、相伺度候。扨々御同意、憂懼之至奉存候。

のような記述がみえる。これによると青山は、会沢の子息に父正志斎への伝言を依頼したようである。会沢は、この青山からの伝言を受けて、その内容について『易経』によって占ってみたところ、六十四卦中の「噬嗑（ぜいごう）」の卦を得たという。この卦の解釈のことばである「卦辞」が「噬嗑は亨る。獄を用うるに利あり」（原漢文）となっていることからも分かるように、この卦は、裁判や刑罰について占うのに用いられてきたものである。

会沢は、この易占が当たっているか否かは分かりかねるが、とした上で、小字双行に「京師之責言水国之安否之命」と記し、続けて「亨利用獄」と記している。ここは分かりにくいところであるが、あるいは次のような事実に関連した記述なのではあるまいか。

文久二年十一月二十八日、幕府は朝旨を奉じて大赦の令を布き、故水戸藩士安島帯刀・故長州藩士吉田松陰

らの建碑を許し、さらに元水戸藩士鮎沢伊大夫ら数十人を逐次釈放させた。これを受けて水戸藩主慶篤は、十二月二十六日、先の戊午八月の水戸藩への密勅降下事件に関係して処罰された藩士を赦免した。この折に会沢・青山両名は、先に第一章第二節で第25通目書簡を検討したところでみたように、関係者の赦免を請う文書の作成に携わっていた。そうしたこともあって会沢は、この朝廷及び幕府・水戸藩による一連の措置の是非と今後の推移に思いを致し、これについて占ってみたのかもしれない。

会沢は、書中にさらに続けて、卦辞の解説である「彖伝」の「柔、中を得て上り行く。位は当らずといえども、獄を用うるに利あり」（原漢文）という個所を引用し、この彖伝に言うところがこの度の措置に符合するものであろうか、と自問した上で、青山の意見を質している。この彖伝の言葉の意味するところからすれば、これらの措置は必ずしも完璧とはいえないが適切なものではある、ということになるのである（卦辞・彖伝の解釈等は本田済『易』）。

以上の推測があながち的外れなものでないとすれば、この後にみられる「扨々御同意、憂懼之至奉存候」という記述は、これらの措置が会沢・青山両名にとって必ずしも納得のいくものでなかったことを示唆する言葉と解釈することができるであろう。戊午の密勅の扱いをめぐって水戸藩士民のなかに激派が生じて以降、ずっとその対策に悩まされ続けてきた両名であることを思えば、激派分子を再び野に放つことになるこの度の措置は、職掌上やむを得ず係わることとはなったが、とうてい全面的に受け容れられるようなものではなかったと推察される。しかも、これらの措置が施される以前の文久元年五月二十八日には東禅寺事件が、また同二年一月十五日には坂下門外の変が、すでに激派水戸浪士によって引き起こされていたのである。まさに「京師之責言水国之安否之命」と書中に記されているとおりであり、会沢らが今後の成り行きに危惧の念を抱いたのは至極当然のことであったろう。

ところで、本書簡にみられる会沢の易占は、このような状況下で将来を案じて試みられたもののようであるが、それは筮竹などを使用して行う正統的な方法で行われたのであろうか。占いの技術を記した最古の資料は、今日では『易経』繋辞伝中の記録とされている。それによれば、易占では五〇本の筮竹を使用し、これを四段階に分けてそれぞれ複雑な操作を行い、六十四卦のうちの一卦を得た上で、『易経』の経文の中から判断の言葉を求めて占うのである（金谷前掲書）。

先述したように、会沢の師幽谷の見解は、易の占筮書としての一面を併せ学ぶことの必要性を説くものであった。また、そもそも易占という行為は、たとえば彗星出現といった天文現象に人事の予兆等を求めようとする行為とは一線を画するもので、中国の正統思想である儒教のもつ合理主義的な一面に合致するとして、同国の知識人のあいだで伝統的に受け容れられてきたものであった（金谷及び土田前掲書）。こうしたことを勘案すれば、会沢が、占いの面倒な手順を省いて『易経』の言葉を引用し教訓的に利用したとはとても思えない。如上の正統的な方法での易占を試みたであろうことは十分に考えられることである。

そして、このことを傍証する有力な記述が、青山の嗣子勇が著わした父延光の伝記『先考行状』の中にみられる。そこには青山が晩年に易を好み、事あるごとに必ず易筮によって占っていたことが記されている。これによって本書簡中の「貴占如何、相伺度候」という記述が、会沢も易筮を行っていた事実を暗に示唆するものとなるのである。

第六節　青山の体調不良と会沢の対応に関する書簡

山川菊栄は、その著『覚書　幕末の水戸藩』の中で、青山について、「大兵肥満で、小山のような身体をどっかとすえ、口数が少くて、いつも柔和な顔に微笑を浮べていた」と記している。また、同書の中には、青山の末弟延寿（山川菊栄の祖父）が兄延光を評して、「韜晦の名人だ、バカのふりをしているから、皆が字のよめるバカだと思って安心している。あんな人をくった男はない」と語っていたことも紹介されている。このような青山評からは、あまり健康的なイメージは浮かんでこないであろう。実際青山は、本書簡集所収の書簡中にみるところだけでも、しばしば体調を崩し、いろいろな病気に悩まされ続けているのが分かるのである。

そこで、以下に青山が罹った病気のあれこれについて、執筆年次の明らかな書簡を中心に年次順に見ていくと同時に、会沢が病中の青山にどう対応したかにも注目してみることにしたい。

会沢は、安政二年八月十五日に幕府から召し出されて将軍家定に拝謁している。この賜謁の決定については同年六月一日に水戸藩庁から会沢に伝えられ、同月十一日、江戸へ向けて出立している（西村前掲書）。本書簡集中の六月二日付第72通目書簡は、会沢が藩庁を介して幕府の出頭命令を受け取った翌日に執筆されたものであるが、この中には、「貴恙如何御坐候哉」と青山の体調を気遣う記述がみえている。

この折の青山の体調不良はかなり長引いたようで、同年の九月十三日付第93通目書簡中には、まだ「貴恙御順快奉賀候。乍去今以御熱気御座候由、何分御加養可被成候」のように記されている。会沢が将軍家定に拝謁して水戸に戻ったのは九月九日のことのようなので、会沢の帰水後もなお全快はしていなかったことになる。当時は、斉昭の指揮のもとに弘道館本開館に向けた準備作業が本格化していたときでもあるので、教授頭取というこれを推進する上で中心的な立場にあった青山の心中を察すると、さぞかし穏やかならぬものがあったことと推察される。折しも江戸の国友善庵からは、側用人藤田東湖が学校奉行兼務として江戸弘道館を統轄することになったという報告が届いていたのであるから、尚更のことであったろう（『水戸市史　中巻四』第二〇章第七節）。

次に、安政三年もしくは四年の執筆と推定した七月三日付第81通目書簡には、「御中暑如何御座候哉。今日ハ御登館候哉。御勉強ハ不被成候様奉存候」とある。これによれば会沢は、「中暑」で体調の良くなかった青山を、無理して登館しないようにと気遣っている。しかし、続けて「僕も今日ハ休息仕度候間、若御登館候ハヽ、宜相願候」とあるのをみると、会沢の体調も芳しくはなかったとみえ、自分も今日欠勤するつもりなので、もしも貴兄が出勤するようなことになったときはよろしく頼むと言っているのであるから、青山としてはとても安心して休んではいられなかったであろう。ちなみに、前出「(弘道館)学校日記」の安政三年及び四年の「七月三日」の条の記述には、ともに両者の名前は見られない。

また、安政四年執筆と推定した五月十一日付の第65通目書簡には、「御痔疾御順快之由ニハ承知候へ共、何分御加養可被成候」とあり、当時、青山が痔疾にも悩まされていたことが分かる。数日前の八、九両日に弘道館の本開館式が無事済んでまだ間もない頃のことである（『水戸市史　中巻四』第二〇章第七節）。会沢は、順快したこととは思うがいっそう大事にするようにと見舞いの言葉を書き送っている。しかし、五月十八日付の第39通目書簡をみると、「御歩行ハ六ヶ敷候由、随分御養可被成候」という記述がみえるので、まだまだ順快には程遠い状態であったようである。一方、この時点での会沢の体調は、「賎恙指て障りも不仕候」とあるので、まあまあの状態であったものとみえる。

同じく安政四年の閏月（五月）二十六日付第125通目書簡には、「大暑、昨日ハ御腹今日ハ御全快、大慶仕候。御頼合承知、別紙御付札之通管庫へ申付候」とあり、昨日悪かった青山の腹の具合が今日は全快したと聞き、「大慶仕候」と祝いの言葉を述べた後で、会沢は、青山から頼まれた何ごとかについて、別紙付札のとおり管庫へ申し付けたと報じている。さらに会沢は、学生に課しておいた試文が提出されたので、本来なら先ず貴兄に廻すべきだが、添削を早く済ませた方が諸生の遣る気に応えてやることになると思い、早速教職へ廻して添削するよう指示しておいた。登館した際に御覧いただきたい、などとも記している。弘道館の本開館式が済んで間もない頃であったこともあり、諸生の学習意欲はまだ盛んであったようで、教職に携わる者としてこれにできるかぎり応えてやりたいという配慮からの措置であったものらしい。

それから、正月二十二日付第138通目書簡には「御腫物如何候哉」とあり、正月二十三日付第43通目書簡には「御膿血発候由、不遠御全快と奉存候」と記されている。これによると、会沢が青山の「腫物」についてどのような具合かを尋ねたのに対して、青山からは「膿血」が出たという返事があったらしく、会沢は、青山を安心させようとしたものか、それならもうじき全快するだろうと述べている。

ところで、これら両書簡には宛名が欠落しているが、その伝来、筆跡及び記述内容などから、両通とも会沢が青山に宛てたものと推される。会沢は、弘化元年のいわゆる「甲辰の国難」の翌二年三月に致仕し、それ以来長いこと弘道館教職から離れていたが、ペリー来航後の嘉永六年十一月九日、再び教職に復帰し、安政二年には青山と並んで教授頭取職を再勤することとなった（瀬谷義彦『会沢正志斎』）。これら両書簡の執筆時期は、この会沢の弘道館教職復帰後で、これら両書簡に共通して記述のみえる「小川」（修理）が没した安政五年十一月二十五日以前ということになろう（『国書人名辞典』）。この小川は、弘道館本開館時に行われた鹿島神社の分祀式の際に読まれた祝詞を起草した人物である（『水戸市史　中巻四』第二〇章第七節）。そして、第138通目書簡に「小川難有事ニ御座候。名代ニて呼出可申候哉。左候ハ、青柳へ可申遣候間、御薬弊廬へ御遣可被下候」とあり、第43通目書簡に「小川倅今朝罷出候間、渡し遣申候。御礼之儀も御認可被下候」とあることから、斉昭から小川に薬が下賜され、その仲介の労を会沢・青山両名がとっていたことが分かるのであるが、本開館式の頃に小川の体調が悪かったことを示すような資料は寡聞にして知らないので、本開館後に体調を崩したものらしい。そうすると、これら両書簡の執筆年次は安政五年と絞り込むことが可能なようである。

そして、安政六年執筆と推定した七月十三日付第11通目書簡をみると、「此節御眼疾之由、何分御加養可被成候」という記述がみえることから、この頃青山が目の病気に罹っていたことが分かる。書中に「貴地ニ而被仰上云々」「近密之地ニ而御尽力云々」などとあるので、青山は当時江戸に出ていたらしく、水戸の会沢は、どうかご養生くださいと見舞いの言葉を書き送っている。当時、水戸藩では、安政五年七月五日に斉昭が再度の幕譴を蒙った後、その雪冤運動に参加して無断で出府したり、また八月八日に同藩に下された孝明天皇の勅諚の返納に反対して実力行使に出たりする士民が増加したため、藩当局はその対策に頭を悩ませていた。青山は、こうした連中の説諭の任務等を帯びて、安政五年から六年にかけて度々江戸出張を命じられていたのである（『水戸市史　中巻四』第二〇・二一章）。

青山は、先に125通目書簡でみたように安政四年閏五月頃腹の病を患っていたが、安政六年執筆と推定した八月十三日付第176通目書簡には、「今日ハ御下痢ニて御伏枕之由、何分為国御加養可被成候」とあって下痢で伏枕したというのであるから、この頃また腹の病に罹ったものらしい。書中に「如貴諭大風雨、此度御安健御着奉賀候」とあるように、青山は、同年七月二十五日の大風雨による那珂川の氾濫後に江戸から戻っているので、この出張による疲れなどもその原因の一つだったものか。

さらに、安政五年もしくは六年の執筆と推定した十二月十日付の第24通目書簡をみると、「御風邪ハ如何御座候哉」とあるので、青山はこの頃風邪に罹ってしまったようである。先述したように、当時水戸藩では、斉昭雪冤運動に参加して無断で出府したり、孝明天皇の勅諚返納に反対して実力行使をしたりする士民が増えていた。これを取り締るにあたって、会沢は、学校関係者についての扱いに関する自身の見解を、風邪で療養中の青山に書き送って意見を求めると同時に、「何レ宜御取計相願候」とその処理方まで依頼している。

ところで、先に見た青山の「眼疾」はかなり厄介なものであったらしく、万延元年十月六日の執筆と推定した第150通目書簡にも「御眼疾御順候と奉存候」とあるので、この時点でもまだ完治していなかったか、もしくは再発したようである。この書中には「明日ハ御上途、御賢労奉察候」という記述がみえる。万延元年八月十五日に父斉昭が死去し、その葬儀のため帰水していた藩主慶篤は、父の葬儀を済ませて十月七日に江戸へ戻ったのであるが、この折青山は、公式の御供からは外れて「上途」している（『南梁年録』四八）。本書簡にみえる「御上途」はこれを指すものと推される。青山は目の病を押して出府したことになるが、公式の御供の一員として加われなかったのは、あるいはこの病が関係してのことであろうか。

なお、万延元年十月執筆と推定した第120通目書簡中に「貴恙」とあるのは、時期的に重なることからするとこの目の病のことと思われるが、同年の執筆と推定した三月七日付第54通目書簡にみえる「貴恙」も、あるいはこれであるかもしれない。

そして最後になるが、九月十一日付第168通目書簡には「御痲疾何分御加養可被成候」と記されている。ここで会沢は、「痲疾」に罹った青山に見舞いの言葉を述べているのであるが、この「痲疾」という病気は、青山の死因となった中風とも係わりのある病気のようである（山川前掲書）。この書簡の執筆時期については、書中に嘉永六年三月に死去した山野辺婦人（斉昭息女祝姫）の建碑に関する記述もみえるが、現時点では残念ながら会沢の弘道館教職復帰後ということが言えるのみである。

以上、青山が罹った病気を、その病名や罹病した年の明らかなものを中心に、できるだけ年次をたどってチェックしてみたのであるが、これだけでも青山が度々いろいろな病気に悩まされていた様子を窺い知ることができるであろう。しかも、高齢で体調不良を訴えることの多かった会沢は、精神的な支えとしてはともかくも、実務上においてはあまり頼りにならなかったであろうから、青山にかかる負担は心身ともに相当大きかったものと推察されるのである。

結語

以上、本稿では、国立国会図書館が所蔵する『会沢正志斎書簡』全一八〇通を通覧した上で、①安政・万延・文久期の水戸藩情と会沢正志斎、②安政・万延・文久期の水戸藩校弘道館と会沢正志斎、③会沢正志斎晩年の私事にわたることども、という三つの章に分けて、それぞれに該当する内容を有する書簡に検討を加えてみた。その結果、いくつかの書簡から注目に値するかと思われる事実や見解等を見出したのであるが、よく考えてみると、僅か一八〇通の書簡を通覧しての皮相な感想の域を出ないかもしれないそれらをもって、会沢のような碩儒の人物像として、また混迷を極めた当時の水戸藩情の実相として、一般化して提示するのは決して適切な処置とは言えないであろう。そこで当面は、それらの中から特に気になる書簡の内容を要約して再掲し、問題を提起することで本稿のまとめとしておきたい。

⑴第一章第一・二節では、「斉昭への再度の幕譴」から「斉昭の国許永蟄居」までと、それ以降とに分けて書簡を検討したのであるが、ここではこの二節を併せて振り返ってみたい。

会沢は、第2通目書簡の中で、安政五年八月八日に水戸藩に下されたいわゆる「戊午の密勅」の回達如何についての見解を述べている。勅書の回達を水戸藩が率先して行うことは、最悪の場合幕府から謀叛の疑いをかけられかねないなどの理由で、これに反対である旨を主張している。そして、青山も会沢に同意見であるように思われたが、青山に従って出府した石河明善を前にしては、藩を亡ぼしても回達するのが武士の本意だと語っていたようなので、青山は、この時点ではこの件についてまだ態度を決めかねるところがあったのかもしれない。しかし、藩が謀叛の疑いをかけられるのは避けなければならないという点では、両者とも意見が一致していたようである。この「謀叛云々」に係わることでもう一つ。当時、水戸藩内では斉昭に水戸城へ移ってもらってはどうかという意見が出されていたらしく、これについても会沢は、そのようなことをしては尚更謀叛のレッテルを貼られる危険性が高まると言って反対している。

この件は容易に結論が出せずに時日を遷延し、それからほぼ一年が経過した安政六年八月十九日、会沢は勅書回達の不可なることを説く長文の上書を提出し、激派士民の行動如何によっては藩の取り潰しといった最悪の事態すら招きかねない、と警鐘を鳴らしている。そして、その数日後の八月二十七日、会沢が恐れていたとおり、といっても藩の取り潰しではないが、斉昭国許永蟄居・慶篤差控えという幕府の処分が下されてしまうことになるのである。

会沢は、第4通目書簡において、安政五年の九月初め頃から始まった「第一次小金屯集」について、「江戸の方から激論をもって誘う者がいるらしく、特に村民の場合は村人別ごとに割り振られて連れてこられた者もいるとのことで、もしこのような者たちが、後になって自分の意思ではなく役人に強要されたので出たなどと話すのを幕府の密偵に聞かれたりしたら厄介なことになる」と心配し、そうなる前に当方のこのような事情を予め幕府に報告しておくことを提案している。また第23通目書簡では、当時の水戸の様子を概観して、上町は大体鎮静しているようであるが下町の方は大いに激発する恐れがあるようだ、と在府中の青山に報じている。

安政六年四月二十四日、前年の水戸藩への密勅降下の件などで嫌疑をかけられた家老安島帯刀らに対して幕府から評定所への出頭命令が下され、そこで安島らが尋問を受けたことが契機となって始った幕府に対する集団抗議行動が「第二次小金屯集」といわれている出来事である。そのさなかに執筆された第11通目書簡の中で、会沢は、衆心が一様でないのは藩にとって必ずしも悪いこととはいえないが、屯集者の中の妄人が勝手な振舞いをするようではどのような事態を招来するかも予測できないので誠に寒心に堪えない、と憂慮の念を示している。

会沢はまた、「こうした示威行動も外国に対して義気を示す効果があると言って幕府に弁明することを薦める者もいるようであるが、奈何せん幕府が執拗に屯集士民の解散を迫ってきている現状では、そのような不確実な予測に期待をすることはできない」と断じ、それよりも義気をいっそう含蓄する方法として、ひとまず一同を引かせることができたのは幕府の配慮のお陰とした上で、様子次第では再び出府する恐れもあるので、早急に対応策を講じることにすると執政衆から幕府に伝えることを提案する。もちろん会沢は、このようなやり方が、実は屯集士民を煽動している高橋多一郎らのために図るようなことになる恐れのあることを承知していた。それでもなお、そうすることの効果の方がより大きいと判断したようである。

水戸藩庁は、この士民屯集問題を解決すべく評議を重ねてきたが、結局、多くの意見が出されて収拾のつかない状態であったようである。会沢は、まさに「政令多門」とはこのような状態をいうのであろうと慨嘆している。そうした中で青山は、斉昭に関して次のようなことを会沢に報じてきている。それは、久しく謁見していなかった斉昭に召されて参上すると、あたかも髭に火を付けられたかのような状態になる、というのである。困り切った様子の青山に、会沢は「御内情お察しする」と理解を示した上で、早くこの問題が解決することを祈っている、と述べている（第9通目書簡）。

第8通目書簡の中で会沢は、この度も藩命に背いた者が恩賜に与ることがあったことを耳にして、去年は罰したのに今年は賞するというのは一体如何なる料簡であるか、と藩庁の政治姿勢に疑問を投げかけている。また第15通目書簡では、当時の藩の人事が、唯々諾々と命令に従う者ばかりを起用していることを指摘し、藩の将来を懸念している。そして第14通目書簡の中では、屯集士民がどこまでも命に逆らうようであるならば罪人の扱いにしてもいいのではないかと主張し、「廟堂に決断力がないと思いがけない災厄を招くことがあるものだ」、と藩庁の決断力の欠如に対して注意を喚起する発言をしている。

当時の水戸藩邸内は戦々恐々とした状態で、現職の執政衆が揃って辞任を申し出るといった笑うに笑えない珍事も生起するほど混乱していたようである。しかも幕府にあっては、水戸藩に理解を示していた老中太田資始が退任したというのであるから、会沢としては、幕勢変革の行方が大いに気掛かりだったようである（第13通目書簡）。それによって水戸藩の今後の幕府対策が大きく左右されることにもなるのであるから、これは蓋し当然のことであったろう。

安政六年十二月十六日、幕府から勅書返納の朝旨が伝達され、急使によって水戸の斉昭に報告された。水戸城中で開かれた大評定で返納することに決したが、激派の藩士は断じて返納すべきでないと主張し、長岡駅に屯集して実力でこれを阻止しようとした。この件についての会沢の意見は、家老を使者として直接朝廷に返納し、その見届け役として然るべき幕吏を同道させる、というものであった。

明けて万延元年二月十四日夜、側用人久木直次郎が水戸城外で襲撃されて負傷し、同月十八日には城下消魂橋畔で、城下に偵察に来ていた長岡勢と藩庁が説諭のために遣わした一隊とが交戦した。会沢は、敵が多銃で味方に死傷者が出るようではまずいので、防御にあたる味方の側でも諸士に銃を携えさせるべきだと主張する。そして、とにかく現状を戦場と見立てた上で、何ごとも迅速に決断を下していくよう藩庁要路者に求めているのである（第16通目書簡）。

万延元年二月二十三日、総勢四百余名の追討軍が長岡に向けて城下を出発した。しかし、このとき既に長岡勢は後図を期して自主的に解散していた。実はその裏には、高橋・金子ら激派の指導者によって極秘裏に進められていた井伊大老暗殺計画が、いよいよ実行段階に差し掛かったという内部事情があったようである。

そして、水戸浪士らが三月三日に桜田門外で目的を遂げると、会沢は、この実行部隊からはずれていた高橋・金子らが、入京して公卿らに入説し、勅書を申し受けて幕府に攘夷実行を迫るのではないか、もしそのようなことになれば、それこそ戊午の密勅降下と同じ轍を踏むことになってしまうであろうと心配し、これを阻止するために上書している。とにかく会沢は、そのような事態となって藩そのものに累が及ぶことを危惧していたのである（第19通目書簡）。

万延元年三月三日の桜田事変、八月十五日の斉昭死去の後は、ここでの検討の対象となるような内容をもつ書簡はほんの僅かしか見当たらなかった。その中の一つが、安藤老中斬奸計画が進行中であった文久二年正月四日に執筆された第161通目書簡である。そこでは、安政の大獄で捕えられ安政六年八月二十七日に死罪に処された茅根伊予之介の葬式の件で会沢宅へ相談にやって来た二名の者のことが話柄に上されている。

その者たちに対して会沢は、その筋へ申し出た上で執り行うのであれば支障はないであろうなどと答えたようであるが、両生は会沢の対応にどこか納得のいかないところがあったとみえて、「情」云々ということを言い張ったので、会沢は「礼」と「情」との違いについて教諭したものらしい。どのように教諭したのかは分からないが、それでもどうにも納得できない様子だったと青山に報じた後で、会沢は、常々貴兄とも話しているように、癡人が相手ではどうにも為す術がないものだ、と慨嘆している。また、この両名は、茅根の養父のところへも同じ話を持って行って埒が明かなかったものらしく、養父を「不仁」であると言って憤ってもいたという。会沢は、僕なども不仁の仲間と見られているようだと述べ、只々苦笑するばかりであったようである。

万延元年十月十八日から十九日にかけて、水戸藩は激派の藩士住谷寅之介・矢野長九郎らの蟄居を赦すと同時に、安島帯刀・茅根伊予之介らの遺族に禄を与えている。この措置は、同年九月、幕府が安政大獄で処罰された一橋派の大名はじめ幕府関係者の謹慎を解いたのを受けて採られたものであろう。しかし、同時にこの措置は、桜田門外での井伊大老暗殺の一挙に対して内心拍手を送る者が、要路者も含めて藩内に少なくなかったことを示唆するものといえようか。それはともかくとして、水戸藩士で安政五年以降に罪を得た者が幕府によって赦免されるのは、斉昭三周忌にあたって側衆新見正興が太田瑞竜山に遣わされ、将軍名代として焼香をした文久二年八月九日まで待たなければならなかった。本書簡の中で茅根の葬式云々が問題にされているのは、この幕府による赦免の令がまだ下されていなかったためと推される。

会沢は、文久二年閏（八）月十九日付第25通目書簡の中で、安政の大獄で罪せられた者たちの赦免を請う文書の案文を認め、青山に示して意見を求めている。それに対する青山からの返書には、赦免を請う対象者の中に鵜飼も入れた方がよいという意見が記されていたらしく、会沢はこれに同意した上で、但し、安島と茅根は一橋公擁立に係わったことで罪せられたのであるから、草案のうち一橋公云々については先ずそれで一段落として、鵜飼はその後へ、これとまったく同類とはいえないが先公（斉昭）が赦免となったので同様に赦免を請うということで付け加えてはどうか、と提案している。

先述したように本書簡執筆の一ヵ月余り前、幕府は、安島・茅根・鵜飼ら水戸藩士で、安政五年以降に罪せられた者を赦免した。会沢らが彼らの赦免を請う文書を作成して藩庁に提出しようとしていたのは、この幕府の決定を受けてのことであろう。そして、文久二年も後半になると朝廷の勢威が大いに伸張した結果、幕府は十一月二十八日に朝旨を奉じて大赦の令を発し、彼らの墓石建立を許可すると同時に、獄舎に繋がれていた者を釈放した。水戸藩主慶篤は、同年十二月二十六日、先に幕府から命じられていた「戊午の密勅」の奉承を藩中に布告し、この勅書の降下がらみで処罰された藩士の赦免を決定したのである。

⑵第一章第三節では、「日米和親条約」及び「日米修好通商条約」の締結に関連する文章を採り上げた。

先ずは前者について。幕府は、安政元年三月三日、神奈川で日米和親条約を締結し、八月二十三日にはイギリスとも同様の条約を締結した。本書簡集中の通し番号31の一文は、同じく我国との条約締結を望んでいたロシアが、同年九月十八日に大坂湾に侵入してきた際に執筆されたものである。

ここで会沢は、大坂から端舟で容易に乗り込むことのできる位置にある皇城の警衛は当然厳重にすべきなので、彦根その他の近畿の諸侯から然るべき人数を差し出す手筈になっていることに触れ、このように既に厳重な防備体制が敷かれている以上、さらに防備を厳しくすることで諸藩を疲弊させるには及ばないだろうと主張する輩が出てくることを懸念している。なんとなれば、この件は天下の人心の向背が懸っていることで、万一幕府が京師の警衛を疎略にしているといった評判が諸藩に伝わり、諸侯の中に異論を唱える者が生じたりしては幕府の威令に係わる重大事であるという認識が会沢にはあったからである。会沢としては、諸侯からさらに人数を差し出させた上で、将軍目代として老中・目付等を遣わすのが適当と考えていたようであり、尾張藩などからも人数を差し出すことになるだろうと予測している。

ところで、当時、水戸藩有志者の中には、当藩からも一隊の人数を差し出すべきだと主張するものがいたようである。会沢は、当家の場合は義公以来朝廷を尊崇してきたことが天下に広く知られているので、当家からも人数を差し出すとなればさぞかし天下の人心が興起するであろうから、こうした意見はまさに正鵠を射たものである、と賛意を表明している。

会沢はまた、ロシア側の意中を忖度することは難しいとしながらも、下田同様大坂も開港することを要求してくるのではないかと懸念している。万一そのようなことになれば、長崎同様の警衛体制を整える必要が生じ、そのための出費によって天下の疲弊をいっそう増大させてしまうことになるのは必定であるという。この財政上の負担増の可能性に加えて、会沢は、全国の漕運を妨げられることによって経済上の混乱が生じる可能性、及び開港場が増えることで今後キリスト教や阿片などの制禁が行き届かなくなり、その結果として風教上の混乱が生じる可能性をそれぞれ指摘し、大坂の開港は断固拒否すべきことを提唱するのである。

結局、幕府によるロシア側との折衝によって下田が条約交渉の場と決まり、露艦ディアナ号は早々に大坂湾を退去して下田へ回航し、この場はひとまず事なきを得た。そして、ロシア側は、下田での大津波による被災にも拘らず、安政元年十二月二十一日、同地において露日和親条約の調印に漕ぎつけるのであるが、この条約においてロシア側は、嘉永六年から安政元年にかけての交渉時に日本側に示した条約草案中の開港希望地の一つであった「大坂」には固執しなかった。その結果として会沢の心配が杞憂に終わったのは幸いであったというべきか。

次は後者について。本書簡集の通し番号124の一文は日米修好通商条約に係わるもので、安政五年六月十九日の同条約調印の少し前に執筆された。同年四月二十五日、幕府は大名・旗本に総登城を命じて条約調印について再度意見を求めたが、その際に水戸藩主慶篤が答申するにあたって会沢らに下問したのに応えて執筆された文章である。

ここで会沢は、戎狄の勢力が甚だしく盛んになってきていた当時の状況を憂慮し、禦侮の方策として神聖の道を興し邪教を防ぐことを第一に提唱する。そして、洋学が流行している風潮に対しては、それによって神聖な忠孝の訓えが堙晦したり民心が邪教に染まったりしては、終には戎狄に隷属させられてしまう結果になる、と警鐘を鳴らしている。

会沢はまた、太平の世が長く続いたことで天下が安逸に耽り戦には慣れていないので、たとえ天下一統が必死の覚悟で戎狄に対抗したとしても、それで戦に勝てるかどうかは分からないという。ましてや幕府も諸藩も戦を恐れ安逸に泥んでいる現状では、必死の覚悟をもって事にあたろうとする藩などごく稀なばかりか、いずれの藩でも兵糧も軍用金も乏しく、実戦に臨んで防禦できるような態勢が整っているとはとてもいえない、と冷静に現状を分析した上で、会沢は、他藩はさておき水戸藩だけでも、太平の逸楽を忘れて当今は戦場であるとの心得を持ち、上下共勤倹に努めるとともに、戦場での臨機応変な対応に心掛けるような風儀にしたいものだという。

このように述べた後で会沢は、もし条約締結を断るにしても日本の国法がこれを許さないという理由だけで先方を納得させることはできない、としてその対応の仕方を説いている。会沢はまず、開闢以来の国体を俄かに変更したのでは万民の納得が得られないばかりか、天下の混乱を招きかねないという当方の事情を先方に伝えるべきであるという。その上で、誠の善意とは和親の気持ちを大事に考えて相手国に混乱が生じないようにすることであり、無理に押し付けて相手国の平和を乱し民を殺戮したりするのは不仁の至りであることを先方に知らしめるべきであるという。さらに会沢は、互いが自国の主張を固執せず双方のためによいように計らうならば、和親の意味にも叶うというものだと説いて先方を納得させるよう薦めている。そして、このように説いて断るならば、当方の応接の辞としても正々堂々としたものとなり、どれほど残暴な戎狄でも止むを得ず存意を控えるようになるのではないかと述べ、幕府当局に対してこのように対応することを希望するのである。

今、瀬谷義彦『新装　水戸の斉昭』を見てみると、斉昭の外交論である「内戦外和の論」の根底にある「当面こちらが低姿勢で和の立場をとれば、相手は納得するだろう」という発想を評して、「力のない外国ならともかく、強大な軍事力を誇る大国が、無防備に等しい日本と、同じ枠内でものを考えるだろうとする見方は、何も斉昭に限ったことではない。楽天的思考は日本古来のものであり、民族性ともいうべき肯定的人生観の発露である」、と記されている。会沢がハリスとの交渉にあたっての心得を説いているこのくだりなども、まさにここに言うところの「日本古来の肯定的人生観の発露」に符合するものといえるようである。

(3)第一章第四節では水戸藩内政上の二、三の案件を採り上げたが、ここではそのうちの水戸藩内連枝長倉松平家の葬地に関する書簡について、今一度お浚いしておきたい。

本書簡集所収の通し番号164・165・166の書簡をみると、長倉松平家の葬地を水戸徳川家の墓所である瑞竜山（常陸太田市）にすべきか、「自分屋敷地」である長倉にすべきかが問題にされている。この長倉の地は常陸国那珂郡（現常陸大宮市）のうちにある村で、旧佐竹時代には城が築かれており、江戸期になると那珂川舟運の河岸ができて栄えていた。天保十年、水戸藩第九代藩主徳川斉昭の命により水戸徳川家の一族である松平頼譲がこの地に土着し、長倉城跡に館を構えて近村三千石を領することとなった。

弘化元年五月六日のいわゆる「甲辰の国難」の際、松平頼譲（申之介・将監）は、会沢ら藩内改革派有志たちによって斉昭雪冤運動の中心人物に推され、同年正月元日紀州藩邸に斉昭宥免への助力を嘆願し、さらに高松藩主松平頼胤・守山藩主松平頼誠・常陸府中藩主松平頼縄の三連枝（水戸徳川家の分家）にも出府の理由を陳述して協力を要請した。しかし、この頼譲らの願いは聴許されなかったばかりか、頼譲は、無許可出府の罪で隠居謹慎を命じられ、家禄のうち千石を没収されるという結果を招いてしまった。そして、長倉松平家は頼譲の伯父の松平竜四郎が相続し、大寄合頭列となって知行二千石を拝領することになった。

時が経過して万延元年六月十一日、長倉松平家では現当主采女（松平竜四郎子息）の養父で隠居の身である頼譲が死去し、数日後には采女自身および頼譲妾腹の男子も死去するという不幸に相継いで見舞われた。こうして長倉松平家では葬儀を執り行う必要が生じたわけであるが、この折に水戸藩内では、同家の葬地をめぐって以下のような議論が展開されたのである。

万延元年六月二十二日付第164通目書簡によれば、当時の水戸藩庁では、先に死去した頼譲の伯父竜四郎が長倉に埋葬されたことを理由に、長倉松平家の葬地は長倉でよいとする考えが支配的であったようである。これに対して、会沢の見解は、竜四郎殿が瑞竜山でなく長倉に埋葬されたのは嫡流でなかったからであり、これを前例としてこの件を処理するのは適当でない、というものであった。さらに、水戸藩歴代藩主に陪葬されることは同家にとってこの上ない寵栄であるから、長倉埋葬は家臣達にとっても決して承服できることではないであろうとも述べている。そもそも高松藩を除く水戸家の連枝は瑞竜山埋葬が慣例であったから、先に問われた無許可出府の罪などを理由にこうした家格を引き下げるようなことをするのは不適切であり、一度そのようにすれば、同家の瑞竜山埋葬の可能性はこの先永久に断たれてしまうことにもなりかねない、会沢はそう危惧したのである。また、葬祭は学校教職が管掌すべき事項であると認識していた会沢は、この事例のような重要事案を等閑に付して拱手傍観することは、つい先頃まで教授頭取職を勤めていた身として決して許されるものではないとも考えていたようである。

さらに会沢は、この第164通目書簡の三日後の日付をもつ第166通目書簡においても、以下のような理由を挙げて瑞竜山埋葬の妥当性を主張している。

会沢は先ず、瑞竜山がこれから先も埋葬するための敷地に不自由することはない点を挙げている。その上で、長倉松平家の葬地は「御先代様親々之思召」により御連枝様に準じて瑞竜山に賜ったものであり、これは水戸藩付家老中山家や同藩重臣山野辺家等でも叶わぬ名誉なことである、と述べている。そして、現在館持ちになったからということで「私邑」である長倉に葬るというのは、「御先代様之厚き尊慮」を軽んじる行為であり、こうした「御孝道ニ於ても如何」と思われる措置にはとうてい賛同できないというのである。

その上で会沢は、「甲辰の国難」の際に斉昭雪冤運動に尽力した将監（頼譲）の姿を想起してのことであろうか、水戸徳川宗家と長倉松平家との良好な関係に罅を入れかねない誤った決定が為されては残念至極なことであるから、そうならないよう「御同様職分を尽し申度」と、その決意の程を青山に伝えている。

ところで、この第166通目書簡への青山の返書を見て書かれたと推される第165通目書簡を見ると、青山は、瑞竜山に葬るのが適当である旨の意見を現藩主慶篤のいる江戸藩庁に上申したようである。会沢は、青山の採ったこの措置に満足の意を表明すると同時に、この年三月に起こった桜田門の変以後は藩情に多少の変化が見られるが、いまだにこうした事態が生起して止まない状況を確認した上で、「君徳ニも拘り候儀」であるばかりか「彼家痛哭」も十分に理解できることなので、この件の劣勢を挽回すべく、政府筋とは別個の学校独自の対応策を、青山と協力して模索していこうとしている。

そして、本書簡に「先君親々之盛徳獲麟、御同意不勝憾候」と追記しているところをみると、会沢は、前藩主斉昭が再度の幕譴を蒙り、さらに国許永蟄居となっていた折でもあるので、この長倉松平家の葬地の件に限らず、斉昭が天保の改革以来推進してきた諸施策が再び廃絶の危機に見舞われる可能性のあることを危惧していたのであろう。斉昭存命中にも拘らずこのような問題が生起したのであるから、会沢が事態を深刻に受け止めたのも首肯できるであろう。

⑷第二章では安政・万延・文久期の水戸藩校弘道館関連の書簡を検討したが、第一節からは、「会沢の本開館式参列」に係わる書簡及び「師弟之義」について記された書簡を採り上げておきたい。

先ずは前者について。水戸藩校弘道館は、天保十二年八月に第九代藩主徳川斉昭によって開設されたが、この時点では諸施設の工事のすべてが完了したわけではなく、また学則をはじめとする諸規則等の制定も間に合わなかった。なかでも敷地内に設けた鹿島神社への鹿島神宮からの分神遷座の儀式並びに孔子廟に孔子の神位を安置する儀式も済んでいなかったことなどから、当時の開館は仮の開館と見なされた。斉昭は早期の本開館を目指していたようであるが、弘化元年五月に幕府から致仕謹慎処分を受けたことが影響し、長いこと遅延していた。しかし、安政元年四月に至って、斉昭は会沢・青山両人宛に書簡を送り、早期の本開館式挙行に向けて祭式その他を調査するよう督励し、本開館に向けての動きを活発化させた。

そして、ついに安政四年五月八日から九日にかけて藩校弘道館の本開館式を挙行する運びと決し、斉昭の宿願であった鹿島神社への分神遷座の儀式と孔子廟への神位安置の儀式を執り行ったのであるが、この本開館式を前にして、会沢は、高齢であった上に体調自体も思わしくなかったようである。

こうした会沢の本開館式参列に係わる書簡の一つが安政四年執筆と推定した五月六日付第38通目書簡であるが、これをみると、夜中にあまり無理をすると後々大変なことになるのをこれまでの経験からよく承知していた会沢は、本開館式を明後日に控えて不安を覚えている様子であった。藩庁からは、鹿島神社での儀式と孔子廟での儀式と両度に出向くようにして、その間は自宅で休息していてもよいと言われていたようではあったが、実際に鹿島神社の儀式は夜の十二時頃、孔子廟のそれは明け方頃に行われる予定であったようなので、会沢にとっては大きな負担に感じられたものと推される。当時青山と共に教授頭取職に就いていた会沢としては、無理をして開館式に出席して体調をさらに悪化させ、その後に始まる教育活動に支障が生じるようなことは回避したいという思いもあったのであろう。

ところで、この書簡の中には「駒説改候上ハ云々」「駒之事を変候も如何云々」という気になる記述が見えるが、これはどのような意味なのであろうか。ここで「駒」と言っているのはもちろん前藩主斉昭のことであるが、会沢は、このことがあるのでどうしても式には出席したいと考えていたようなのである。

今、安政三年の執筆と推定した十一月三日付第105通目書簡を見てみると、鹿島神社関連の儀式は神官に任せてはどうか、というのが斉昭の考えであったことが分かる。であるからして、ここで問題にされているのは、祝詞の撰文及び読誦を神官の担当とするという斉昭の考えを会沢らがどう受け止めるべきかということであったと推察されるのである。

この件についての会沢の考えは、「神官迚も別物ニ不致候方神儒合一之意之様奉存候」というものであった。神官といえども「別物」扱いしないのが神儒合一に適っているというのであるが、それが具体的にどのような意味であるのか今ひとつ判然としないのである。

ところで、弘道館訓導石河幹脩（通称幹二郎、号明善）は、「石河明善日記」（安政四年五月六日条）に、孔廟の方を頭取に任せておいて神社は神官にというのでは神儒合一の精神に悖ることになると記している。石河がこのような意見を青山に述べたことで、安政四年五月六日の時点における青山を含めた弘道館教職らの見解は、教授頭取が祝詞を読むべきであるということで一致していたようである。ところが、式前日の七日に至って、斉昭の意向により鹿島神社への祝詞は静・吉田両神社の長官が順番で読誦し、今回は静神社長官が担当すべきこと、そして、孔子廟の祝文については、自今以後、弘道館教授もしくは助教が担当することと決定し、先に青山らが出した結論は採用されなかったのである。

先述したように、この件に関する会沢の見解はよく分からないのであるが、会沢の弟子筋にあたる石河をはじめとする弘道館教職らの大方が斉昭の意向に反する方向へ進もうとしていたようであり、青山もその勢いに押されてそれに同調する流れになっていたわけであるから、会沢としては式当日の展開がどのようになるのか大いに気になったものらしく、できるだけ出席して事の成り行きをその目で確認したかったのであろう。しかし、式の前日に斉昭から先述したような最終的決定が下された結果、何ごともなく済んだのは幸いであった。

次は後者について。先述したように、安政四年五月、ついに斉昭の宿願であった弘道館本開館が実現したのであるが、これに先立つ安政元年四月、斉昭は会沢・青山両人宛に書簡を送って祭式その他を調査するよう督励し、さらに十一月には、「文武兼習の事」「賞罰の事」「席順の事」「刻限の事」「家塾の事」「他藩人学校にて修行の事」など学制全般にわたり二三の項目を示して広く文武教職らの意見を求め、従来不備であった諸規則はこれを修正し、あるいは新規に定めるなどして教育の充実を期した。

本書簡集の中には、このとき斉昭が提示した諸々の調査項目中のいくつかについて言及した書簡が含まれているのであるが、ここでは通し番号122の一文によって、弘道館教育の根幹をなす「師弟之義」についての会沢の見解を確認しておきたい。この文章は、安政三年の執筆と推定した第75通目書簡に「師弟之義申出、先日起草云々」とある会沢起草の意見書の案文と推察される。おそらくは同書簡に別紙として添えられたものであろう。

さて、この一文をみると、当時、役職に就いていて文武の指南をしていた者が、自ら願い出て指南を御免になった事例があったらしい。会沢はこの件について、役職に就いていて繁勤のため指南が行き届きかねるということであるなら止むを得ないが、それも人によることで、これを前例として今後繁勤の者すべてが御免というようなことになるのは好ましくないという。また、役職によっては自由な交際が差し止められているからという理由で指南は不可とされるかもしれないが、そもそも学校創設にあたり、先君斉昭公は役職に就いている者も時々学校に出席して学ぶようにせよと申しておられたのであるから、このことをもって指南を禁止する理由とすることはできない、とも述べている。

その上で会沢は、「古来師弟の道はきわめて重視されてきたが、水戸藩でも師弟の交わりは格別と見なされ、役筋の者も勝手次第に指南することが許されてきた。かような次第なので、学校においては師弟の道を格別に立て、先君の御主意を取失うことのないよう、後々のためしっかりと論定しておくべきである」と述べ、ここで軽率な結論が出されないよう釘を刺しているのである。

ところで、ここにいう「文武指南」とは城下の私塾（家塾）での教育のことと推察される。天保十二年の弘道館仮開館当初は、規定の就学年齢である十五歳に達しなくても、希望すれば館内の句読寮で素読を受けられたが、程なく十五歳に満たない者の教育はすべて家塾に委ねることとなった。当時、藩士の子弟は八、九歳頃から就学するのが一般的であったから、これ以後、家塾は弘道館の初等教育を担う機関として位置づけられることとなった。そして、家塾教師には入塾者数によって一定の扶持が給されたようである。周知のように、会沢も「南街塾」を開いて私塾教育に携わっていた。

会沢によってこの意見書案文が執筆された当時、水戸藩では、嘉永二年に藩政関与を許され反改革派の手から藩政の実権を取り戻した前藩主斉昭の主導で、改革派中心の政治が行われるようになっていた。青山は同五年に弘道館教授頭取再勤となり、会沢も同六年に弘道館教職に復帰し、安政二年には教授頭取に再任されている。けれども、同六年に訓導職に再任された石河幹脩が、その日記の中で「老公之尊慮抔一分も心得候者ハ学館中ニハ有之間敷相見候」と述懐しているのをみると、実権は掌握したものの、改革政治を実践していくことは決して容易ではなかったものと推察される。

会沢はこの案文中で、役職に就いていて文武の指南をしていた者が自ら願い出て指南を御免になったという事例のあったことに注目し、今後この事例がモデルケースとされ、役職に就いていて繁勤の者はすべて指南禁止というようなことにならないかと案じていた。弘道館教育に占める家塾教育の役割の重要性を熟知している会沢としては、これは蓋し当然のことといえよう。

この件が果して反改革派の仕掛けた策謀であったか否かは不明であるが、暫く反改革派主導の政治が行われてきたことで、改革派の間でも学校創設時の建学精神が忘れられてしまったかのごとき感のある現況に対して、警鐘を鳴らす必要性を強く意識しての提言であったと推察される。折しも当時は、弘道館本開館に向けての準備作業が本格的に進められていた時期であった。

そして結局、安政四年の弘道館本開館後は、学館の文武教職者中から選任された者が家塾教師を兼ねることとなり、家塾教師は月に六度、本務を離れ在宅して塾生の指導に当たったということであるから、このような会沢の心配はどうやら杞憂に終わったようである。

(5)第二章第二節第一項からは、「付家老中山家家臣の処遇」及び「順貞夫人の祔廟及び孝文・順貞両夫人位牌の仏寺への収納」についての書簡及び文章を採り上げておくことにする。

先ずは前者について。水戸藩では、弘道館本開館に際して他藩からの修業者の修業法についての規定を設けたが、その過程で陪臣、ここでは「備前守」（水戸藩付家老中山氏）家来の取り扱いをどうするかも検討されたようである。

この件についての会沢の見解は、「直参陪臣」という異筆の端裏書のある安政四年前後に執筆されたと推定される通し番号127の一文に示されている。その中で会沢は、「中山家の家来は、確かに並の陪臣とは少しく異なるところがある。しかし、学校で修業できるのは直参に限ると規定した以上、この基本方針は厳密に守られるべきである」（大意）と述べ、続けて、「千葉栄次郎の門弟が学校に来ているのは稽古場を引立てる手伝いとしてであって自分の修業のためではなく、また諸家において陪臣から教職等を採用したりしているのは抜擢人事であって、あくまでも特殊な事例であるから、これらをもってこの件の判断材料とすることはできない」（大意）とも述べて、水戸徳川家にとっては陪臣にあたる中山家の家来が弘道館で修業することには反対の意を表明している。

会沢のこうした見解には、中山氏が斉昭の改革政治推進を積極的に支持する姿勢を示してこなかったことから、斉昭が中山氏を快く思っていなかったという事実が反映しているのかもしれない。それはともかく、最終的に中山家の家来がどのように扱われることになったのかは、残念ながら本書簡集所収の書簡からは何も窺うことができなかった。

次は後者について。水戸藩第一〇代藩主慶篤夫人幟子は、安政三年十一月十九日の死去後に「順貞夫人」と諡された。その新葬法事が同年十二月五日から七日にかけて伝通院で執り行われ、翌四年二月二十二日には水戸藩歴代の御廟へと遷座されている。この順貞夫人を御廟に併せ祭るに当たっての祭り方等について、会沢らが藩庁に提出した意見書の案文と思われるのが通し番号171の一文であり、いずれかの書簡に添えられるなどして青山の許に届けられたものと推される。

この文中で会沢は、『礼記』中の諸説を典拠として、順貞夫人はその夫慶篤の祖母である「孝文夫人」の御廟に併せ祭るのが適当である、としている。また御祭の際には、喪主が祭主となるのが決まりであるから、現藩主慶篤が主祭するべきであるが、遷廟の際は、本来ならば慶篤の父斉昭が主祭するべきところ、前例のごとく代行によって済ませればよろしかろう、と述べている。そして会沢は、この文章に、後世夫が妻を祭った例を添えて提出するつもりでいたようである。

ところで、ここで採り上げた一文と共通する内容の記述が、十二月六日付第131通目書簡にも出てくる。本書簡中で会沢は、先の書き抜きでは広く夫が妻の祭事を掌る例を示したが、これを「喪主之例」に限定し、改めて「古主妻之葬之事」の類例を『読礼通考』によって調査して提示したい、と述べている。また、「祔廟之事」のうち「祔于祖姑候事」についても、同書の廟制の部などに類例がないか調査してみたかったようである。し

新刊案内

2015-I　No.52

●

ぺりかん社

〒113-0033　東京都文京区本郷1-28-36

☎03(3814)8515／振替・00100-1-48881

URL http://www.perikansha.co.jp/

●

［ご案内］　ご注文はなるべくお近くの書店をご利用下さい。書店遠隔などのため、直接小社からの購入を希望される場合は、その旨ご指定のうえ、郵便または電話でご注文下さい。お支払いは代金引き換えのみとなります。また、ご注文の金額にかかわらず、送料＋代引手数料で一律600円+税が別途かかります。なお図書目録をご希望の方は、ご請求下さい。

山東京傳全集　第十一巻　合巻6

［編集委員］水野稔・鈴木重三・清水正男・本田康男
延広真治・徳田武・棚橋正博

画文の才に恵まれ、江戸戯作文学界の先頭にたった京傳の、多彩な業績を集大成する初の画期的全集（全二十巻）。

第十一巻　合巻6＝第15回配本

［収録作品］

釣狐昔塗笠／朝妻船柳三日月／安達原氷之姿見／重井筒娘千代能／ヘマムシ入道昔話／婚礼累簞笥／児ケ淵桜之振袖／春相撲花之錦絵／無間之鐘娘縁起

◉A5判／四九六頁／一四〇〇〇円

【全巻内容】

1巻～5巻＝黄表紙（全挿絵入り）／6巻～14巻＝合巻（全挿絵入り）／15巻～17巻＝読本／18巻＝洒落本／19巻＝滑稽本・風俗絵本／20巻＝考証随筆・雑録・年譜

＊既刊＝1巻（品切）・2巻（品切）・6巻・15巻各（一二六二一円）7巻・8巻各（一三〇〇〇円）3巻～5巻・9巻～11巻・16巻～18巻各（一四〇〇〇円）

＊本案内の表示価格は税別です。

現代俳句にいきる芭蕉

虚子・波郷から兜太・重信まで

堀切 実＝著［早稲田大学名誉教授］

虚子をはじめとした、戦前・戦後の昭和俳句史に活躍した俳人たちを、芭蕉という視点からとらえなおし、俳句とは何か、その原点から読み解いていく。

［主要目次］

虚子から秋桜子へ
虚子の芭蕉観／虚子の「芭蕉句三種類」説をめぐって／「景」を写して「情」を詠む

俳句の近代
芭蕉と近代俳人たち／波郷と俳句文体／波郷の韻文精神／波郷の散文精神

俳句私小説論
俳句は私小説なり／私小説性からの脱出／俳句私小説論のゆくえ

俳句の現代
芭蕉と現代俳人たち／情感の頂点で発止と打出される句 ほか

◉四六判／三二〇頁／二八〇〇円

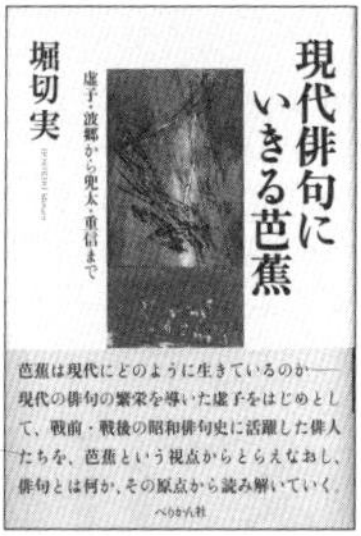

秋成 小説史の研究

高田 衛＝著［東京都立大学名誉教授］

秋成生誕伝説の検証から、秋成が多くを過ごした「大坂」の考察。そして秋成作品に描かれた古代性と、そこに潜む近代性を読み取り、西鶴から秋成、そして泉鏡花へと続く「見えない世界」を読み解いていく。

［主要目次］ 秋成—その原郷・地縁・漂泊／奇人伝説—大坂の伝承・江戸の醜聞／秋成の「理」と宣長の「情」／旅と物語の時空—秋成のエクリチュール／秋成以前—近世奇談と「眩惑」／浮遊するテキスト『春雨草紙』／『樊噲』再説—アドルノ『美の論理』の示唆／秋成、伴侶を失う—残生の模索と試行／中上健次の秋成論—立ち上がる熊野 ほか

◉A5判／二四〇頁／四八〇〇円

能と狂言 ⑬

能楽学会＝編集・発行

【特集】歌舞伎の中の能

［執筆者］〈特集〉三宅晶子／古井戸秀夫／鈴木英一／坂東三津五郎／梅若玄祥／羽田 昶／〈論文〉坂本清恵／パトリック・シュウェマー／〈テーマ研究〉永村 眞／伊海孝充／樹下好美／天野文雄 ほか

◉A5判／一六六頁／二〇〇〇円

仁斎学講義

『語孟字義』を読む

子安宣邦＝著〔大阪大学名誉教授〕

『論語』はなぜ宇宙第一の書であるのか。生生一元的世界とは何か。人の歩み行く道の外に道はあるのか。仁斎の古義学的刷新としての新たな思想世界を『語孟字義』解読によって開いて見せる——著者による仁斎学研鑽の多年の成果。

〔主要目次〕

仁斎古義学のラジカリズム

古学先生伊藤仁斎の生涯と人となり

—『先府君古学先生行状』を読む—

「孔子の道」の古義学的刷新

—『語孟字義』を読む—

『語孟字義』とは何か／天道／天命／道／理／徳／仁義礼智／心／性／四端の心／情／忠信・忠恕／誠／学／王覇／鬼神

◉四六判／二四〇頁／二七〇〇円

吉本隆明の逆襲

一九七〇年代、一つの潮目

渡辺和靖＝著〔愛知教育大学名誉教授〕

天皇制の深部からアジア的共同体の構造の考察を進め、日本古典の分析と宗教性の探究へ向かい、太宰治や横光利一の再評価から戦中期への批判とともにみずからの青春の奪還を試みた詩人の潮目を描く。

〔主要目次〕七〇年安保の後始末／三島事件の衝撃／赤軍派の問題／南島論／天皇制論／国家形成の原理をめぐって／実朝論／和歌形式発生論の成立と展開／近松論／党派（セクト）の争い／親鸞論／太宰治の文学　ほか

◉四六判／二七二頁／二七〇〇円

日本思想史学 ㊼

日本思想史学会＝編集発行

【特集】死者の記憶—思想史と歴史学の架橋—

〔執筆者〕〈特集〉林　淳／佐藤弘夫／羽賀祥二／見城悌治／樋口浩造／〈研究史〉山東　功／〈提言〉安田常雄／〈論文〉森新之介／佐々木香織／韋　佳／中嶋英介／山本嘉孝／松川雅信／平山　洋／島田雄一郎／〈紹介〉冨樫　進／土田健次郎／〈対話〉長妻三佐雄／黒川みどり　ほか

◉A5判／二七二頁／三〇〇〇円

かし、そうしたいと記してはみたものの、当時会沢は体調不良で登館することもできないような状態であったため、この調査を青山に代行してもらいたかったものとみえる。

さて、時は下って、文久二年の執筆と推される正月四日付第158通目書簡をみると、そこには孝文・順貞両夫人の位牌を高野山に納めることが藩内で論議されていたことが記されている。

ここで会沢は、前年の冬に耳にした両夫人の位牌を「高野聖」に頼んで高野山に納めるという話について、高野聖のもたらす弊害は昔から世人に知られていることである上に、そもそも位牌を高野山に納めるなどということ自体が、水戸藩では威・義両公以来なかったことである、とこれに異を唱えている。そして、藩当局者の中でこうした意見を主張するのは青山と自分のみであるということを青山から知らされた会沢は、先君斉昭の排仏の念は終始一貫していたことであるのに、斉昭の死去後直ちにこれを変更するというようなことは、臣子の情としてとても聞くに忍びない、と慨嘆している。

当時、藩の後宮などには、先君斉昭もこの件には同意していたなどと主張する者もいたようである。しかし会沢は、藩政の枢機に与かる者にその意向を伝えた確かな証拠がないかぎり、夫人方の曖昧な語などはとても信じることができないという。ましてや先君斉昭が日頃排仏の素志を抱いていたことはその著書中にも歴然としていることであるのに、この件には本人も同意していたなどと虚言を吐くのは、天下後世に対しても大いに恥ずべきことであると難じている。

その上で会沢は、これを黙って見過ごしては職責を果たしたことにならないので、戸執政（戸田銀次郎）に手紙を書いて反対の意を表明しておいた、と青山に伝えると同時に、青山にも反対意見の表明を勧めている。

それにしても、当時の水戸藩においてこのような案件が生じたのは如何なる事情があってのことなのであろうか。孝文夫人は第一一代将軍家斉の娘であり順貞夫人は第一二代将軍家慶の養女であって、ともに将軍家からの輿入れであったことが何か関係しているのでもあろうか。

ところで、この件と関連すると推される記述が、通し番号162・163の両書簡にもみえる。会沢が青山からの来簡の行間等に書き入れをして返書とした第163通目書簡を見てみると、青山は、藩当局から位牌を認めることになった旨を知らされ、その書式の調査をしたのであるが、実は藩当局では、この作業自体を弘道館付設の史館に行わせようとしていたことが追々明らかになってきたため、藩当局からの通達を別紙として本書簡に添えて、その旨を会沢に伝えてきた。会沢は、迷惑なことではあるが止むを得ない、と行間に書き入れている。

さらに青山は、現在史館には専門の書家がいないため、宇留野（庄次郎）に命じて御用部屋で認めさせることを提案し、会沢もこれに同意している。ただし、裏書は当方でしなければならないと考えていた青山は、別紙にその案文を認めて会沢に示したところ、会沢からは特に異存はない旨の返事が得られた。

そして、本書簡の末尾で青山は、そもそも位牌を仏寺に納めること自体が一笑に付すべきことではあるが、行き掛かり上とりあえず旧例に従っておいたとして、認めた位牌等の字面の批正を会沢に求めている。これに対して会沢は、位牌を仏寺へ納めることは「非礼之礼」であるので、その字面もこれでよろしいのではないか、と応えている。

この最後のくだりに至ってはじめて、この書簡が先にみた第158通目書簡に同じく、孝文・順貞両夫人の位牌を高野山へ納めることに係わるものであることが明らかとなり、従って文久二年に執筆されたことも判明するのである。

次に、同じく同年四月二十六日に執筆されたと推される第162通目書簡を見てみると、会沢が、これより先に青山から届いた書簡に応えるかたちで、「槓」をどうするかといったことを問題にしているのであるが、この書簡の記述だけでは内容が少しも見えてこない。ところが、この翌日の日付をもつ青山からの返書（前出の第163

通目書簡）の尚書きの記述から、その事情が明らかになってくる。

ここで「櫝」といっているのは位牌を収納する箱のことである。第162通目書簡で会沢は、位牌を収納する箱に、誰の位牌が納められているかを直接書き入れるものと理解していたらしく、それは珍しいことであるが数多く排列されていると誰のものか分りかねるのでそれも止むを得ないことか。箱にはおそらく漆が塗ってあるのであろうから胡粉などによって認めるのであろうか、などと記していた。しかし、第163通目書簡での青山の説明によって、箱に直接書き入れるのではなく、それまで紙に書いて張り付けてあったのを剝がし、新たに書き改めた紙を張り付ける意味であることを知ったのである。

さらに会沢は、第162通目書簡で、「従来水戸藩では、侍妾の神位も箱に納めてきたとのことであるがこれは少々やり過ぎではないか。既往のことなので止むを得ないが、今回孝文・順貞両夫人の位牌の扱いをこれに準じて行うにしても、礼意には叶うようにするのがよろしかろう。しかし、これもすでに作製済みということであれば致し方ない。塗りも柿合わせなどの簡素なものにして、歴代藩主の神位を収納する箱よりは少し手軽に済ませてもいいと考えているのであるが、果してどのようなものが作製されたのであろうか」などと述べた上で、すべてにおいて思慮が行き届かず、次第に奢侈に流れてきている現状を嘆じている。

⑹第二章第二節第二項からは、「会沢の弘道館教授頭取復職と隠居願提出」と「国友善庵の国許への異動」の二点に係わる書簡を採り上げる。

先ずは前者について。本書簡集中の三月十一日付第33通目書簡に、「今日太公より御親書御下、難有奉存候。乍然老躬何共恐入候儀奉存候」という記述がみえ、「太公」（斉昭）からの「御親書」が、書簡末尾に転記されている。この親書は、会沢が安政二年に弘道館教授頭取に復職した折に、斉昭が高齢の会沢をねぎらって下したものである。

会沢は、弘化元年五月六日に藩主斉昭が幕府から突然の隠居謹慎を命じられた、いわゆる「甲辰の国難」の翌年三月三日に致仕し、「憩斎」と号して隠居生活に入ったが、翌三年一月一日、斉昭雪冤運動に加わった罪に問われて禁固刑に処された。この禁固生活は嘉永二年四月十四日で終わったが、弘道館教職に復帰できたのは藩内外の諸情勢が変化してきた嘉永六年十一月十九日のことであった。そして、この度の教授頭取への復職である。

当時会沢は、すでに七十四歳に達しており、斉昭の大きな期待が込められたこの人事には、いささか戸惑いを禁じ得なかったようである。それというのも、この教授頭取復職の前年、斉昭から会沢・青山両人に宛てて四月四日付の親書が下され、弘道館本開館の早期実現を督励されていたのであるから、その責任の重大さは老儒臣に大きな重圧を感ぜしめるに十分なものであったと推察される。そして、こうした斉昭の会沢に対する期待は、会沢が、ときの将軍家定の謁見を賜わるという出来事があったことによっていっそう高まったようである。

会沢が弘道館教授頭取に復職し、斉昭から先述した親書が下された安政二年の八月八日、幕府は、会沢を同月十五日に江戸城に登城させるよう老中阿部伊勢守の名で水戸藩当局に通達し、当日、会津藩の黒河内十太夫（松斎、長沼流兵学者）・津藩の斎藤徳蔵（拙堂、藩校有造館督学）ら他藩の碩儒と共に将軍家定に拝謁させた。本書簡集中にはこの件に係わる書簡が三通含まれている。

その一通目は安政二年六月二日付の第72通目書簡である。幕府からの出頭命令は本書簡執筆の前日に水戸藩庁から本人に伝えられていた。会沢は、その時点では幕府の意図がまだ十分呑み込めていなかったのか、譴責を蒙るようなことになるかもしれないと心配しつつも、勉強になるからという理由で、送別時に贈る文章である「送序」を諸生らに執筆させることを希望している。そして、同月十一日に江戸へ向けて出立した。

その二通目は八月十四日付の第156通目書簡である。書中の記述から会沢は、家定に拝謁する前日に、小石川の水戸藩邸において明日の謁見を藩当局から通達されたようである。この時点では、もはや「譴責云々」の心配はしておらず、青山にその旨を館僚諸子に報告してくれるよう依頼している。

その三通目は八月二十九日付の第90通目書簡である。書中の記述からは、将軍家定への御目見得が実現したのを喜んだ藩当局によって格式新御番頭列に昇任され五〇石を加増された会沢に、青山が水戸から祝いの書状を送っていたことが分かる。これに対して会沢は、この度の御目見得も昇任も不才無能にも拘らずみだりに寵栄を蒙ったもので、まことに慙愧の至りであると謙遜の辞を連ねた後、（九月）六日には江戸を発途して、四日の道中で九日に水戸に着く予定であると報じている。水戸・江戸間の行程は通常二泊三日となっているが、会沢は高齢である上、水戸に帰れば本開館に向けた諸々の準備作業が待っていることから、大事をとって往路と同じく四日の行程としたものであろう。

高齢といえば会沢は、安政二年の執筆と推定した二月二十七日付第140通目書簡並びに同年の三月朔日付第37通目書簡の中で、「春蒐」（追鳥狩）への参加に関して、七十歳以上の者は武役が免除されるということなので追鳥狩にも参加しなくてよいものか、その筋に問い合わせてほしいと青山に頼んでいる。

ちなみにこの行事は、天保十一年三月に当時の藩主斉昭が武備の充実と藩士の士気の高揚を図って始めた大規模な軍事教練であるが、弘化元年に斉昭が幕府から隠居・謹慎を命じられたことで中断していた。これが安政二年四月九日に再開・実施されたのであるが、当時はまさにそのための準備が進行中であったのである。

この依頼を受けて青山がその筋に問い合わせたところ、「御書院番」と「大御番」の両番は「陣代」（代わりに戦場に赴く者）を差し出せばよいということであったと聞き、それなら自分も陣代を差し出せばよいのか伺ってみてほしい、と第37通目書簡中で再度の依頼をしている。

その後で会沢は、この件に関して思い出したことがある、として、同年二月の弘道館教授頭取職再任時に参政から下された達書を書中に転記している。その内容は、老年となり大儀なことではあろうが、なんとか頑張って弘道館の本開館を実現せよ、との斉昭の命を伝えるものであった。会沢は、この達書に示された斉昭の命を理由として、追鳥狩で無理をして病気になっては本開館の御用も勤らず老公の盛意に背くことになるので、代理の者で済ませることができるよう取り計らってほしい、と青山に頼んでいるのである。壮年の頃の会沢は、このようなことにはむしろ積極的に取り組んだものらしく、衰病故の体たらくと御憐察いただきたいと理解を求めている。斉昭が始めた藩の重要な行事の一つである追鳥狩欠席のためにこのような策を考えねばならないほど、会沢は自らの肉体的な衰えを自覚していたということであろう。

そして、安政五年執筆と推定した三月九日付第141通目並びに翌十日付第142通目の両書簡をみると、会沢が、辞表提出の件で青山に相談をしている様子を窺うことができる。先述したように、会沢は、安政二年に格式新番頭列に補せられ弘道館教授頭取として勤仕してきたのであるが、第141通目書簡をみると、安政五年当時の日本の諸情勢を通観した上で、米国総領事ハリスの強硬な通商条約締結要求に反対する勢力によって戦端が開かれる可能性もないとはいえないと考えたらしく、老年の身でありながら格式新番頭列の軍籍に連なっていることの不都合を述べ、青山が慰留したにも拘らず致仕を請う願書の提出を決意するに至ったようである。

さて、こうして致仕を決意した会沢であったが、第142通目書簡には、願書草案の中味とその提出方法について青山と相談している記述がみえる。先ずは願書草案の中味についてであるが、会沢は、第141通目書簡では漠然と軍籍に連なっていることへの疑問を呈したのみであったが、ここではこの点をもう少し具体的に説明している。すなわち、その筋からの正式な通達がないかぎり、軍用方などでは自分なども部隊の編成に組み入れてしまうことになるかもしれないと述べ、この点で少し楽観的な見方をしていたらしい青山に、十分念を入れて対処する必要がある旨を伝えているのである。一方、青山は会沢が今後も学校には係わってくれるよう望んでいたらしいが、それに対して会沢は、青山の懇望もあることなので、その筋からの達し次第では諸々の情勢が落ち着いてきたところで考慮してみてもいいと考えていたようである。

次に、その提出方法について会沢は、誰かに頼まなければならないのだが、できることならば御手数ながら貴兄にお願いしたい、とその役を引き受けてくれるか否かを青山に打診している。さらに、願書を提出するにあたっては、事前にその旨を学校掛りの若年寄杉浦（羔二郎）に口上で伝えておく必要があったらしく、自分はこの件を担当する書記（右筆）の中に心安くしている人物もいないので、貴兄の方から表御右筆の柳瀬（八十太郎）か誰かへ話してはもらえないものだろうか、と相談を持ちかけている。まさに会沢自身が「貴兄計奉煩候へ共云々」と記しているように、この書簡からは、当時会沢が青山に多くを依存していたことがよく窺えるであろう。

以上に見てきたような経緯を経て、会沢の致仕願書は藩庁に提出されたのであるが、同年五月十四日付で会沢に下された藩命の内容は、教授頭取職は免ずるが引き続き教授として勤仕せよというものであった。会沢の致仕願いは聞き入れられなかったのであるが、この藩命には、風雨等の節は登館しなくてもよいという特別の優遇条件が付与されていた。

ところで、安政五年重陽付の第177通目書簡をみると、「隠居席之儀、武田之席相定候由被仰下、僕迚も右之心得ニて罷出候様可仕奉存候」という記述がある。同年七月五日に斉昭が幕府から急度慎を命じられると、少し遅れて八月三十日、当時家老職にあった武田（正生、耕雲斎）が、同じく幕府から隠居を命じられた。ここに引用した記述からは、その武田のために「隠居席」が設けられたことを青山から知らされた会沢が、実は自分も同様の扱いで勤仕を続けたかったのだ、と青山にその意中を漏らしていたことが分かる。ここにいう「隠居席」が具体的にどのようなものであったかは未詳であるが、会沢にはこの年五月に致仕を願い出て許されなかったという経緯もあり、また相手が心を許せる青山ということもあって、思わず本音が口をついて出てしまったのであろう。

次は後者について。国友善庵は、天保九年彰考館に入り、同十二年の弘道館仮開館時に同館訓導となったが、弘化元年五月六日のいわゆる「甲辰の国難」がらみで、会沢同様長いこと教職から遠ざけられていた。しかし、嘉永六年十一月、会沢が教職に復した際に江戸弘道館の助教に任じられている。

安政二年二月、弘道館本開館の早期実現を目指していた斉昭は、武田正生（耕雲斎）を大番頭兼学校奉行に任じて水戸の弘道館を監督させ、九月には側用人藤田東湖を学校奉行兼務として江戸の弘道館を統括させることとした。藤田が学校奉行兼務となったこの人事の背景には、当時江戸弘道館の教授頭取代を勤めていた国友による藩主慶篤への強い要請があったという。

また、会沢が、安政三年七月頃江戸弘道館の国友らと相談しつつ弘道館「学規（のち学則）」の草案作成に取り組んでいたことは、学則案の確定・上木について検討したところで見たとおりである。また、安政三年六月十六日付第75通目及び同年六月二十三日付第76通目書簡などにも、国友が学校に関する何事かの申出案を作成し、水戸の会沢らに相談している事実の窺える記述がみえる。

このように江戸にあって意欲的に弘道館教育と取り組んできた国友が話柄に上されているのが、本書簡集中の通し番号40の一文である。そこには、国友が弘道館教授頭取代を免じられて水戸勤務を仰せ付けられたことが記されている。この事実は「（弘道館）御用留」の文久元年七月二十五日条によって確認される。ここからはまた、これまでの役職手当が召し上げられたこと、そして新たな役職に就くこともなかったことが窺えるのである。

会沢は、このような措置はよんどころない事情があってのことではあろうが、学校のことは烈公様（斉昭）が深いご尊慮によって始められた事業であり、国友は、烈公様にその才能を認められて江戸表教授頭取代に任じられ、これまで勤仕してきたわけであるから、その代役に任じられた石川吉次郎が、たとえ学問もできるとはいえ役方を勤めてきた者なので、国友にはとうてい及ぶべくもないという。石川が国友に代わって教授頭取代に任じられたことは、同じく「（弘道館）御用留」の同年同月同日条にみえるが、そこではそれまで勤めてきた「御小納戸」との兼務が命じられているのである。会沢が、これまでより学校が手薄になるのは避けられないと事態を深刻に受け止めたのも得心がゆくであろう。

さらに続けて会沢は、この人事によって学校事業が衰退するようなことになっては、今は亡き烈公様に対して申し訳が立たないという。現藩主慶篤が親政を開始し先君の遺業を引き継ごうとしている矢先に、あたかもこれに水を注すかのごとく、斉昭が推進してきた諸々の改革事業を旧に復そうと目論む動きがあるなかで、その先陣を学校が切ってしまうようなかたちになることは、なんとしても回避したかったようである。

そこで会沢は、国友を再勤させ、石川と一緒に教授頭取代を勤めさせるようにするのが最善の策だと主張する。もしそれが難しいということであれば、次善の策ではあるが、従前どおり国友を江戸勤務に戻し、子弟の教育に携わらせるようにすべきであるという。そうすれば、決して十分とはいえないが斉昭の遺志を継承できると考えたようである。そして藩当局に対して、これら両様の方策のうちのどちらかを選択するよう進言している。

しかし、会沢がこの文章を執筆した翌年の二月二十九日に国友が亡くなったため、ここで会沢が提案したどちらの方策も採用されずじまいとなった。結局この案は、国友の体調などに関する十分な情報もないままに会沢が希望的な意見を述べたもので、もとより実行不可能なものであったということになろうか。

(7)第三章からは、「会沢最晩年の改名」と「会沢の易占」に係わる書簡を採り上げる。

先ずは前者について。安政二年執筆と推定した二月二十七日付第140通目書簡に、会沢の改名に関する記述がみえる。会沢は、いわゆる「甲辰の国難」の折に斉昭雪冤運動に加わった罪で弘道館教授頭取職を免じられ、弘化二年に一旦致仕して「憩斎」と称していたが、嘉永六年に弘道館教授職に復すると、思うところがあってか改名したい旨を藩庁に願い出たようである。書中の記述から、会沢は「中衛門」もしくは「太郎兵衛」と名乗りたいと考えていたようで、願書の記述を柏（左一兵衛）などに頼んでほしいと青山に依頼している。そもそも隠居の身分であった者がこうして現役に復帰して俗名に改めること自体が稀なことなのであるから、このような例に外れた名前にするのも許されるのではなかろうか。会沢はそう考えて、青山にその筋への内々の掛け合い方も依頼している。

しかるに、同年の三月十八日付第137通目書簡をみると、会沢が希望していた「中衛門」や「太郎兵衛」はともに藩庁の許可するところとならず、「恒蔵」と改めるようにとの通達があったことを青山から知らされた。これは会沢がかつて元服後から使用していた通称であるから、結局は弘化二年の致仕以前のそれに戻ることとなったわけである。

今、前出「(弘道館）御用留」を見てみると、安政二年二月十九日条までは「憩斎」と記されており、また「(弘道館）学校日記」では同年五月二十日条に「恒蔵」が初出し、それ以降は両資料共に「憩斎」の使用例は見られなくなっている。ただし、この通し番号140及び137の両書簡が執筆された当時の会沢は、体調が勝れず欠勤することが多かったらしく、素読・講釈吟味や講番等の記載個所にその名を見出すことができないので、この件についての基本資料であるこれら両史料からこれ以上詳しい情報を引き出すことはできなかった。

ここで想起されるのが、会沢が弘道館教授頭取に再任された折に斉昭から下された安政二年三月九日付の親書である。その親書の本文中に「元より恒蔵を一介の武役ニ用候積りニハ無之云々」とあり、加えて、宛名がわざわざ「憩斎事／恒蔵へ」と記されているところをみると、斉昭がこの親書を認めた時点ではすでに「恒蔵」と改名させることが決定済みで、斉昭もそれを承知していたということのようである。

次は後者について。会沢には『読易日札』七巻の著作があり、『易経』六十四卦の卦爻辞に注解を加えているが、別に『泰否炳鑑』四巻では、六十四卦中の「泰・否」二卦を注解することで世の治乱興亡の原理を示している。総じて会沢の「一君二民」「陽尊陰卑」等の見解は、こうした易の研究に基づくものとされている。

この会沢の『易経』講究は、先師藤田幽谷の学問を祖述するものであった。会沢は、その著「及門遺範」の中に、幽谷の「易を学ぶにあたっては、後に加えられた様々な解釈だけでなく、易が本来もっている占筮の書としての一面を併せ学ぶ必要がある」という言葉を書き残している。幽谷学を祖述する会沢の『易経』講究の基本的スタンスもこれに副うものであったと推察される。

元来『易経』という書物は、深遠な哲理を説く儒教の経典の一つとして学問的な研究対象とされてきただけでなく、その原初的な一面である神秘的な占いの書としても重視されてきたのであるが、今ここで筆者が問題にしたいのは、この後者の一面についてである。

本書簡集中には、会沢が易占を行っている書簡が一通含まれている。それは文久三年六月朔日付の第22通目書簡で、そこには、青山が会沢の子息に父正志斎への伝言を依頼し、会沢がこの青山からの伝言を受けて、その内容について『易経』によって占ってみたところ、六十四卦中の「噬嗑（ぜいごう）」の卦を得たということが記されている。この卦は、裁判や刑罰に関する占いに用いられてきたものである。この易占で会沢が何を占ったのかは判然としないが、あるいは次のような事実に関連する記述なのではあるまいか。

文久二年十一月二十八日、幕府は朝旨を奉じて大赦の令を布き、故水戸藩士安島帯刀・故長州藩士吉田松陰らの建碑を許し、さらに元水戸藩士鮎沢伊大夫ら数十人を逐次釈放させた。これを受けて水戸藩主慶篤は、十二月二十六日、先の戊午八月の水戸藩への密勅降下事件に関係して処罰された藩士を赦免した。この折に会沢・青山両名は、第一章第二節の第25通目書簡を検討したところでみたように、関係者の赦免を請う文書の作成に携わっていた。そうしたこともあって会沢は、こうした朝廷及び幕府・水戸藩による一連の措置の是非と今後の展開に思いを致し、これについて占ってみたのかもしれない。この後に続けて会沢が紹介している占いの結果は、これらの措置は必ずしも完璧とはいえないが適切なものではある、というものであった。

そして、以上の推測があながち的外れなものでないとすれば、この後にみられる「扨々御同意、憂懼之至奉存候」という記述は、これらの措置が会沢・青山両名にとって必ずしも納得のいくものでなかったことを示唆する言葉と解釈することができるであろう。戊午の密勅の扱いをめぐって水戸藩士民のなかに激派が生じて以降、ずっとその対策に悩まされ続けてきた両名であることを思えば、激派分子を再び野に放つことになるこの度の措置は、職掌上やむを得ずこれに係わることとはなったが、とうてい全面的に受け容れられるようなものではなかったと推察される。しかも、これらの措置が施される以前の文久元年五月二十八日には東禅寺事件が、また同二年一月十五日には坂下門外の変が、すでに激派水戸浪士によって引き起こされていたのである。まさに「京師之責言水国之安否之命」と書中に記されているとおりであり、会沢らが今後の成り行きに危惧の念を抱いたのは至極当然のことであったろう。

ところで、本書簡にみられる会沢の易占は、このような状況下で将来を案じて試みられたもののようであるが、それは筮竹などを使用して行う正統的な方法で行われたのであろうか。占いの技術を記した最古の資料は、今日では『易経』繫辞伝中の記録とされている。それによれば、易占では五〇本の筮竹を使用し、これを四段階に分けてそれぞれ複雑な操作を行い、六十四卦のうちの一卦を得た上で、『易経』の経文の中から判断の言葉を求めて占うのである。

先述したように、会沢の師幽谷の見解は、易の占筮の書としての一面を併せ学ぶことの必要性を説くものであった。また、そもそも易占という行為は、たとえば彗星出現というような天文現象に人事の予兆等を求めようとする行為とは一線を画するもので、中国の正統思想である儒教のもつ合理主義的な一面に合致するとして、同国の知識人のあいだで伝統的に受け容れられてきたものであった。こうしたことを勘案すれば、会沢が、占いの面倒な手順を省いて『易経』の言葉を引用し教訓的に利用したとはとても思えない。如上の正統的な方法での易占を試みたであろうことは十分に考えられることである。

そして、このことを傍証する有力な記述が、青山の嗣子勇が著わした父延光の伝記『先考行状』の中にみられる。そこには青山が晩年に易を好み、事あるごとに必ず易筮によって占っていたことが記されているのである。よって本書簡中の「貴占如何、相伺度候」という記述は、会沢も易筮を行っていた事実を暗に示唆するものとなるであろう。

さて、前述したように、本書簡集所収の多くの書簡は、会沢にとっては人生の最終局面を迎えた時期のものである。その上それらは、日本を含むアジア諸国が欧米列強の進出による巨大なうねりの中に呑みこまれ、歴史の大きな転換点に差し掛かった多事多難な激動の時代を背景に有するものであった。

我々は、本書簡集を通覧することによって、水戸藩において「馬廻頭上座列」という上士クラスにまで昇進した藩士会沢正志斎、また「彰考館総裁」「弘道館教授頭取」として水戸藩の文教政策に多大な貢献をした碩儒会沢正志斎最晩年の生身の姿を、その一端ではあるが垣間見ることができた。

会沢は、その最晩年に至っても精力的に周易や周官などの研究に取り組んでいたのであるが、そうした経書の研究は、単に学者としての学問的な興味・関心を満たすためだけのものではなく、藩政を推進する藩庁からの諮問に応える必要性等もあっての研究であった。当時の水戸藩学の実学的スタンスは、弘道館設立時に「学問事業一致」「治教一致」等の基本理念として「弘道館記」に明確に提示されているのであるが、その理念の具象化した姿が、本稿で示した会沢書簡中のいくつかにおいて確認されるのである。但し、会沢がそれらの書簡中で述べている諸見解や各種提言が、現実の藩政にどのように、またどの程度まで反映されているかについては、それぞれ別個の検証を必要とする。

なお、本稿では、全一八〇通の書簡の中から、現時点である程度の調べがついたもののうち重要と思われるものだけを選択して紹介しておいた。さらに他の資料と併せ検討することで重要性のみえてくる書簡も含まれているかもしれないが、それらについては後考に俟つこととしたい。

以上、甚だ冗長かつ変則的なまとめとなってしまったが、本書簡集の内容が多岐にわたっていること、また本稿が本書簡集の解題であること等の事情を勘案すれば、当初から想定できない結果ではなかった。ここは、かなり長めのリフレーンとみておいていただければ幸いである。

それはともかくとして、本稿が、第二部の書簡本文翻字と共に、今後の会沢正志斎ならびに幕末期水戸藩の研究に資する材料を多少なりとも提供できていれば、筆者としては所期の目的を達成したことにはなるのである。

註

（1）『南梁年録』二六の九月五日条に、弘道館教授頭取青山延光が、同館助教石川伝蔵（義俊）、石河静（幹カ）次郎（幹脩）を伴って江戸へと出立したことが記されている。
（2）白井が水戸を発ったのは、『南梁年録』二六の九月八日条に、「昨夜御年寄白井織部出立之由」とあることから、九月七日の夜であることが分かる。
（3）この騒動については、『鈴木大日記』『青山延寿日記』『石河明善日記』等に関連記事がみえるようである（『水戸市史 中巻四』第二一章第二節参照）。
（4）井伊家の探索報告である「水戸風聞」には手掛かりとなるようなことが記されているかもしれないが、筆者は未見である。
（5）原任蔵は安政六年五月一六日に定江戸奥右筆に任じられている（『南梁年録』三三の安政六年五月二十日条）。また、佐藤兵介は、「水戸藩御規式帳」の「御小納戸」の項にその名がみえる。
（6）これは安政六年七月二十二日に営まれた慎徳院（一二代将軍家慶）の七回忌法事や同年八月八日に営まれた温恭院（一三代将軍家定）の一周忌法事（『南梁年録』三四）等を指すものか。
（7）『水戸藩史料』上編坤巻二六に、水戸藩寺社役の梶清次衛門（信基）が、藩論の分裂を憂えて密かに斉昭に呈した安政六年七月二十五日付上書が転記されている。
（8）会沢は、安政五年八月二十日前後に認めたとみられる建議書案で、朝廷による密勅発令自体が、公武合体の趣意とは反対に公武を分裂させ、政局の混乱を増大させるものとみて、深い憂慮の念を表明していた（『水戸市史 中巻四』第二一章第四節参照）。
（9）この後藩庁は、十一月十二日に、幕府の内命によって高橋多一郎・金子孫二郎・関鉄之介に蟄居を命じ、野村彝之介・矢野長九郎・大胡聿蔵らを小普請組に左遷したのをはじめとして、多くの激派諸士を処罰している（『水戸市史 中巻四』第二一章第四節参照）。
（10）神勢館とは、斉昭によって安政元年三月二十七日に開館され、砲術の訓練や合薬製造の修業の外に、水戦の調練なども行った機関である（『水戸市史 中巻四』第二〇章第六節参照）。

(11)『南梁年録』四三の中に、二月十五日の夜、太田誠左衛門・戸田銀次郎・富田三保之介・佐野清六らの門に張られていたという書付の写しが転記されている。その内容は、勅書返納を唱える久木直次郎の非を責め、もしこれに加担する者があれば容赦なく誅戮するであろうと警告するものである。

(12)藩庁が、長岡勢と一戦も交えることなく帰還した追討軍の諸士達の責任を問うどころか、御酒を下してその労をねぎらっていることなどは（『南梁年録』四三の二月二十五日条）、そうした推測を裏書きする事実のひとつといえるであろう。

(13)当時の幕閣の大勢は、三月五日に開始された桜田浪士に対する評定所の訊問を行った吟味掛の成員が、老中松平乗全（三河西尾藩主）・若年寄遠藤胤統（近江三上藩主）・寺社奉行松平宗秀（丹後宮津藩主）・大目付久貝正典・町奉行池田頼方・勘定奉行山口直信・目付駒井直温らであり、すべて井伊大老の党類もしくは反水戸派の者であったことからも推知されるであろう『水戸市史　中巻四』第二一章第六節参照）。

(14)長岡勢力のなかの農兵たちのうち六十人程は、解散後、川和田村（水戸市内）の郷士高倉新五左衛門方に止宿していたという。他にも小川（小美玉市）から舟で高浜（石岡市）に向かい、そこから行方をくらました者が一七、八人、奥谷村（茨城町）の福島屋という酒屋で待ち合わせて江戸方面へ向かった者が百人程いたようである（『水戸市史　中巻四』第二一章第五節参照）。

(15)七月に提言したものと八月に提言したものは合わせて一冊とされ、『海防愚存』というタイトルで伝写されて世間に流布した（『水戸市史　中巻四』第二〇章第一節参照）。

(16)日本とロシアとのあいだに和親条約が締結されたのは、安政元年十二月二十一日のことであった。この条約締結交渉のためロシア使節プチャーチンは、同年十月十五日、ディアナ号で下田に来航して日本全権団と正式な会談を開始した。ところが、翌四日、突如大地震と大津波が伊豆一帯を襲い、下田の町は家屋の大半が流失し、碇泊していたディアナ号も大破してしまった。そのため条約交渉は一時中断となり、伊豆国君沢郡の戸田村で修理をすることに決定し、ディアナ号の戸田への回航を試みた。しかし、烈しい風波のため浸水が増し十二月二日に駿河湾に沈没してしまった。プチャーチンは、幸い全員無事であった乗組員ともども帰国するのに必要な代替船建造を日本側に申請し、十二月七日にこれが許可された。建造地は戸田村の牛ヶ洞と決まり、先に同船の修理に関する諸事監理役に任命されていた韮山代官江川太郎左衛門が建造取締役を命ぜられた。代替船の建造は、ロシア側の技術指導のもとに、伊豆各地等から動員されたたくさんの船大工や人夫等によって進められたが、これは日本側にとっては西洋式の造船技術を学ぶ絶好の機会であった。当時戸田の地には、大船建造に関心をもつ諸藩からの見学者が視察のため多数出張してきたという。当初は様々な困難があったにもかかわらず作業は順調に進捗し、安政二年三月十日には早くも進水して同月一五日頃に竣工した。これはスクーナー型二本マストの総トン数約百トンの帆船で、プチャーチンによって「戸田号」と命名された（拙稿「東洋文庫所蔵『プーチャチン以下露国船来朝戸田浦にて軍艦建造図巻』の筆者について」、『東洋文庫書報』第三五号所収参照）。

（17）山本博文『江戸を楽しむ――三田村鳶魚の世界』の中に、「諸藩の家老たちの家は、その藩を成り立たせてきた功臣の家である。かれらには、藩政に参加する権利がある。（中略）かれらの地位は、主君の恩寵によって登用された側近（出頭人と呼ばれる）とは違い、自らの先祖の武功で築き上げられたものであり、その時点の藩主の恩をそれほどは感じない。藩主が藩主としての役割を果たすのと同じように、家老は、家老としての役割を果たすべく行動するのである。藩主の役割は、先祖から受け継いだ家を次の藩主に渡すことであり、家老の役割は、それを実現するために藩主を補佐し、必要とあれば諫言をもって藩主を正すことにある。藩主が、藩主絶対の体制の上にのっかっていれば、家臣団は藩主を尊重しながら政治を代行していくのである。しかし、政治に意欲がある藩主が就任すると、門閥の家老層を退け、自らの出頭人を重用して政治を行うようになる。このような有能な藩主の時代が、一番藩を混乱させる。家老層の身分制的権利を奪うことになるからである」という記述がみえる。水戸藩第九代藩主徳川斉昭は、文政十二年十月に藩主の座に就くや人材を一新し、会沢や藤田東湖をはじめとする改革派（ここに言う出頭人）を実務官僚に登用して、自らの主導の下に天保改革を推進した。しかし、弘化元年五月、改革の推進に批判的であった門閥保守層の策謀により幕府から隠居謹慎に処されて改革は頓挫した。斉昭は、嘉永二年三月に藩政関与を許されるが、幕府を巻き込んだ門閥保守層との確執は万延元年八月に死去するまで続いた。その死去の二カ月まえに生じたこの長倉松平家の葬地一件は、斉昭が再度の幕譴を蒙った上に国許永蟄居を命じられていた最中のことでもあったので、会沢ら改革派に大きな危機感をもって受け止められたのであろう。本書の記述は、あたかも当時の水戸藩の状況を写し出しているかのようである。

（18）江戸詰の茅根は、本開館式当日は江戸におり、同役の高橋愛諸（通称多一郎、号柚門）が式に参列していた（『水戸藩史料』上編乾）。式終了後に使命を帯びて帰水していたものか。

（19）文久元年五月二十八日に生起した水戸浪士による江戸高輪東禅寺英国公使館襲撃事件の後の六月二十四日、幕命によって水戸藩重役人事に異動があり、それまでの改革派から守旧派の手に政権が交代した（『茨城県幕末史年表』）。そうした状況の下では、会沢が危惧したように、あらぬ方向へと向かってしまうことも十分に想定されたであろう。

(20)　句読寮は、弘道館設立当初は十五歳未満の子弟に素読を授ける教場であったが、のちに素読教授を家塾に任せるようになったので、講習生の会読・輪講の教場となった。居学寮は、学生中の最優秀者である居学生の学習所であり、寄宿寮は、学生の寄宿舎である（『水戸市史　中巻三』第一五章第五節参照）。

(21)　二二人の男子のうち九人は早世したが、五郎麿（昭徳、慶徳）は鳥取藩主池田慶栄の、七郎麿（昭致、慶喜）は一橋家の、八郎麿（昭融、直侯）は川越藩主松平典則の、九郎麿（昭休、茂政）は初め忍藩主松平忠国の、後に岡山藩主池田慶政の、十郎麿（昭音、武聡）は浜田藩主松平武成の、余一麿（昭縄、縄氏）は喜連川藩主喜連川宣氏の、余六麿（昭嗣、忠和）は島原藩主松平忠愛の、余七麿（昭邦、挙直）は土浦藩主土屋寅直の、余九麿（昭則）は初め会津藩主松平容保の、後に旧守山藩松平家の、廿二麿（昭鄰、頼之）は守山藩主松平頼升の、それぞれ養子となった（瀬谷義彦『新装　水戸の斉昭』参照）。

(22)　千葉栄次郎は千葉周作の次男。千葉周作は北辰一刀流の開祖で、天保六年（一八三五）に水戸の演武場で出張教授をしたのが契機となって水戸藩に召し抱えられ、天保十二年六月に百石を給され馬廻役となった。安政二年（一八五五）死去（『水戸市史　中巻三』第一五章第七節参照）。

(23)　大嘗祭は、天皇が即位して最初に執り行う新嘗祭（古くは十一月下旬の卯の日に行った）のことで、一代一度の重要な祭事である。そして、公事のある日に宮中で行われた宴会が節会で、奈良時代以降、新嘗祭の翌日に豊楽殿において天皇が新穀を食し、群臣に膳をもてなす宴会が行われたが、これを「豊明の節会」という（『日本宗教事典』）。

(24)　延干は、天保十四年正月一日の「御廟御備」の不手際により五月九日付で「遠慮」を仰せ付けられたが、その折に下された令達は「青山量介／名代同量太郎」宛になっていた、というような事実もみられる（「弘道館御用留」）。

(25)　「陥中」及び「粉面」については、斉昭が儒臣に命じて編纂させた『葬祭式』の中に図示されているので参照されたい。

(26)　ここにいう「家礼」とは、宋の朱熹撰とされている『家礼』五巻図一巻のこと。浅見絅斎（安正）が句読を切った和刻本が元禄十年に江戸の須原屋茂兵衛等によって刊行されている。本書は朱熹撰とされてはいるが、実は後世朱熹の名に仮託して書かれたものともいわれている（加地伸行『儒教とは何か』、『東京大学東洋文化研究所漢籍分類目録』等参照）。

(27) 本書は、清の徐乾学の撰。一二〇巻。歴代の喪礼の制について、喪期・喪服・喪儀節・喪具・葬考・変体・喪制・廟制の八類に分けて記している(近藤春雄『中国学芸大事典』)。

(28) 高野聖とは、高野山を中心にして活動していた念仏聖のことで、諸国を回って勧進・唱導を行い、この世の浄土と見なされた高野山への納骨を勧めた。高野山が現世の浄土であるという高野山浄土信仰は、すでに平安初期にはできていたとされており、高野山納骨の風習も平安末期頃には行われるようになっていたという(『日本宗教事典』)。ここでは、この両夫人の位牌を高野山へ納めることが問題にされていたものと推される。

(29) 加地伸行『儒教とは何か』附録「家礼図略説」参照。なお、「櫝」が具体的にどのような形のものであるかは、前出『葬祭式』の中にも図示されているので参照されたい。

(30) 里神楽は村里の鄙びた神楽で、笛や太鼓で囃し、仮面を被り無言で演ずるものが多い。また、大神楽舞は伊勢の奉納神楽に発した獅子舞で、笛や太鼓のほかササラで囃したが、次第に曲芸や滑稽なやりとりなどが加わるようになった。「座」は里神楽などの曲数を数える際の助数詞である(『スーパー大辞林』)。この物言いから推するかぎり、会沢は、これらについての十分な知識を持ち合わせていなかったようである。

(31) 前出「(弘道館)御用留」の万延元年十二月十二日条をみると、「系纂方当座御雇是迄之通相勤候様云々」という達が瀧川に下されている。

(32) 斎藤の名前は、「弘道館御用留」の弘化二年七月十九日条に「史館御雇」として初出し、その後も嘉永四年までの毎年、同御用留中の精勤を報奨する達しのなかにその名を見出すことができる。

(33) 易の構成は、一と二、つまり奇数(陽・剛)と偶数(陰・柔)を表わす(諸説がある)とされる二つの符合を基本単位とし、この符合を三つずつ組み合わせて「卦」を作ると都合八とおりの卦ができる。これがいわゆる「八卦」で、各卦それぞれが持っているとされる意味が「八卦の象」である。この八卦には「象」とは別に、「卦徳」すなわち卦のはたらきを示す性質もそれぞれ配当されている。後になって八卦の各卦を二つずつ組み合わせて六十四卦が作られた。この六十四卦になった段階で、易を構成する基本単位である符合の一つひとつが「爻」とよばれて意味をもつようになる。そして、それぞれの卦と爻に付けられた説明の言葉が「卦辞」であり「爻辞」である。ここまでが『易経』の中で中心になる「経」の部分である。『易経』にはそれ以外に「伝」の部分があり、一〇篇に分かれていて「十翼」とよばれている。すなわち卦辞の解説である象伝上下篇、爻辞の解説である象伝上下篇をはじめとする、文言伝・繫辞伝上下篇・説卦伝・序卦伝・雑卦伝がそれである（金谷治『易の話』参照）。

参考文献

＊史料・年表・辞書・事典等

『水府系纂』彰考館所蔵
『水戸藩史料』上編・下編・別記、吉川弘文館、一九七〇年復刻
『茨城県史料　近世政治編Ⅰ』茨城県、一九七〇年（水戸徳川家及び附家老中山家の家譜、「水戸藩御規式帳」等を収載）
茨城県史編さん近世史第1部会編『江水御規式帳』茨城県、一九七一年
『茨城県史料　近世思想編――大日本史編纂記録』茨城県、一九八九年
『茨城県立歴史館史料叢書3　弘道館史料Ⅰ』茨城県立歴史館、二〇〇〇年（「弘道館御用留」「（弘道館）御用留」等を収載）
『茨城県立歴史館史料叢書6　弘道館史料Ⅱ』茨城県立歴史館、二〇〇三年（弘化四年から万延元年までの弘道館の日記を収載）
今井宇三郎・瀬谷義彦・尾藤正英校注『日本思想大系53　水戸学』岩波書店、一九七三年（「新論」「退食間話」「人臣去就説」「時務策」を収載）
吉田常吉・佐藤誠三郎校注『日本思想大系56　幕末政治論集』岩波書店、一九七六年（「海防愚存」「孝明天皇御沙汰書（安政五年八月八日）」「水戸斬奸状」等を収載）
塚本勝義訳注『新論・迪彝篇』岩波文庫、一九七四年第五刷
高須芳次郎編『水戸学大系二　会沢正志斎集』井田書店、一九四一年（「新論」「下学邇言」「迪彝篇」「読直毘霊」を収載）
秋山房子編『水戸歳時記――水戸藩の庶民資料集成』崙書房、一九八三年
小宮山南梁『南梁年録』国立国会図書館所蔵（『茨城県史料』幕末編Ⅱに巻一九から巻四九が、同書幕末編Ⅲに巻七六から巻八九が、『茨城県立歴史館史料叢書』四「南梁年録」に巻六六から巻七三及び巻一〇五が翻刻）
『内閣文庫所蔵史籍叢刊11　鈴木大日記』汲古書院、一九八一年

「石河明善日記」個人所蔵
『国立国会図書館所蔵貴重書解題 第一四巻 藤田幽谷書簡』国立国会図書館、一九八八年
『国立国会図書館所蔵貴重書解題 第一五巻 豊田天功書簡』国立国会図書館、一九九一年
川崎紫山『訳注大日本史』大日本史普及会、一九六四年
『十三経注疏』中文出版社、一九七一年
『五経索引』臨川書店、一九九一年
『国訳漢文大成 礼記』国民文庫刊行会、一九二一年
本田済『新訂中国古典選1 易』朝日新聞社、一九六六年
『茨城県幕末史年表』茨城県、一九七三年
『茨城県史年表』茨城県、一九九六年
歴史学研究会編『日本史年表 第四版』岩波書店、二〇〇一年
斎藤月岑著・金子光晴校訂『増訂 武江年表二』平凡社東洋文庫、一九六八年
内田正雄編著『日本暦日原典 第四版』雄山閣、一九九四年
広瀬秀雄『日本史小百科 暦』近藤出版社、一九七八年
『国史大辞典』吉川弘文館、一九七九〜九七年
『国書人名辞典』岩波書店、一九九三〜九九年
『角川日本地名大辞典八 茨城県』角川書店、一九八三年
『藩史大事典』雄山閣出版、一九八八〜九〇年
『国書総目録 補訂版』岩波書店、一九八九〜九一年
『日本古典籍書誌学辞典』岩波書店、一九九九年
『日本古典文学大辞典』岩波書店、一九八三〜八五年
『日本宗教事典』弘文堂、一九八五年
日原利国編『中国思想辞典』研文出版、一九八四年

『五體字類』西東書房、一九七九年
『くずし字用例辞典 普及版』近藤出版社、一九九一年
『くずし字解読辞典 普及版』東京堂出版、一九九六年
『日本国語大辞典 縮刷版』小学館、一九八二年
『大漢和辞典 縮写版』大修館書店、一九七一年
『スーパー大辞林』三省堂、一九九六年
『角川 新字源』角川書店、一九七七年

＊著書・論文等

『茨城県史 近世編』茨城県、一九八五年
『水戸市史 中巻三』『水戸市史 中巻四』『水戸市史 中巻五』水戸市役所、一九七六・八二・九〇年
栗田勤『水藩修史事略』吉川弘文館、一九〇九年
吉田一徳『大日本史紀伝志表撰者考』風間書房、一九六五年
内藤耻叟『徳川十五代史』新人物往来社、一九八六年
清水正健『増補 水戸の文籍』水戸の学風普及会、一九七一年再版
徳富蘇峰『近世日本国民史 開国日本㈢』『近世日本国民史 開国日本㈣』講談社学術文庫、一九七九年
徳富蘇峰『近世日本国民史 堀田正睦㈤』講談社学術文庫、一九八一年
徳富蘇峰『近世日本国民史 井伊直弼』講談社学術文庫、一九八三年
渋沢栄一『徳川慶喜公伝』平凡社東洋文庫、一九六六年
大仏次郎『天皇の世紀1 黒船渡来』『天皇の世紀2 地熱』朝日新聞社、一九七七年
西村文則『会沢伯民』大都書房、一九三八年
瀬谷義彦『会沢正志斎』文教書院、一九四二年（「退食間話」「泮林好音」「及門遺範」「学問所建設意見書稿」を付載）
塚本勝義『会沢正志の思想』昭和図書株式会社、一九四三年

瀬谷義彦『新装 水戸の斉昭』茨城新聞社、一九八五年
山川菊栄『覚書 幕末の水戸藩』岩波書店、一九七四年
鈴木暎一『水戸藩学問・教育史の研究』吉川弘文館、一九八七年
吉田俊純『水戸学と明治維新』吉川弘文館、二〇〇三年
鈴木暎一『水戸弘道館小史』文真堂、二〇〇三年
秋山高志『近世常陸の出版』青裳堂書店、一九九九年
宮田正彦『水戸学の復興――幽谷・東湖そして烈公』錦正社、二〇一四年
井坂清信『江戸時代後期の水戸藩儒―その活動の点描』汲古書院、二〇一五年
宮地正人『幕末維新変革史』上・下巻、岩波書店、二〇一二年
山本博文『徳川将軍15代――264年の血脈と抗争』小学館101新書、二〇一一年
山本博文『江戸を楽しむ――三田村鳶魚の世界』中央公論新社、二〇〇〇年
竹内照夫『四書五経』平凡社東洋文庫、一九六五年
金谷治『易の話』講談社現代新書、一九七二年
金谷治『中国思想を考える――未来を開く伝統』中公新書、一九九三年
加地伸行『儒教とは何か』中公新書、一九九〇年
土田健次郎『儒教入門』東京大学出版会、二〇一一年
福田耕二郎「大日本史のすべて」(『歴史読本』一九七五年五月号)
今井宇三郎「水戸学における儒教の受容――藤田幽谷・会沢正志斎を主として」(『日本思想大系53 水戸学』解説)
瀬谷義彦「水戸学の背景」(同前)
尾藤正英「水戸学の特質」(同前)
佐藤誠三郎「幕末における政治的対立の特質」(『日本思想大系56 幕末政治論集』解説)
大川真「後期水戸学における思想的転回――会沢正志の思想を中心に」(『日本思想史学』第三九号、二〇〇七年九月)
井坂清信「東洋文庫所蔵『プーチャチン以下露国船来朝戸田浦にて軍艦建造図巻』の筆者について」(『東洋文庫書報』第三五

号、二〇〇四年三月）

なお、本書の草稿がほぼ完成した二〇一六年三月に、大阪大学会沢正志斎書簡研究会編『会沢正志斎書簡集』が思文閣出版から刊行されているので、こちらも参照されたい。

第Ⅱ部　国立国会図書館所蔵『会沢正志斎書簡』翻字

凡例

一　第Ⅱ部には、国立国会図書館が所蔵する『会沢正志斎書簡』全一八〇通を翻字して収載した。なお、書簡の断片や書簡でないことが明らかな上書の案文なども、同館の目録どおりに一通として扱った。

一　第Ⅱ部には、利用の便を図り、各書簡の主な内容を摘記した上で目次の機能ももたせた「内容細目次」を、本文翻字のまえに付けておいた。なお、その記述にあたっては、できるだけ本文の表現を生かすように努めた。

一　資料の配列は、各書簡に付されている通し番号の順とした。

一　書簡の執筆年次が推定できるものは、各書簡末に推定理由を記し、各書簡及び内容細目次の通し番号下の〔　〕内に記入しておいた。なお、年記の表記には和暦を採用し、改元が行われた年については、便宜上新元号を正月まで遡って用いた。

一　執筆年次の考証には主として以下の資料を使用した。これらについてはいちいち明記しなかったが、その他の資料を用いた場合にはその旨を注記した（出版社名・刊行年は第Ⅰ部末の「参考文献」を参照）。
『茨城県史』近世編／『水戸市史』中巻三・四・五／『水戸藩史料』上下編・別記／『茨城県幕末史年表』／『茨城県史年表』／歴史学研究会編『日本史年表　第四版』

一　第Ⅱ部のあとに掲載した「『会沢正志斎書簡』関係略年表」も主に上記資料を基にして作成した。

一　翻字作業は、以下のような要領で進めた。
•各書簡の現在のかたちのままに翻字し、書簡本体以外の部分は「　」で括って（端裏書）・（張紙、異筆）等と注記した。

•行間補記や注記などはなるべく該当箇所に挿入し、不明のものは適当と思われる個所に（　）で括って記しておいた。

•閲読の便を考慮し、本文に適宜句読点や中点を施した。

•本文の改行は、原文どおりにはしなかった。また、閲読時の煩わしさを考慮して、改行個所を明示することもしなかった。

- 文中における闕字及び平出の個所は、それと識別し難い個所もあったのですべて無視した。
- 判読不能の文字は、一字ごとに□で示し、字数の判別しがたいところは［　　］で示した上で、〔　〕内に虫損・判読不能等と注記した。なお、推読できる文字は、〔　〕内に「カ」を加えて記した。
- 誤字や極端な宛て字等は、そのまま翻字した上で、行間に「ママ」と記して適宜訂正した。
- 漢字は原則として通行の字体を採用し、異体字や俗字は改めた。
- 変体仮名や「ゟ（より）」「ヿ（コト）」などの合字は現行の字体のかなに改めた。ただし、「而（て）」「江（え）」「之（の）」等はそのままとした。
- 平仮名と片仮名を混用しているところはそのままとした。また、濁点は、原文に付されている場合にのみ付した。
- 畳語については、漢字は「々」、平仮名は「ゝ」、片仮名は「ヽ」でそれぞれ表わし、二字以上の場合及び漢字仮名交じりの場合は「〳〵」で表わした。
- 字句の上に引かれた見せ消ちの線はそのままとした。

㈠　国立国会図書館所蔵『会沢正志斎書簡』内容細目次

1　〔安政五年〕八月十七日…………二六七頁
星変ニ付き意見と申も愚意ニは解兼ぬ／尚々髭剃之儀／御払馬願のこと／万一之節は臨時之御床机廻り等処置のこと／人心動揺鎮静のこと

2　〔安政五年〕九月九日…………二六八頁
別啓御着後如何／御弁論御採用ニ相成候得ハ大慶／何より叛名を来し不申候様仕度／均しく危難を受候ならハ泰然と駒込ニて御受け被遊候方可然／御小姓願済埒明不申数人竊に発す／尤願済候事白大夫御承知南上被致候由

3　〔安政五年〕九月十九日…………二六九頁
小金御滞留のなか此節又々江戸御出府之由／此節江南之御沙汰ハ宜候様なるも南上之人々中々北帰ハ不仕候勢之由／臨機之御良図祈る／一書相書記へ托す／追々自刃之者有之御心配と存ず／此地之儀幹次郎等へ申遣はす

4　〔安政五年〕九月廿九日…………二七〇頁
別啓江戸小金へ出候諸士も貴地より激論ニて誘候者有之／村民ニ至り候而ハ別而煽誘之者多く他日其者共里正抔申聞候間出候抔と申候ハ必然／夫間牒抔聞付候へハ役人より誘候と申事ニ成或ハ君聡をも奉迷候事難計

／是等之事情予め御申上ハ如何

5
〔安政六年〕十二月十九日…………二七一頁
寒威御安健御上着候哉／此節勅之事以外申上候歟ニも承及ぶ／若左様之節ハ幕へ御掛合振別紙之通心付先達而国友へ申越呈覧／進止ヲ取ニハ入用歟も知れ不申／貴地ニて国友と御相談可被下

6
〔安政元～四年　月　日〕…………二七二頁
（幼年者学文）御家中学校へ相詰候儀／十五歳以下ハ武よりも読書を専ニ為致候方可然／且又素読之者心得方のこと／布衣幷三百石以上抔之子弟について／右之振を以可然御斟酌之上御達ニ相成候様願ふ

7
〔安政六年〕四月九日…………二七三頁
別啓御番頭等昨夜政府之令を不用発途／士林益動揺可致／貴地ニ而何分御謀議御尽力万祈

8
〔安政六年〕六月十八日…………二七三頁
伊監察不快なれど謁見ハ出来候事と存ず／倍令候者之恩賜之事ハ此度も又々有之候由／無願登り之者既往之事ニて小監等ニ成候者も数多あり／条約云々幷呑の形を露し一として憤激之事ニ非るハなし／此節諸侯動静何卒追々様子御示被下たし／此地ニ而も海上ニて異船見掛候由砲声も遙聞候由／小金よりも農民千人程帰候由

9
〔安政六年〕七月廿四日…………二七五頁
八幡云々動静共主謀之胸算次第と見ゆ／高松邸へ神職罷出候由／御評議も作舎道辺之由／御謁見も久しく無之御召之節ハ髭ニ火被付候様之由／忠四郎事御沙汰有之候迄ハ登りニ不及候由／御褒美之儀御同意之由／両三日中ニハ出勤可仕候間其節書記抔相談可仕歟／此地当時異聞無之側用監察等追々南上／貴地如何之様子か

10
〔安政六年〕六月廿四日…………二七六頁

貴地近状如何／幕方も好音も響候様伝聞／此地鎮静ニハ候へ共別紙草案之通白大夫へ文通可致と存ず／御一見之上御指出被下たし／右草案ハ国友へも御廻しの上国友より返却候様御伝被下たし

11　〔安政六年〕七月十三日……………二七七頁

如貴諭好音も虚声ニ相成貴地より追々書通有之様子／二老をも誘候由／追々御書も有之候由之所此上鎮静之儀御委任ニ相成候様被仰上候而ハ如何／小梅云々被仰下いかさま不平之人も出来候筈／妄人横肆候様ニ而ハ如何様之事を生候も難計／九日ニハ御書御下貴兄も御出ニ相成候由／大川橋掛替のこと／此節御眼疾之由／外国へ義気を示候との一理有之様ニハ候へ共居催促ニ而ハ安心不仕／哀訴之儀義気含蓄候こと／武老之意も承り度

12　〔安政六年〕七月十三日……………二七八頁

星夕ニも好音無之少年騒擾候由／猶又閣老へ出訴可致抔申候儀／とかく陰ニ主謀之者有之候故妄論も多く候半／何卒尊慮之趣下へ通候様祈る／御仏参等之儀如仰赤夜叉張臂候而ハ安心不仕／鷹觜半分為引候説御座候由／忠四郎下着若御用も無之候ハヽ、此方ハ晒書手不足ニ候間其趣申出候方可然候哉／諸公子御相手相勤候付御同様長綿一把ツヽ、被下候所当年ハ返納致候方可然候哉／鎮静之儀貴地より追々煽誘有之様子故安心不仕

13　〔安政六年〕七月廿九日……………二七九頁

二老云々宜御周旋願ふ／幕中云々被仰下太田閣老被退候由夜叉愈益肆毒候半／梅徒等も速為引候事可想／謀主ハ中々為引不申事と相見彼此相激候勢／執政不残引込候事御外聞不宜候旨御話被成候由敬服／分朋相軋之勢事之乱源を清め申度／貴兄ニハ駒邸へ御申上可被成候由何分御尽力万祈／御用書も昨昼後相達書状間ニ合不申／貴作御同感

14　〔安政六年〕八月四日……………二八〇頁

幕勢変革此上如何候哉／八幡云々怪鬼余り梗命候ハヽ、罪人の扱ニ而も可然哉／老大夫之偏固もこまり切申す／小梅瓦解之勢之由廟議決候様万祈／両侯へ出訴之者是又怪鬼／両大夫呼出も八幡之事とも承候所如何／廟堂不断ニ而ハ奇禍可畏／貴地管庫替りニ矢野倉登りニ成る／諸公子御相手ニ付賜物之義

15　〔安政六年〕十月十三日………二八一頁

御代替御式も相済京師之事有之内ハ暴発有之間敷／幕水互相疑此上苦心と存ず／彦根引込候沙汰も有之／如貴諭此地勇気か挫不申様致候所南上之事ハ大公ニも甚御心配被遊候由／士人も其御意ハ体候様致度／林生等北帰も不相成と見ゆ／此地ニて鎮静之事被仰付候所中々届兼ぬ／近来除目のこと

16　〔万延元年〕二月十九日………二八二頁

此度之騒擾諸賢日夜御賢労／逆徒今日中少年輩を煽誘候ハヽ、昨夜よりも人数ハ増可申／面々手筒を持出し候上神勢館ニ有之候銃を押領致候も難計／左候へハ防方ニ而も諸士中手筒を携候而可然と申事／此節彼徒ニ被憎候者ハ何レも危く候／是等も非常之御処置ニて伏兵を設て敵を打取候術にも当り可申哉／戦場之御見通しニて速ニ御決断御坐候様至願

17　〔万延元年〕二月廿日………二八三頁

作乱之徒如何相成候哉／一日々々と遷延候而ハ乱臣ハ次第ニ党類潜誘多人数ニ成る／何卒作舎道辺不申候様御尽力祈る

18　〔文久元年〕八月十一日………二八四頁

拝顔御同慶／御夾室先輩之議定ニて宜事と奉存候而居候所貴書之通顛倒驚入る／昭穆を正し候にハ東西を御くり替ニ無之候而ハ不相成／大動ニ候へ共不得已候歟／烈公様穆位へ御入ニ相成候宜候様存ず

19　〔万延元年〕三月廿日………二八五頁

先日御相談申候京師へ情実御通し之儀愚意ハ別紙之通／若御心付も無之候ハヽ横山氏へ御相談被下候様願ふ／木村権之衛門等も西行之由／幕ニ而も油断ハ無之事と相見候へ共京師ニ而ハ一概ニ暴政と見候も難計／此方之情実ハ通し置申度事／永芳等艤浜辺ニ居候由／何とか御処置有之事と相見候所勦撫二字ニ不出候半

20　〔万延元年〕二月廿七日……………二八六頁
国友より申来候儀貴意如何／若榜示候ハヽ、ざつと致候方可然／郡宰へ達百姓掚取打殺等之事も一策歟／貴意次第何レ共宜頼む

21　〔安政四年〕五月十一日……………二八七頁
御親書開封拝見御廻申す／尤御両通共頭取書中とハ相違ニて松御殿様なり／改葬と申も不忍貴意如何／御遊印ハ宜候様なり

22　〔文久三年〕六月朔……………二八八頁
豚児ニ御伝言儀筮す／京師之責言水国之安否之命御情実分り可申歟／拙文玉巌主人より無拠被頼世ニ公布候事／何卒御存分御削正万祈／京師姉小路殿甚敷事

23　〔安政五年〕十月四日……………二八九頁
彦根邸中云々可咲／左程ニ間違候間此先之危殆寒心／日下就捕候由桜等も危く候半／かくまて羅織の料を操り候事窮鼠之勢か／林了蔵より来書少壮客気南上を懇々戒候意／右之所見ニ而ハ北帰候而鎮静ニ骨折候方国家之益か／佐順・秋長等も鎮静之命を受候ハヽ、夫々鎮静も可仕候哉／先日剛柔之儀得貴意候所右ハ白大夫抔も心得居候様仕度／御遺訓抔御書抜せ白卿へ御贈被成候而ハ如何／此節上町下町之様子／林生何方ニ居候哉

24　〔安政五年あるいは六年〕十二月十日……………二九〇頁
御風邪ハ如何／美濃部書御廻申す／再按候ニ遠慮指扣等執参列席ニて申渡候事学校ニてハ有司決兼可申哉／

禁足相慎候様ニてハ如何／申渡候時ハ雑賀氏詰所ニて貴兄も御列席ニ而可然哉

25

昨日御相談申候所鵜飼も入候而可然旨被仰下御同意／但安茅ハ全く一橋公一条ニ候間草案之内一橋公云々ハ

〔文久二年〕閏月十九日…………二九一頁

先ツ夫ニて段落／跡へ鵜飼も先公御開明之上ハ一同御免抔と申気味ニてハ如何

26

〔嘉永六～万延元年　月〕十日…………二九二頁

高橋書御同意痛憤之至り／今日他書状認候而疲候所へ此書只今届く／返書之儀乍御筆労宜頼む

27

〔安政五年七月あるいは八月　日〕…………二九二頁

此度之御儀ニ付執政参政引受出府は深く御配慮被遊候旨御下知あり／年寄衆少々御扣ニ相成候所無余義事ニ

候間無程被登候様なり／何レも麁忽之儀無之候様可被心得

28

〔安政三年〕六月八日…………二九三頁

小山田より御封書入昨夜七ッ比三木より参候間只今御廻申す／船名之儀僕も考見可申候所とかく宜願ふ／豊

田之方も宜願ふ／安政丸ハ天子ニ非ハ不宜候様也

29

〔安政四年〕閏月十一日…………二九三頁

先日御話申候学校文武之事ハ如何／江戸ハ御床机廻り武芸始り可申との事／此方ハ猶更始候而可然候哉／先

日冗長之草案少々見合申度候間此者へ御附可被下

30

〔安政四年　月　日〕…………二九四頁

御勝手御不如意御武備御手当御六ヶ敷候段御指支之御儀／猶又当年不順之気候諸作不熟之御見込み／左候へ

ハ御収納不足之上ニ窮民御救之御手当／且民間も先年よりハ困窮友救も安心不仕／兵革起り飢餓之民を駆使

仕候も可憐事／前文後宮御入目を以武器御製作ハ勿論其外御差略の儀／都而乱世之心得ニて毎事易簡ニと存

ず

31　〔安政元年　月　日〕…………二九五頁
大坂之儀ハ橋船ハ京都迄も直ニ乗込候事も容易／皇城御警衛厳重ニ可有之ハ勿論之儀／彦根其外近畿之諸侯より人数指出候儀と見ゆ／此節之儀ハ幕府之御威令ニも拘り候間為御目代閣老衆幷御目附等被遣候而可然／尾州様抔よりも定而ハ人数御差出ニ相成候儀と存ず／御当家ニ於ても一隊之御人数御差出ニて可然と申者も追々見ゆ／何レ天朝御尊崇之御意味天下人心向背之機と申義当今第一之眼目／夷情難測候へ共大坂を下田同様船繋之場所ニ相願候ニハ有之間敷哉／縦令右様ニ而も諳厄利亜同様長崎箱館之外へハ御許し無之義と存ず／大坂之儀ハ来泊之場と定り候而ハ警衛無之候而ハ不相成且万一諸国之漕運を妨られ候而ハ天下の大患／其上外国来泊之場所多く相成候而ハ此後邪教或ハ阿片等之御制禁も届兼可申

32　〔天保一二年〕十一月十三日（延光の父量介〈延于、拙斎〉宛）…………二九七頁
甥床井清七郎儀病死今日より十五日迄忌相受申す／依而ハ月番御勤被下候儀と存ず／十五日大広講御出仕可被下依而講帳御廻申す／史館御吟味之儀ハとかく宜様御取計可被下／尚々本文之儀筋幷御目付方等へ届之儀宜御心添依頼／忌服之儀清七郎事其家之養子ニ候間為念得貴意

33　〔安政二年〕三月十一日…………二九八頁
今日太公より御親書御下老躬何共恐入候儀／先日達之通諸勤行と申候も如何共奉存候所御書之尊慮ニ本つき候ハヽ不苦候哉／御用書御廻申す／東湖より小川へ達等宜頼む／太公御親書写（省略）

34　〔安政四年〕二月廿六日…………二九九頁
破邪集一部太公より貴兄豊田僕へ被下置候旨御意親批／御同意難有仕合せ

35　〔安政四年あるいは六年〕九月九日…………二九九頁

老公より御書御下御先ニ拝見御廻申す／御受之儀も病中故宜願ふ／破邪御開板宜事も有之（後欠）

36　〔安政三年八月あるいは九月　日〕…………三〇〇頁

此度風災ニ付節倹之儀御達／指当り之儀ハ我々共年々拝領之初鮭当年之儀ハ頂戴不仕候様仕度／外々之儀も不被下候而も宜候哉／年々文武御見分済候て諸生へ御酒被下候儀先ツ当年ハ御止ニ相成候而宜候様に存ず／猶又右ニ准シ御費ニ相成候儀御省略御取締之一端ニも可相成哉（後欠）

37　〔安政二年〕三月朔…………三〇一頁

助教等申出候事ハ後刻可得貴意／春蒐之事承知／僕事も陣代指出候様ニハ相成間敷候哉／当職蒙命候参政より達御廻申す／春蒐等押張得病候様ニ而ハ御開御用も勤り不申／衰病如此御憐察可被下

38　〔安政四年〕五月六日…………三〇二頁

過刻杉浦参政高橋一同来訪社廟御開ニハ是非出仕候様勧有之／安心無之とハ存候へ共出仕候筈ニ挨拶／駒説改候上ハ是非可罷出とハ存候へ共実之所ハ今以日々悪風喘息等止不申夜中ハ毎夜微熱／尤遷宮と遷廟との節両度ニ罷出其間ハ宅ニて休息候而も宜敷との事／万事無内外御相談申候事ニ候

39　〔安政四年〕五月十八日…………三〇三頁

別段入学式ニ不及肩衣之事御同意／武場へも引張候間筋へ書付ニて相談之方可然／書付ハ先ツ御手元へ上置申す／教官職掌之儀両三日中罷出御面談／御歩行ハ六ヶ敷候由随分御養可被成／賤恙指て障りも不仕

40　〔文久元年　月　日〕…………三〇四頁

国友与五郎御国勝手被仰付江戸表当職代役之儀ハ石川吉次郎ニ被仰付／学校も御引立一段衰候而ハ烈公様御在世ニ被為在候ハヽ如何／依而ハ与五郎再勤吉次郎と一同代役相勤候様相成候へハ無此上／若又御六ヶ敷候ハヽ先ツ在江戸ニて子弟を引立候様被仰付候ハヽ御遺志之廉も少々ハ相残り候／右両様之内ニて宜御判断御

座候様ニと存ず
41　〔安政五年〕正月六日…………三〇五頁
過刻ハ御枉顧拝謝／高橋面語大抵承知／旧冬達之事申出之草稿／歳旦詩一同御遣可被下
42　〔安政五年〕正月十一日…………三〇六頁
助教之説行れ候ヘハ宜候所安心不仕／寄宿も此姿ニてハ始兼候間政府杉高等へなりとも御相談ハ如何／訓導之論今夕抔津田へ御諭ハ如何
43　〔安政五年〕正月廿三日…………三〇七頁
御膿血発候由／御用書御遣ニ相成候間今日認可申候所疲労候間乍御筆労相願度／入学ハ廿五日晦日と無之事ニ候哉／量四兄御願ハ明日指出候筈／小川倅今朝罷出候間渡し遣申す／御礼之儀も御認可被下
44　〔安政四年〕正月廿六日…………三〇八頁
如貴喩雪後寒甚し／豚児登り扣ニ成候付云々被仰下拝謝／光大夫之事北槎聞略ハ既ニ御覧被成候半／手元に有合申候間御用立申す／尚々此節無人御頼合申す
45　〔安政三年前後〕正月廿七日…………三〇八頁
別冊去年中心付次第筆置く／貴慮相伺度先上置申す／舎長之書付ハ教職より返り申候哉
46　〔安政二年〕二月三日…………三〇九頁
大場へ御文通老夫御保護被下候段感謝／是非出仕と存傭僕等も心懸候所折角御深志任貴意／先刻来客ニて貴答不仕候御名代弁講習生之儀承知／茨城書御廻申す／外ニ国友へ壱封来候所老夫方弁直ニ為登可申と留置く／状箱之方も一同御覧後此者へ御遣可被下
47　〔安政四年あるいは五年〕二月五日…………三一〇頁

（代口）一昨日長谷川来候而日本史仮名之儀別而御親書御座候旨申聞ける／上板ハ随分宜候様に存ず／夫ニハ神名人名之外地名物名等之類仮名有之可然／教職等本務之余業ニ致候ニハ日数もかゝり候間夫等之事伺候而可然歟

48　〔安政四年あるいは五年〕二月六日…………三一一頁

惣体神名御尤と存ず／日本史を主ニ致御認之目録之内ニて先ツ紀伝之分を集候而志類ハ別ニ集候而も可然哉／教職ニ掛候所承知／御痛所御用心可被成

49　〔万延元年以降〕二月八日…………三一二頁

又々料峭貴恙如何／三日御次御会読之節御小姓佐々木兄と違言有之／其次第相分不申候内御会読へ不罷出と歟申候事之由／左候ハ、十三日以前ニ伺と歟不申出候而ハ相成間敷候哉

50　〔万延元年以降〕二月十二日…………三一三頁

御小姓不念申出可然頼む／寺社方会如仰御同様出席ニも不限と存ず／僕も今日より登館と奉存候所天気無心許候間明日ニ可仕／左候得ハ十五日出席も可相成と存ず／出精書等御落手可被下

51　〔安政元～文久元年〕二月七日…………三一四頁

親書御下げ拝見／杉参政へ持参は貴意如何／老公御作貴兄へ御下御座候由／国友より御用書届不申候由申来る／明日管庫へ承候様可仕

52　〔安政元年〕上巳…………三一五頁

船霊祭式如仰音楽にハ及申間敷と存ず／其外儀器神饌等も少々節減候而も可然哉／東湖へ御為登可然御運可被下／主従七人ニて可然候由／教官舎長申出猶又貴意御書取拝見／美濃部も如仰銀被下候而可然／武芸計御奨励多く文学之方少く成候而ハ不得体／鈴木高根等ハ出精上達とハ別廉／舎長相勤候程ニ而御床机廻り不被

仰付候而ハ不宜／御沙汰御坐候様なと丶申出候而ハ如何

53〔安政元年以降（除安政六年）〕三月五日…………三一五頁
今日社登館可仕奉存候所雨天ニ而又々御頼合申す／舎長書返璧／何レ後刻参堂可仕／昨夕は御枉顧拝謝

54〔万延元年〕三月七日…………三一六頁
暖和貴恙如何／教職より別紙指出候間御廻申す／鈴木式部寄宿近寄候所舎長より触候より外ニ申遣方無之／顚末御熟知之事何分相願度／瀧川生館僧之事早く申出度

55〔安政元年〕三月九日…………三一七頁
今日ハ登館可仕奉存候所移居後混雑又々御頼合申度／文武両人御申出御同意／尤小沢を申出候なれハ大胡聿蔵も申出候而ハ如何／今日御申出ニ候ハヽ何レ共貴意次第／訓導申出幷近藤書返璧

56〔万延元年〕三月十九日…………三一八頁
学校人詰り之由／講釈ハ相止公子方舎長御雇可然／二ノ御備之分ハ登館候事と見ゆ／僕抔出勤とも存候へ共気力未全復／舎長ニて講釈迄ハ如貴諭勤り兼候事／権宜之策ハ有之間敷候哉／瀧川謙蔵も史館勤と申事／教職舎長等御雇ハ二三男ハ勿論他役より出来候而も可然哉

57〔安政元年〕三月十二日…………三一九頁
如仰諸勤引と申も遺憾なきに非政府之達も不得已事／親書之趣抔ニて若又何と歟処置も有之候へハ大幸／船霊祝詞之事御取扱ニ相成拝謝／祝姫様御届之文貴書書入申す／東湖へ答書御筆労ニ相成外ニ愚見無之

58〔安政五年〕三月十四日…………三二〇頁
他所諸生別紙之通到来大胡申聞ける／兼而伺置候通御書院ニて講釈為致雑杉始我々教職諸生も勝手次第聴聞為致其外武芸同様之扱ニて宜候様に存ず／尤大胡明朝杉参政へ伺候筈ニ仕老夫も御城ニて参政へ相談可仕

59 〔万延元年〕三月廿五日………三二一頁
昨夕豊田別紙持参／横山氏より相廻り付札致僕ニも一閲之上貴兄へ御廻貴兄御熟覧之上久木へ御返しニて宜候由

60 〔安政四年〕三月廿五日………三二二頁
管庫手元勤如仰忠四郎も可然／寺社奉行書付云々貴諭之通位ニ而も可然哉／津田云々御筆労拝謝／森跡系局斎藤彦次郎申出候而可然候哉／今日講釈之所篇章之儀津田より申来る／十三日ハ帰後熱邪ニ而忘却仕候間貴兄ニ御相談申候様返書遣はす／賤恙御尋被下拝謝／賢郎令室御離婚候由

61 〔安政元年以降〕三月廿八日………三二三頁
先日付呈候辞命之儀／再思候得ハ別紙なとの意味ニ而も情実相分可申哉と存候間又々呈可申歟（以下剥落）

62 〔安政元年〕四月二日………三二三頁
引之儀御取扱ニ相成拝謝／有司の文法左様之事と見ゆ／療医書之儀も御取扱被下拝謝／柏執筆貴書之通承知／学校奉行へ教官謁有之可然

63 〔万延元年〕五月二日………三二四頁
御安全御帰宅奉賀／鰯魚如糞出候由／春狩紀事被仰下公局体裁等ニも指支可申哉／貴兄御面語之節文ニハ体裁有之事御話被成候而ハ如何／江戸書御廻申す／柴生辞表にも指支候事と拝察

64 〔安政四年〕五月十日………三二五頁
此間中ハ賢労拝察／昨日ハ胙肉御配分被下拝謝／先日御相談申候学則塗抹ニ相成候間浄写仕る／御熟覧被下其上ニて豊田へ遣候様願ふ／御目掛り之儀必一々被仰下候様願ふ

65 〔安政四年〕五月十一日………三二六頁

御痔疾御順快之由／親書写御廻被下拝謝／入学之者ニ拝見為仕候共写ハ弥張広く出候方宜様に存ず／僕御預り申候より御蔵之方ニ而ハ如何／当職ハ如諭御廟同様賛礼之職と定り居り候而可然／読祝も御廟同様御小姓頭之職を教授以下勤候而可然哉／謁弘道館社廟之題貴諭可然僕も一首賦申す

66　〔安政元～万延元年（除安政六年）〕　五月十一日……三二七頁

御封書御下拝見候而御廻申す／何歟御書物ニ而も御下被遊候哉／頭取方へ指置候事ニ可有之候哉／僕明日抔ハ登館可相成哉と奉存候へ共御書物之儀宜御扱頼む／御別封御意之趣御同意奉恐入候事／何レ御面話候而御相談申す

67　〔安政元年以降（除安政六年）〕　五月十四日……三二七頁

昨日貴書拝見御筆労拝謝／御買上書之儀外ニ心付無之／中臣祓ノ所へ付札仕候所如何／御用書承知

68　〔安政元年以降（除安政六年）〕　五月十四日……三二八頁

貴恙如何／十六日ニハ貴兄御出仕ニ候ハヽ僕も出勤仕る／十六日出勤ニ候ハヽ十五日ニ届候／大広間講帳上申す／若御登城無御坐候ハヽ誰ぞへ御廻可被下／梓匠輪輿以下僕ハ講不申／若又貴兄御講被成候哉

69　〔安政四年〕　五月廿一日……三二九頁

貴恙如何／此間之貴書ニ而ハ御出勤之様にも存ず／僕も今日登館と存候所陰雲飛風故見合申す／学則豊田之付札等も有之等故御相談之上とかく宜様頼む／実行と申候所付札御覧可被下

70　〔安政元年〕　五月廿七日……三二九頁

国史改刻之分早速出来候様仕度／応神紀ハ埋木大く候間一張皆改刻ニ而ハ如何／后妃伝后坐巫蠱廃云々続紀ニ有之候哉／別局世話役之儀承知

71　〔安政元年以降（除安政六年）〕　六月五日……三三〇頁

過刻は居学講被仰下拝謝／微熱有之中暑も兼候哉奉存候間明日之所ハ此次御講順と御繰替願ふ

72
〔安政二年〕六月二日…………三三二頁
貴恙如何／命令之書倅学校へ持参致教官へも為見候様致候積り／此度ハ譴責を蒙候も難計／諸生之送序ハ渇望

73
〔安政元～五年〔除安政二年〕〕六月十四日…………三三一頁
管庫席之儀弘化之達にも御徒次座と有之／肩衣ハ御徒ニ准候而次第無之／御加扶持ハ所詮今ニ而ハ済申間敷候哉／尤弘化之達と申候も天保の御政事尽く打破候時之事／当今天保ニ追々御復候時節に候間管庫席も御復候儀申出候而可然哉

74
〔安政三年〕六月五日…………三三二頁
貴恙御順快奉賀／御蔵湿地故他へ移候ハ宜候へ共遠く候而ハ出勤等不便利ニ候歟／若又南之御蔵ニて事済候様筋ニて存候而ハ代り御蔵ハ出来候事六ヶ敷成候半／猶又御熟慮之上御申出候方と存ず／奥谷鈴木云々承知／先日御用部屋ニ而岡田味噌蔵ニ致度と申事候へき

75
〔安政三年〕六月十六日…………三三三頁
師弟之義申出先日起草候所如何／国友より草案尤と存ず／内一ヶ条ハ此方へも関係候間此方ニ而も申立可然候哉／何ニ致せ草稿一通写し置候方可然／僕も四五日出勤相成兼ぬ

76
〔安政三年〕六月廿三日…………三三四頁
先日国友より学校申出／此地ニても申出候儀試ニ立稿御存分御直し可被下／国友之草稿何レへ仕舞込候哉見出次第上可申

77
〔安政元年以降〔除安政二・六年〕〕六月廿六日…………三三五頁

明日登館仕度間柄へ傔仗云々先刻申遣候所留守／多分ハ罷出候様可相成／別封落手

78　〔安政四年　月〕六日………三三五頁
昨日貴書拝見／申出御筆労拝謝／塾長之儀付札御一覧可被下／遺漏ハ段々申出候而宜事／老夫ハ精神恍惚何分相願ふ／貴兄今日御登館候哉／神社等御作事向大抵出来今日見合と御普請方より申出候由／僕も登館仕度候所先日之疲有加而無減／貴兄御登館無之候ハヽ罷出可申

79　〔安政元年あるいは三年〕七月朔………三三六頁
昨日之草案無残所敬服／少々心付候儀朱書／外ニ罰之事も論候方可然哉宜御裁正願ふ

80　〔安政元年〕七月十日………三三七頁
高橋一書御廻申返書ハ遣申候／別局世話役御免ハ手紙ニて達新ニ被命候ハ明日呼出候筈／明後日輪講ニ付明日ハ御頼合ニ仕度／社廟婦女参詣之儀御掛ニ成候哉と杉参政申聞ける／しかと御掛とハ覚不申貴兄へ御問合可申と答ふ

81　〔安政三年あるいは四年〕七月三日………三三七頁
御中暑如何／僕も今日ハ休息仕度候間若御登館候ハヽ宜願ふ／御床机廻承知／昨日松延罷出旌忠表誠拝見何も申上候事無之由／伝蔵途中吉村ニ逢候所津田之談ニ及舎弟之御話申候趣とハ少し違候様之由

82　〔安政四年〕七月廿二日………三三八頁
好文亭之儀御同意指支申す／監府へ少年之罪を謝し舎長を御為勤候様之御工夫ハ無御座候哉／先日御相談申候学規一条増補／茅書記滞留も今少しニ候間国友迄為登茅へも相談可仕候哉／依而ハ私著とも違候間御存分御削正願ふ／又ハヶ様之物も更ニ無之方可然候哉

83　〔安政元年〕七月廿四日………三三九頁

（前欠）御祝文之儀昨日飛田へ申遣候所別紙之通申来る／順と申候而も是迄臨時物之儀しかと致候事も無之／当年之順番を順々繰替候ならハ高根ニ候所如何／御月番ニ而御了簡之上可然頼む

84　〔安政五年〕八月十一日……………三四〇頁
学則浄写出来候間訓点仕る／宜御改竄之上剞劂へ御付可被下／柏へ遣候事ニ候ハ、家僕遣可申候間弊廬へ御遣可被下

85　〔安政元年以降（除安政二年）〕八月十二日……………三四一頁
公子御会読之御刻限を改候方可然と渡辺より申聞ける／弥張御居置之可然候哉御相談申候様近藤申聞ける／何レ御面話と存ず

86　〔安政元年以降（除安政二年）〕八月十四日……………三四一頁
先刻は御枉顧被下拝謝／明十五日鮭被下候旨／致出仕候様可仕／尚々先刻書付返完

87　〔安政元年〕八月廿日……………三四二頁
別紙達御廻被下承知／御別書拝見／居学生相済候付明日同しく御登館之儀承知／大抵ハ登館之積り

88　〔文久元年〕八月廿一日……………三四二頁
川越君御葬も十月比と申来る／左候へハ何時頃御発喪ニ候哉／庶公子御読書御内実御忌たけ立候ハ、御始ニて追而御発喪之節又々御休ニても可然哉

89　〔安政元〜四年（除安政二年）〕八月廿二日……………三四三頁
御薬方過刻御示被下拝謝／今日御城へ可罷出と存候所雨天ニてハ罷出兼ぬ／後刻迄見合不罷出候ハ、明日も御寄合可有之候哉御聞被下候様願ふ

90　〔安政二年〕八月廿九日……………三四四頁

如貴諭老公御儀恐悦／新令の如く実事御届合ニ相成候様御同意祈る／前便御吹聴仕候通不才無能叨蒙寵栄慚愧之至り／帰期も大抵六日発途四日道中ニて九日着／南山巡狩録と申書南朝之逸事頗詳候様に見ゆ／館本ニ一部此地筆耕ニて為写可申歟

91　〔安政元年以降（除安政二・五・六年、万延元年）〕九月三日…………三四五頁
日々雨天御会読相願候様可相成候哉／御会読ハ顔淵篇博学於文章

92　〔安政五年〕九月七日…………三四六頁
豊田草案付札御一覧可被下／乍去実ハ貴稿之方ニ致度／久木下り迄ハ日間も有之／御召命如諭此度ハ御先鞭ハ別而如何／御相談可被成候由御尤

93　〔安政二年〕九月十三日…………三四七頁
貴恙御順快奉賀／乍去今以御熱気御座候由何分御加養可被成／東湖掛り被命候由国友より申来候間別紙可遣歟

94　〔安政元年〕九月七日…………三四七頁
明八日講釈順之由被仰下承知／明日刻限早く文館へ罷出講帳見合可申候間管館之内一人早く出居候様御達可被下／論語第二巻に候哉／見分十日より御初之由承知／尚々斎藤管庫御雇御免之由承知

95　〔文久元年〕九月廿三日…………三四八頁
（代口）只今管庫より申聞候趣江戸栗原生之儀／御中合江戸へも運可申と答申候所貴意如何／何レ江南政府調達と見へ申す／明日御用状か又ハ別紙かニて申越候方可然哉／川上水野ハ本席之様ニ見へ候所如何

96　〔安政元年あるいは文久元・二年〕十月九日…………三四九頁
貴恙如何／老夫疲労候間今日ハ御用日ニて同役は御城へ両人共出候由之所御用人へ頼合可申と存ず／貴兄御

出勤候ハ、手跡見分之順書御目付方より出候を御返不被成候而御留置可被下

97
〔安政元年〕十月十日…………三五〇頁
御法令承知／御見分一昨日僕罷出候間今日ハ若御指合無之候ハ、御出願ふ／御指合候ハ、傭僕にて罷出可申／御指合無之候ハ、又々被仰下候ニ不及／昨日文館へ登館候所明日ハ在宿仕度

98
〔安政三年〕十月十六日…………三五〇頁
御受御筆労拝謝／猶又心付候儀付札／聖朝之儀御尤／右付札之内僕可申上と存候義一枚ハ付札ニて上可申歟／今日ハ悪寒伏枕

99
〔安政三年〕十月十六日…………三五一頁
御書御書物御下ざつとハ奉拝見先ツ御廻申す／御受之儀ハ不容易候間後便上候より外無之／左候ハ、御認被下候様願ふ／見分今日も頼合候間宜願ふ

100
〔安政元年以降〕十月廿日…………三五二頁
貴恙如何／先日執政衆へ御書付御清書御一同ニ呈出可申候哉／左候ハ、御序ニ御遣可被下／教職よりハ印封ニて出候所印封ニも及間敷候哉

101
〔安政二年〕十月廿一日…………三五三頁
舎長之儀昨日も佐順間柄故話候様可致と申候へき／筋へ指出候事ハ今少し徐々致候而も可然歟／蘭学之儀跡より御相談申す

102
〔安政二年〕十月廿三日…………三五三頁
過刻は御枉顧拝謝／御受之儀何分宜頼む／内藤之儀昨夜抔之口気にも押而達被成候而も不受と申候程にも見へず／猶又舎長も相番等より被支候而学校被押付候而も不得体と申意味ニ聞こゆ／何レ今一応達被成候方可

然候哉／組頭御間欠と申儀又指南と舎長とハ違候との論ハ貴意如何

103 〔安政元年以降〕十月廿三日……………三五四頁
貴恙何分御加養可被成／昨日之達小遣為待置不写／貴兄御写御さ候ハヽ、拝借仕度

104 〔安政二年〕十一月朔……………三五五頁
刻限御面談之由承知／別紙達寮之儀も同断／明日ハ登館可仕／寮たけ八人詰ニ致組合時々代り候方可然共存ず／両田碑も達被成候由

105 〔安政三年〕十一月三日……………三五六頁
江南答書御示被下繁劇遥察／他所人来候節文武応対のこと／祠神の式のこと／国友心付尤と存ず／是又宜御返書願ふ

106 〔安政二年〕十一月十二日……………三五七頁
内藤書之儀／野老方へも別紙之通申来る／新家へも一寸承候所貴書之通之挨拶／豊田への書御指出ニ候ハヽ、一同御差出ニて可然候哉

107 〔安政四年〕十一月十三日……………三五七頁
御祠堂之事／是迄之所如何／豊田願何も存寄無之／但非常之御了簡と申語のこと／国友之事／別紙御心付御座候ハヽ、御認直可被下／御会読御賢労／明日ハ新嘗之由

108 〔安政四年〕十一月十七日……………三五八頁
御用書御入手可被下／賤恙長々御指引ニ相成申す／寄宿来正月より御始可然候所貴意如何／居学進ハ撰六ヶ敷候哉

109 〔安政元年以降〔除安政五年〕〕十一月十九日……………三五九頁

賤恙出勤御頼合ニて宜候由被仰下拝謝／尚々如諭減僧之事彼方ニてハ不承知と見ゆ

110 〔嘉永六年〕十二月九日……………三五九頁

四冊落手／御鏡餅之儀／尚々布衣以上見舞之儀／御用状貴名を先ニ御記被成候儀／昨日御祝儀之儀も承知

111 〔安政二年〕十二月九日……………三六〇頁

与八等之儀／双刀之儀ハ如仰容易ニも申出兼ぬ／御中間小頭ハ元より双刀之所黒鍬与役迄帯刀ニ候哉／尚々明日布衣講釈可相成ハ御頼合ニ仕度

112 〔嘉永六年〕十二月十三日……………三六一頁

御用状返璧／江館々僚より入寒書状来る／此方よりも御連銘ニて仕出候事ニ御座候哉／何レ御一同ニ仕度

113 〔安政二年〕十二月廿一日……………三六二頁

沼野井小僧等御世話拝謝／御床机廻り撰心付も無之／御祝文順落手／訓導願宜御取計可被下

114 〔執筆年次未詳〕十二月廿六日……………三六三頁

為御嘉儀芳樽御投恵被下感謝

115 〔嘉永六年以降（除安政六年）十二月廿七日〕……………三六三頁

先日は御丁寧御枉顧敬謝／如貴喩難題御題辞得体候様乍憚存ず／可畏之二字のこと（後欠）

116 〔嘉永六年以降（除安政六年）〕十二月廿七日……………三六四頁

（前欠）晦匿統馭ハ可畏事勿論／遊戯之筆を以可畏と申様に聞候而ハ如何／何歟是に類候字面ハ無之候哉

117 〔安政二年以降（除嘉永六・安政元年）月〕七日……………三六四頁

過刻御返書之通承知／御受ハ奉畏候旨頭取迄口上ニ而申上候而宜候哉／沼柏等を以申出候而宜候哉／貴恙中故僕方ニて扱可申候哉

118 〔安政三年　月〕十三日…………三六五頁
呈書案預る／水府翻刻ハ別ニ刻候にも及間敷歟／凡例之様成事少々出来候も可然歟／達書承知明日迄拝借／管庫等願之儀

119 〔安政四年　月〕十八日…………三六五頁
入学規則之儀別紙ニ付札ニて申出候所講習寮席順之儀／文館ニて席を分候ハ、武場同様ニ候所武場ニて席を細ニ分候義も届合兼ぬ／又下位之者驕慢ニ成候との説も有之候所学校ニてさへ文武共上下を分候事ニ成候ハ、上位之者ハ別而驕心増長可致／教職舎長等ニて時々心を付可申事歟／学校之義ハ簡節疎目にして寛厚を貴候儀執法吏と教職との相違
（手紙本文）前文草稿宜御取捨可被下
120 〔万延元年十月　日〕…………三六七頁
貴恙御同様之由／井生未発途／御送序拝見感服／拙作文立稿のこと

121 〔安政元〜四年　月　日〕…………三六七頁
学校文武諸生勤惰等取調之儀／御目付方持前之様ニ候へ共右役所専務ニも無之／文武共諸生惣調致候役相立可然旨教職よりも追々申出候儀／右人物之儀ハ矢野大介鹿島又四郎抔可然哉／尤御目付方調之儀ハ是迄之通取調別ニ右之通相成候ハ、御模通宜候哉

122 〔安政三年　月　日〕…………三六八頁
此度文武指南御役方相勤候者願之上指南御免相成る／繁勤ニて指南行届兼御免相成候義ハ不得已次第／此後万一繁勤之者都而御免と申様ニも相成候而ハ学校御取立之御主意を失候様相成る／是迄役筋之者も勝手次第指南致来る／猶更学校御取立ニ而ハ師弟之道ハ別而厚く御立被遊／師弟之交ハ外交と申ニハ無之／外交之故

を以指南不相成候ハヽ、最初より役筋ニても時々学校へ罷出修行可致との御主意も空く相成る／学校ニてハ師弟之道ハ格別ニ御論定ニ相成居候方と存ず

123

〔文久二年〕閏月七日…………三六九頁

学校修行朝文夕武之儀／右ハ烈公様思召ニて武芸相学候者も少年之内ハ必文学を可致文学之者も成人後ハ必武芸相学候様との御儀／此段ハ藤田誠之進并恒蔵等度々烈公様御意を奉伺相覚候儀／然所武芸師範之方ニ而ハ最初学校御開当坐之通り文武同刻ニ致度候趣／其後追々御試之上文武同刻ニてハ修行之為不宜候義を御見定朝文夕武之御制度ニ被遊候儀／猶又武人之内ニハ昼飯後罷出候へハ小給之者都合も可宜候と申候者有之／烈公様御意ニも少年之者ハ少々ツヽも学校へ時刻長く置申度との御事／只今烈公様御逝去被遊候迚御遺業を相破思召ニ奉背候様相成候而ハ何共歎敷次第／御筋ニ而も御遺志をハ堅く御守りニ相成候義と奉存候得共御掛ニ付申出候

（手紙本文）朝文夕武之儀俗論蜂起候由／政府之武断ニて俗論ニ従候様ニも相成候而ハ不可奈何候間御掛ニ不拘此方申出候方可然候哉

124

〔安政五年　月　日〕…………三七一頁

（此度公辺へ被仰立候趣猶又三ヶ条御尋之儀）永世安全との御儀ハ古今無之儀／近来戎狄之勢甚盛ニ相成る／禦侮之方富国強兵ハ勿論ニ候所神聖の道を興し邪教を防き候事大本／不拘国体後患無之方略との儀／既ニ墨夷抔も最初之望よりハ次第ニ増長す／後患無之との見留ハ立不申儀指見ゆ／下田条約之外御許容無之防禦処置之儀／幕府諸有司を始め戦を畏諸家も安逸ニ習ひ只今戦場と存候家風指を折候程も無之／兵糧も軍用金も乏敷実戦ニ臨防禦行届可申とハ不被存／他家ハ無是非候へ共御家計も戦場之駆ヶ引を心掛候風儀ニ仕度／但仮条約等御断之儀／御国法と而已御断ニ而ハ狭隘之論と一円ニ相破り候事／其国も我国も互ニ存意を扣へ

候様致候ハ、和親之意味ニも叶候と申儀を以御断ニ相成候ハヽ、不得已存意を扣候儀も可有之哉

125　〔安政四年〕閏月廿六日…………三七三頁
大暑昨日ハ御腹今日ハ御全快大慶／御頼合承知別紙御付札之通管庫へ申付く／昨日長尾左大夫文館へ罷出づ／十五歳ニて是迄文武罷出不申者有之／入学之者姓名瀧口正蔵惣領正太郎之由／実ハ文武不岐候為にハ武場へ入学も此方へ申出候而宜様なり／試文も出候間教職へ廻し添削致候様達す／御登館之節御覧被成候方と存ず

126　〔安政二～四年〕二月十九日…………三七四頁
只今御普請奉行来候而申聞候ハ寸法無之候而ハ取掛り兼候由／青柳へ不遣候而ハ分り不申事／明日申出候様可申遣候哉／此者へ被仰付御遣被成候共とかく宜願ふ／孔廟之方残し置此方ニて何レと歟不致候而ハ相成間敷／明日にも廻り候様致度との事／僕も明日登館とハ奉存候所安心不仕宜様願ふ

127　〔安政二～四年　月　日〕…………三七五頁
備前守殿家来学校修行之儀／右家来陪臣ニハ相違も無之／御直参と陪臣と分り候所ハ大体ニ関り候儀／学校之儀ハ陪臣不罷出候御定め／瑣細之異同ニハ御構無之方と存ず

128　〔安政元～四年　月　日〕…………三七六頁
（布衣以上幷三百石以上之族へ）布衣幷三百石以上之惣領一ヶ月七日以上文館へ相詰候様／家塾ニ而致素読候初学之族ハ一ヶ月十五日以上屹ト罷出べし／但当主ニ而も繁勤ニ無之族ハ同様ニ有之候事／右之族毎月廿日於学校講釈素読改有之
（家塾師範之族へ）布衣以上幷三百石以上之惣領一ヶ月七日以上文館へ相詰候様／家塾ニ而致素読候初学之族ハ一ヶ月十五日以上屹ト罷出候様／廿日以上を出精と致十五日以上ハ並右以下ハ不精と心得精不精取調

年々七月翌年正月両度ニ学校へ書出可申／右之族致素読書名是又右同様書出可申／格別出精又ハ格別器用ニて果敢取候者ハ右同様書出可申／右之族毎月廿日於学校教職致出席講釈素読改有之候間月々十五日迄ニ師範より学校へ姓名書出可申／右之振合を以夫々御達ニ相成可然哉

129
〔安政二～五年　月　日〕…………三七七頁
如諭御幼年より尊大ハ不宜且撫軍監国ハ世子之事／公子御英傑ニも可有御座候へ共御幼年ニて義公も子供ハ子供の様ニて宜敷との御意／老臣ニて撰候事ハ当然

130
〔安政元年〕四月十六日…………三七八頁
宸禁大災御同意恐懼／御霊屋歌舞計も御止之儀御同意

131
〔安政三年〕十二月六日…………三七九頁
此間之御書抜夫主妻之祭事／喪主に候へハ古主妻之葬之事を証ニ引度／其外祔廟之事も祔于祖姑候事類例ニ而も有之間敷候哉／今以日々発熱登館相成兼候間一寸伺ふ

132
〔安政二～四・六年〕十二月八日…………三七九頁
今日煤掃仕候間御頼合申度／今日講釈之順ハ如何／昨日参政代より御廟之儀御掛のこと／榎本より申出御相談／青標紙二冊為写置候様御意之趣／史館ニて為写候而も宜候哉

133
〔安政元年〕壬〔閏〕月廿日…………三八〇頁
閏月を不計候なれハ祥祭遷主等も来月被成候而可然／御遷廟等も相済候上ハ後々閏月ハ最早御平月ニ而宜候様存ず／尚々三等撰聚訟候由こまり候事

134
〔嘉永六年あるいは安政元年　月〕七日…………三八一頁
藤田より申来候儀／瑞竜ハ君西夫人東ニて御廟ハ君東夫人西／江戸も御廟之通ニて宜候様存ず／家礼図説に

ハ翁婦相並之説も有之／藤田より別封落手
135 〔嘉永六年 月〕二十六日…………三八二頁
類例書抜一見／御鏡餅御備のこと／但御当主様御廃祭ニ候へハ俊祥院様御分御備被申候も如何／御鏡餅ハ御方々様より御銘々御備候事／他之御方々様御備有之当公計御備無之候も如何／三月御服明ニ而年頭御備と申も如何／孝文夫人様御備ハ未御吉祭ニ不被為成候間是も前例一応御見合ニ而ハ如何
136 〔嘉永六年十一月九日～安政五年十一月二十五日〕…………三八三頁
（稲荷祭之儀御受） 御親書謹拝見／稲荷祭之儀ニ付委細御意之趣／則小川修理へ相掛申候所別紙書抜差出申す／如御意作り物等ニて少年輩風儀を傷ひ候儀何歟見替ニ相成候儀御座候様仕度／修理申聞ニも此節御取用相成候様之儀心当りも無之由／依而別紙相添御受申上ぐ
137 〔安政二年〕三月十八日…………三八四頁
惣髪願相済恒蔵と相改可申旨達承知／参政之書も追而返進／改名届之事と見ゆ
138 〔安政五年〕正月廿二日…………三八五頁
御腫物如何／御用書御廻申す／小川難有事名代ニて呼出可申候哉／左候ハヽ、御薬弊廬へ御遣可被下／祝詞参候所何レも失体／此地ニて出来候を用候より外ハ無之候哉／舎弟より御願差出可申候哉／諸公子御会始替り候事無之候哉
139 〔安政元～万延元年〕二月十五日…………三八五頁
今日登城可仕も不快ニて相引申す／甲冑申出ハ此間柏取扱申候／雑賀殿之儀追而申訳差出申す
140 〔安政二年〕二月廿七日…………三八六頁
先日御話之通東湖へ一書認候／此間御話之趣も書取申度／七十以上追鳥狩も御免ニ可相成候哉／改名之儀／

其筋へ宜敷御内談被下候様祈る

141〔安政五年〕三月九日…………三八七頁

差出辞表候儀／兵端開候日ニ八十ニて軍籍ニ列候事何より指支へ／此一事ハ身ニ切迫す／辞候ニハ一切不言候而ハ不安

142〔安政五年〕三月十日…………三八八頁

退隠ニ候へハ願書之方可然被仰下敬服／戦場之儀も御軍用方抔ニ而弥張行伍へ組候事と相見候而退隠を乞候事／学校へハ罷出候而も達次第ニて不苦／願書ニ候へハ貴兄より御指出相成間敷候哉／誰ぞへ頼杉浦殿へ口上ニて願之儀貴兄より誰かへ御話被下候様ニハ相成間敷候哉／草案ハ御存分御削正祈る

143〔安政元年以降〕四月廿一日…………三八九頁

御用書御落手可被下／先日傔仗之儀御話申候所其人参候由／当時召仕候者一旦指置候者ニ候間指置可申旨悴も申す／右之次第可然御申為聞被下候様可相成候哉／若又貴兄ニも御迷惑之御次第ニ候哉

144〔安政四年〕四月廿六日…………三八九頁

賤恙順快／右ニ付松宮より御手製之御薬頂戴且親批を以用法等委細蒙御意難有仕合せ／病中貴兄より御礼被仰上被下候様祈る／且瘧も落候間乍恐不被為紆高慮候様申上可被下

145〔文久二年〕五月十五日…………三九〇頁

為御祝寿嘉魚御投恵御厚意感佩

146〔文久元年〕十二月廿一日…………三九一頁

新刻書呈咲候所為御礼芳樽御投恵被下感謝／尚々御文庫小僧等へ御取扱被下拝謝／二百五十疋返納／御告ハ既往ニ相成先ツ夫ニて宜候事

147 〔嘉永六年以降（除安政六年）〕十二月廿二日……………三九二頁
此品乍軽微到来候間呈す／尚々御用書見出候間返完

148 〔安政五年〕十二月廿四日……………三九三頁
今日先日之代り僕出仕可仕候所今以寒熱有之候間相願度／賤息召状来候間御免と見ゆ／僕も御礼有之候事相見候所悴名代ニても可然候哉／廻りケ所宜御指図頼む／師範代り合之事／浅田等十人計先日烏執政へ出候由／先ツ是等を為登候而ハ如何

149 〔安政四年〕閏月十三日……………三九三頁
御薬方拝領被仰付難有仕合／御礼之儀御取扱ニ相成拝謝

150 〔万延元年十月〕六日……………三九四頁
御眼疾御順候と存ず／明日ハ御上途御賢労拝察／御用書御覧後御遣可被下／昨日ハ高年ニ付白羽二重御手より拝領難有仕合せ／昨日御筆拝見僕立稿之方歟／先日貴兄御立稿之分相済両様共御慶ニ相成候義と存ず

151 〔文久元年〕十二月廿七日……………三九四頁
拙著呈咲候所為御報美酒御投恵拝謝／尚々鈴祐文御示被下熟覧可仕

152 〔安政六年〕三月廿六日……………三九五頁
呈疏御城ニて高橋へ小僧を遣し候所不来候間今夕遣可申／石川惣三郎墓碑相認候所宜御削正祈る

153 〔安政元年以降（除安政六年）〕五月七日……………三九六頁
墓表御入用之由ニ付先ツ入貴覧／御存分御削正祈る

154 〔安政元〜六年（除安政五年）〕五月廿七日……………三九六頁
貴恙御順快敬賀／御碑文何も存意無御座／祝姫様之分水戸中納言景山公と歟有之候ハヽ、詳ニ相分可申

155 〔安政三年以降（除安政六年）〕六月廿一日…………三九七頁
賤恙順快近日出勤仕度候所炎暑今少し相願候／富田左近墓誌碑銘被頼先ツ立稿／何卒御存分御削正願ふ

156 〔安政二年〕八月十四日…………三九八頁
今日ハ僕邸中ニて謁見被仰付明日ハ幕府へ罷出／乍憚館僚へも宜御致声願ふ

157 〔文政十二年〕九月十九日（延光の父量介〈延于、拙斎〉宛）…………三九八頁
御答書被下忝拝見／御次男様五月中より御咳嗽憮々御憂慮之御儀／御機嫌伺状御差出被下候由／上公去月末より腫気被為在候而今以御同様ニ御坐候由／道路之説に杉本仲温ニ御転薬被遊候様承知／右等之御薬何卒御相応にも被為在候様奉祈候事／又々此後貴書ニ而御快復之御沙汰相伺度／尚々小沢篤介事先達而草津途中ニ病死之事

158 〔文久二年〕正月四日…………三九九頁
此節高野聖御借用之議ニて孝文順貞両夫人御位牌御納との説／御位牌御納と申事威義以来無之儀／猶更先公排仏之思召ハ御幼年より始終如一ニ候を薨後直ニ御変革と申ハ臣子之情不忍聞／排仏之御素志ハ御著書ニも歴然候を思召抔と誣候而ハ天下後世へも可愧之甚と存ず／黙し候而ハ辱職候様ニ候間戸執政へ一書遣はす／貴兄も御駁議祈る

159 〔安政元年以降〕三月八日…………四〇〇頁
御懸之儀愚意ニハ御仮殿ニ御安置ニ而ハ廟有二主之俑を作候様ニ候間御封しニて御祠堂へ御納ニ相成候而ハ如何／異論も可有之候へ共致方無之

160 〔執筆年次未詳〕三月廿六日…………四〇一頁
庶人官《ママ》〔「棺」カ〕制之儀付札ニ而申出候所棺之儀ハ坐棺臥棺共面々心次第／但臥棺相用候ハ、下ケ棺ニ可致

旨御達ニ而も可然哉／右両様之内ニ而御判断御坐候様奉存候事
（手紙本文）右之通り之一説も先日承候処昨日ハ心付不申候へき／依而是も申出置可然哉／夫ニも及間敷と
御了簡被成候ハヽ、其儘ニ御指置可被下

161　〔文久二年〕正月四日……四〇二頁
御告之儀順貞夫人も御同様ニ御申遣被成候由／弥張夫ニ而宜候様存ず／尚々茅根葬式之儀両生弊廬へ参候節
情と申事を申張る／礼と情との弁も開諭候所枘鑿作入兼候様子／然所貴兄御許被成候ニてと申候而宅へ持込
候由／如諭癡人面前不可奈何養父を不仁也と憤候由／僕抔不仁仲間

162　〔文久二年〕四月廿六日……四〇三頁
櫝へ認候と申も珍敷候へ共数多御排列ニて御分り兼候故不得已候歟／書家ハ宇留野被仰下候通可然／御侍妾
之神位櫝有之候由ちと出来過と存ず／御方々様是ニ御倣にも礼意ニ叶候方宜様ニ候へ共是又御出来ニ候ハヽ、
致方無之／塗もかき合せ抔ニて御歴代様より一等御手軽之廉ニ而も有之可然／御用書桜任蔵云々御進献御遣
納等御済之後ニ候ハヽ、御故障も有之間敷候哉

163　〔文久二年〕四月廿七日（会沢が青山からの来簡の行間等に書き入れをして返書としたもの）……四〇四頁
別紙之通御位牌認候儀筋より申来る／木主牌子書式検閲候所追々御位牌も史館ニて認候趣《迷惑なる事ニ候へ共不得已》／尤此節ハ史館ニ
書家無之候へは宇留野へ被仰付御用部屋ニて認候て可然《此通りニて可然》／但裏書ハ此方より廻し可然候故別紙之通相認入御《存寄無御》
覧《座》／置牌抔可咲事ニ候へ共先従旧例（御位牌仏寺へ御納非礼之礼ニ候間置牌等之字面も不苦）／尚々昨日は
貴答奉謝／櫝へ認候ニハ無之是迄紙張り被認候分紙ヲ取りて認直候事／櫝之儀貴意之通可宜ニ既ニ伺之上左
様相成候事（不得已）（行間と括弧内は会沢の書き入れ）

164　〔万延元年〕六月廿二日……四〇五頁

沈痾長々相引居御指引ニ相成拝謝／長倉葬地之儀実ハ葬祭之儀ハ御同様学校持前之事／心付之儀概略富田へ文通候間定而御承知被下候哉／瑞竜ハ先世より賜り他の人臣葬送不相成候御場所へ陪葬之事全く彼家之寵栄／長倉ハ自分屋敷地へ葬候と同しく士庶人ニも間々有之／猶更其初も竜四郎殿等瑞竜へ陪葬不相成身柄之人より始り候事／竜瑞《ママ》山之儀ハ将監殿へ遺命も有之由／罪もなきニ家格御引下ニ而ハ余り御無理／ヶ様之葬祭等之大礼を等閑ニ旁観候而ハ何共恐入候儀／老夫儀ハ病中出門も相成兼候間何分御存分御申上ニ相成候様万祈

165　〔万延元年〕六月廿五日…………四〇六頁

瑞竜ニて可然と江戸伺被成候由／此節ハ夜過候も如此と相見御異論之由／乍恐君徳ニも拘り候儀前書之通／政府ハ政府学校ハ学校ニて別ニ御伺相成候而も宜候様存ず／彼家痛哭も御察御挽回之儀仰万牛之力／先君親々之盛徳獲麟御同意不勝憾／何ニ致セ親々之義入御聴申度至願

166　〔万延元年〕六月廿五日…………四〇七頁

長倉葬地之儀昨夜山崎幾之進申聞ニハ六ヶ敷候由／若貴兄御伺ニて御分ニも相成候哉／昨日も御面語申候通瑞竜も山下平衍之地ニは如何程も地面有之／彼家葬地之儀ハ御先代様親々之思召を以御連枝様ニ御準し瑞竜ニて賜り候事／只今館持ニ相成候迚私邑へ葬候而ハ乍恐御孝道ニ於ても如何可被為在候哉／又長倉臣子之身ニ取候而も御国御連枝と申候儀を失候而ハ永世迄痛哭飲泣候事／長倉之儀ハ是迄主従心を一にして忠誠を尽候所以後解体候様相成候而ハ御政体ニ於而も如何／是迄長倉之儀も無残所御寵遇被遊候所此節ニ至り人心を御失被遊候而ハ残念至極／昨日も得貴意候通御同様職分を尽し申度

167　〔文久元年〕九月四日（会沢が青山からの来簡の行間に書き入れをして返書としたもの）…………四〇八頁

御遷廟御儀昨日奥御殿様御話ニハ因州様より段々川越之方御聞セ候所御弘メハ十一月ニ相成可申仍而此節之

所御仮葬被成候趣／さすれハ此方ニ而ハ十月ニ相成候へハ御内実御服忌も御済ニ相成候故御遷廟有之候てよろしく可有之や之御儀／仍而御相談仕候間貴意《御同意》伺度／別紙之通申出草案も試ニ認む《御同意御指出可然》／右申出有之方御目付方御懸ニも可宜歟／大和守様御儀此節御仮葬之由ニ候へハ中納言様ニハ烈公様御遷廟ハ来月初旬より服忌致候て御式御坐候ても可然や／御兄弟様之御儀ニて長く御遷廟御延ニ罷成候も如何／且御中奥ニ被為入候内ハ近火等も難斗旁十月中御遷廟有之可然と存ず

168　〔安政元～六年（除安政五年）〕九月十一日……四〇九頁

御瘵疾何分御加養可被成／御頼合之儀承知／御碑面之儀山野辺婦人之方宜候様に存ず／貞操院も御先例ハ有之候へ共瑞竜へハ相当も不仕／均しく不相当ニ候ハ、書法正候方可然候哉

169　〔文久元年〕十二月廿三日……四一〇頁

陥中ハ身体同様故生時之称而已ニて諡ハ死後之称故陥中へ不書粉面ハ外飾故死後之号を書との事／神主へ文字を題候事宋以後始り候へ共生前死後の号をヶ様ニ分候説も見当り不申／諡も死後の号とハ乍申弥張生前之徳行ニ象候事／家礼ニも死後之称を不書と申所ニ意義有之候ハ、諡を不書と申事を文面ニ著し候筈／只某公と計有之候ハ諡の有無ニ不拘大略を挙候迄／諡を書候も不書候も人々心得次第／情義ニ本つき候へハ諡を書候方穏当かと前便論及

（手紙本文）御用書中陥中之儀愚意如右ニ御坐候所猶又貴論も伺度

170　〔万延元年　月　日〕……四一一頁

来ル十四日鹿島神新嘗祭靖定夫人様御忌日ニ御勝合ニ付十五日ニ御延之儀／御伺被成候所重き御祭ニ付御日延無之様との思召／神を御敬被遊候御儀ハ御盛意ニ御座候所礼意ニ於ても却而重き御祭故御日延と申次第／忌日ハ哀と敬と相混し誠敬之心純一ニ難相成候間忌日を不用／神へ誠敬之心を純一ニ致し清潔を以神に事え

候ハ神を敬候意より出候儀／猶更朝典ニも卯日大嘗祭辰日大嘗の節会ニて両日共同し神事之日ニ候へハ辰日ニ御延ニ相成候而御次第も無之／吉凶御同日ニてハ却而敬神之御意味ニ叶不申候間今一応御伺ニ相成候方と存ず

171　〔安政三年　月　日〕………四一二頁

順貞夫人様御祔廟之儀孝文夫《ママ》〔「人」欠カ〕様御廟へ御同室ニて御祔祭ニ相成候而宜候御儀／御祭之儀ハ喪主ハ即ち祭主と相成候事ニ御坐候間当君様ニ而御主祭被遊候而可然／但御遷廟之節ハ老公御主祭之所を御摂祭之御例ニて宜候様存ず／猶又後世以夫祭妻之例相添此段申出候／礼書之文解釈候而委敷認候方宜候哉

172　〔安政二〜四年〕三月七日………四一三頁

賤恙少しハ快様ニ候へ共神気未復／御用書上置候間宜頼む／御日取祝詞祝文相分候哉／文恭先生之儀如何相成候哉

173　〔安政元年以降（除安政二・六年）〕七月十二日………四一三頁

昨日之御書等御手元へ上置候間宜様願ふ／吉村之書是又上置申す／双互ニふせう致申合候様のミこみ候へハ宜候様也／例之褊心如何ニ候哉

174　〔天保十一〜十三年〕七月十三日（延光の父量介〈延于、拙斎〉宛）………四一四頁

残炎甚敷候所貴恙如何／賤恙もとかく宜無之押而出仕／此間別紙之通御掛御座候間案文之意ニ而申出可然哉

175　〔安政元年以降（除安政二・六年）〕七月廿一日………四一五頁

吉村返書御筆労拝謝／外ニ心付も無之／但筋伺と成候ハヽ例之調停ニて日割を立候様達被成候も難計候間押付られ候様ニ成候而ハ如何／とかく貴意次第

176　〔安政六年〕八月十三日………四一五頁

如貴諭大風雨此度御安健御下着奉賀／今日ハ御下痢ニて御伏枕之由／小室生より承知仕候所極秘之一条御座候由／老夫も明夕抔参堂可仕哉と存ず／左も無之候ハヽ、十六日学校ニて御面会承知

177　〔安政五年〕九月九日……………四一六頁
隠居席之儀武田之席相定候由／僕迚も右之心得ニて罷出候様可仕と存ず

178　〔安政元年以降〕十月廿二日……………四一七頁
昨夜御答書拝見／御茵御離御試被成候由奉賀／豊田同論大慶御写ニて御呈覧御尤／執政へ御指出御書付御感発可被遊哉と存ず／政府へハ今日御一同指出可申／江戸来書全文御写御筆労拝謝

179　〔安政元年〕閏月十三日……………四一七頁
藤田へ返書猶又可然御添削可被下／勧請之字も改候所如何／明日御頼合宜頼む

180　〔嘉永六～万延元年　月〕十五日……………四一八頁
高橋より別紙之通申来候所貴兄御心付御申立祈る／力疾候而後刻書取出来候ハヽ、貴兄迄可相願候所先ツハ間ニ合兼高橋へも宜様願ふ／食事ニ起坐候所只今より伏枕之つもり

㈡　国立国会図書館所蔵『会沢正志斎書簡』本文翻字

1　〔安政五年〕八月十七日

「戊午八月十七日

天変ノ論　　」（張紙、台紙上、異筆）

青山大兄　　　　　　　　　　　　　　安拝

別紙添

拝見。如仰秋暑、御安健奉賀候。彗星被仰下奉謝候。一星転行と申道理も、愚意ニは解兼申候。星変ニ付意見と申も、漢儒を学候外ニハ有之間敷哉、如何。御草案拝見。愚意ニハ、何レ共良策心付不申、御別紙へ付札仕候。猶又貴意相伺度奉存候。以上。

八月十七日

尚々、髭剃之儀、承知仕候。

一　御払馬願、御指出奉願候。御払之期在之由、早々相済候様仕度候。尤老夫よりも書記抔へ話可申候。以上。

天度ハ一定之所、一昼夜之内ニ東西転行、纒〔「躔」カ〕度進退と申ハ、愚意ニハ解兼申候。何ニ致せ、星変等ハ司天之職持前ニて、天文家之外ニてハ非所論、天変ニ因て事を論候も漢以後之事ニて、聖人之徒ニハ無之事故、星変ハ天文家ニ譲り、不論候方と奉存候。一星転行と申事解兼候間、疑を闕申度奉存候。予め手配り達被出候而ハ、直ニ嫌疑ニ渉り可申候間、万一之節は、此前之通り臨時之御床机廻り等処置の外ハ無之候様奉存候、如何。御国より御為登と成候ハヽ、却て人心動揺可致候歟。鎮静候ニハ、懇ニ御開諭より外ニハ、何を考候而も心付無之候。

＊台紙上の張紙に異筆で「戊午八月十七日」とあり、また、斎藤月岑『増訂 武江年表二』の安政五年の条、小宮山南梁『南梁年録』二六・二七などに、この年八月初旬から九月中旬まで彗星が現われたという記述がみえることから、同年執筆の書簡と推定した。

2　〔安政五年〕九月九日

「戊午九月九日
　勅書一件　」（張紙、台紙上、異筆）

青山大兄　　　　　　　　　　　　　　　安拝
　　座右

別啓。御着後如何御座候哉。定而御弁論も御坐候半。御採用ニ相成候得ハ大慶ニ候へ共、如何候哉。御発途前ニも得貴意候通、何より叛名を来し不申候様仕度候。我より見候へハ、勅書を奉し候様ニ候へ共、幕幷世間より見候而も、廻達之義ハ幕ニ引受、天朝伺候上と御約申候事故、夫ニ御任セ置候而も御抜ケ目ニハ不成と申姿、勅書之趣も公武合体・天下治平之御意味ニて挙義等之事ハ無之候を、御家窘迫よりして、勅を名として発候様ニ而ハ、悪敷致候ヘハ叛名を受可申、又拠水城之説も有之候ヘ共、左候而ハ猶更叛形ニ成、夫ニても危難を免レ候事ハなり不申、均しく危難を受候ならハ、泰然と駒込ニて御受被遊候方可然と愚慮仕候。貴意如何御座候哉。尤此事も、先達御同様少々ハ申出候ヘ共、猶又得貴意候。

一　御小姓願済埒明不申、数人竊発、賤息なとも其一ニ御坐候。尤願済之候事、白大夫御承知、南上被致候由、何卒相済候様相祈候事ニ御座候。此書着迄江戸御逗留ニ候哉否や不相分候ヘ共、先ツ草々得貴意候。以上。

九月九日

恒蔵

量太郎様

＊安政五年七月五日、前月二十四日に不時登城して大老井伊直弼の無断条約調印を面責した罪により、幕府は斉昭に急度慎を命じ、その翌日には慶篤に登城停止を命じた。さらに同年八月八日には、非常の事局に対処するため公武合体の実を挙げるようにという主旨の孝明天皇の意向を伝える勅命が水戸藩に下された。正式の手続きを経ずに出されたことから世に「戊午の密勅」といわれているもので、先の斉昭らの処分とこの密勅の取り扱いをめぐって水戸藩内は大混乱に陥った。本書簡は、水戸藩家老白井久胤が、安政五年九月七日夜、藩地及び下総小金駅における士民動揺の情を述べ鎮撫の急を説くために出府しているのと（前出『南梁年録』二六）、台紙上の張紙に異筆で「戊午九月九日」とあることから、同年に執筆されたものと推定した。

3　〔安政五年〕九月十九日

「戊午九月十九日
小金滞留歟　」（張紙、異筆）

以書付致啓達候。先達而ハ貴書被下候所、此地よりハ指而御運申候程之儀も〔「無之」欠カ〕、小金御滞留之由ニ付、御疎濶打過候。此節又々江戸御出府之由ニ御坐候所、今以御滞府ニ御坐候哉。江南小金之儀、万々御心配奉察候。此節江南之御沙汰ハ宜候様承知候所、打続回天之姿と奉察候。乍然南上之人々、中々北帰ハ不仕候勢之由ニ相聞、此上如何様之事ニ相成候哉難計奉存候。臨機之御良図何分奉祈候。久々御様子も承知不致候間、一書相書記へ相托申候。此段草々得貴意候。以上。

九月十九日

追々自刃之者有之、御心配と奉存候。此地之儀、幹次郎等へ申遣候。是又貴地ニ而も御承知之事と奉存候。

＊水戸藩では、安政五年の九月初め頃から江戸に向かう士民が続出して下総小金宿に屯集するが、この出来事を「第一次小金屯集」と呼んでいる。これに対して、安政六年の五月以降にも行われた小金宿屯集は、「第二次小金屯集」と呼ばれている。本書簡中には「小金御滞留之由云々」とあるが、すでに出府中の青山が、屯集士民に帰藩を促す任務を帯びて藩主慶篤により下総小金駅に遣わされたのは安政五年九月十九日のことであり、本書簡上には「戊午九月十九日」と異筆で記された張紙もあるので、同年執筆の書簡と推定した。

4　〔安政五年〕九月廿九日

「午九月廿九日

小金等煽誘　」（張紙、台紙上、異筆）

佩弦大兄　　　　安拝

座右

別啓。江戸小金へ出候諸士も、御承知之通り貴地より激論ニて誘候者有之候所、村民ニ至り候而ハ別而煽誘之者多く、長屋持抔村人別にて引出され候者も有之、十五、六才之少年もよほと見かけ、無心之者を引出し候而ハ、他日其者共、我ハ出る心もなきを里正抔申聞候間出候抔と申候ハ必然也。夫間牒抔聞付候へは、役人より誘候と申事ニ成、又群不逞之徒も郡庁より誘候なと丶申触、或ハ君聡をも奉迷候事難計、是等之事情予め御申上ハ如何。前ニも得貴意候事有之候所、存出兼候。以上。

九月廿九日

＊書中に「貴地より云々」とあるので、青山が出府中であること、また、その内容が水戸藩士民の第一次小金屯集についての記述であると推されること、及び台紙上の張紙に異筆で「午九月廿九日」とあること、などから安政五年の執筆と推定した。

5　〔安政六年〕十二月十九日

拝啓。寒威御安健御上着候哉。此節勅之事以外申上候歟ニも承及候、如何。若左様之節ハ幕へ御掛合振、別紙之通心付、先達而国友へ申越呈覧候所、貴意如何候哉、御相談申候。只今被為召候旨頭取より申来候間、草々。以上。

別紙為書可申候所、進止ヲ取ニハ入用歟も知れ不申候。貴地ニて国友と御相談可被下候。以上。

十二月十九日

＊本書簡には、差出人・受取人共に記名を欠いているが、その伝来及び内容等から会沢が青山に宛てたものと推される。書中に「御安健御上着」「貴地ニて国友と御相談」等とあるが、青山は、藩主慶篤の召しに応じて安政六年十二月十四日に江戸へ向けて水戸を出立しているので（『南梁年録』三七の十二月十五日条）、その頃執筆された書簡と推定した。

6　〔安政元〜四年　月　日〕

「幼年者学文」（朱筆）

御家中学校へ相詰候儀、文武勝手次第ニ候所、文学ニ長じ候而も武芸ハ必兼候事ニ相成居候へ共、武芸者ニハ一切文を心得不申向も多く相見候。尤年齢長し候者ハ只今より読書も成兼可申候へ共、幼年より武芸斗習候類も有之、間々ハ惜敷少年抔も相見申候間、十五歳以下ハ武よりも読書を専ニ為致候方可然奉存候。且又素読之者ハ御定日数を追候位にてハ所詮埒明不申候。幼年ニ而ハ武芸雑事等忙敷事も無之候間、毎日も出精相成候間、素読之者等心得方御達ニ相成候様奉存候。猶更布衣幷三百石以上抔之子弟ハ、別而御用ニ立候人物出来不申候而ハ不相成候所、是迄通惰候風ニ候間、格別御世話御坐候様奉存候。此節御留守方ニ相成候而ハ一等弛候勢も御座候間、右之振を以可然御斟酌之上、御達ニ相成候様奉存候。

＊水戸藩校弘道館は第九代藩主徳川斉昭によって天保十二年八月に開設されたが、この時点では諸施設の工事のすべてが完了したわけではなく、また学則をはじめとする諸規則等の制定も間に合わなかった。なかでも敷地内に設けた鹿島神社への鹿島神宮からの分神遷座の儀式並びに孔子廟に孔子の神位を安置する儀式も済んでいなかったことなどから、当時の開館は仮の開館と見なされた。その後、弘化元年五月に斉昭が幕府から致仕謹慎処分を受けたことなどもあって、本開館式挙行は長いこと遅延していた。しかし、安政元年四月に斉昭が会沢・青山両人宛に書簡を送り祭式その他を調査するよう督励したことから、本

開館に向けての動きが活発化し、ついに安政四年五月八、九両日に本開館式挙行の運びとなった。ところで、この文中で会沢は、「御家中学校へ相詰候儀、文武勝手次第ニ候所、（中略）十五歳以下ハ武よりも読書を専ニ為致候方可然云々」等と記して、仮開館以来偏武の傾向がみられる状況を是正し、文武兼修の理念の実を挙げるように通達すべきことを提言している。よってこの文章は、本開館に向けて準備を進めている段階で執筆されたものと推され、いずれかの書簡に添えられるなどして青山のもとに届けられたのであろう。

7　〔安政六年〕四月九日

青山大兄　　安拝

「己未四月九日
番頭等南上　」（張紙、異筆）

別啓。只今承り候ヘハ、御番頭大場・岡田・野中・岡部・榊原、其外鈴木靫負・武田彦衛門等、昨夜政府之令を不用発途候哉。士林益動揺可致歟と憂懼仕候。此上国家之事、如何可相成候哉。扨々不及是非候。貴地ニ而何分御謀議御尽力、万祈々々。草々、以上。

四月九日

＊安政六年四月八日夜、番頭大場らが政府の令を待たず江戸へ向けて出立したことは、『水戸藩史料』上編坤巻二五に記されている。加えて、異筆で「己未四月九日」と記された張紙もあることから、安政六年の執筆と推定した。

8　〔安政六年〕六月十八日

「己未六月十八日
御肩衣ノコト　」（張紙、異筆）

安拝

青山大兄

貴酬

拝見。如貴諭大暑、愈御万福奉賀候。伊監察不快ハ癒候事ハ如何ニ候へ共、謁見ハ出来候事と奉存候。壮志可想其後之情景如何御座候哉。御肩衣之事ハ巷説と相見候所、倍令候者之恩賜之事ハ此度も又々有之候由、去年ハ罰して懲役、今年ハ賞して勧役、如何なる政体ニ候哉。尤恩賜之事、弐三臣の掌握ニ出候事と相見、政監両府ニ而ハ不知事之由、原任等ハ不役之筈と相見候。無願登り之者既往之事ニて、佐藤兵介も近臣ニ成り、小監等ニ成候者も数多有之候へハ、原任壱人ニも無之様也。吹毛求疵にも候哉、如何。

一　条約云々幷呑の形を露し、要塞兵器等漸隠然相見候由、御同意扼腕仕候。御細注委曲被仰下、一として憤激之事ニ非るハ無之候。此節諸侯動静可有之哉被仰下候所、何卒追々様子御示被下候様奉祈候。此地ニ而も海上ニて異舶見掛候由、砲声も遥聞候由、尤一艘と申事ニ御座候。外ニハ変り候事も無之、小金よりも農民千人程帰候由、何卒一方ツヽも鎮静ニ仕度候。他期後便候。以上。

六月十八日認

＊本書簡は、書簡上の張紙に異筆で「己未六月十八日」と記されており、さらに書中には「小金よりも農民千人程帰候由」とあるので、安政六年五月頃から起った第二次小金屯集時に執筆されたものと推される。幕府から屯集士民を退去させるよう命じられた水戸藩では、同年五月二十日、斉昭と慶篤がそれぞれ退去を促す諭書を下している。

9　〔安政六年〕七月廿四日

青山大兄
　貴右　　　　　　　　　　　　　　　　　　安拝

「己未七月廿四日
八幡云々主謀者」（張紙、異筆）

拝見仕候。一暑一涼屢変候へ共、愈御万福奉賀候。八幡云々被仰下候所、動静共主謀之胸算次第と相見候。高松邸へ神職罷出候由、騒々敷事ニ御座候。御評議も作舎道辺之由、政令多門、左様之勢と相見申候。御謁見も久しく無之、御召之節ハ髭ニ火被付候様之由、御内情奉察候。何卒早く風波平き候様相祈申候。忠四郎事、御沙汰有之候迄ハ登りニ不及候由、当人ニも申通候様可仕候。御褒美之儀御同意之由、此節ハ不快ニ而頼合居候所、両三日中ニハ出勤可仕候間、其節書記抔相談可仕歟と奉存候。此地当時異聞無之、側用・監察等追々南上、貴地如何之様子ニ御座候哉。他期後便候。以上。

七月廿四日

＊安政六年七月十四日、水戸藩領内の祠官斎藤式部ら二五人が高松藩主松平頼胤邸に到り、藩主慶篤の登営停止及び斉昭の謹慎がそれぞれ解除されるよう斡旋してほしいと嘆願した。書中に「高松邸へ神職罷出候由」とあり、また本書簡上の張紙に異筆で「己未七月廿四日」とあることから、同年の執筆と推定される。

10　〔安政六年〕六月廿四日

青山大兄
　　座右
　　　　　　　　　　　　　　　　　　　　　　　　　安
　　　　　　　　　　　　　　　　　　　　　　　　　拝

　　　　　　　　「己未六月廿四日
　　　　　　　　白大夫へ書　　」（張紙、異筆）

拝啓。日々鬱蒸、愈御万福奉賀候。貴地近状如何候哉。弥張依然ニ候哉。幕方も好音も響候様伝聞候所、何卒実事ニ仕度奉万祈候。此地鎮静ニハ候へ共、志願も貫不申、徒ニ鎮静とのミ申候而ハ、人心も不安候間、別紙草案之通、白大夫へ文通可致奉存候。御一見之上、故障も無之候ハヽ、御指出被下候様奉頼候。縷々得貴意度候へ共、右文通ニ刻を移し候間、何も申残、草々閣筆候。以上。

　六月廿四日

右草案ハ、国友へも御廻し可被下候。国友より返却候様御伝可被下候。

＊安政五年七月五日に斉昭が幕府より急度慎を、さらにその翌日に慶篤が登城停止を命じられて以降、これに抗議しその解除をもとめて出府する士民が続出したのであるが、藩庁からも、安政六年六月十三日に家老白井久胤らが嘆願書を老中太田資始に提出して斉昭の謹慎と慶篤の登城停止の解除を陳情し、同月二十六日にも白井らは太田に謁して解除を嘆訴するなど尽力してきた。書中に「幕方も好音も響候様伝聞云々」「白大夫へ文通云々」などとあるのはこうした動きに係わる記述と推され、加えて、本書簡上の張紙に異筆で「己未六月廿四日」とあることなどにより、安政六年執筆の書簡と推定した。

11　〔安政六年〕七月十三日

「己未七月十三日
二老を誘　武老」（張紙、異筆）

安拝

青山大兄
　貴答

芳牘拝見。秋色相催候所、愈御万福奉賀候。如貴諭好音も虚声ニ相成、貴地より追々書通有之様子ニ御座候。二老をも誘候由、二老近比愛妾ニ耽り候との事ニて、動きも無之歟とハ見へ候へ共、度々ニ成候而ハ曾子母投杼類も難計、苦心仕候。追々御書も有之候由之所、又此度も御書御座候而鎮静を御称し、此上鎮静之儀御委任ニ相成候様、貴地ニ而被仰上候而ハ如何可有之候哉。近密之地ニ而御尽力奉万祈候。

一　小梅云々被仰下、いかさま不平之人も出来候筈之事と相見候。衆心一斉ニ無之も、公室の為にハ宜候哉。乍去有集輩之妄人横肆候様ニ而ハ、如何様之事を生候も難計、寒心仕候。九日ニハ御書御下、貴兄も御出ニ相成候由、御賢労奉察候。何レモ鎮静候哉。大川橋掛替ハ何歟可怪事御座候哉、如何。此節御眼疾之由、何分御加養可被成候。

一　外国へ義気を示候との一理有之様ニハ候へ共、居催促ニ而ハ安心不仕候。却而哀訴之儀、閣老取受候付、反覆論候而先ッ一同為引候所、様子ニより候而ハ又々出府も難計候間、近々御処置と執政衆より被申立候ハヽ、義気含蓄候而可然様奉存候。実ハ高橋等の為に謀候而も其方宜候様也。貴意如何。一反手ニて国家平穏と存候へ共、誰も用候人有之間敷、扼腕仕候。筆難尽草々閣筆候。以上。

七月十三日認

武老之意も承り度候所、応対ニよりて挨拶も変候間難万納候。改て御書より外無之奉存候。

＊安政六年七月九日、斉昭は家老らに諭書を下して士民の軽挙妄動を戒めた。書中に「九日ニハ御書御下云々」とあるのはこの事実をいうものと思われ、また「大川橋掛替」は同年七月に開始されている（前出『増訂 武江年表二』安政六年の条）。加えて、張紙にも異筆で「己未七月十三日」とあることなどから、本書簡は安政六年に執筆されたものと推定した。

12　〔安政六年〕七月十三日

「己未七月十三日
御仏参云々　」（張紙、異筆）

青山大兄
　貴答
安拝

芳翰拝見仕候。立秋残炎之所ニ而ハ覚涼気候。愈御万祉奉賀候。星夕ニも好音無之、少年騒擾候由、猶又閣老へ出訴可致抔申候儀、如仰事を生候計と相見候。とかく陰ニ主謀之者有之候故妄論も多く候半。何卒尊慮之趣下へ通候様奉祈候。御仏参等之儀、如仰赤夜叉張臂候而ハ安心不仕候。鷹犇半分為引候説御座候由、主謀さへ無之候ハヽ、十か八、九ハ引候事と相見候。豈啻其半乎。

一　忠四郎下着対話仕候。当月中此方ニ居候筈之所申聞候所、来月ハ登り候而可然候哉。若御用も無之候ハヽ、

此方ハ晒書手不足ニ候間、其趣申出候方可然候哉。貴意如何。
一 諸公子御相手相勤候付、御同様長綿一把ツ、被下候所、当年ハ御同様御相手も勤不申候間、返納致候方可然候哉。別紙ハ手元へ扣置御相談申候。
一 鎮静之儀被仰下候所、此節ハ動揺之機も不相見候所、貴地より追々煽誘有之様子故、安心不仕候。陰陽表裏之世の中ニ御座候。以上。
七月十三日認

＊書中に「御仏参等之儀云々」とあるが、これは安政六年七月二十二日に営まれた慎徳院（一二代将軍家慶）の七回忌法事や同年八月八日に営まれた温恭院（一三代将軍家定）の一周忌法事（『南梁年録』三四）等を指すものと推されること、9通目書簡同様「忠四郎」に関する記述がみえること、及び本書簡上の張紙に異筆で「己未七月十三日」とあることなどによって、安政六年執筆の書簡と推定した。

13 〔安政六年〕七月廿九日

青山大兄　　安拝
貴答
「己未七月廿九日」（張紙、異筆）

貴作御同感奉存候。
貴簡拝見仕候。朝夕涼気昼炎暑御座候所、愈御万祉奉賀候。二老云々宜御周旋奉祈候。

一　幕中云々被仰下太田閣老被退候由、夜叉愈益肆毒候半。御同意恐怖此事奉存候。梅徒等も速為引候事可想、何卒其前ニ鎮静為致度候へ共、謀主ハ中々為引不申事と相見候。彼此相激候勢、寒心此事御座候。邸中も洶々之由、執政不残引込候事、御外聞不宜候旨御話被成候由、敬服仕候。側用動候ハヽ、如仰六ヶ敷候事と相見候。分朋相軋之勢、事之乱源を清め申度事ニ御座候。貴兄ニハ駒邸へ御申上可被成候由、何分御尽力奉万祈候。御用書も昨昼後相達、書状間ニ合不申、草々得貴意候。以上。

七月廿九日

＊書中に「幕中云々被仰下、太田閣老被退候由云々」とあるが、幕府老中太田資始の同職再任時の在任期間は安政五年六月二十三日から同六年七月二十三日までであること、また本書簡上の張紙に異筆で「己未七月廿九日」とあることなどから、安政六年執筆の書簡と推定した。

14　〔安政六年〕八月四日

「己未八月四日
八幡　小梅　」（張紙、異筆）

青山大兄　　　　　安拜
貴答

貴墨拝見。如諭秋暑、愈御万福奉賀候。幕勢変革、此上如何候哉。御同意苦心仕候。八幡云々怪鬼ニハこまり申候。余り梗命候ハヽ、罪人の扱ニ而も可然哉。老大夫之偏固もこまり切申候。小梅瓦解之勢之由、廟議決候様万祈々々。両侯へ出訴之者、是又怪鬼ニ御座候。両大夫呼出も八幡之事とも承候所、如何。廟堂不断ニ而ハ奇禍可畏候。
一　貴地管庫替りニ矢野倉登りニ相成候。
一　諸公子御相手ニ付賜物之義、書記へ申談候所、御師範之分、文武共師弟の礼ニて被下被成候間、頂戴候而可然との事ニ御坐候間、受取候筈ニ仕、貴兄之御分も御代ニて受取可申候。以上。
　八月四日

＊書中に、安政六年執筆と推定した9通目書簡同様「八幡云々」についての記述がみえ、また同じく安政六年執筆と推定した12通目書簡同様「諸公子御相手ニ付賜物之義」について言及されていること、加えて本書簡上の張紙に「己未八月四日」とあることなどにより、同年執筆の書簡と推定した。

15　〔安政六年〕十月十三日

青山大兄　　　　　　　　安拝
　　貴答
　「己未十月十三日
　　除目唯諾ノ人　」（張紙、異筆）

拝見。寒冷御万福奉賀候。御代替御式も相済、京師之事有之内ハ暴発有之間敷、貴考之通と相見申候。幕水互
　近来、除目とかく謹唯諾候人物御用被遊候様、委靡益甚相成候事と存候。貴意如何候哉。

相疑、此上苦心奉存候。彦根引込候沙汰も有之候所、当坐之引込ニ候哉、如何。如貴諭、此地勇気か挫不申様致候所、南上之事ハ大公ニも甚御心配被遊候由、士人も其御意ハ体候様致度候。林生等北帰も不相成と相見候所、下町へも折々投書ニ而も致候様貴地ニて御相談御座候而ハ如何。此地ニて鎮静之事被仰付候所、耳目・股肱も無之、往来暁諭之人も無之、老身と申、中々届兼申候。今便外ニ得貴意候事も無之様ニ御座候。以上。

十月十三日認

＊徳川家茂が征夷大将軍に任ぜられたのは安政五年十月二十五日のことであり、同年十二月一日に江戸城で将軍宣下式が挙行され、翌六年九月二十五日に武家諸法度が諸大名に公示された。本書簡中に「御代替御式云々」とあるのはこうした一連の行事を指すものと推され、さらに書簡上の張紙に「己未十月十三日」とあること等から、安政六年執筆の書簡と推定した。

16　〔万延元年〕二月十九日

青山大兄　　安拝

座右

「庚申二月十九日

九木危シ　」（張紙、異筆）

管庫等学校へ罷出候間、僕も同様罷出居候而、此書相認候。

拝啓。此度之騒擾、御同意難及言語奉存候。諸賢日夜御賢労奉察候。依而ハ廟議無遺算ハ勿論ニ候へ共、逆徒今日中少年輩を煽誘候ハ、昨夜よりも人数ハ増可申候。面々手筒を持出し候計ニ而も銃数も増可申候上、神勢館ニ有之候銃を押領致候も難計、左候へハ防方ニ而も諸士中手筒を携候而可然と申事、敵ハ多銃ニて味方死傷多く候而ハ如何俗間ニ而も申候様子ニ
候間ニ候間、定而右之御評議とハ奉存候へ共、承候事故得貴意候。

一　此節彼徒ニ被憎候者ハ何レも危く候と申内、第一久木之宅危く候と是又俗間ニて申候様ニ御坐候。是等も非常之御処置ニて御手当御坐候ハヽ、伏兵を設て敵を打取候術にも当り可申哉と奉存候。貴意如何御坐候哉。此外御面談候ハヽ、何歟心付候儀も可有之候哉。先ツ指当り右之儀御相談申候。以上。

御城へ罷出候而も御面語可相成候哉難計候間、書中ニて得貴意候。

二月十九日

戦場之御見通しニて何事も速ニ御決断御坐候様至願奉存候。以上。

＊万延元年二月十四日夜、側用人久木直次郎が水戸城外で襲撃されて負傷した。書中に「第一久木之宅危く候」とあり、また本書簡上の張紙に「庚申二月十九日」とあることなどにより、万延元年の書簡と推定した。これより先の安政六年十二月二十三日、水戸藩士数百名が藩庁による勅書返納を阻止しようとして常陸長岡駅に屯集し、これを鎮撫しようとする藩庁側と対立する状況が続いていた。「此度之騒擾云々」「戦場之御見通しニて云々」等の記述から、この間の緊迫した様子が窺える。

17　〔万延元年〕二月廿日　　「庚申二月廿日」

安拝

青山大兄

座下

乱臣所置ヲ断セラレタシ」〔張紙、異筆〕

拝啓。作乱之徒如何相成候哉。定而今日抔ハ御処置御座候事と奉存候へ共、一日々々と遷延候而ハ、乱臣ハ次第ニ党類潜誘、多人数ニ相成、日を送り警固夜廻り等も惰り、御役方も帰宅を見透シ張札の言の如く致候も難計候。定而今日抔ハ御処置ニ相成候事と奉存候へ共、此節何事も耳ニ不入、事情も分り兼候間、罷出候而御面語仕度候所、雨天ニて罷出兼候間、書不尽言候へ共得貴意候。何卒作舎道辺不申候様御尽力奉祈候。以上。

客来ニて隙□〔虫損〕、草々相認候。

二月廿日

安拝

青山大兄

貴答

＊書中に「作乱之徒云々」とある本書簡は、16通目書簡と同様長岡駅屯集士民の鎮撫に関するものと推され、加えて、書簡上の張紙に「庚申二月廿日」とあるのなどにより、万延元年の執筆と推定した。長岡屯集が始まったのは安政六年十二月二十三日であるから、まさに「一日々々と遷延」して、延光ら率いる藩兵が鎮撫のため水戸を発したのは万延元年二月二十三日のことであった。

18〔文久元年〕八月十一日

烈公様、穆位へ御入ニ相成候宜候様奉存候。

拝顔御同慶。御夾室、先輩之議定ニて宜事と奉存候而居候所、貴書之通顚倒驚入申候。御夾室之礼ハ無之筈ニ候所、昭穆を正し候にハ東西を御くり替ニ無之候而ハ不相成と奉存候。大動ニ候へ共不得已候歟。猶期拝眉候。以上。

八月十一日

＊烈公（斉昭）の死去は万延元年八月十五日のことであり、前出『南梁年録』五五の文久元年十一月十二日条に、「烈公様御神主去ル八月中御遷座御廟へ可被為入候処今日御遷座被為済候事」とあるのによって、この烈公神主の御廟への遷座に関連する記述のみえる本書簡の執筆年次は文久元年と推定される。

19　〔万延元年〕三月廿日　　安拝

青山大兄
　座下

「壬戌カ三月廿日
永芳等勦撫ノ二字」（張紙、異筆）

拝啓。御万福奉賀候。先日御相談申候京師へ情実御通し之儀、愚意ハ別紙之通之意味を御通し置ニ相成候様と奉存候所、御故障ニ相成候事も無之哉と奉存候。貴意如何候哉。若御心付も無之候ハヽ、横山氏へ御相談被下候様相願申候。木村権之衛門等も西行之由、右之類外ニも可有之候哉。幕ニ而も油断ハ無之事と相見候へ共、京師ニ而ハ一概ニ暴政と見候も難計候間、此方之情実ハ通し置申度事と奉存候。

一　永芳等儀浜辺ニ居候由、何とか御処置有之事と相見候所、勦撫二字ニ不出候半。撫候へハ川和田の如く帰家抔と申、又他へ移類増長可致、勦候へハ潜匿と相見、弥張流賊之態をなし申候。乍去勦ニ出候へハ分散候て、公然と党を募候事なり兼可申哉。貴意如何。以上。

三月廿日

＊万延元年三月五日、水戸浪士木村権之衛門らは江戸を脱出して上方に向かった。書中に「木村権之衛門等も西行之由云々」とあるのは、この事実を指すものと思われる。また、「永芳等儀浜辺ニ居候由」とあるのは、同年三月中に「永井芳之介」ら激派士民が藩領内大貫村（大洗町）等に屯集した事実を指すものと思われる。従って、本書簡上の張紙には異筆で「壬戌カ」とあるが、「壬戌」すなわち文久二年ではなく万延元年執筆の書簡と推される。

20　〔万延元年〕二月廿七日

拝啓。国友より申来候儀、貴意如何候哉。榜示にも不及様にも候へ共、若榜示候ハ、法三章位之事ニて、ざつと致候方可然奉存候、如何。郡宰へ達、百姓搦取打殺等之事も一策歟。貴意如何。夫も易簡ニ致度候様也。貴意次第御申出被成候共、何レ共宜奉頼候。以上。

二月廿七日　　安拝

青山大兄
座下

＊安政五年七月五日、前月二十四日に不時登城して大老井伊直弼の無断条約調印を面責した罪により、幕府は斉昭に急度慎を命じ、その翌日には慶篤に登城停止を命じた。その後水戸藩では、この幕府の処置に抗議して出府する士民が絶えず、加えて翌六年十二月十六日には、前年八月に孝明天皇から水戸藩に下された勅書を返納すべしとする朝旨が水戸藩に伝達されたことから、その返納如何をめぐって藩論が沸騰し、返納阻止を主張する数百名の士民が常陸長岡駅に屯集した。そして、翌万延元年二月に至ると、これを鎮撫するために派遣された藩兵との間に小競り合いが生じるなど、極めて不穏な事態となった。会沢は、青山・豊田らと共に士民鎮撫の命を受け、その対応に苦慮してきていたが、収拾困難な状況下で、書中にみえるような「郡宰へ達、百姓搦取打殺等之事も一策歟」といった激越な言葉が、思わず口をついて出てしまったものか。

21 〔安政四年〕五月十一日

青山量太郎様　　　　会沢恒蔵

拝啓。凄冷愈御万福奉賀候。御親書開封拝見、御廻申候。尤御両通共頭取書中とハ相違ニて、松御殿様ニ御坐候。改葬と申も不忍様ニ候所、貴意如何。御遊印ハ宜候様奉存候。何レも拝面ニて御相談可申奉存候。以上。

五月十一日

＊書中に、「御親書開封拝見、御廻申候」「何レも拝面ニて御相談可申奉存候」「松御殿様」等とあることから、会沢が教職に復帰し「恒蔵」と改名した後で、斉昭が水戸での永蟄居を命じられる以前に執筆されたものと推され、さらに、本書簡が執筆された五月は陰暦では夏の季節であるにも拘らず書中には「凄冷云々」とあることから、冷夏であった安政四年に執筆されたものと絞り込むことができるであろう。ちなみに、「松御殿」は斉昭の居所のこと（西村文則『会沢伯民』）。

22〔文久三年〕六月朔

佩弦大兄　　　　安拝
　座右

拝啓。御万福奉賀候。豚児ニ御伝言儀笠候所、遇噬嗑不変ニ御坐候。占も分り兼候へ共、京師之責言水国之安否之命亨利用獄、御情実分り可申歟。柔得中而上行雖不当位利用獄、抔も符合候様ニも可有之歟。貴占如何、相伺度候。扨々御同意、憂懼之至奉存候。

一　拙文、玉巌主人より無拠被頼候所、例之不文、世ニ公布候事ニ候間、何卒御存分御削正被下候様奉万祈候。

以上。

六月朔

京師姉小路殿、甚敷事ニ奉存候。

＊書中に「姉小路殿甚敷事」とあるのは、文久三年五月二十日に姉小路公知が暗殺された事件をいうものと推されることから、本書簡の執筆年次が分かる。ちなみに会沢は、文久三年にその著『閑聖漫録』を水戸の書肆「東壁楼」から刊行した（秋山高志『近世常陸の出版』）。会沢が本書簡中に玉巌堂主人に請われて著書を刊行することになったと記しているのは、二年前の文久元年にその著『及門遺範』を刊行したのが「玉巌堂」だったことから（瀬谷義彦『会沢正志斎』）、うっかり誤記してしまったのではあるまいか。会沢は、本書簡執筆のひと月あまり後の七月十四日に没しているので、出来上がった本書を手に取ることはなかったはずである。

23 〔安政五年〕十月四日

佩弦大兄　　安拝

貴答

「十月十日

林了　　」（張紙、異筆）

林生、何方ニ居候哉不相知候間、一通御達被下候様奉願候。

拝見。寒冷愈御安健奉賀候。打続御賢労奉察候。彦根邸中云々可咲候へ共、左程ニ間違候間、此先之危殆寒心仕候。日下就捕之由、桜等も危く候半。かくまて羅織の料を操り候事、窮鼠之勢と相見、扨々不容易事御座候。其後御聞見之義、御示被下候様奉祈候。

一　林了蔵より来書、少壮客気、南上を懇々戒候意ニ御坐候。右之所見ニ而ハ、貴地ニ居候よりハ北帰候而鎮静ニ骨折候方、国家之益かと奉存候。一人北帰も如何ニ候ハヽ、佐順・秋長等も鎮静之命を受候ハヽ、夫々鎮静も可仕候哉。尤北帰ハ不本意にも候半。乍去鎮静之任を達被成候ハヽ、徒ニ帰候とも違ひ可申哉。不本意と申にも無之歟。貴意如何。

一　先日、剛柔之儀得貴意候所、右ハ白大夫抔も心得居候様仕度候。御遺訓抔誰ぞへ被仰付御書抜せ、白卿へ御贈被成候而ハ如何。静謐之世ニ諸士の頭さからさる様、又ハ家も元気衰ぬれハ滅亡すか尤的切之様也。

一　此節、上町ハ林より来書抔にて大抵鎮静之様子、下町ハ佐順・鮎沢等より来書ニて頗る激発之気ありと承候。佐も此地ニ居候時ハ林抔と同論ニて鎮静論ニ候所、南地ニてハ激発ニ成候哉ニ御坐候。北帰候ハヽ、林と同論ニ成可申歟とも奉存候。猶又御思慮相願候。出仕前、草々。以上。

十月四日

＊書中に「日下就捕之由」とある「日下」は、薩摩藩士日下部伊三治のことと推される。日下部は、水戸家に降下された密勅を水戸藩士鵜飼幸吉と共に水戸藩邸に伝達した罪により捕縛され、過酷な拷問を受けて安政五年十二月十七日に獄死しているので（『国史大辞典』）、この年執筆の書簡と推定した。

24〔安政五年あるいは六年〕十二月十日

佩弦大兄　　　　　　　　　　　　　　　　　　　　　　　安拝

座右

拝啓。御万福奉賀候。御風邪ハ如何御座候哉。美濃部書、昨日取落候間御廻申候。再按候ニ、遠慮指扣等執参列席ニて申渡候事、学校ニてハ有司決兼可申哉。禁足相慎候様ニてハ如何。申渡候時ハ、雑賀氏詰所ニて貴兄も御列席ニ而可然哉奉存候。何レ宜御取計相願候。以上。

十二月十日

＊書中の記述の内容から、会沢が弘道館教職に復した嘉永六年十一月九日以降に執筆された書簡と推されるが、雑賀（孫市）は万延元年二月十九日に卒中で死去しているから（『南梁年録』四二）、それ以前のものということになる。さらに、水戸藩では、安政五年七月五日に斉昭が再度の幕譴を蒙った後、その雪冤運動に参加して無断で出府したり、また八月八日に同藩に下され

た孝明天皇の勅諚の返納に反対して実力行使に出たりする藩士が増加したのであるが、これらを取り締る際の学校関係者についての扱いに関する記述がみえることから、安政五年もしくは六年に絞り込むことができる。

25　〔文久二年〕閏月十九日

青山大兄　　　　　　　　　　　　　　　　　　　　　　　　　　　安
　　貴答　　　　　　　　　　　　　　　　　　　　　　　　　　　　拝

昨日御相談申候所、鵜飼も入候而可然旨被仰下、御尤至極御同意奉存候。但安・茅ハ全く一橋公一条ニ候間、草案之内、一橋公云々ハ先ツ夫ニて段落、跡へ鵜飼も次第柄ハ一様ニ無之候へ共、先公御開明之上ハ一同御免抔と申候気味ニてハ如何。猶又貴考次第宜御删正奉祈候。以上。

　閏月十九日

＊安政六年八月二十七日、幕府は斉昭に国許永蟄居を命じ、水戸藩士安島帯刀を切腹、同茅根伊予之介・鵜飼吉左衛門を死罪等に処した。斉昭は万延元年八月十五日に水戸で死去したが、同年八月二十六日には永蟄居宥免の台命が下され、文久二年八月九日の三周忌には幕府から将軍名代が焼香のため水戸徳川家の墓所である太田瑞竜山に差遣されると同時に、同藩士のうち戊午以降に罪を得た者が赦免された。さらに同年閏八月五日、将軍家茂から老中が水戸邸に遣わされ、故斉昭に従二位権大納言追贈の勅旨が伝達された。書中に「先公御開明之上ハ一同御免云々」とあるのは、こうした一連の出来事に係わる記述と思われることから、文久二年執筆の書簡と推定した。

26　〔嘉永六〜万延元年　月〕十日

高橋書、御同意痛憤之至奉存候。今日他書状認候而疲候所へ、此書只今相届不堪把筆候間、返書之儀、乍御筆労宜奉頼候。以上。

十日　　安拝

＊書中の記述の内容から、会沢が弘道館教職に復した嘉永六年十一月九日以降に執筆された書簡と推され、さらに書中にみえる「高橋」とは高橋多一郎のことのようなので、高橋没年の万延元年三月二十三日より以前に執筆されていることが分かる。なお、本書簡には宛名の部分が欠落しているが、その内容及び伝来等から会沢が青山に宛てた書簡と見なして差し支えあるまい。

27　〔安政五年七月あるいは八月　日〕

此度之御儀ニ付、執政参政引受出府可有之候所、江戸表御下知ニハ、苦心之余り致出発候ハ無余義筋ニハ候へ共、却而御登城御慎解御差障りも至り可申、深く御配慮被遊候旨御下知も被為在候へハ、一同厚く存入候へ共、却而御障り相成候而ハ一統恐入候事ニ候間、年寄衆少々御扣ニ相成候所、無余義事ニ候間、無程被相登候様可相成候間、何レも相心得、麁忽之儀無之候様可被相心得候。一同苦心候。

＊この一文は、文中に「此度之御儀」「御登城御慎解御差障り云々」などとあることから、安政五年七月五日、幕府から斉昭が急度慎を、翌六日に慶篤が登営停止を命じられた後、幕府によるこの処分を不服とし、その赦免を請うために出府しようとする弘道館書生たちに対して、そのようなことをすれば却って逆効果となることを説明し、出府を思い止まらせる目的で執筆されたものと推される。ただ、同年八月八日に孝明天皇から水戸藩に下された勅書のことには少しも触れていないので、執筆時期はこの勅書の降下以前ということになろうか。文中には大幅な加除訂正が施されており、続き具合の分かりにくい個所もみら

れるほどであるので、まだ案文段階のもののようである。いずれかの書簡に添えられるなどして会沢から青山に届けられたものであろう。

28　〔安政三年〕六月八日

青山大兄
　　座右
　　　　　　　　　　　　　　　　　　　　　　安
　　　　　　　　　　　　　　　　　　　　　　拝

　安政丸ハ天子ニ非ハ不宜候様也、如何。

拝啓。御万福奉賀候。小山田より御封書入昨夜七ッ比三木より参候間、返書遣只今御廻申候。船名之儀僕も考見可申候所、とかく宜相願候。豊田之方も宜相願候。以上。

　六月八日

＊嘉永六年十一月十二日、幕府から大船の建造を命じられた水戸藩は、安政元年一月四日に江戸石川島において軍艦の建造に着手し、翌二年二月十六日には新造艦の船霊祭を行い、三年五月には艦内の造作もすべて完了、そして七月十二日に船名を「旭日丸」とすることに決定した。国立国会図書館所蔵の『豊田天功書簡』をみると、青山延光宛の62通目書簡の日付が本書簡と同じ六月八日付で、そこには「此度御出来之大船名撰被　仰付云々、至極御撰御的当奉存候」と記され、続けて候補の呼称がいくつか豊田によって列記されている。本書簡中にも「豊田之方も宜相願候」とあるので、竣工した船を幕府に引き渡す以前の、会沢らがその呼称を検討している段階で執筆された書簡と推されることから、ともに安政三年の執筆とみるのが妥当であろう。

29　〔安政四年〕閏月十一日

青山大兄
　　座右
　　　　　　　　　　　　安拝

拝啓。先日御話申候学校文武之事ハ如何ニ候哉。江戸ハ御床机廻り武芸始り可申との事ニて、稽古道具御買入被成候由、此方ハ猶更始候而可然候哉。

一　先日冗長之草案、御明き被成候ハヽ、少々見合申度候間、此者へ御附可被下候。以上。

　閏月十一日

＊水戸藩では、安政四年五月八、九両日に藩校弘道館の本開館式を挙行した。書中に「先日御話申候学校文武之事」「江戸ハ御床机廻り武芸始り可申との事」等の記述がみられること、また安政四年には閏五月があることなどから、本書簡はこの年に執筆されたものと推される。

30〔安政四年　月　日〕

「後宮費ヲ以テ武器御製作」（張紙、異筆）

一　御勝手御不如意、御武備御手当御六ケ敷候段、御指支之御儀と奉存候。猶又当年不順之気候、縦令此上天気揃候而も時節後れ候間、諸作不熟之御見込ニ無之候而ハ不相成事と奉存候。左候へハ、御収納不足之上ニ窮民御救之御手当、且民間も先年よりハ困窮之上ニ蔵中虫付、旁貯穀も少く友救も先年程にハ安心不仕候間、御手当も別而御大切と奉存候。兵革起り候日にも人夫無之候而ハ軍行も不相成、飢餓之民を駆使仕候も可憐事ニ御坐候間、万事御省略、前文後宮御入目を以武器御製作ハ勿論、其外御普請等も新規事ハ多分御見合、其外是も惟御差略御坐候儀一々ニハ書取兼候ヘ共、都而乱世之心得ニて毎事易簡ニ相成候様ニと奉存候。

＊この一文は、その筆跡や伝来等からすると、会沢が、青山に宛てた書簡に添えるなどして届けた意見書等の案文かと推される。水戸藩領内は、天保期に数度の凶作に見舞われたが、弘化になってからも元年から四年にかけて、天候不順による不作等で収納が減少し藩財政は逼迫の度を増す一方、士民の生活も窮迫し、まさに危機的な状況を呈していた。嘉永期には、元年三月の大風と五年八月の大風雨以外は、天候不順による凶作に遭わずに済んだようであるが、安政期に入ると二年から六年迄、毎年大雨による那珂川の氾濫に苦しめられた。とりわけ安政四年は、夏のうちから冷陰で作柄が悪く年貢収納が減少したため、藩の財政難はいっそう深刻の度を増すこととなった。この文章の中で会沢は、積極的にこうした状況の打開策を講じようと試みているのであるが、その内容を勘案すると、この文章が執筆されたのは、会沢の弘道館教職復帰後の安政四年とみて差し支えないのではあるまいか。

31　〔安政元年　月　日〕

「海防」（端裏書、朱書）

一　大坂之儀ハ畿内之地と申、且橋船ハ京都迄も直ニ乗込候事も容易ニ候へは、皇城御警衛厳重ニ可有之ハ勿論之儀ニ而、彦根其外近畿之諸侯より人数指出候儀と相見候。先ツ京師空虚と申にも無之、此度迚も浦賀同様和議之御含にてハ諸国を罷弊候而厳備候にも不及候様存候者有之も難測候へ共、此節之儀ハ天下人心向背之界ニて、万一幕府ニて御警衛御疎略之様ニも諸国へ聞へ候而ハ人情解体仕、諸侯之中ニも異論を生候者有之候ハヽ、幕府之御威令ニも拘り候間、至而御大□〔判読不能、「切」カ〕之場合と奉存候。依而ハ諸侯人数指出候上ニ為御目代閣老衆幷御目附等被遣候而可然、尾州様抔よりも定而ハ人数御差出ニ相成候儀と奉存候。扨又有志之士議論有之、御当家ニ於ても一隊之御人数御差出ニて可然と申者も追々相見申候。遠方之儀ニは候へ共、御当家之御儀ハ他家と違、義公様以来朝廷御尊崇被遊候段天下の目を付候儀ニ候へハ、御人数御指出ニも相成候ハヽ、天下の人心興起可仕候間、有志之論も尤之様奉存候。何レ天朝御尊崇之御意味天下人心向背之機と申義、当今第一之眼目と奉存候。

一　夷情難測候へ共、大坂を下田同様船繋之場所ニ相願候ニハ有之間敷哉。縦令右様ニ而も、諳厄利亜同様長崎・箱館之外へハ御許し無之義と奉存候へ共、大坂之儀ハ皇城近旁と申、且咽喉之地ニ候へハ、夷□〔欠損、「舶」カ〕来泊之場と定り候而ハ、筑前・佐嘉両家長崎を固候如く警衛無之候而ハ不相成、此節多事之砌天下の罷弊を増し可申、且万一諸国之漕運を妨られ候事も有之候而ハ天下の大患ニ可相成、其上外国来泊之場所多く相成候而ハ、此後邪教或ハ阿片等之御制禁も届兼可申候間、大坂泊船之儀ハ必御許無之候様仕度奉存候。かしく。

＊ロシアのプチャーチンは、安政元年十二月二十一日に下田において日露和親条約調印に漕ぎつけるのであるが、同年十月に交渉の地下田に投錨する前、箱館・大坂にも寄港している。文中に「大坂を下田同様船繋之場所ニ相願候ニハ有之間敷哉云々」とあるのは、このプチャーチン大坂寄港時の日本側の動揺した状況を物語るものであろう。そして、文中には「諳厄利亜同様長崎・箱館之外へハ御許し無之義云々」ともあるが、幕府が日英和親条約に調印したのは同年八月二十三日のことである。こうしたことから、この一文は安政元年に書かれたものと推定した。ところで、この一文には差出人・受取人・執筆年月日等が記されておらず、文中の随所に加除訂正が施されていて下書きのような体裁になっている。しかし、筆跡は間違いなく会沢のものであり、その伝来からしても会沢から青山の手に渡ったものとみて差し支えあるまい。そして、その内容からすると、藩庁に提出する上申書の案文で、中味を青山と検討するために書き送ったものではあるまいか。

32　〔天保十二年〕十一月十三日（延光の父量介〈延于、拙斎〉宛）

青山量介様　　　　　　　　　　　　会沢恒蔵
　　講帳添
　「会」（朱書、異筆）

以手紙致啓上候。甥床井清七郎儀病死仕候付、今日より十五日迄忌相受申候。（是にて宜候哉、如何。猶又追啓へ相認候）依而ハ月番御勤被下候儀と奉存候。御城へ十四日、十五日御出仕被相成候哉と奉存候。

一　右ニ付、十五日大広講御出仕可被下候。依而講帳御廻申候。

一　史館御吟味之儀ハ闕席候より外無之様奉存候。とかく宜様御取計可被下候。此段得貴意候。以上。

　　十一月十三日

尚々、本文之儀、筋幷御目付方等へ届之儀、与五郎へも頼遣候所、宜御心添被下候様奉頼候。

一　忌服之儀、清七郎事彦大夫之養子相成候所、他家へ参候と違其家之養子ニ候間、養実之差別ハ有之間敷奉存候所、為念得貴意候。宜奉頼候。以上。

＊本書簡は、会沢が青山延光の父量介（延于、拙斎）に宛てたものである。書中に「甥床井清七郎儀病死云々」とあるが、会沢の妹の子床井清七郎は天保十二年十一月十二日に死去しているので（『水府系纂』巻七九）、本書簡はその死の翌日に執筆されたものであることが分かる。

33　〔安政二年〕三月十一日
「安政甲寅
三月十一日」（張紙、台紙上、異筆）

佩弦大兄
座右
安拝

拝啓。愈御清適奉至祝候。今日太公より御親書御下、難有奉存候。乍然老躬何共恐入候儀奉存候。先日達之通諸勤行と申候も如何共奉存候所、御書之尊慮ニ本つき候ハヽ、諸勤行も不苦候哉。猶又期拝眉候へ共、貴意御相談申候。

一　御用書御廻申候。東湖より小川へ達等宜奉頼候。かしく。

三月十一日

太公御親書写
再勤愛度候。老衰の嘆息追々相聞候へ共、右ハ中納言も我等も委細承知之上申付候儀、元より恒蔵を一介の武役ニ用候積りニハ無之、学校本開之上、文武実用為教授申付候事故、青山申合、押張可相勤候也。

三月初九
憩斎事
恒蔵へ

＊台紙上の張紙には異筆で「安政甲寅／三月十一日」とある。「安政甲寅」は安政元年にあたるが、「太公御親書」は安政二年に下されているので、この貼紙の年記は誤りである。

34 〔安政四年〕二月廿六日

御封物添

青山量太郎様　　会沢恒蔵

拝啓。破邪集一部太公より貴兄・豊田・僕へ被下置候旨御意親批、御同意難有仕合奉存候。尚期拝面候。以上。

二月廿六日

＊安政三年に刊行された『破邪集』を太公（斉昭）から下賜されたことが記されているので、恐らく刊行後間もない頃の執筆と推される。ちなみに「破邪集」は、明の徐昌治によって崇禎十二年（一六三九）に編纂された排耶書であるが、斉昭は、安政二年九月にこの書物の翻刻許可を幕府に申請し、その許可を得た上で自ら序文を書き、翌安政三年十二月に刊行している。

35 〔安政四年あるいは六年〕九月九日

「未九月九日

久原荻三人被打」（張紙、台紙上、異筆）

青山賢兄　　安拝

座右

拝啓。雨天御安健奉敬賀候。老公より御書御下、御先ニ拝見仕候而御廻申候。御受之儀も、病中故宜相願申候。

破邪御開板、宜事も有之（後欠）

＊書中に、「破邪御開板」「老公より御書御下、御先ニ拝見云々」といった記述がみえることから、安政三年十二月の『破邪集』刊行後で、かつ斉昭の死去前に執筆されたものであることは明らかである。台紙上の張紙に異筆で「未九月九日」と記されており、「未」は安政六年のようであるが、これ以降の部分を欠いていて詳細が分からず、また張紙にみえる「久原荻三人被打」という記述の内容もいま一つ判然としないので断定はできない。但し、青山が出府していた安政五年は除かれる。

36〔安政三年八月あるいは九月　日〕

「丙辰
大風災　節倹」（張紙、異筆）

此度風災ニ付節倹之儀御達も御坐候所、指当り之儀ハ、我々共年々拝領之初鮭、諸指南等迄ニハ余程之御品数ニも相成候間、我々共当年之儀ハ頂戴不仕候様仕度奉存候。外々之儀も御了簡之上、不被下候而も宜候哉と奉存候。

一　年々文武御見分済候て諸生へ御酒被下候儀、御風教ニも不宜候間御止ニ相成可然段申出置候所、御判断御隙取申候共、先ツ当年ハ風災ニ付御止ニ相成候而宜候様奉存候。猶又右ニ准シ御酒被下其外御費ニ相成候儀、御省略ニ相成候而宜敷儀も可有之哉。少々宛成共御省ニ可相成儀ハ御評議之上夫々御省、其廉々多く相成候ハ、御取締之一端ニも可相成哉と奉存候。此段（後欠）

＊この文章には日付が記されていないが、文章上の張紙に異筆で「丙辰／大風災　節倹」とあり、安政三年の八月二十五日に水戸地方が大風雨に見舞われ、上町下町共家屋の倒壊によって多くの死傷者が出たことが『水戸市史』中巻四第二〇章第三節に記されているので、この「丙辰」は安政三年と推定される。そして、この年の文武見分は十月二日から開始されているので（『（弘道館）学校日記　安政三年』）、この文章が執筆されたのは八月もしくは九月ということになろう。なお、この一文は、料紙にはさらに書き続けるだけの余白が十分あるにもかかわらず、「此段」と記した後中断してしまっている。筆跡は会沢で間違いないので、何らかの事情があってこの状態のまま青山の手に渡ったもののようである。

37　〔安政二年〕三月朔

佩弦大兄　　　安拝
文机下

「陣代」（張紙、異筆）

拝啓。助教等申出候事ハ後刻可得貴意候。春蒐之事承知仕候。両番等ハ陣代差出候事ニ候ヘハ、僕事も陣代指出候様ニハ相成間敷候哉。御問合被下候様奉祈候。右ニ付心付候所、当職蒙命候参政より達御廻申候哉。若落脱ニハ無之候哉。老耄ニて安心不仕候。何分御寛恕可被下候。

一　　　会沢憩斎

右は及老年候所弘道館御開ニ付而ハ乍太《ママ》儀押張出精相勤候様可相達との御事ニ候

如右ニ御座候所、春蒐等押張得病候様ニ而ハ、御開御用も勤り不申、盛意ニ辜負仕候間、陣代之儀宜奉頼候。

壮強之時ハヶ様之事ニハ進取之性質ニ候所、衰病如此、御憐察可被下候。以上。

三月朔賀

＊本書簡の中では、「春蒐」（追鳥狩）が話柄に上されているが、水戸藩では安政二年四月九日にこれを再開・実施していること、そして、会沢が書中に転記している同年二月の弘道館教授頭取再任時に参政から下された達書が「会沢憩斎」宛で、改名前のままであること等を勘案すると、本書簡の執筆年次は安政二年と推定される。会沢には、教授頭取として本開館式を無事に終了させるという重大な任務が課せられていた。この行事を控えて会沢は、「春蒐等押張得病候様ニ而ハ、御開御用も勤り不申云々」と述べ、追鳥狩の方は代役で済ませることができないものか問い合わせてほしい、と青山に依頼しているのである。

38　〔安政四年〕五月六日

青山大兄

座右

安拝

「五月六日

御開ニハ出席」（張紙、異筆）

拝啓。御万福奉賀候。過刻杉浦参政・高橋一同来訪、社廟御開ニハ是非出仕候様勧有之候間、安心無之とハ存

候へ共、出仕候筈ニ挨拶仕候。駒説改候上ハ是非可罷出とハ存候へ共、（此以下ハ参政・高書記へも話不申候へき）実之所ハ今以日々悪風喘息等止不申、且熱気性来有之、夜中ハ毎夜微熱を発候間、最早明後晩之事故、夜中勉力候而ハ跡ニて障り候覚悟ニ無之候而ハ不相成、（其刻限ニハあの方より沙汰有之筈）尤遷宮と遷廟との節両度ニ罷出、其間ハ宅ニて休息候而も宜敷との事ニ候所、夜中ニハ畏縮仕候。初ニも障り候共不得已と存挨拶いたし候事故、駒之事を変候も如何ニ候間、先ツ罷出候心得ニハ候へ共、万事無内外御相談申候事ニ候間、貴慮相伺度奉存候。以上。

五月六日

＊水戸藩では、安政四年五月八日から九日にかけて藩校弘道館の本開館式を挙行し、鹿島神宮から鹿島神社への分神遷座の儀式と孔子廟に孔子の神位を安置する儀式を執り行った。書中の「社廟御開云々」はこのことをいうものと思われ、「最早明後晩之事」ともあるので、同年執筆の書簡と推定した。

39　〔安政四年〕五月十八日

「五月十八日

入学式肩衣ニ不及」（張紙、台紙上、異筆）

青山大兄

貴答

安拝

拝見。如仰陰雨、御万福奉賀候。別段入学式ニ不及肩衣之事、御同意ニ御坐候。細事ニハ候へ共武場へも引張候間、筋へ書付ニて相談之方可然奉存候。書付ハ先ツ御手元へ上置申候。

一　教官職掌之儀、両三日中罷出候間御面談ニ奉存候。御歩行ハ六ヶ敷候由、随分御養可被成候。賤恙指て障りも不仕候。以上。

五月十八日

＊水戸藩では、安政四年五月八、九両日に藩校弘道館の本開館式を挙行した。書中には「入学式云々」「教官職掌云々」について相談している記述がみえ、さらに「如仰陰雨」などともあることから、夏も冷陰であったという安政四年あたりを執筆年次とみるのが穏当なのではあるまいか。この書簡が執筆された頃には本開館式はすでに済んでいたが、実際に館務を運営していくとなると、事前に大筋は決まっていても、細部については業務を進めながら詰めていく必要があったということであろう。

40〔文久元年　月　日〕

「癸亥カ
国友礫邸免の時」（張紙、異筆）

願書ニハ及申間敷、口上覚抔被申候方可然候哉。

国友与五郎御国勝手被仰付、無御拠儀とハ奉存候得共、学校之儀ハ烈公様深き尊慮を以御取立被遊、江戸表当職代役之儀も、御目利を以与五郎へ被仰付、是迄相勤候義ニ御坐候所、此度御国勝手ニ相成、代役之儀ハ石川吉次郎ニ被仰付候。吉次郎儀も学問ハ宜候へ共、役方抔相勤与五郎程ニハ精学不仕候間、是迄よりハ手薄く相成、学校も御引立一段衰候而ハ、烈公様御在世ニ被為在候ハ、如何可被為思召候哉。御遺志ニ御相違之御手始を学校より御発端ニ相成候而ハ、当君様御初政より御継述之思召も空敷相成候様奉存候。依而ハ与五郎再勤、吉次郎と一同代役相勤候様相成候へハ無此上奉存候へ共、若又此節右様之御判断も御六ヶ敷候ハヽ、先ツ在江戸ニて子弟を引立候様被仰付候ハヽ、御遺志之廉も少々ハ相残り候儀と奉存候間、右両様之内ニて宜御判断御座候様ニと奉存候。

＊国友与五郎（善庵）が弘道館教授頭取代役を辞めたのは文久元年七月二十五日のこと。異筆の張紙には「癸亥カ」とあるが、国友は翌二年二月二十九日に没しているので、この一文は「癸亥」（文久三年）ではなく、文久元年に執筆されたものと推測される。「願書ニハ及申間敷口上覚抔被申候方可然候哉」と追記されているので、この文章は、会沢が国友に関する人事について の見解を具申するために書いたもので、事前に意見を求めるべく青山に提示した案文と思われ、いずれかの書簡に添えるなどして届けられたのであろう。

41　〔安政五年〕正月六日

青山賢兄
　歳旦詩添　　　　　　　　　　　　　　　安拝

拝啓。過刻ハ御枉顧奉謝候。高橋面語大抵承知ニ御座候。夫ニ付旧冬達之事申出之草稿、明日御城へ御携可被下候。他期拝眉候。以上。

　正月六日

歳旦詩、紙数少々も余し候事不安心故、御手元へ上申候。一同御遣可被下候。以上。

＊弘道館の本開館後暫くすると、寄宿生の間から教職・舎長等を蔑ろにするような者が現われたため、会沢は斉昭・慶篤のいずれかから親書を賜ることでこうした風潮を是正しようとした。そして会沢の要請を受けた斉昭は、安政五年二月四日に教授頭取宛の親書を下して厳重に注意するよう命ずることとなるのであるが、書中に「旧冬達之事申出之草稿云々」とあるのは、会沢がこの時に提出した意見書の草稿のことと推されるので、本書簡の執筆年次は安政五年ということになる。ちなみに、安政五年執筆と推定した正月十一日付42通目書簡中にみえる奥右筆頭取高橋多一郎の名が、本書簡中にも「高橋面語云々」というように記されていることは、両書簡の執筆時期が近いことを物語るものであろう。

42　〔安政五年〕正月十一日

「寄宿
　正月十一日」（張紙、台紙上、異筆）

青山大兄　　　　　　　　　　安
　座右　　　　　　　　　　　拝

拝啓。助教之説行れ候へハ宜候所、安心不仕候。左候へハ十六日ハ如何可仕哉。寄宿も此姿ニてハ始兼候間、政府、杉・高等へなりとも御相談ハ如何。訓導之諭も無益とハ相見候へ共、一応之諭も無之候而ハ職掌を不尽様ニ候間、今夕抔津田へ御諭ハ如何。以上。

正月十一日

＊安政四年五月八、九両日にわたる藩校弘道館の本開館式挙行後、仮開館以来の懸案となっていた小姓寄合組・布衣並びに三百

石以上の嫡子で十八歳以上の者についての寄宿制を実施する運びとなった。「正月十六日より三月晦日迄、十月朔日より十二月廿日迄」のうち、一ヵ月につき一五日は寄宿して文武の修行をすることとなったのである。本書簡に「十六日ハ如何可仕哉」とあるのは、翌五年正月十六日からの寄宿について言及している記述と思われる。当時は、開始早々悪ふざけをする寄宿生がいて、関係者がその対応に頭を悩ませていたということが知られており、書中の「訓導之諭云々」という記述からは、そうした当時の状況を窺うことができる。

43

〔安政五年〕正月廿三日

小川倅今朝罷出候間、渡し遣申候。御礼之儀も御認可被下候。

拝啓。御膿血発候由、不遠御全快と奉存候。御用書御遣ニ相成候間今日認可申候所、只今帰宅疲労候間、乍御筆労相願度奉存候。入学ハ廿五日・晦日と無之事ニ候哉。量四兄御願ハ明日指出候筈申合候。手紙ニても宜候不宜候ハヽ一寸可被仰下候。以上哉、如何。以上。

正月廿三日　　安拝

＊弘化元年のいわゆる「甲辰の国難」の翌二年三月に致仕して以来長いこと教職から離れていた会沢は、ペリー来航後の嘉永六年十一月九日、再び弘道館教職に復帰し、安政二年には青山と並んで教授頭取を再勤することとなった。この書簡には宛名が欠落しているが、その伝来、筆跡及び記述内容などから、会沢が青山に宛てたものであることは明らかである。その執筆時期は、後出138通目書簡との関係から、会沢の弘道館教職復帰後で、小川（修理）が没した安政五年十一月二十五日以前ということになろう（『国書人名辞典』）。書中の「小川」は、弘道館本開館時に行われた鹿島神社の分祀式で読まれた祝詞を起草した人物である。そして、138通目書簡に「小川難有事ニ御座候。名代ニて呼出可申候哉。左候ハヽ、青柳へ可申遣候間、御薬弊廬へ御遣可被下候」とあり、本書簡に「小川倅今朝罷出候間、渡し遣申候。御礼之儀も御認可被下候」とあることから、小川に斉昭から薬が下賜され、その仲介の労を会沢・青山両名がとっていたことが分かるのであるが、本開館式の頃に小川の体調が悪か

ったことを示すような資料は寡聞にして知らないので、弘道館本開館後に体調を崩したものらしい。そうすると、これら両書簡の執筆年次は安政五年と絞り込むことができるであろう。

44 〔安政四年〕正月廿六日

佩弦大兄
玉几下
安
拝

拝誦。如貴喩雪後寒甚候。愈御万祉奉敬賀候。豚児登り扣ニ成候付云々被仰下、奉拝謝候。光大夫之事、北槎聞略ハ既ニ御覧被成候半。先ツ手元に有合申候間、御用立申候。他期拝眉候。以上。

正月廿六日

尚々、此節無人、不得已御頼合申候。宜奉頼候。以上。

＊前出『南梁年録』一九の安政四年正月二十五日条をみると、「廿五日雪旧冬より此日に至て雪凡そ五日近年ニなき所なり」と記されていることから、安政四年執筆の書簡と推定した。

45 〔安政三年前後〕正月廿七日

佩弦大兄
座下
安
拝

拝啓。御安健奉敬賀候。別冊、去年中心付次第筆置、御相談申候ヶ条も有之、中ニハ未御相談不申事も可有之候。御一閲可被下候。猶又貴慮相伺度奉存候。近日出勤可仕候間、先上置申候。以上。

正月廿七日

舎長之書付ハ教職より返り申候哉、如何。

＊藩校弘道館の本開館に向けて斉昭は、安政元年十一月、文武教職・舎長・目付・軍用掛等に広く学制全般についての意見を求めた。これに応えて訓導や舎長らから建議書等が多数提出されたが、それらの中に、当時舎長であった川瀬教文・林了蔵ら五名が連署して安政三年に提出したものがある。書中にみえる「舎長之書付」とはあるいはこれを指すものか。いずれにせよ本書簡は、おそらくこの頃に執筆されたものと推される。

46 〔安政二年〕二月三日

安拝

青山大兄

座右

過刻貴書奉謝候。大場へ御文通、御小姓頭両人出仕之筈ニて老夫御保護被下候段、奉感謝候。是非出仕と存傭僕等も心懸候所、折角御深志相背候も却而不情ニ付、任貴意用心可仕奉存候。先刻来客ニて貴答不仕候御名代幷講習生之儀、承知仕候。

一　茨城書御廻申候。外ニ国友へ壱封来候所、老夫方より直ニ為登可申と留置申候。状箱之方も一同為登可申候間、御覧後此者へ御遣可被下候。以上。

二月三日

＊書中に「是非出仕と存傭僕等も心懸候所云々」の記述がみえることから、会沢の弘道館教職復帰以降に執筆された書簡と推され、さらに「大場へ御文通、御小姓頭両人出仕之筈ニて老夫御保護被下候段云々」とあることから、当時、どうしても会沢の出仕が必要とされた案件のあったことが分かるが、二月ということなので恐らくは会沢の教授頭取復職の件であろう。よって本書簡の執筆年次は安政二年ということになる。

47
〔安政四年あるいは五年〕二月五日
「二月五日
日本史仮名ノコト」（張紙、台紙上、異筆）

代口
陰寒万福奉賀候。一昨日長谷川来候而、日本史仮名之儀申上候所別而御親書御座候旨申聞候間、書抜仮名を付板ニ致候事此方より伺可申、御付よりハ頭取へ申聞候とのミ御受申上候筈ニ仕候。上木ハ随分宜候様奉存候。夫ニハ神名・人名之外、地名・物名・巌瓶等之類も仮名有之可然、十枚位ニてハ不済事故頗手数もかゝり可申、尤専業ニ致候ニハ不日ニ出来可申候へ共、教職等本務之余業ニ致候ニハ日数もかゝり候間、夫等之事伺候而可然歟、貴意如何候哉。伺候ニハ轍《ママ》〔「撤」カ〕剣伺之序ニ伺可然候哉。教職の懐も承候上ニて伺可申候哉、又夫にも不及候哉、御相談申候。以上。

二月五日　　　　　　安拝

＊栗田勤『水藩修史事略』に、天保十一年九月、斉昭が弘道館総教（教授頭取。これは「教授」の誤りか）青山延光に自ら仮字文に直した『大日本史』神武天皇紀を示し、このような簡易な仮字文『大日本史』を作って刊行し世に広めれば、必ずや名教に裨益するところ大であろうと述べて、この件を検討するよう命じたと記されている。しかし、この頃青山は、『大日本史』紀伝の本体そのものの刊行を完了させるべく鋭意作業に取り組んでいる最中であり、とても仮字文『大日本史』などまで考える余裕がなく、ただお話を承るに止めておかざるを得なかったためか、これに関連する記述を当時の文献の中に見出すことができない。ここは、嘉永二年（一八四九）に紀伝全巻の上木が完了し、さらにその後、同五年二月七日に幕府への、また二月三十日に朝廷への刻本献上を無事に済ませ、安政二年十月五日に改刻『大日本史』の朝廷への再献上まで済ませたことで、斉昭が、先に青山に検討を命じたが諸般の事情でお蔵入りになっていた「日本史仮名之儀」の検討を改めて会沢に命じた、とみるのが妥当なように思われる。よって本書簡の執筆時期は、会沢の教職復帰以後で斉昭の再度の幕譴以前と推され、さらに、書中にみえる「長谷川（軍之衛門）」が安政三年後半に小姓頭取になっていることから、安政四年もしくは五年と推定した。しかし、本書簡と共通の内容を有する次の48通目書簡に、「御痛所、いつ迄ニ而も御用心可被成候」と記されているのが、仮に安政五年執筆と推定した138通目書簡（正月二十二日付）に「御腫物如何候哉」と記されている腫物のことを言っているとするならば、執筆年次を同年と絞りこむことができるのであるが、今はまだ確証がない。ところで、この一文には「二月五日」の日付と「安拝」という署名があり、文章からみても書簡文と見なすことができるのであるが宛名が記されていない。しかし、その記述の内容や伝来等を勘案すれば、次の48通目書簡同様、会沢が青山に宛てた書簡とみて差し支えなかろう。

48　〔安政四年あるいは五年〕二月六日

「二月六日

日本史仮名」（張紙、台紙上、異筆）

青山大兄　　　　　　　　　　　　安拝

貴答

拝見。惣体神名御尤奉存候所、神代紀ハ不残位ニ成候間、伊弉冊尊ノ条ナトノ如き、煩敷様ニも可有之哉。日本史を主ニ致、御認之目録之内ニて何天皇紀誰某伝と申事を分候方披索ニ宜候哉。先ツ紀伝之分を集候而、志類ハ別ニ集候而も可然哉。左候ヘハ神祇志等ニ出候神名ハ出候間、惣而位ニ成可申とも奉存候、如何。猶又他日御面語可仕候。教職ニ掛候所承知ニ御座候。以上。

二月六日

御痛所、いつ迄ニ而も御用心可被成候。

破邪集例言と申義にて菊池善介奉申上候義御坐候ニ付、善介江与五郎より（後欠）

＊本書簡の執筆年次については、前出47通目書簡の考証を参照されたい。なお、「破邪集云々」以下の部分は、本書簡とは別の料紙に記されており、断簡である上に内容的にも本書簡と関連があるようにはみえない。なぜ同一台紙上に貼付されたのか不明である。

49 〔安政元年以降（除安政六年）〕二月八日

青山大兄
座右
安拝

拝啓。又々料峭、貴恙如何候哉。三日御次御会読之節、御小姓佐々木兄と違言有之、其次第相分不申候内、御会読ニ不罷出と歟申候事之由ニも伝聞仕候。左候ハ、、十三日以前ニ何と歟不申出候而ハ相成間敷候哉。夫ニも及不申候事ニ候哉。貴兄ニは委細御承知と奉存候所、如何ニ御座候哉。一寸相伺候。以上。

二月八日

*記述の内容から会沢の教職復帰以降に執筆された書簡と推される。但し、弘道館の教育活動が休止していた安政六年は除外される。

50 〔安政元年以降〈除安政六年〉〕二月十二日

佩弦大兄
座下
安拝

拝見。暖和御万祉奉賀候。御小姓不念、申出可然奉頼候。寺社方会、如仰御同様出席ニも不限と奉存候。僕も今日より登館と奉存候所、天気無心許候間明日ニ可仕候。左候得ハ十五日出席も可相成と奉存候へ共、大森より書面之趣も御座候間、別ニ教官より出候も可然哉。宜御申合可被下候。

一 出精書等、御落手可被下候。以上。

二月十二日

＊書中に「御小姓不念云々」とあるのは、49通目書簡に「御小姓佐々木兄と違言有之云々」とある記述と係わりがあるようなので、同時期執筆の書簡と推される。弘道館の教育活動が休止していた安政六年が除外されるのも同じである。

51〔安政元～文久元年〕二月七日

青山大兄　安拝

貴答

拝見。親書御下、奉拝見候。杉参政へ持参可仕奉存候所、貴意如何候哉。貴答奉待候。以上。

二月七日

老公御作貴兄へ御下御座候由、承知仕候。以上。

国友より御用書届不申候由申来候。前便館丁遅く参候所、如何致候哉。明日管庫へ承候様可仕奉存候。以上。

＊書中の記述の内容を勘案すると、会沢が弘道館教職に復帰した嘉永六年十一月十九日以降で、国友が江戸弘道館教授頭取代を免ぜられた文久元年七月二十五日以前に執筆された書簡と推される。

52　〔安政元年〕上巳

佩弦大兄　　安拝
　文机下

拝見。当日奉賀候。船霊祭式、如仰音楽にハ及申間敷被存候。其外儀器・神饌等も少々節減候而も可然哉。（音楽ニ准候而節減。）東湖へ御為登、可然御運可被下候。

一　主従七人ニて可然候由被仰下奉謝候。

一　教官・舎長申出、猶又貴意御書取拝見仕候。何レ貴意之通可然奉存候。美濃部も如仰銀被下候而可然様也。此外にも人数多候而ハ如何候哉。武芸計御奨励多く文学之方少く成候而ハ不得体候様也、如何。

一　鈴木・高根等ハ出精上達等とハ別廉ニ候間、舎長相勤候程ニ而御床机廻り不被仰付候而ハ不宜候間、先達而も申出置候所御沙汰御坐候様なと丶、別紙ニて申出候而ハ如何候哉。猶又御取捨可被下候。以上。

　上巳

＊水戸藩は、嘉永六年十一月十二日に大船建造の幕命を受け、安政元年一月四日江戸石川島において建造に着手した。そして、翌二年二月十六日に新造艦の船霊祭を同地において行っている。書中に「船霊祭式云々」とあるのは、この船霊祭挙行に向けての準備に係わる相談と推される。本書簡をみると、水戸藩では建造に着手して間もなく、この時のための準備を始めていたもののようである。ちなみに「上巳」は三月三日。

53　〔安政元年以降（除安政六年）〕三月五日

佩弦大兄
　玉案下　　　　　　　　　　　　　　　　　　　安拝

拝啓。度々之雨天ニ御座候。今日社登館可仕奉存候所、雨天ニ而他ニ指支候事有之、又々御頼合申候。舎長書返璧、何レ後刻参堂可仕奉存候。昨夕は御枉顧被下奉謝候。万々期拝面候。以上。

　三月五日

＊本書簡は、記述の内容から会沢の教職復帰以降に執筆されたものと推される。但し、弘道館の教育活動が休止していた安政六年は除外される。

54　〔万延元年〕三月七日

青山大兄
　別紙入　　　　　　　　　　　　　　　　　　安拝

瀧川生、どうか編集局へ取られ可申勢も有之歟ニ相聞候間、館僧之事早く申出度奉存候。貴意如何。

拝啓。暖和、貴恙如何。教職より別紙指出候間御廻申候。万期拝面御相談可仕奉存候。

一　鈴木式部、寄宿近寄候所、舎長より触候より外ニ申遣方無之、舎長御呼御諭御座候様奉願候。顚末御熟知之事、何分相願度奉存候。以上。

三月七日

＊本書簡は、万延元年執筆と推定した後出56通目書簡同様、「瀧川生」に関する記述が書中に見えることから、同年に執筆されたものと推定した。

55　〔安政元年〕三月九日

「三月九日
　他所人掛小沢」（張紙、台紙上、異筆）

佩弦大兄　　　　　　安拝
　玉机下

拝啓。好晴御同慶。今日ハ登館可仕奉存候所、移居後混雑、又々御頼合申度奉存候。文武両人御申出、御同意奉存候。尤小沢を申出候なれハ、大胡聿蔵も少々ハ読書も致、詩作等かなりニ致候。小沢程にハ出来兼可申候へ共、武ハ同流ニて小沢より一等上ニ御座候間、是も申出候而ハ如何。彼是御面語と奉存候所、今日御申出ニ候ハヽ、何レ共貴意次第、可然御申出ニ仕度候。明日ハ登館仕候間、御様子次第、御面語ニて共何レニなり共、可然相願候。以上。

　三月九日

訓導申出幷近藤書返璧。

＊会沢は、安政元年三月に水戸南町の旧宅近くに転居しているが（西村前掲書等）、書中に「移居後混雑云々」とあるので、本書簡は、転居後それほど時を経ない頃に執筆されたものと推される。

56〔万延元年〕三月十九日

青山大兄　　　　　　　　　　　　　　　　　安拝
　　　　貴答

拝見。御万福奉賀候。学校人詰り之由、外ニ致方も無之、先ツ如貴意より外ハ有之間敷奉存候。講釈ハ相止、公子方舎長御雇可然、二ノ御備之分ハ登館候事と相見、石河も同之。僕抔出勤とも存候へ共、気力未全復、人詰り之所へ罷出候而ハ勉強も届兼候様奉存候。舎長ニて講釈迄ハ、如貴諭勤り兼候事と奉存候。ヶ様ニ人詰りニ而ハ学校無人郷ニ相成候間、教職へハ舎長より御雇、舎長へハ又外より御雇抔と申様之権宜之策ハ有之間敷候哉。又外ニ御良策も御座候哉、相伺申候。瀧川謙蔵も史館勤と申事ニ候へハ、定而御編集之方と相見候。教職・舎長等御雇ハ、二、三男ハ勿論他役より出来候而も、戦争之世ニ成候而ハ非常之処置ニて可然哉、御相談仕候。以上。

三月十九日

＊書中に「学校人詰り云々」とあるが、これは、安政五年七月五日に幕府から急度慎を命じられた斉昭の赦免を嘆訴するため、また同年八月八日に水戸藩に降された孝明天皇の勅諚を返納するよう迫る幕府に抗議するために多くの水戸藩士民が江戸に上り、その結果として国元では、弘道館などでも「人詰り」の状況が発生する事態となったことを、そして「戦争之世ニ成候

云々」というのは、万延元年二月十八日、勅諚返納阻止を企て長岡駅に屯集した水戸藩士民の一部とこれを説諭するため藩から派遣された一隊との間に衝突が生じたこと、さらに同年三月三日には水戸浪士らによる桜田門外の変が勃発したこと等をいうものと推される。そして、書中にみえる「瀧川謙蔵」については、「水戸藩御規式帳」には「御用部屋留附」の項にその名が記されており、また「(弘道館)御用留」の万延元年十二月十二日条には、「右者系纂方当坐御雇是迄通相勤云々」と記されていることなどを勘案し、本書簡は万延元年の執筆と推定した。「系纂方」は元来彰考館内に置かれて水戸藩士の家譜集成に携わってきた部署であるため、会沢らにとっては、系纂方雇いということは彰考館雇いというに等しいものであったのであろう。

57　〔安政元年〕三月十二日

佩弦大兄　　　　安拝
　座右

「三月十二日
諸勤引　」（張紙、異筆）

拝見。御万祥奉敬賀候。如仰諸勤引と申も遺憾なきに非、政府之達も不得已事ニ御坐候。親書之趣抔ニて、若又何と歟処置も有之候へハ大幸ニ御坐候。とかく宜様奉頼候。文法ニ而ハ諸勤引より外無之候所、何レにも可仕候間、万々奉托候。

一　船霊祝詞之事、御取扱ニ相成奉謝候。

一　祝姫様御届之文、貴書書入申候。

一　東湖へ答書御筆労ニ相成、外ニ愚見無之候。以上。

三月十二日

＊水戸藩が、嘉永六年十一月十二日に大船建造の幕命を受け、江戸石川島において建造に着手したのは安政元年一月四日のことである。そして、翌二年二月十六日、水戸藩は新造艦の船霊祭を同地において行っている。書中に「船霊祝詞云々」とあるのはこの船霊祭に係わる記述と推され、52通目書簡にも関連の記述がみえるが、これらによると約一年も前からこの時のための準備が始められていたことが分かる。また、書中に「祝姫様御届之文云々」とあるのは、嘉永六年三月に死去した祝姫（「（弘道館）学校日記　嘉永六年」）の一周忌に関する記述であろう。こうしたことから本書簡の執筆年次は安政元年と推定した。

58〔安政五年〕三月十四日

「三月十四日
　他所諸生掛大胡」（張紙、台紙上、異筆）

青山大兄　　　　　　　　　　　　安拝
　座右

拝啓。他所諸生別紙之通到来、大胡申聞候所、兼而伺置候通御書院ニて講釈為致、雑・杉始我々教職・諸生も勝手次第聴聞為致、其外武芸同様之扱ニて宜候様奉存候。尤大胡明朝杉参政へ伺候筈ニ仕、老夫も御城ニて参政へ相談可仕奉存候。貴意如何。御心付も御坐候ハヽ、御示教奉祈候。以上。

　薄暮昏候。宜御見分可被下候。以上。

三月十四日

＊会沢は、55通目書簡中で「文武両人御申出」の際に小沢と共に大胡も推薦してはどうかと提案していたが、本書簡をみると、小沢については不明であるが、大胡は採用されて「他所諸生掛」となっていたことが確認できる。本書簡には、「他所諸生」の弘道館での修業希望者が確定し、その遇し方について「兼而伺置候通云々」と確認している記述が見えることから、安政四年五月の本開館の翌年に執筆されたものと推される。

59　〔万延元年〕三月廿五日

青山大兄　　　　　　　　　　　　　　　　　　安拝
　　座右

拝啓。御万福奉賀候。昨夕豊田別紙持参、横山氏より相廻り付札致候所、僕ニも一閲之上貴兄へ御廻、貴兄御熟覧之上久木へ御返しニて宜候由申聞候間、僕も少し付札致、御手元へ上申候。猶又横山氏へも可然御座候儀ニ奉存候。以上。

三月廿五日

＊書中の記述の内容から、会沢の弘道館教職復帰後に執筆された書簡であることは明らかである。ところで、書中にみえる「豊田」は彰考館総裁豊田天功で、「横山」は横山甚左衛門、「久木」は久木直次郎で、共に側用人を勤めていた。これに会沢を含めた斉昭の腹心で要職を勤める者たちが、「別紙」に付札をして急ぎ回覧しているところをみると、余程急を要する、しかも重要な案件であったようである。そこで、当時の水戸藩において三月二十四日前後に生起した重要な出来事というのを年表で調べてみると、斉昭が万延元年三月二十四日付で慶篤に書を送り、桜田事変に関する善後策を説き、勅書の速やかな返納を奨めている事実が検出される。本書簡の中にそれと分かるような記述は見当たらないが、斉昭が、この書簡を認めた後、慶篤に送

り届ける以前に回覧して会沢らにも示した可能性は十分に考えられるであろう。

60〔安政四年〕三月廿五日

青山大兄
　　貴答
　　　　　　　　　　　　　　　　　　　安拝

　森跡系局、斎藤彦次郎申出候而可然候哉。貴意如何。
拝見。管庫手元勤、如仰忠四郎も可然奉存候。猶又御熟慮之上、宜奉願候。
一　寺社奉行書付云々、貴諭之通位ニ而も可然哉奉存候。尚又宜様奉願候。
一　津田云々御筆労奉謝候。以上。
三月廿五日

今日講釈之所篇章之儀津田より申来候処、十三日ハ帰後伏枕、熱邪ニ而不弁人事位故忘却仕候。其前之篇章問返候ハヽ、分り可申候所、指掛り候間不念申候様、貴兄ニ御相談申候様返書遣申候。宜様奉頼候。賤恙御尋被下奉謝候。少々ハ快候へ共、桜花と共微咲にも至り不申候。以上。
一　賢郎令室御離婚候由、愕然仕候。被入御念貴書之趣奉謝候。万期拝眉候。以上。

＊書中に「森跡系局云々」とあるところの「森」は森観斎のことである。森は安政四年に致仕しており、前出「（弘道館）御用

留」の同年閏五月十四日条をみると「斎藤左次衛門」が「系纂方勤」を命じられた旨が記されているので、本書簡の執筆年次は同年ということになる。

61　〔安政元年以降〕三月廿八日

伯卿大兄　　安拝
　座右

拝啓。先日付呈候節、辞命之儀、得と御評議とのミ申上候所、再思候得ハ、別紙なとの意味ニ而も情実相分可申哉と存候間、又々呈可申歟と奉存候。御存分御批評可被下候。若不宜候ハ、不呈候而も宜候間、貴意無御伏蔵相伺候。以上。

　三月廿八日

（以下剥落）

＊本書簡は、書中の記述の内容から、会沢の教職復帰後に執筆されたものと推される。なお、本書簡には、料紙の継ぎ目の糊が効かなくなって日付以下の部分が剥落した痕跡が窺える。

62　〔安政元年〕四月二日

佩弦大兄　　安拝
　梧下

拝見。引之儀、万々御取扱ニ相成奉拝謝候。有司の文法、左様之事と相見申候。療医書之儀も御取扱被下奉謝候。柏執筆、貴書之通承知仕候。万期面謝候。

一　学校奉行へ教官謁有之可然奉存候。以上。

四月二日

＊書中に「引之儀云々」という記述がみえるが、安政元年執筆と推定した57通目書簡（三月十二日付）中にも「諸勤引云々」という記述があるので、同年の執筆と推定した。

63〔万延元年〕五月二日

佩弦大兄　　安拝

座右

拝見。御安全御帰宅奉賀候。鰯魚如糞出候由、浜も潤候事と相見候。春狩紀事被仰下、公局体裁等ニも指支可申哉と相察申候。辞候抔申候事ニ無之、何となく受置候而、貴兄御面語之節、文ニハ体裁有之事御話被成候而ハ如何。近日出勤、御面話御相談可申奉存候。江戸書御廻申候。柴生辞表にも指支候事と相察候。是亦期拝眉候。以上。

五月二日

＊本書簡の執筆時期は、書中の記述の内容から会沢の弘道館教職復帰以後と推される。書中に「御安全御帰宅云々」とあり、さらに「鰯魚如糞出候由、浜も潤候事と相見候」ともあることから、本書簡執筆時、青山は、湊方面での用事を終えて帰宅したところであったのだろう。そうした青山に対して会沢は、その具体的内容は分からないが、「春狩紀事」について何か問題がありそうだと判断したらしく、斉昭に会って話をする機会があったらその旨をそれとなく申し上げるようにしては如何か、と提案している。してみると、斉昭はこのとき水戸で蟄居中であったということか。であるならば、本書簡の執筆年次は万延元年ということになるであろう。

64　〔安政四年〕五月十日

「五月十日
学則　」（張紙、異筆）

青山大兄
座右
安拝

拝啓。此間中ハ賢労奉察候。昨日ハ胙肉御配分被下奉謝候。乍去出仕も不致恐入申候。先日御相談申候学則、塗抹ニ相成候間浄写仕候。御熟覧被下候様奉祈候。其上ニて豊田へ遣候様可仕候。宜奉願候。以上。

御目掛り之儀、必一々被仰下候様相願候。

五月十日

＊水戸藩では、安政四年五月八、九両日に藩校弘道館の本開館式を挙行した。本書簡中には、会沢が、浄写した弘道館学則を青山に届けて熟覧を請い、それが済んだら豊田にも見せるつもりでいることが記されており、また「昨日ハ胙肉御配分云々」と

あるのは、本開館式の挙行後に家臣に分配された供物の「胙肉」を青山が会沢に届けたことの窺える記述なので、本書簡の執筆年次は本開館式が終了した翌日と推定される。

65　〔安政四年〕五月十一日

「五月十一日
　賛礼　　」（張紙、台紙上、異筆）

青山大兄
　　貴答　　　　　　　　　　　　　　　　　　　安拝

拝見。御痔疾御順快之由ニハ承知候へ共、何分御加養可被成候。親書写御廻被下奉謝候。入学之者ニ拝見為仕候共、写ハ弥張広く出候方宜様被存候。如何。
一　僕御預り申候より御蔵之方ニ而ハ如何。
一　当職ハ、如論御廟同様賛礼之職と定り居り候而可然、読祝も御廟同様御小姓頭之職を教授以下勤候而可然哉。読祝ハ、如論重き事ニハ無之、御手長を御小姓以下御小姓頭ニ代り候類之様奉存候。□〔虫損〕廟迚も、御手長ハ御小姓頭之勤、読祝ハ教授以下の専職と成候而ハ、事体如何と奉存候。如何。
一　謁弘道館社廟之題、貴諭可然奉存候。以上。
　僕も一首賦可申候。
五月十一日

＊書中で会沢は、青山から回達された「親書写」の今後の取り扱い方について、「入学之者」に拝見させるだけでなく、広く藩士一同にも拝見させるべきものではないかと述べ、青山の意見を質している。この「親書」というのは、弘道館本開館に際して藩主慶篤が四月二十九日付で教授頭取に下した文武奨励の諭書とみられることから、本書簡の執筆年次は安政四年と推定される。

66 〔安政元～万延元年（除安政六年）〕五月十一日

佩弦大兄
座右
安拝

拝啓。御安健奉至祝候。御封書御下、拝見候而御廻申候。何歟御書物ニ而も御下被遊候哉と奉存候。頭取方へ指置候事ニ可有之候哉。僕今日ハ昨日より宜方ニ御座候間、明日抔ハ登館可相成哉と奉存候へ共、御書物之儀、宜御扱奉頼候。

一 御別封御意之趣、御同意奉恐入候事ニ御座候。何レ御面話候而御相談可申奉存候。以上。

五月十一日

＊書中の記述の内容から、会沢が教職に復して以降で、斉昭生前に執筆された書簡と推される。ただし、青山が江戸に出張していた安政六年は除かれる。

67 〔安政元年以降（除安政六年）〕五月十四日

青山大兄
安拝

貴答

昨日貴書拝見。御受御遣被下候ニ不及候所、被入御念候事奉存候。御筆労奉謝候。御買上書之儀、外ニ心付無之候。中臣祓ノ所へ付札仕候所、如何候哉。御用書承知仕候。以上。

五月十四日

＊書中に、「御買上書之儀云々」という弘道館の蔵書購入についての相談らしき記述がみられることから、嘉永六年十一月九日に会沢が教職に復帰した後に執筆された書簡と推される。但し、青山が江戸に出張していた安政六年は除かれる。

68　〔安政元年以降（除安政六年）〕五月十四日

青山大兄　　安拝

座右

拝啓。貴恙如何。十六日ニハ貴兄御出仕ニ候ハヽ、僕も出勤可仕候。若又御出仕相成兼候ハヽ、僕も其節之様子次第ニ可仕候。十六日出勤ニ候ハヽ、十五日ニ届候事と相見候。御登城にも候ハヽ宜奉頼候。

一　大広間講帳上申候。若御登城無御坐候ハヽ、誰ぞへ御廻可被下候。三月も御用か何かニて止候様覚不申候。梓匠輪輿以下、僕ハ講不申候。若又貴兄御講被成候哉。帳ニ記不申候所如何。以上。

五月十四日

＊書中に「大広間講」の順番等についての記述がみえることから、嘉永六年十一月九日に会沢が教職に復してから後の書簡と推される。但し、弘道館の教育活動が休止していた安政六年は除外される。

69　〔安政四年〕五月廿一日

佩弦大兄　　　　安拝
　座右

　実行と申候所付札仕候間、御覧可被下候。

拝啓。貴恙如何。此間之貴書ニ而ハ御出勤之様にも奉存候、如何。僕も今日登館と存候所、陰雲飛風故見合申候。学則、豊田之付札等も有之等故、御相談之上、教職へも今一応為見、貴兄より御示被下候共、とかく宜様奉頼候。以上。

　五月廿一日

＊本書簡は、64通目書簡との関係で安政四年の執筆と推定した。

70　〔安政元年〕五月廿七日

佩弦大兄　　　　安拝
　玉机下

拝啓。国史改刻之分、早速出来候様仕度奉存候。応神紀ハ埋木大《ママ》く候間、一張皆改刻ニ而ハ如何。埋木大ニ而ハ、年を経候而浮立候事有之由承候へき。后妃伝后坐巫蠱廃、坐巫蠱云々続紀ニ有之候哉。（圏点ママ）

一　別局世話役之儀被仰下、致承知候。以上。

五月廿七日

＊水戸藩では、嘉永二年十二月六日に至って漸く『大日本史』紀伝の上木が完了し、これを徳川光圀の廟前に献呈した。そして、同五年二月七日には幕府への、また二月三十日には朝廷への献上も無事に済ませることができた。しかし、その後に見つかった不備な点を訂正し、安政二年十月五日に改刻『大日本史』を朝廷へ再献上している。本書簡に記された「五月廿七日」という日付は、書中の記述の内容から、会沢の教職復帰後で、この朝廷への再献上前の安政元年もしくは二年のものと推されるが、同じく「別局世話役」に関する記述のみえる80通目書簡の日付が「七月十日」になっており、この頃会沢は在府中だったので、安政二年の可能性は消えることになる。

71　〔安政元年以降（除安政六年）〕六月五日

青山大兄　安拝

座右

拝啓。御万福奉賀候。過刻は居学講被仰下奉拝謝候。明日ハ登館と存候所、帰宅只今迄偃臥、微熱有之中暑も兼候哉奉存候間、明日之所ハ、此次御講順と御繰替相願申度奉存候。如何御坐候哉。以上。

六月五日

＊書中に「居学講云々」「此次御講順云々」などとあることから、嘉永六年十一月九日の会沢の弘道館教職復帰後に執筆されたものと推される。但し、弘道館の教育活動が休止していた安政六年は除外される。

72　〔安政二年〕六月二日

会沢恒蔵

青山量太郎様

奉復

「六月六日
幕御呼出歟」（張紙、異筆）

拝誦。貴恙如何御坐候哉。命令之書、倅学校へ持参致候筈ニ仕候。倅等より教官へも為見候様致候積りニ御座候。此度ハ安心不仕、譴責を蒙候も難計。諸生之送序ハ学文之為にも可然候間渇望仕候。以上。

六月二日

＊異筆の張紙には「六月六日」とあるが、本書簡末には「六月二日」と記されているので、おそらくは誤記であろう。書中に「学校云々」「教官云々」などとあることから、本書簡は会沢の教職復帰以降に執筆されたものであることは明らかである。ところで会沢は、安政二年八月十五日に幕府から召し出されて将軍家定に拝謁しているが、この賜謁の決定については、同年六月一日に水戸藩庁からの「命令之書」によって本人に伝えられ、同月十一日、会沢は江戸へ向けて出立している（西村前掲書）。書中に「諸生之送序」とあるのは、その際の送別の詩文のことと推される。

73　〔安政元～五年（除安政二年）〕六月十四日

「六月十四日
管庫席ノ義」（張紙、異筆）

青山大兄　　安拝
座右

拝啓。過刻管庫席之儀被仰下候所、弘化之達にも御徒次座と有之候へハ、肩衣ハ御徒ニ准候而次第無之と奉存御加扶持ハ所詮今ニ而ハ済申間敷候哉。候。尤弘化之達と申候も、天保の御政事尽く打破候時之事ニ候へハ、当今天保ニ追々御復候時節に候間、管庫席も御復候儀申出候而可然哉。委細拝面ニ御相談と奉存候所、先ツ得貴意候。以上。

六月十四日

＊会沢の弘道館教職復帰後に執筆された書簡であることは明らかであるが、書中には「当今天保ニ追々御復候時節云々」ともあるので、その執筆時期は安政年間で、斉昭が再度の幕譴を蒙った同五年七月五日以前と推される。ただし、会沢が江戸に出ていた安政二年は除外される。

74　〔安政三年〕六月五日

佩弦大兄　　安拝
貴答

拝見。新晴御同慶。貴恙御順快奉賀候。御蔵湿地故他へ移候ハ宜候へ共、御蔵御普請之地所にも指支申候。遠く候而ハ、管庫等一刀にて参り兼候場所ニ而ハ、出勤等不便利ニ候歟。若又南之御蔵へ不残移候而、夫ニて事済候様筋ニて存候而ハ、代り御蔵ハ出来候事六ヶ敷成候半。不容易候様奉存候。猶又御御《ママ》〔「御」重複〕熟慮之上御申出候方と奉存候。以上。

一　奥谷・鈴木云々、承知仕候。以上。

六月五日

先日御用部屋ニ而、岡田出候而味噌蔵ニ致度と申事ニ候へき。

*安政四年執筆と推定した60通目書簡に「管庫手元勤如仰忠四郎も可然云々」とあるが、この「忠四郎」は万延元年極月改の前出「水戸藩御規式帳」に「御文庫役」として記載されている「鈴木忠四郎」のことと推される。鈴木は安政元年八月二十四日に文庫役に任じられている（前出「（弘道館）御用留」）。そこで本書簡中にみえる「鈴木」であるが、併記されている「奥谷」が「奥谷万五郎」と推され、同御規式帳に鈴木と同様「御文庫役」として記載されていることから、前記した「鈴木忠四郎」のこととみて差し支えなかろう。本書簡の記述からは会沢と青山がこの両名について何を問題にしていたのかは分からないが、両名が併記されていることから、本書簡は二人が同役を務めるようになって以降に執筆されたものとみることは可能であろう。そして、奥谷が同役に任じられたのが本書簡の日付の前日の六月四日（安政三年）であるということから（「（弘道館）御用留」）、その執筆年次が判明するであろう。

75　〔安政三年〕六月十六日　安拝

青山大兄

座右

拝啓。酷暑御万福奉賀候。師弟之義申出、先日起草候所、如何ニ御坐候哉。御存分御削正、別ニ御立稿ニ而も宜候間、御熟覧奉願候。国友より草案、尤と奉存候。貴意如何。内一ヶ条ハ此方へも関係候間、此方ニ而も申立可然候哉。貴兄相伺候。何ニ致せ、草稿一通写し置候方可然候間、誰ぞへ御申付、御為写可被下候。僕も四、五日出勤相成兼候。以上。

六月十六日

＊書中に「師弟之義申出云々」とあることから、弘道館本開館に向けて諸規則の検討などに余念のなかった頃執筆されたものと推される。ただし、会沢は、安政二年のこの時期江戸に上っていたので、同年は除外される。ところで、書中に「国友より草案」とあるのは、次の76通目書簡中に「先日国友より学校申出」とあることから、学校関係の申出の草案であることが推知されよう。そうすると、安政三年七月頃に会沢が国友の同意を得た上で弘道館学規（のちに学則と改める）の草案を作成していたことが想起されるので、本書簡の執筆年次も同年と推定した。

76〔安政三年〕六月廿三日

青山大兄　　　　安

別紙入　　　　拝

拝啓。御万福奉賀候。先日国友より学校申出、此地ニても申出候儀、試ニ立稿仕候。不残御改ニて宜候間、御存分御直し可被下候。国友之草稿上可申候所、何レへ仕舞込候哉、見へ不申候。例之御気絶ニ御坐候間、先ツ

草稿計上申候。国友之分も見出次第上可申候。以上。

六月廿三日

＊本書簡の執筆年次は、前出75通目書簡の考証を参照されたい。

77　〔安政元年以降（除安政二・六年）〕六月廿六日

佩弦大兄　　　安拝

梧右

拝見仕候。稍暑候所、御安健奉敬賀候。明日登館仕度、間柄へ傔仗云々申、先刻申遣候所、留守ニて相分不申候。多分ハ罷出候様可相成候。別封落手、何レ期拝面候。以上。

六月廿六日

＊書中に「明日登館云々」という記述がみえることから、会沢の弘道館教職復帰後に執筆された書簡と推される。但し、会沢が江戸に出ていた安政二年及び青山が江戸に出張していた安政六年は除かれる。

78　〔安政四年　月〕六日

昨日貴書拝見。申出御筆労奉謝候。塾長之儀、付札仕候。御一覧可被下候。殿付御尤奉存候。遺漏ハ段々申出候而宜事と奉存候所、猶又御心付可被下候。老夫ハ精神恍惚、何分相願候。貴兄今日御登館候哉。神社等御作

事向大抵出来、今日見合と御普請方より申出候由、僕も登館仕度候所、先日之疲有加而無減、先年も一日之疲二、三年にて、当春抔気力稍復候様ニ御坐候間、此度も長く成不申候様用心仕度候。貴兄も御指支奉察候間、御登館無之候ハヽ、罷出可申候間、御程相伺候。以上。

六日　　　安拝

＊本書簡には宛名がないが、その内容等から会沢による青山宛書簡とみて差し支えなかろう。書中に「神社等御作事向大抵出来云々」とあることから、安政四年に執筆されたものと推される。

79 〔安政元年あるいは三年〕七月朔

青山大兄　　　安拝

座右

拝啓。御万福奉賀候。昨日之草案、無残所敬服仕候。少々心付候儀、付紙を《ママ》〔「の」カ〕労を省き朱書仕候。失敬御海《ママ》〔「恕」「容」等欠カ〕可被下候。外ニ罰之事も論候方可然哉。草案御削正可被下候。過激ニ聞へ候事も有之候哉。宜御裁正奉願候。以上。

七月朔

＊書中に「外ニ罰之事も論候方可然哉」という記述がみえることから、会沢・青山両名が弘道館本開館に向けて諸規則の整備を検討していた頃に執筆された書簡と推される。但し、会沢が江戸に出ていた安政二年は除外される。

80　〔安政元年〕七月十日

青山大兄　　　　　　　　　　　　　　　　　　　　　　　　　　　　安拝

別紙添

拝啓。高橋一書御廻申候。返書ハ遣申候。

一　別局世話役、両人御免、四人歟新被仰付候達御坐候間、教職・柏へも相談、御免ハ手紙ニて達、新ニ被命候ハ明日呼出候筈ニ仕候。僕気力も大抵復候へ共、明後日輪講ニ付、明日ハ御頼合ニ仕度奉存候。宜相願候。

一　社廟婦女参詣之儀、御掛ニ成候哉と杉参政申聞候所、しかと御掛とハ覚不申と、貴兄へ御問合可申と答候所、御掛ニ候ハヽ、申出候様、若御掛ニ無之候ハヽ、其段申聞候様との事御座候。如何ニ候へきや。以上。

七月十日

＊前出70通目書簡に同じく「別局世話役」に関する記述がみえることから、本書簡もそれと同年の執筆と推される。

81　〔安政三年あるいは四年〕七月三日

青山大兄　　　　　　　　　　　　　　　　　　　　　　　　　　　　安拝

座右

拝啓。御中暑如何御座候哉。今日ハ御登館候哉。御勉強ハ不被成候様奉存候。僕も今日ハ休息仕度候間、若御登館候ハ、宜相願候。御床机廻承知。
一　昨日松延罷出旌忠表誠拝見、何も申上候事無之由ニ御座候。
一　伝蔵、途中吉村ニ逢候所、津田之談ニ及、舎弟之御話申候趣とハ少し違候様之由、御登館候ハ、御聞被成候様奉存候。他期拝眉候。以上。

七月三日

＊書中で言及されている「津田」は津田繁太郎（東巌）と推されるが、津田は安政三年三月二日付で御徒に召し出されて弘道館訓導を仰せ付けられ、翌四年の四月四日には訓導職は元のままで小従人組に配属され、万延元年には彰考館に異動している。また、「伝蔵」は石川伝蔵と推されるが、同じく安政三年三月二日付で天保十三年から勤めてきた訓導職は元のまま御馬廻を仰せ付けられ、万延元年正月二十九日付で郡奉行、文久元年八月十二日付で小納戸役・助教再勤となり、同二年三月十五日付で定府を命じられている（前出「（弘道館）御用留」、清水正健『増補 水戸の文籍』）。それから「吉村」は中奥御小姓の吉村蔵吉と推され（前出「水戸藩御規式帳」）、さらに「松延」とあるのは侍医の松延貞（定）雄で、前出『南梁年録』の安政五年五月十日条に「御医師松延定雄死去之由云々」という記述がみえる。今、仮に吉村が石川に話した津田に関することというのが人事に係わることであるとするならば、本書簡の執筆年次は安政三年もしくは四年となるであろう。

82　〔安政四年〕七月廿二日

青山大兄　　　　安拝

梧右

拝啓。御万福奉賀候。好文亭之儀、御同意指支申候。監府へ少年之罪を謝し、譴責ハ何程重候共、舎長を御為勤候様之御工夫ハ無御座候哉。
一　先日御相談申候学規、一条増補仕候。茅書記滞留も今少しニ候間、国友迄為登、茅へも相談可仕候哉。実ハ先ツ出シ不申候而幾重にも改竄候上と奉存候所、為登候而も此上何程も改竄ハ出来候間、先ツ為登可申候哉。依而ハ私著とも違候間、御存分御削正相願申候。又ハヶ様之物も更ニ無之方可然候哉。無御伏蔵御示教奉祈候。以上。
七月廿二日

＊会沢は、安政三年頃から弘道館の「学規（のち学則）」の草案作成に取り組んできたが、安政四年五月の本開館には間に合わなかった。そして、七月頃になって歌道方訓導の吉田尚徳（於菟三郎）らから、学則には本居宣長の国学の主張を盛り込むべきであるという意見が提示され、十二月になって原案に新たに一条を追加することに決し、漸く決着をみることになる。書中に「学規一条増補云々」とあり、これに関連した記述がみられることから、本書簡の執筆年次は安政四年と推定した。

83　〔安政元年〕七月廿四日

（前欠）御祝文之儀、指掛り彼是申候而ハ不宜候間、昨日飛田へ申遣候所、別紙之通申来候。順と申候而も是迄臨時物之儀、しかと致候事も無之候所、当年之順番を順々繰替候ならハ高根ニ候所、如何ニて宜候哉。御月番ニ而御了簡之上、可然奉頼候。昨日御申出、昼後ならてハ分り不申候事と相見候へハ、朝之内心得ニ申遣置候方可然奉存候。尤も誰彼と申候事なく候間、昨日ハ小子より申遣候所、ヶ様ニ六ヶ敷申候なれハ、御月番ニて御取計不被成候而ハ小子物好きの様ニ成候間、得貴意候。以上。

七月廿四日

＊書中に「御祝文之儀（中略）当年之順番を順々繰替候ならハ高根ニ候所云々」とあり、祝文読誦の順番が誰に当たるかを検討している様子が記されているが、ここに「高根（千蔵）」の名前が見えることから、会沢の教職復帰以降で高根の名前が弘道館の御用留から消える安政二年よりも以前、すなわち安政元年に執筆されたものと見なすことができる。なお、本書簡には差出人・受取人共に名前の部分が欠落しているが、その筆跡・内容・伝来等から会沢が青山に宛てた書簡と推される。

84　〔安政五年〕八月十一日

「八月十一日
　学則　　　」（張紙、台紙上、異筆）

青山大兄　　　　安
　包物添　　　　拝

拝啓。学則浄写出来候間訓点仕候所、御一覧被下、宜御改竄之上剞劂へ御付可被下候。右扱振心得不申候間、宜相願候。柏へ遣候事ニ候ハ、家僕遣可申候間、弊廬へ御遣可被下候。以上。

八月十一日

＊会沢の起草に成る「学則」は、諸般の事情により安政四年の本開館式には間に合わず、翌五年三月に至って補入一条が加えられ、ようやく同年六月に矢島義容が清書に取り掛かった。書中に「学則浄写出来候間云々」とあるのは、この清書の作業が終了したということのようなので、本書簡の執筆年次は安政五年と推される。

85 〔安政元年以降(除安政二年)〕八月十二日

佩弦賢兄　　安拜
　玉案下

公子御会読、五ッ九ッ之御刻限を改候方可然と渡辺より申聞御座候所、弥張御居置之可然候哉、御相談申候様近藤申聞候。何レ御面話と奉存候へ共、先ッ得貴意候。以上。

八月十二日

＊書中に「公子御会読」の刻限を改めるかどうかについて相談している記述がみえることから、会沢の教職復帰以降に執筆された書簡と推される。但し、会沢が江戸に出ていた安政二年は除外される。

86 〔安政元年以降(除安政二年)〕八月十四日

佩弦大兄　　安拜
　玉案下

拝見。先刻は御枉顧被下奉謝候。明十五日鮭被下候旨、出仕之義致承知候。致出仕候様可仕奉存候。此段及貴答候。以上。

八月十四日

尚々、先刻書付返完仕候。宜御取計可被下候。此方より上候積之御使へ相托申候。以上。

＊書中に「出仕云々」の記述がみえることから、会沢の教職復帰以降に執筆された書簡と推される。但し、会沢が江戸に出ていた安政二年は除外される。

87〔安政元年〕八月廿日

青山量太郎様　　会沢憩斎

御手紙致拝見候。別紙達御廻被下、致承知候。以上。

八月廿日

御別書拝見。如仰冷雨、御多祥奉賀候。居学生相済候付、明日同しく御登館之儀、致承知候。大抵ハ登館之積りニ御座候所、若罷出兼候ハ、、宜奉頼候。以上。

＊会沢は、嘉永六年十一月九日に弘道館教職に復帰したが、教職復帰後も安政二年三月頃までは「憩斎」と名乗っていたようである。しかし、それ以降は「恒蔵」に復しているので（「（弘道館）学校日記」嘉永七年・安政二年」）、本書簡の執筆年次は安政元年と推定される。

88〔文久元年〕八月廿一日

「八月廿一日
公子御読書ハ御忌たけ」（張紙、台紙上、異筆）

川越君御葬も、有馬侯之庶子在国候を御養子ニ付、十月比之御葬と申来候。如何御承知候哉。左候へハ何時頃御発喪ニ候哉。庶公子御読書、余り長く御休も如何ニ候間、御内実御忌たけ立候ハヽ、御始ニて、追而御発喪之節又々御休ニても可然哉と奉存候。御程合御聞繕、可然御御《ママ》〔「御」重複〕取計候而ハ如何候哉。心付候間得貴意候。以上。

八月廿一日

青山大兄　　安拝

座右

＊書中に「川越君御葬云々」とあるが、ここにいう「川越君」とは斉昭の八男八郎麿（昭融）のことで、安政元年に川越藩主松平典則の養子になり藩主直侯となったが、文久元年に死去した（瀬谷前掲書）。その葬儀のことが記されているので、本書簡はこの年のものと推される。

89　〔安政元～四年（除安政二年）〕八月廿二日

青山大兄　　安拝

座右

拝啓。昨夜も奉謝候。御薬方過刻御示被下、奉謝候。今日御城へ駕籠ニて可罷出と存候所、急脚抔着候所へ駕籠ニて出候而ハ目立候間歩行と存候所、雨天ニてハ罷出兼候間後刻迄見合、不罷出候ハヽ、明日も御寄合可有之候哉、御聞被下候様奉願候。以上。

八月廿二日

＊本書簡は、その記述の内容から会沢の弘道館教職復帰後に執筆されたものと推される。但し、会沢が江戸に出ていた安政二年及び斉昭が再度の幕譴を蒙った安政五年以降は除外される。ちなみに、安政四年の執筆と推定した144・149両書簡には会沢が斉昭から手製の薬を拝領している記述がみえ、本書簡中にも「御薬方過刻御示被下、奉謝候」という記述がみえるが、これはその文章表現の具合からして、青山自身が適当と思った薬方を会沢に知らせたものであろう。

90　〔安政二年〕八月廿九日

佩弦大兄　　　安拝

貴酬

「八月廿九日
幕召　　　　」（張紙、異筆）

華翰拝見仕候。秋冷愈御万福奉敬賀候。如貴諭老公御儀、奉恐悦候。此上新令の如く実事御届合ニ相成候様、御同意奉祈候。正気勃興、如諭渇望仕候。

一 二十日云々被仰下、前便御吹聴仕候通、不才無能、叨蒙寵栄、慙愧之至奉存候。
一 帰期も大抵六日発途、四日道中ニて九日着と奉存候。拝眉在近、大慶奉存候。
一 南山巡狩録と申書、旗下士大草某所編纂、南朝之逸事頗詳候様相見候間、館本ニ一部、此地筆耕ニて為写可申歟奉存候。如何。以上。

八月廿九日

＊安政二年八月十五日、会沢は幕府の命を受けて江戸城に登り、将軍家定に拝謁してその篤学を賞された。書中に、「前便御吹聴仕候通、不才無能、叨蒙寵栄云々」とあるのは、この事実をさすものと推され、「(九月) 六日発途、四日道中ニて九日」には水戸に帰る予定である、と江戸から青山に伝えている。

91 〔安政元年以降(除安政二・五・六年、万延元年)〕 九月三日

青山大兄

座右

安拝

拝啓。御万福奉賀候。日々雨天、今日御登館ニ御座候ハ、御会読相願候様可相成候哉。若御登館無御坐候ハ、老夫罷出可申候□〔虫損。「歟」カ〕相伺申候。以上。

九月三日

御会読ハ顔淵篇博学於文章ニ御座候。以上。

＊書中の記述の内容から、会沢の教職復帰後に執筆された書簡であることは明らかである。但し、会沢が江戸に出ていた安政二年、弘道館の教育活動が停止していた安政五・六年、及び斉昭没後の万延元年は除外される。

92　〔安政五年〕九月七日

青山大兄

貴答

安拝

拝見。豊田草案付札、御一覧可被下候。乍去実ハ貴稿之方ニ致度候。久木下り迄ハ日間も有之候間、御諳記ニ而御認、小異同ハ夫ニて宜候事と奉存候。

一　御召命、如諭此度ハ御先鞭ハ別而如何と奉存候。御相談可被成候由、御尤奉存候。以上。

九月七日

＊本書簡は、その記述の内容から出府中の青山に宛てたものと推される。そして、書中に「久木下り迄ハ日間も有之候間云々」とあるが、安政五年九月二日に江戸へ向けて出立した家老杉浦羔二郎・側用人久木（直次郎）らは、五日に下総小金駅で屯集士民を鎮諭した後、着府して藩主慶篤に謁し藩地の状況を報じている。また、同年の九月五日に水戸を発った青山も、着府後の同月十九日、家老白井久胤らと下総小金駅に遣わされて屯集士民の帰藩説諭に従事している。さらに、書中に「豊田草案云々」とあるが、これは八月十九日の夜、会沢・豊田・青山の三名が年寄衆の部屋に呼ばれて意見を求められたことと関連する記述かと推される（『南梁年録』二一六）。おそらく孝明天皇から下された勅書の扱いなどについての下問があったのであろう。出府した青山が、この件についての見解を藩主慶篤らに述べる心算であることを伝えたのに対して、会沢は、当然そうすべき

であると応えている。こうしたことから、本書簡の執筆年次は安政五年と推定した。

93　〔安政二年〕九月十三日

佩弦大兄

座下

安拝

拝啓。貴恙御順快奉賀候。乍去今以御熱気御座候由、何分御加養可被成候。昨日登館前ニ而貴答も不仕候。東湖掛り被命候由国友より申来候間、別紙可遣歟と奉存候。貴意如何、御相談申候。以上。

九月十三日

＊書中に「東湖掛り被命候由云々」とあるのは、安政二年九月に側用人藤田東湖が学校奉行兼務として江戸弘道館を統轄することになった事実を指すものと思われることから、本書簡の執筆年次は同年と推定した。

94　〔安政元年〕九月七日

青山量太郎様

会沢憩斎

御手紙致拝見候。明八日講釈順之由被仰下、致承知候。右順之事未心得不申、例之疎放、御一咲可被下候。明日刻限早く文館へ罷出、講帳見合可申候間、管館之内一人、早く出居候様御達可被下候。論語第二巻に候哉。館丁へ一寸被仰下候様奉祈候。見分十日より御初之由、致承知候。以上。

九月七日

尚々、斎藤管庫御雇御免之由、致承知候。以上。

＊書中に「講釈順」に関する記述がみえることから、会沢が弘道館教職復帰後に執筆された書簡と推される。さらに、会沢は教職復帰後も安政二年三月頃までは「憩斎」と名乗っていたようであるが、それ以降は「恒蔵」に復しているので、本書簡の執筆年次は安政元年に絞られる。書中に「見分十日より御初之由」とあるが、この年の文武大見分は確かに九月十日から行われている（「(弘道館)学校日記　嘉永七年」）。

95〔文久元年〕九月廿三日

青山大兄　　安拝

座右

代口

只今管庫より申聞候趣、江戸栗原生之儀一同指支候旨、尤ニ奉存候。御申合江戸へも運可申と答申候所、貴意如何候哉。何レ江南政府調達と見へ申候間、御文庫方又ハ下役か勤と歟何とか、達直り被成候而可然候所、明日御用状か又ハ別紙かニて申越候方可然哉。貴意如何候哉。猶又御熟慮可被下候。以上。

九月廿三日

川上・水野ハ本席之様ニ見へ候所、如何。

＊書中に館務について青山と相談している記述がみえることから、会沢の弘道館教職復帰後に執筆された書簡であることは明らかである。そして、書中にみえる「栗原生（政介）」は「文庫役見習」、「川上（与十郎）」は「御文庫役」、「水野（哲太郎）」は「御徒列寺社方元〆」として、前出「水戸藩御規式帳」にその名が記されている。そのうち水野は、文久元年八月十四日に御文庫役に任じられているので（「(弘道館）御用留」）、本書簡の執筆年次は同年と推定される。なお、書中でなにやら問題にされている栗原が御文庫役に任じられるのは同三年の八月十六日で（同御用留）、会沢死去後のことである。

96〔安政元年あるいは文久元・二年〕十月九日

青山大兄
　　座右
　　　　　　　　　　　　　　　　　　安拝

拝啓。貴恙如何御座候哉。老夫疲労候間、今日ハ御用日ニて、同役は御城へ両人共出候由之所、御用人へ頼合可申奉存候。一昨日之貴書ニてハ、貴兄御快御出勤歟共奉存候所、左候ハヽ、手跡見分之順書御目付方より出候を、少之間借用之筈云々御目付へ申合候間、御返不被成候而御留置可被下候。委細ハ拝顔ニ御話可申候。乍去貴恙未御全癒ニ無之候ハヽ、必御登館御無用と奉存候。以上。

　十月九日

＊書中に「同役は御城へ両人共出候由之所云々」という記述がみえることから、会沢の弘道館教職復帰後に執筆された書簡と推される。但し、記述の内容から、会沢と青山が共に弘道館教授頭取職に在った期間は除外され、さらに青山の江戸出張や斉昭

の死去等があった安政五年から万延元年までの期間も除外される。

97〔安政元年〕十月十日

佩弦賢兄　　安拝

昨日文館へ登館候所、明日ハ在宿仕度候。如何。拝見。万福奉賀候。御法令承知仕候。御見分、一昨日僕罷出候間、今日ハ貴兄之積りニて、老僕を帰村為致候。若御指合無之候ハヽ、御出相願候。御指合候ハヽ、傭僕にて罷出可申候。昨日貴答上候処、未相達不申事と相見候。御指合無之候ハヽ、又々被仰下候ニ不及候。以上。

十月十日

＊「（弘道館）学校日記　嘉永七年」」を見てみると、安政元年十月八日（嘉永七年十一月二十七日に安政と改元）の見分に会沢が、同十日のそれには青山量四郎（延光の弟延寿）が出席（代理か）しているのが確認される。また、書中の「御法令」とは、同年九月二十五日に幕府が公布した「改訂武家諸法度」のことと推され、水戸藩では十月九日に城中の大広間で役付きの面々へ伝達されたことが同日記に記されている。こうしたことから、本書簡はこの年に執筆されたものと推定される。

98〔安政三年〕十月十六日

佩弦大兄　　安拝

貴酬

昨日貴書拝見。御万福奉賀候。御受御筆労奉謝候。無残所奉存候所、猶又心付候儀付札仕候。聖朝之儀御尤奉存候。右付札之内僕可申上と存候義、病中ニて延引候間、一枚ハ付札ニて上可申歟と奉存候、如何。今日ハ悪寒伏枕、草々付御使候。以上。

十月十六日

＊本書簡は、次の99通目書簡に「御受之儀ハ（中略）御認被下候様奉願候」とあり、本書簡に「御受御筆労奉謝候」とあることから、99通目書簡に対する青山からの返書を受け取った会沢が、再度青山宛に書き送ったものであろう。書中に「昨日貴書拝見」とあるが、同じく「十月十六日」付となっているのは会沢が日付を書き違えたものか。ところで、本書簡中に「聖朝之儀云々」とあるのは、『聖朝破邪集』翻刻に係わる記述と推される。該書は中国明代に徐昌治によって編纂された排耶書で、斉昭が安政二年九月に翻刻許可を幕府に申請して同三年十二月に刊行された。その翻刻刊行作業の過程で、原本書名に付されている「聖朝」を書名中に残すことの適否が検討の俎上に上された経緯がある（鈴木暎一『水戸藩学問・教育史の研究』前編第七章）。このことからすると、本書簡の執筆年次は安政二年もしくは三年ということになってくるのであるが、次の99通目書簡に「見分今日も頼合候間云々」という記述がみえ、この文章の書きぶりからは大地震で大きな被害が出て混乱しているような様子は少しも窺えないので、安政三年の執筆と推定することが可能であろう。

99　〔安政三年〕十月十六日

安拝

青山大兄

座右

拝啓。御書・御書物御下、ざつとハ奉拝見候所、薄暮ニ相成候間先ツ御廻申候。御受之儀ハ不容易候間、ざつと上置候而後便上候より外無之候様奉存候。左候ハ、御認被下候様奉願候。見分今日も頼合候間、見分へ出不申候而ハ相成間敷候哉と奉存候。宜奉願候。以上。

十月十六日

＊本書簡の執筆年次は98通目書簡の考証を参照されたい。

100〔安政元年以降〕十月廿日

青山大兄

座右

安拝

拝啓。貴恙如何御座候哉。先日執政衆へ御書付、御清書御出来ニ相成候ハ、御一同ニ呈出可申候哉。左候ハ、御序ニ御遣可被下候。以上。

十月廿日

教職よりハ印封ニて出候所、指出候而も書記へ廻り候事故、印封ニも及間敷候哉。夫共印封之方可然候哉、如何。

＊書中の「教職よりハ印封ニて出候所云々」といった記述の内容から、会沢の弘道館教職復帰後に執筆された書簡と推される。

101　〔安政二年〕十月廿一日

青山量太郎様
　　座右
　　　　　　　　　　　　会沢恒蔵

拝啓。御万福奉賀候。舎長之儀、彼方ニて扣くれ候ならハ今少し扣候而、少々手を尽候而ハ如何。昨日も佐順間柄故話候様可致と申候へき。是も如何不可測候へ共、筋へ指出候事ハ今少し徐々致候而も可然歟と奉存候。蘭学之儀、跡より御相談可申候。以上。

　十月廿一日

＊次の102通目書簡との関連から、本書簡の執筆年次は安政二年と推される。なお、書中に「蘭学之儀云々」とあるが、折しも当時の水戸藩では、大船建造や反射炉建設等のための必要性もあり、蘭学者を招いての蘭学生養成が検討され実施されつつあった。

102　〔安政二年〕十月廿三日

佩弦大兄
　梧右
　　　　　　　　　　　　安拝

「十月廿三日
内藤舎長　」（張紙、異筆）

過刻は御枉顧被下奉謝候。御受之儀、何分宜奉頼候。

一　内藤之儀、先刻佐・原両舎〔「長」欠ヵ〕申聞ニ、昨夜抔之口気にも、押而達被成候而も不受と申候程にも見へ不申候。佐へ之書ニも、願書出抜さへ致候へハ宜候と申様ニも相見、猶又舎長も、相番等より被支候而学校被押付候而も不得体と申意味ニ相聞、何レ今一応達被成候方可然候哉。組頭御間欠と申儀ハ、指南ニて日々学校へ出候而も、是迄御間欠候事も不承、又指南と舎長とハ違候との論も舎長所ニハ無之、武芸手添を組頭ニて勤候者も有之候間、次第も無之歟。貴意如何御座候哉。不尽意候。以上。

十月廿三日

＊書中に見える「佐・原両舎」とは、佐野順次郎と原任蔵のことと推され、両名は安政三年三月に弘道館訓導に新任されている（『弘道館御用留』）。よって本書簡の執筆年次は、会沢が弘道館教職に復して以降この両名が訓導に新任される以前、すなわち安政元年もしくは同二年ということになる。さらに、記述の内容から本書簡と関連があると見なされる前出101通目書簡の会沢の記名が「恒蔵」となっていることから、安政二年に絞り込むことができる。

103　〔安政元年以降〕十月廿三日

青山大兄

座右

安拝

拝啓。貴恙何分御加養可被成候。昨日之達、支配へ廻状可指出候所、小遣為待置不写候。貴兄ハ御写御さ候ハ、拝借仕度候。御写不被成候ハ、御日記方ニ而成共拝借可申候。如何。以上。

十月廿五日

＊書中の記述の内容から、会沢が弘道館教職に復帰した後に執筆された書簡と推される。

104　〔安政二年〕十一月朔

青山大兄　　安拝

貴答

拝見。刻限御面談之由承知。別紙達、寮之儀も同断。明日ハ登館可仕候。とかく九人詰抔と申事無之、寮たけ八人詰ニ致、奇零ハ来月へ持越し、組合時々代り候方可然共被存候。何レ期拝面候。両田碑も達被成候由、試強も罷出候様可仕候。以上。

十一月朔

＊安政二年十月二日夜、江戸を襲った大地震によって水戸藩家老戸田忠敞・側用人藤田東湖の、いわゆる「両田」が小石川藩邸で圧死した。斉昭は、豊田天功に戸田の、そして青山延光に藤田の墓碑文を書かせた。藤田の知己の安井息軒が、安政二年十一月二日付で亡友藤田を祭る文を物しているので、「両田碑」云々という記述のみえる本書簡もこの年に執筆されたものと推される。

105〔安政三年〕十一月三日

「他所人試
十一月三日」（張紙、台紙上、異筆）

佩弦大兄　　　　　　　　　　　　　安拝
座下

江南答書御示被下、繁劇遥察仕候。他所人来候節ハ、文武共御役方御書院ニて応対済候上ニ而ハ、文ハ席上之芸故御書院ニて講釈為致、武ハ本より土之上働故御庭ニて為致候。雨天ニハ不得已稽古場ニて遣ひ、終候節御書院ニて挨拶候ても宜候様ニ候へ共、成事不説、以後御手入等届候へハ何よりニ御座候。祠神の式、神官御任如何と申御論ニて、先日掛と相見候所、先日も御面談申候通、神官迚も別物ニ不致候方神儒合一之意之様奉存候。貴意如何候哉。可然様相願候。他期拝顔候。以上。

十一月三日

国友心付、尤奉存候。貴意如何。是又宜御返書相願候。以上。

＊水戸藩では、安政四年五月八、九両日に藩校弘道館の本開館式を挙行した。本書簡中には「祠神の式、神官御任如何云々」とあるが、これは開館式の直前まで議論が続けられた弘道館への鹿島神社の分祠式に係わる記述のようであり、38通目書簡との関係などから安政三年の執筆と推定した。

106　〔安政二年〕十一月十二日

量太郎様　　恒蔵

拝見。内藤書之儀、貴諭之通ニて可然奉存候。野老方へも別紙之通申来候所、昨日取紛御相談も不仕候。尤新家へも御廊下ニて遇候間一寸承候所、貴書之通之挨拶ニ候間、行違兼可申奉存候所、豊田への書御指出ニ候ハヽ、一同御差出ニて可然候哉。宜相願候。以上。

十一月十二日

＊書中の「内藤書」は、先に見た102通目書簡中の「佐へ之書」のことのようなので、同年の執筆と推定した。

107　〔安政四年〕十一月十三日

佩弦大兄　　安拝
座下

拝見。如仰寒気、愈御快御座候哉。御祠堂之事、如仰四神御弁位ハ可然候哉。尤是迄之所如何ニ候哉。何レ拝面ニ而御相談ニ而も宜候哉。

一　豊田願、何も存寄無之候。但非常之御了簡と申語、御訴訟物之熟套ニて、一通り之様ニ聞へ可申候哉。非常破格之義を以なとの類ニて可然語も無之候哉。国友之事ハ一通りニて可然歟。別紙御覧可被下候。若又御心付御座候ハヽ、御認直可被下候。以上。

十一月十三日

御会読、御賢労奉存候。僕も登館、明日ハ新嘗之由承知仕候。以上。

＊書中に「御会読云々」という記述がみえることなどから、会沢が教職に復帰した後に執筆された書簡と推され、さらに「明日ハ新嘗之由」とあり、十一月下旬の卯の日に行われていた新嘗祭が明十四日ということなので、十一月十四日が卯の日に相当する安政四年に執筆されたものであることが分かる（内田正雄編著『日本暦日原典 第四版』）。

108 〔安政四年〕十一月十七日

佩弦大兄　　安拝

座右

拝啓。御万福奉賀候。御用書御入手可被下候。賤恙少しハ順快候様ニ候へ共、筋力日衰、長々御指引ニ相成申候。寄宿、来正月より御始可然候所、貴意如何。御同意ニ候ハヽ、申出等宜御取計奉祈候。居学進ハ撰六ヶ敷候哉、如何。

十一月十七日

＊天保十二年の弘道館仮開館のときから長らく実施されないままであった寄宿制が、安政四年の本開館によって漸く実現の運びとなった。前出『南梁年録』二一の同年十月二日条には「今日弘道館寄宿御始ニ相成候云々」とあるので、寄宿制は藩庁から

の文武修学の布達のとおりに開始されたようである。本書簡中に「寄宿、来正月より御始云々」とあるのは、開始後暫くして寄宿生が問題を起こしたりしたので来年正月からも取り決めどおりに始めるべきか否かについて、会沢が青山に相談している記述と思われるので、本書簡の執筆年次は安政四年と推定される。

109 〔安政元年以降（除安政五年）〕十一月十九日

青山大兄
　座下
安拝

拝啓。不時之暖和御座候。賤恙日々発熱未解、気力日耗、両三日ニて出勤安心不仕候所、御頼合ニて宜候由被仰下奉謝候。御弘ニ相成候へハ御機嫌伺等も有之儀と奉存候所、何分宜奉願候。以上。

十一月十九日

尚々、如諭減僧之事、彼方ニてハ不承知と相見候。以上。

＊書中に「御頼合ニて宜候由云々」といった記述がみえるので、会沢が弘道館教職に復職した後に執筆された書簡と推される。但し、斉昭が再度の幕譴を蒙ったことで弘道館の活動が停止していた安政五年は除外される。

110 〔嘉永六年〕十二月九日

青山量太郎様
会沢憩斎

御手紙致拝見候。四冊致落手候。御鏡餅之儀も被仰下、何レ後刻貴答可仕候。以上。

十二月九日

尚々、入寒却而温暖相成申候。布衣以上見舞之儀、委細被仰下奉謝候。御用状、貴名を先ニ御記被成候儀、被入御念候御儀奉存候。昨日御祝儀之儀も承知仕候。以上。

＊後出135通目書簡同様、書中に「御鏡餅之儀」についての記述が見えることから、同年の執筆と推定した。

111　〔安政二年〕十二月九日

佩弦大兄　　安拝

貴酬

拝見。与八等之儀、申出之通御取計被成可然奉存候。双刀之儀ハ如仰容易ニも申出兼候様奉存候。御中間小頭ハ元より双刀之所、黒鍬与役迄帯刀ニ候哉。承糺候上ニて申出可然ニ、夫迚も大勢支配にも無之候而ハ如何ニ候哉。急き事ニも無之候間聞繕候上ニて申出候方可然、愚意御同意御座候。以上。

十二月九日

尚々、明日布衣講釈罷出候積りニて居候所、今日之様子ニてハ路次直り可申哉安心不仕候間、可相成ハ御頼合ニ仕度、後刻人上可申候へ共、先ツ得貴意置候。以上。
若御出被下候ハヽ、子疾病よりニ御座候。

＊書中の記述の内容から、会沢の弘道館教職復帰後に執筆された書簡であることは明らかである。書中に「明日布衣講釈云々」とあり、会沢が講番に当たっていたようであるが、「路次直り可申哉安心不仕（中略）可相成ハ御頼合ニ仕度」、すなわち道路の修復も進んでいない状態なので代講をお願いしたい、と記されている。今、前出「（弘道館）学校日記」の十二月十日条を見てみると、会沢が欠席していて青山が講番を勤めている年が、嘉永六年・安政二及び三年・万延元年の四回ある。この中の安政二年は、会沢が欠席し青山は出席しているが、講師名が記載されていない。予定していた会沢が欠席して青山が代講することになったので、このような記述となったものであろうか。それはともかく、この年は十月二日に江戸を中心とした大地震があって水戸辺りまで被害が及んだようであり、また十二月五日には泉町辺りで八十余軒を焼失する火事があったということであるから、書中にみえる道路の修復云々という記述はこれらの出来事と関連があるとみることができるのではあるまいか。

112　〔嘉永六年〕十二月十三日

青山量太郎様　　　　会沢憩斎

拝啓。御用状返璧仕候。
一　江館々僚より入寒書状来候所、此方よりも柏扱ニて、御連銘ニて仕出候事ニ御座候哉。若仕出不申候ハヽ、貴兄も次便御仕出ニ相成候哉。何レ御一同ニ仕度候間、柏へ可然取扱呉候様宜奉願候。以上。
　十二月十三日

＊書中の記述の内容から、会沢が弘道館教職に復帰した嘉永六年十一月十九日以降に執筆された書簡と推される。そして会沢は、教職に復帰してから安政二年三月頃までは「憩斎」と名乗っていたようであるが、それ以降は「恒蔵」に復していることから、本書簡の執筆年次は嘉永六年もしくは安政元年と絞られてくる。さらに、江館から届いた「入寒書状」にどう対応すべきかについて青山に相談しているところからは、復帰直後でまだ諸事不案内であった様子が窺えるので、嘉永六年の執筆とみるのが妥当であろう。

113　〔安政二年〕十二月廿一日

佩弦大兄　　　　安拝
　　　貴酬

拝見。雪後愈御万福奉賀候。沼野井小僧等、御世話ニ相成奉謝候。御床机廻り撰、外ニ心付も無之候。
一　御祝文順、落手仕候。以上。
一　訓導願、宜御取計可被下候。以上。
　十二月廿一日

＊書中に「沼野井小僧等、御世話ニ相成奉謝候」という記述がみえる。これは、安政二年十一月十七日、沼野井（理八郎）ら数名の小僧が「不調法之事」の故をもって指扣えを仰せ付けられ、同月二十四日に至って許された出来事を指すものと思われる（「（弘道館）御用留」）。推するに、この頃青山が沼野井らの赦免に尽力していたのであろう。加えて、前出『増訂　武江年表２』の安政二年十二月二十日条に「雪降りて尺に満つ」とあるのも、執筆年次推定の傍証資料となるであろう。

114 〔執筆年次未詳〕十二月廿六日

佩弦大兄
机右　　　　安拝

華牘捧読。如貴喩凝寒、愈御万祥奉敬寿候。然為御嘉儀芳樽御投恵被下奉感謝候。御礼期拝眉候。以上。

十二月廿六日

＊本書簡は、会沢最晩年の諸書簡に比すると、より力のあるしっかりした文字で記されているので、弘化二年の会沢の致仕以前に執筆されたものかとも推されるが確証はない。

115 〔嘉永六年以降（除安政六年）十二月廿七日〕

佩弦大兄
玉案　　　　安拝

先日は御丁寧御枉顧、奉敬謝候。如貴喩、難題御題辞得体候様、乍憚奉存候。外ニ鄙見も無之候。可畏之二字、何と歟外にハ有之間（後欠）

＊本書簡は、文章の続き具合からみて、この後の116通目書簡の前半部分かと思われる。執筆年次については同書簡の考証を参照されたい。

116　〔嘉永六年以降（除安政六年）〕十二月廿七日

（前欠）敷候哉。晦匿統馭ハ可畏事勿論に候へ共、遊戯之筆ハ其余事にて、是を以可畏と申様に聞候而ハ如何。卓越にてもとくと不仕候。其人の想ニ而ハとくと不仕候へ共、何歟是に類候字面ハ無之候哉。色々相考候へ共、可然文字心付不申候。御使為待、草々貴答仕候。以上。

十二月廿七日

＊本書簡は、文章の続き具合からみて、この前の115通目書簡の後半部分かと思われる。書中に「如貴喩、難題御題辞得体候様云々」とあり、会沢・青山の両名が何かの題辞について相談している記述が見えることから、会沢が弘道館教職に復した嘉永六年十一月十九日以降に執筆された書簡と推される。但し、青山が江戸表への出張で水戸を離れていた安政六年（『南梁年録』三七）は除外される。

117　〔安政二年以降　月〕七日

量太郎様　　恒蔵

座右

拝啓。過刻御返書之通承知仕候。御受ハ奉畏候旨頭取迄口上ニ而申上候而宜候哉。弥張封書ニて上可申候哉。口上ニ候ハ、沼・柏等を以申出候而宜候哉。貴恙中故僕方ニて扱可申候哉。如何。

七日

＊記述の内容から、会沢の弘道館教職復帰後に執筆された書簡と推される。但し、会沢が「恒蔵」と記名しているので、嘉永六年及び安政元年は除外される。

118〔安政三年　月〕十三日

佩弦大兄
　　貴答
　　　　　　　　　　　　　　　安拝

呈書案奉預候。御序文ニて水府翻刻ハ相分候間、別ニ刻候にも及間敷歟。先日御話之通、凡例之様成事少々出来候も可然歟。

一　達書承知、明日迄拝借仕候。管庫等願之儀、筋へ御話御尤奉存候。薄々瞑々、草々閣筆。
　十三日

＊書中に「水府翻刻云々」とあるが、これは斉昭が自ら序文を書いて安政三年十二月に翻刻させた『破邪集』に関する記述と思われることから、本書簡の執筆年次は同年と推定した。

119〔安政四年　月〕十八日
　「入学坐席ヲ寛ニス」（朱、異筆）

入学規則之儀、別紙ニ付札ニて申出候所、講習寮席順之儀、布衣ハ布衣之長幼、物頭ハ物頭之長幼と申説も世間ニ有之候へ共、右様法律を以厳正ニ致候ハ朝廷之礼ニて、学校之儀ハ敷五教在寛と申義舜之詞ニて、法律等ニて糾し不申、易簡寛厚ニて束縛不仕、人材を長養致候事ニ御さ候間、布衣物頭等之格式を立不申、互ニ礼譲を以、下位ハ下席ニ坐候様、舎長等申含候方宜候様被存候。是迄迚も自然と布衣之子弟ハ上席、物頭ハ其次と申様ニハ相成居候間、其中ニ不遜之者ハ其時々教諭致候方、学校之意味ニ可有之候。然を布衣ハ布衣之長幼と屹ト法を立候ハヽ、布衣之内ニて年長之者ハ五千石取之上へも坐候様ニて、不都合之義も出来可申候。左候迚、御目見席の如く一役切ニ正候事も相成兼申候。猶更社廟御開以来多人数ニ相成、講習生居余り候所、遅く出候者之為ニ布衣物頭之席ヲ空席ニ致置候而ハ別而坐席ニ指支可申、又文館ニて席を分候ハヽ、武場同様ニ候所、武場ニて席を細ニ分候義も届合兼可申候。又下位之者驕慢ニ成候との説も有之候へ共、学校ニてさへ文武共上下を分候事ニ成候ハヽ、上位之者ハ別而驕心増長可致、古より在上不驕抔申候而貴者之驕心ハ第一ニ聖賢之戒候事ニて、尤治教之害と相成候間、学校御設之尊意も、一ニハ貴者之驕心を抑へ下情ニ通候様ニとの思召ニ御座候。賤者之驕心を抑候事ハ貴者を抑よりハ易き事ニ御さ候間、教職舎長等ニて時々心を付可申事歟と奉存候。依而学校之義ハ、繁密ニ法律を設不申、簡節疎目にして寛厚を貴候儀、執法吏と教職との相違と奉存候。

前文草稿、ちとくど過可申候哉。宜御取捨可被下候。以上。

十八日　　安拝

＊「前文草稿」の中では、「入学規則之儀」のうち「講習寮席順」について検討されているが、「猶更社廟御開以来云々」とあることから、本書簡は安政四年五月の弘道館本開館後間もない頃に執筆されたものと推される。この「前文草稿」には随所に書き

込みや訂正が施されている。

120　〔万延元年十月　日〕

「四青山
三蘇　」（張紙、異筆）

会沢恒蔵

青山量太郎様
貴答

貴恙御同様之由、何分御加養可被成候。井生未発途、此間太田へ参未帰不申候。近なと伝申候由、帰次第承り可申候。扨々御送序拝見、感服仕候。四青山何啻三蘇云而已乎。拙作文御相談申度候所、立稿ハ仕候へ共拙陋汗面、とかく跡より遣候共、御相談之上ニ可仕奉存候。一両日中可得拝面、草々。以上。

卯刻

＊本書簡の本文の部分は、なぜか会沢の筆跡ではなく青山による写しになっている。書中の「井生」とは、万延元年八月十五日に逝去した前藩主斉昭の葬送のため、現藩主慶篤に従って江戸から来水した御医師の井上学のことと推される（『南梁年録』四七）。そして「太田へ参未帰不申」とあるのは、水戸徳川家歴代の墓所のある太田の瑞竜山へ行った井上がまだ帰って来ない、ということであろう。青山は、葬送が済んで江戸へ戻る井上のために一文を草し、「送序」として贈るつもりでいたらしい。

121　〔安政元～四年　月　日〕

「文武等諸生惣調掛弘道館勤メトシ」（朱、異筆）

学校文武諸生勤惰等取調之儀、御目付方持前之様ニ候へ共、右役所専務ニも無之、出精帳ニて取調候而已ニ而ハ情実ニ当り様ニ計も行届兼候儀出来、文武館へ日々立入候ニも無之、調方ニ至候而も文ハ教職之調、武ハ師範々々之調ニて、両様ニ相成平均ニ無之、偏文偏武之弊ニも相成候間、文武共諸生惣調致候役相立可然旨、教職よりも追々申出候儀ニ御座候間、両三人も弘道館勤被仰付、教職幷武芸師範ハ勿論、書記監察等へも時々申合、文武惣調致候様相成候ハヽ、賞罰其外万端模通り宜候哉と奉存候。右人物之儀ハ矢野大介・鹿島又四郎抔可然哉共奉存候所、猶又御評議之上、相当之人物被仰付候様仕度奉存候。尤御目付方調之儀ハ是迄之通取調、別ニ右之通相成候ハヽ、両様御見合ニも相成候ハヽ、御模通宜候哉と奉存候。此段申出候。以上。

＊水戸藩では、安政四年五月八、九両日にわたって藩校弘道館の本開館式を挙行したが、これに併せて諸々の改革も同時に行おうとしていた。この一文は、「学校文武諸生勤惰等取調之儀」について、その改善策を提言しているものなので、この時期に執筆されたものと推定した。随所に加除訂正がみられるので案文のようであるが、いずれかの書簡に添えられるなどして青山のもとに届けられたのであろう。

122　〔安政三年　月　日〕

「師弟之道」（異筆）

此度文武指南、御役方相勤候者願之上指南御免相成候所、繁勤ニて指南行届兼御免相成候義ハ不得已次第ニ御

さ候へ共、此後万一繁勤之者都而御免と申様ニも相成候而ハ、其人ニ依繁勤ニても指南行届候人も可有之、又指南を譲可申と見込候人も無之、無理ニも譲候而ハ門人も力を落し候様相成、文武御引立之御主意ニ叶不申義も出来可申、若又役筋ニ依外交不相成候故指南ハ不宜候様之論ニも相成候而ハ、古来之御政令ニも致相違、学校御取立之御主意を失候様相成可申候。古より師弟之道ハ至而重き儀ニて、君臣父子と並ひ在三と申候而、師の為ニハ心喪三年と立候而君父之喪服ニ並ひ候程之義ニ御さ候間、古来より師弟之交ハ格別ニ御立、是迄役筋之者も勝手次第指南致来候義ニ御座候。猶更学校御取立ニ而ハ師弟之道ハ別而厚く御立被遊、師弟之交ハ外交と申ニハ無之候段一統為相心得申度儀と奉存候。是迄致指南来候御制度を御変革ニ相成候而ハ師弟之道軽く相成、学校之御規則相破、猶又外交之故を以指南不相成候ハヽ、役筋ニてハ門人ニて学校へ罷出候も不相成候儀ニ相成、最初より役筋ニても時々学校へ罷出修行可致との御主意も空く相成候間、学校ニてハ師弟之道ハ格別ニ御立、古来より之御主意御取失不申様、後日之為厚く御論定ニ相成居候方と奉存候。

＊この一文は、75通目書簡に「師弟之義申出、先日起草云々」とある会沢起草の意見書案文と推され、恐らくは同書簡に別紙として添えられたものであろう。これが書かれた当時、「文武指南御役方相勤候者、願之上指南御免相成候」ということがあったため、会沢は、こうしたことが常態化して「学校御取立之御主意」を失うようなことになるのを懸念し、「師弟之道」の格別である旨を藩士一同に周知徹底させる必要性を感じて執筆したもののようである。文中、随所に加除訂正の跡がみられる。

123　〔文久二年〕閏月七日

「朝文夕武」（朱、異筆）

学校修行、朝文夕武之儀ニ付御掛御坐候所、右ハ烈公様思召ニて文武一致ハ勿論ニ候所、武芸相学候者も少年之内ハ必文学を可致、文学之者も成人後ハ必武芸相学候様との御儀、文武甲乙ハ無之候へ共、文学ハ気を詰候事ニて、少年之内ニ候ハヽ、人々無二念勉強可致、武芸ハ骨折候へ共勇敷事ニ候□〔虫損〕、成長後ニ而も面々張込候ハ自然之人情ニ御座候。依而少年之内ハ文之方を重く御世話被遊、武之方ハ一通り之御世話ニ而も随分盛ニ相成易く、見所ハ文武甲乙有之様相見候へ共、実ハ是ニ而文武対揚致候訳合ニ相成候。此段ハ藤田誠之進并恒蔵等度々烈公様御意を奉伺、相覚え候儀ニ御坐候。朝文夕武之儀も、右之御意味ニて昼前ハ必文を学可申と御定ニ相成候事ニ御座候。然所武芸師範之方ニ而ハ、最初学校御開当坐之通り四ツ八ツニて文武同刻ニ致度候趣ニ御坐候所、是ハ全く御開当坐之儀ニて、学校之模様も未御試不被遊候内之義ニて、其後追々御試之上、文武同刻ニてハ修行之為不宜候義を御見定、朝文夕武之御制度ニ被遊候儀ニ御坐候。ヶ様御定ニ候へハ、諸生昼前ハ文昼後ハ武ニて、偏文偏武之弊無之候所、文武同刻ニ而ハ昼前も気を詰候方へ出候者ハ少く、武へ出候者計多く相成、文ハ衰候而偏武ニ成候ハ指見候事ニ候へハ、最初ニ立返り候而ハ烈公様折角御制度御立被遊候深き思召ニ奉背候御事ニ相成、臣下之身奉恐入候次第ニ御座候。猶又武人之内ニハ、昼飯後罷出候へハ小給之者都合も可宜候と申候者有之様ニも相聞候所、実ハ諸生共毎日罷出候筈ニ候へ共、小給ニて指支候者も有之故御日割御立、其日数罷出候へハ御咎も無之、小給者指支御察之段ハ是ニて無残所候所、其上ニも遅刻ニ可致と申候ハ余り自分勝手之様ニ御坐候。烈公様御意ニも、少年之者ハ少々ツヽも学校へ時刻長く置申度との御事ニ被為在候所、刻限を短く致候而ハ右之思召とハ全く相反し候事ニ御座候。只今烈公様御逝去被遊候迚、御遺業を相破、思召ニ奉背候様相成候而ハ、何共歎敷次第と奉存候。御筋ニ而も御遺志をハ堅く御守りニ相成候義と奉存候得共、御掛ニ付申出候。尤前文書取相分兼候義も御さ候も、幾度も御掛返し御座候様奉存候。此段申出候。以上。

拝啓。秋冷御万福奉賀候。朝文夕武之儀、俗論蜂起候由、御掛ニ相成可然候所、政府之武断ニて俗論ニ従候様ニも相成候而ハ不可奈何候間、御掛ニ不拘此方申出候方可然候哉。御面語ニ仕度候所、今日ハ無拠御頼合候間、書中ニて貴意相伺候。以上。

閏月七日

＊本書簡前半の「学校修行、朝文夕武之儀云々」の文章は、会沢が弘道館での文武修業において「朝文夕武」のもつ重要性を述べ、これが烈公(斉昭)の遺志でもあることを縷述したもの。藩庁に提出する前に青山のもとに送って検討を依頼した案文のようで、随所に加除訂正が施されている。執筆年次は、斉昭死去から会沢死去までの間で閏月があるのは文久二年であることから、同年と推定した。

124〔安政五年　月　日〕

「戊午
三ヶ条御尋」(張紙、台紙上、異筆)

此度公辺へ被仰立候趣ハ、心付候儀別紙申出候所、猶又三ヶ条御尋之儀ニ付、為御含大意左ニ申出候。

一　永世安全との御儀ハ古今無之儀ニて、神州皇統無窮、御安全ニハ被為在候へ共、中ニハ承久之変元弘建武之乱其外御危難之御儀も不少、猶更近来戎狄之勢甚盛ニ相成候へハ、只今ニも如何様之変を生し候儀難測、永世之憂此時と奉存候。禦侮之方、富国強兵ハ勿論ニ候所、永世ニ伝り候儀ハ神聖の道を興し邪教を防き候事大本と奉存候。然所近頃洋学大ニ行レ、当路之人有名之学士書生等も洋教ハ大害無之抔と申触、神聖忠孝之訓堙晦仕候而ハ、民心一旦邪教ニ染候へハ再ひ挽回不相成、終ニハ戎狄之隷属と成候義、永世之禍根と奉存候。

一　不拘国体後患無之方略との儀、国体を辱め卑屈仕候ハ一時の苦痛を免れ候迄ニて、既ニ墨夷抔も最初之望よりハ次第ニ増長仕候を見候而も、後患無之との見留ハ立不申儀指見候事と奉存候。

一　下田条約之外御許容無之防禦処置之儀、太平久敷天下安逸ニ耽り戦場ニ不習候間、只今戦場と存天下一統必死之心得ニ而も戦勝ハ如何ニ候所、幕府諸有司を始め戦を畏、諸家も安逸ニ習ひ、只今戦場と存候家風指を折候程も無之、御国を始め上下共戦場之模様ニ無之家々而已ニて、兵糧も軍用金も乏敷、実戦ニ臨防禦行届可申とハ不被存候。他家ハ無是非候へ共、御家計も太平之逸楽を忘れ、当今戦場之心得ニて上下共勤倹ニ相成、戦場之駆ヶ引を心掛候風儀ニ仕度事と奉存候。猶又御掛も御坐候ハ、委細申出候様可仕候へ共、指掛り之儀ニ付先ッ大意而已申出候。

但仮条約等御断之儀も、御国法と而已御断ニ而ハ狭隘之論と一円ニ相破り候事と相見候。開闢以来之国体を俄ニ変候而ハ諸侯より万民迄多くハ服し兼、天下之乱を生し候勢ニ候へハ、外国より善意を以和親之心得ニ候ハ、国家之乱を生し不申様致候而社善意と可申候。然るを無理ニ押付我国を乱し、治平の民を烈焰猛火ニ殺候而ハ不仁之至ニて天意ニ背候間、是迄ハ都而其国より申所を御許ニ相成候上ハ、少々ハ其国の意ニ不満候事有之候共、扣候廉も無之候而ハ片落ニ候間、其国も我国も双方共互ニ存意を扣へ候而、双方之為ニ宜候様致候ハヽ、和親之意味ニも叶候と申儀を以御断ニ相成候ハヽ、此方之辞命も正大ニて、何程戎狄之残暴ニ而も、不得已存意を扣候儀も可有之哉。是等之意味ハ幕府之有司も心得候様致度儀と奉存候所、是迄応接ニも右様之意味不相見候ハ遺憾之儀ニ奉存候間、序ニ申出候。以上。

＊この文章は、異筆の貼紙に「戊午」とあり、本文中には「下田条約之外御許容無之防禦処置之儀云々」とあるので、安政四年五月の下田条約締結以降で同五年六月の日米修好通商条約調印以前に執筆されたものと推される。折しも安政五年四月、会沢らは藩主慶篤の諮問に答えて条約調印に関する答申書を提出し、それを受けて慶篤は、五月一日に同件に関する意見を幕府に建議している。また、同月三日には前藩主斉昭も同件に関する幕府の諮問に応えている。随所に加除訂正が施されているこの一文は、その折に会沢らが慶篤に提出した答申書を補足するもので、恐らくいずれかの書簡に添えられるなどして青山の手許に届けられたのであろう。

125 〔安政四年〕閏月廿六日

「入学届件」（張紙、台紙上、異筆）

安
拝

青山様
　座右

拝見。大暑、昨日ハ御腹今日ハ御全快、大慶仕候。御頼合承知、別紙御付札之通管庫へ申付候。

一　昨日、長尾左大夫文館へ罷出教職申聞候ハ、十五歳ニて是迄文武罷出不申者有之、参政へ申出候へハ、惣教へ申出候様との挨拶ニ付問合候旨教職より申聞候間、参政之方問合見可申候間入学之者姓名承置候様教職へ申候所、瀧口正蔵惣領正太郎之由。実ハ文武不岐候為にハ、武場へ入学も此方へ申出候而宜様ニ候へ共、左様之達も無之候哉。左候ハヽ、杉参政へ問合候方可然候哉。御相談申候。以上。

閏月廿六日

試文も出候間、教職へ相廻し添削致候様相達候。実貴兄へ先ッ御廻申候而宜候へ共、添削早く出来候方諸生のはり込にも可相成候間、御登館之節御覧被成候方と奉存候。以上。

＊「閏月廿六日」付の本書簡中には「大暑云々」とあり、また「文武不岐候為にハ、武場へ入学も此方へ申出候而宜様ニ候へ共、左様之達も無之候哉」などの記述も見えるので、閏五月のある安政四年に書かれたものと推される。同年五月九日の弘道館本開館後まだ間もない頃なので、諸事にわたって十分に行き届かないところがあったのであろう。

126　〔安政二～四年〕二月十九日

青山大兄　　　　安拝

座下

拝啓。只今御普請奉行来候而申聞候ハ、別帳御用人より達有之候所、寸法無之候而ハ取掛り兼候由ニ付預り置候所、青柳へ不遣候而ハ分り不申事と奉存候間、御相談申候。此者へ被仰付御遣被成候共、とかく宜相願候。明日申出候様可申遣候哉以上。（行間は会沢の書き入れ）

二月十九日

孔廟之方残し置、此方ニて何レと歟不致候而ハ相成間敷候。明日にも相廻り候様致度との事ニ御座候。僕も明日登館とハ奉存候所、只今之様子ニ而ハ安心不仕候。宜様相願申候。以上。

＊書中に「孔廟云々」「御普請奉行云々」「青柳云々」等といった記述がみえ、孔子廟等の弘道館建造物について何事かを相談している様子が窺えるが、建物は仮開館時には概ね完成していたというから、本開館前に何か手直しや細工を施す必要でも生じたのであろうか。安政元年四月に本開館に向けて動き出してから同四年五月の本開館式挙行までの間に執筆された書簡と推される。

127
〔安政二〜四年　月　日〕
「直参陪臣」（端裏書、異筆）

備前守殿家来学校修行之儀、右家来ニハ格別筋目之者も有之、陪臣中ニ而ハ次第も有之候へ共、小異同ニて陪臣ニハ相違も無之、御直参と陪臣と分り候所ハ大体ニ関り候儀ニ御座候。学校之儀ハ陪臣不罷出候御定ニ候へハ、小異同を以大体を破候而ハ不宜、千葉栄次郎門弟罷出候ハ稽古場引立候手伝之義ニて自分修行ニハ無之、又諸家ニ而陪臣より教職等相勤候ハ人才を以挙候儀ニて、非常之人才を挙候ハ本より非常之扱ニて、其人之身柄ニ拘り候儀ニハ無之候。学校修行之儀ハ御直参と限り候ハヽ、瑣細之異同ニハ御構無之方と奉存候。

＊水戸藩では、安政四年五月の弘道館本開館に際して「他藩人の修業法」についての規定も検討されたが、その過程において陪臣、ここでは特に「備前守」（水戸藩付家老中山氏）家来の扱い方如何も問題にされたようで、通し番号127のこの一文からは、その検討の一端を窺うことができる。この当時、中山家で「備前守」に任じられたのは同家三八代当主信宝で（その父信守は初め「備前守」で、後に「備後守」に改任）、家督を継いだのは安政五年正月、備前守叙任は同年十二月二十九日のことである（「常陸松岡中山家譜」）。ということは、この文章が信宝の備前守叙任からあまり間を置かずに執筆されたとしても安政六年に掛ってしまうことになり、時期的に合わないことになる。ここはおそらく、会沢の脳裏に信宝の父信守（安政四年十一月十九

日死去）が備前守であった期間の記憶が残っていたため、すでに備後守になっていた信守をつい備前守と記してしまったのであって、実は、まだ信守存命中で信宝が家督を継ぐ前に執筆されていた文章とみるのが妥当なのではあるまいか。また、文中の「千葉栄次郎」は、天保六年から水戸藩演武場に出張教授していた千葉周作の次男であるが、その栄次郎の門弟が弘道館の「稽古場引立候手伝」をしていたというのであるから、周作が没した安政二年以降に執筆されたことは確かであろう。案文らしく、文中には若干の加除訂正がみられる。いずれかの書簡に添えられるなどして青山の許に届けられたのであろう。

128

〔安政元〜四年　月　日〕

「布衣以上三百石以上之惣領」（朱、異筆）

一　布衣以上幷三百石以上之族へ

布衣幷三百石以上之惣領、一ヶ月七日以上文館へ相詰候様達置候所、家塾ニ而致素読候初学之族ハ、日々罷出不申候而ハ修行ニ不相成候間、素読相済候迄ハ御定日数ニ不拘、一ヶ月十五日以上屹ト罷出可申候。但当主ニ而も繁勤ニ無之族ハ同様ニ有之候事。

一　右之族、毎月廿日於学校講釈素読改有之候間、師範より指図次第罷出可申候。

一　家塾師範之族へ

布衣以上幷三百石以上之惣領、一ヶ月七日以上文館へ相詰候様達置候所、家塾ニ而致素読候初学之族ハ、日々罷出不申候而ハ修行ニ不相成候間、素読相済候迄ハ御定日数ニ不拘、一ヶ月十五日以上屹ト罷出候様相達候而、其旨相心得、廿日以上を出精と致、十五日以上ハ並、右以下ハ不精と心得、精不精取調、年々七月翌年正月両度ニ学校へ書出可申候。
一　右之族致素読書名、是又右同様書出可申候。
　但右以下ニ而も、格別出精又ハ格別器用ニて果敢取候者ハ、右同様書出可申候。
一　右之族、毎月廿日於学校教職致出席、講釈素読改有之候間、月々十五日迄ニ師範より学校へ姓名書出可申候。
右之振合を以、夫々御達ニ相成可然哉と奉存候。
尤右御達ニ相成候て、教職御目付方等へも夫々御達御座候様ニと奉存候。

＊天保十二年の弘道館仮開館の際に布達された学生課業例規では、「布衣以上幷三百石以上之惣領」は修業の日割が毎月「十五日」と定められた。しかるに、この文章中に「一ヶ月七日以上文館へ相詰候様云々」とあるのは、一五日のうち正味「七日」以上は必ず「文館」へ出席するようにということであろう。仮開館以来の文武両館への出席状況が武に偏っているのをみてきた会沢が、文武兼修の理念の実を挙げる目的もあって、本開館時に態々このような通達案文を作成したのであろう。「家塾師範之族」への通達の中で学生の勤惰判定の基準がより詳細に記されていることからも、本開館に際しての提言である可能性を強く感じさせられる。随所に加除訂正の跡がみられるこの案文は、いずれかの書簡に添えられるなどして青山宅に届けられたものであろう。

129　〔安政二～五年　月　日〕

如諭御幼年より尊大ハ不宜、且撫軍監国ハ世子之事ニて庶支ニてハ如何。日本武尊ハ英傑之才、非常事故常法とすへからす。東征西伐も刺客ニ等しき事抔ニて、御名代と申にも無之歟被存候。公子御英傑ニも可有御座候へ共、御幼年ニて摧隗の任を御引受にも相成間敷、又熊襲蝦夷の勁敵あるにも非、操練而已ニ候へハ非常ニ出候時勢にも非、義公も子供ハ子供の様ニて宜敷との御意に相当不仕候。老臣ニて摂候事ハ当然と被存候。

「公子撫軍不可然」〔張紙、異筆〕

＊文中の「撫軍監国云々」「操練云々」等の記述から、この文章は、安政二年に再開して同五年まで実施された水戸藩の軍事操練「追鳥狩」に係わるものと思われるので、執筆時期はその間のいずれかの年と推定した。他の書簡に添えられるなどして青山の許に届けられたものであろう。

130　〔安政元年〕四月十六日

佩弦賢兄
　玉案下
　　　　　　　　　　　　　　　　　　　　安拝

拝誦。如貴喩陰々、愈御安健奉賀候。宸禁大災、御同意奉恐懼候。大変ニ而も御家ニ而ハ御不相当云々奉敬服候。御霊屋歌舞計も御止之儀、御同意奉存候。草々及貴答候。以上。

　四月十六日

＊安政元年四月六日、京都の大火で皇居が炎上した。書中に「宸禁大災云々」とあるのはこの出来事のことと推されるので、同年の執筆ということになる。

131　〔安政三年〕十二月六日

青山大兄
　　座右　　　　　　　　　　　　　　　　　　　　安拝

拝啓。御万福奉賀候。此間之御書抜、夫主妻之祭事ニ御坐候所、読礼通考抔ニ喪主之例可有之、喪主に候へハ主祭之事故、同しくハ古主妻之葬之事を証ニ引度被存候。其外祔廟之事も、祔于祖姑候事、読礼か又ハ吉礼廟制之部抔ニハ類例ニ而も有之間敷候哉。順快ニハ候へ共今以日々発熱、登館相成兼候間一寸相伺候。以上。

　十二月六日

＊書中には、「夫主妻之祭事」「古主妻之葬之事云々」「祔于祖姑候事云々」などとあるが、「祖姑」は舅の母のこと。この記述は、後出の171通目書簡中で検討されている「順貞夫人様御祔廟之儀」に関連する内容と推される。「順貞夫人」とは、安政三年十一月十九日に死去した藩主慶篤夫人幟子の諡号である。その新葬法事は同年十二月五日から七日にかけて伝通院で執り行われ、翌四年二月二十二日に御廟へ遷座されているので（『南梁年録』一八・一九）、安政三年に執筆された書簡と推される。

132　〔安政二〜四・六年〕十二月八日

量太郎様　　　　　　　　　　　　　　　　　　　　恒蔵

御安健奉賀候。今日煤掃仕候間、御頼合申度奉存候。今日講釈之順ハ如何候哉。是又宜奉頼候。

一　昨日参政代より御廟之儀御掛、夫婦尊卑を斉候なれハ御夫婦抔共御家老ニて可然流ニ而、御番頭ニ成候事にも候哉との事ニ候間、別紙之通申出可然哉と奉存候所、尚又及御相談候。

一　榎本より申出、御掛ニ候間御相談申候。

一　青標紙二冊為写置候様御意之趣、安斎より申聞候間御廻申候。尤御秘本と申にも無之由ニ候間、史館ニて為写候而も宜候哉。他期拝面候。以上。

十二月八日

＊書中に「今日講釈之順ハ如何云々」等とあり、会沢・青山両名が館務について連絡を取り合っている様子が窺えることから、会沢の弘道館教職復帰後に執筆された書簡であることが分かり、さらに会沢が「恒蔵」と署名しているので安政二年以降のものということになる。また、「青標紙二冊為写置候様御意云々」とあるので、斉昭の死去前に執筆されたものであることも分かる。但し、弘道館の教育活動が休止していた安政五年は除外される。

133　〔安政元年〕壬（閏）月廿日

「廟議

閏月ノ御平」（張紙、台紙上、異筆）

佩弦大兄　　　　　安拝

貴答

拝見。如貴諭蒸溽、御安健奉賀候。閏月を不計候なれハ、祥祭遷主等も来月被成候而可然候所、左様ニも不相成候而、既ニ御遷廟等も相済候上ハ、後々閏月ハ最早御平月ニ而宜候様奉存候。猶又貴考之上、可然御決可被成候。以上。

壬（閏）月廿日

尚々、三等撰聚訟候由、こまり候事ニ御さ候。以上。

＊本書簡中に「閏月を不計候なれハ、祥祭遷主等も来月云々」「後々閏月ハ最早御平月云々」とあるのは、嘉永六年六月二十二日に没した第八代藩主斉脩夫人美子（峯寿院、孝文夫人）の小祥忌及び遷主の行事に係わる記述と推されることから、本書簡の執筆年次は安政元年と推定した。ちなみに青山は、同夫人の「新葬御用」で嘉永六年七月中に江戸へ出張し、数日間逗留した手当てとして「銀七枚」を支給されたことが、前出「（弘道館）御用留」安政元年閏七月二十日条に記されている。

134

〔嘉永六年あるいは安政元年　月〕七日

「廟議」（張紙、異筆）

藤田より申来候儀、貴意如何候哉。瑞竜ハ君西夫人東ニて、御廟ハ君東夫人西と覚申候。江戸も御廟之通ニて宜候様奉存候。堂室東西ニ候へハ、弥張南面同様北を東と見候而、南ハ西ニ当り候事之様覚申候。家礼図説にハ翁婦相並之説も有之候所、生者ニ候へハ翁婦の嫌有之候へ共、神と成候而ハ形体も無之、翁婦之嫌ニ不及候様被存候。猶又貴考之上、宜御返書御遣可被下候。以上。

七日

藤田より別封落手仕候。以上。

＊本書簡は差出人・受取人共記名を欠くが、その伝来及び内容等から会沢が青山に宛てた書簡と推される。本書簡には133通目書簡同様「廟議」と記された張紙があり、記述の内容が廟堂内における「君」と「夫人」、ここでは第八代藩主斉脩と嘉永六年六月に死去した夫人美子の神主の並べ方について検討しているものと思われ、さらに書中に「藤田より申来候儀云々」とあるので、本書簡が執筆されたときには藤田東湖がまだ存生していたことなどから、嘉永六年もしくは安政元年の執筆と推定した。

135　〔嘉永六年　月〕二十六日

青山大兄
几下
安拝

類例書抜御示被下、致一見候。御鏡餅御備、前例ニ候へハ其通りニて可然奉存候。但御当主様御指合ニて御廃祭ニ候へハ、俊祥院様御分御備被申候も如何ニ候哉。尤是ハ此度之御備ニハ関係無之候間、其通りニて宜候所、此度御摂祭ニ而も、御鏡餅ハ御方々様より御銘々御備候事ニ候へハ、他之御方々様御備有之、当公計御備無之候も如何候哉。御銘々御備之品は、御摂祭ニ而も弥張御備ニ而ハ如何可有之候哉。

一　三月御服明ニ而年頭御備と申も、過時不祭と申事有之様ニも覚候間、如何可有之候哉。乍去是も急き候事ニも無之候間、追而御相談可申奉存候。

一　孝文夫人様御備ハ、未御吉祭ニ不被為成候間、御服中ニ御座候而も御備有之宜候哉と奉存候所、是も定而前例有之事と相見候間、一応御見合ニ而ハ如何。草々及貴答候。以上。

二十六日

＊書中の「孝文夫人」は、嘉永六年六月二十二日に亡くなった水戸藩第八代藩主斉脩の正室峯寿院（現藩主慶篤祖母）のことである。そして、「孝文夫人様御備ハ未御吉祭ニ不被為成候間云々」という記述からは、まだ同夫人の吉祭を行うだけの時日が経過していないことが窺える。また、書中に「御鏡餅御備」について相談している記述も見えるので、執筆時期は嘉永六年末頃ということになるであろう。

136〔嘉永六年十一月九日～安政五年十一月二十五日〕

稲荷祭之儀御受

御親書謹奉拝見候。稲荷祭之儀ニ付、委細御意之趣奉畏候。則小川修理へ相掛申候所、別紙書抜差出申候間、奉入高覧候。如御意作り物等ニて少年輩風儀を傷ひ候儀ハ不宜候間、何歟見替ニ相成候儀御座候様仕度奉存候所、修理申聞ニも本式俗式等之内此節御取用相成候様之儀も見当り不申、稲荷ニ限り候儀ニハ無之候へ共、里神楽等之類も外ニハ心当りも無之由申聞候儀御座候。十五座之儀、京抔ニ而ハ如何様之儀を仕候哉。江戸抔ニて折々見当り申候十五座廿五座抔申候ハ、大神楽舞之抔の種類ニも御座候哉。仮面を蒙り狂言の様なる真似を仕、甚鄙俗なるものゝ様相覚申候。尤是迚も其職之者仕候儀ニ候間、諸士の子弟作り物等を仕、風儀を乱し候にハ勝り可申奉存候。同しくハ今少し上品なる戯有之候へハ宜候所、外ニ可然戯事も心付不申候。掛行燈・子供大鼓打ちハ、如御意不苦候哉と奉存候。依而別紙相添、御受奉申上候。以上。

＊この一文は、書中の幾ヵ所かに加除訂正の跡が見られることから、斉昭からの「稲荷祭之儀」についての諮問に奉答するために会沢が作成した案文で、いずれかの書簡に添えられるなどして青山の手許に届けられたものであろう。執筆時期は、会沢の弘道館教職復帰以後で、小川修理が没した安政五年十一月二十五日以前と推される。

137

〔安政二年〕三月十八日

「安政甲寅三月十八日」（張紙、台紙上、異筆）

拝見。惣髪願相済、恒蔵と相改可申旨達ニ相成候旨被仰下、致承知候。薄暮手元見へ兼候間、草々貴答、参政之書も追而返進可致候。以上。

三月十八日　　　　　　　　　　　　　　会沢憩斎

青山量太郎様

改名届之事と相見候。宜奉頼候。以上。

＊会沢は、いわゆる「甲辰の国難」の折に斉昭雪冤運動に加わった罪で弘道館教授頭取職を免じられ、弘化二年に一旦致仕して「憩斎」と称していた。嘉永二年になって漸く赦され、同六年に弘道館教授職に復帰した会沢は、思うところあってか改名したい旨を藩庁に願い出たようである。これに対して藩庁からは「恒蔵」と改めるようにとの達が下されたが、これは会沢がかつて元服後に使用していた通称で、結局は弘化の致仕前のそれに戻ったわけである。ところで本書簡の執筆年次であるが、異筆の張紙には「安政甲寅」とあり、「甲寅」は安政元年にあたる。しかるに、前出「(弘道館) 御用留」の安政二年二月十九日条にはまだ「憩斎」と記されており、「(弘道館) 学校日記」の同年五月二十日条になって「恒蔵」が現れ、それ以降は両資料共

に「憩斎」という名の使用例は見られなくなる。加えて安政二年三月九日付の会沢宛斉昭親書に「憩斎事／恒蔵へ」と記されていること等も勘案すると、本書簡の執筆年次を張紙のように安政元年とするのは誤りで、同二年と改めるべきであろう。

138

〔安政五年〕正月廿二日

「正月廿二日
鹿島祝詞　」（張紙、台紙上、異筆）

諸公子御会始ハ御終ニ替り候事無之候哉。無御滞御始なと丶申上候事ニ候哉。一寸御加筆奉祈候。舎弟より御願書出候間、差出可申候哉。尤御同勤へも一応御話之上可有之候哉、如何。

拝啓。御腫物如何候哉。御用書御廻申候。小川難有事ニ御座候。名代ニて呼出可申候哉。左候ハヽ、青柳へ可申遣候間、御薬弊廬へ御遣可被下候。祝詞参候所、鹿島へ関係も諸神をも称し、且文体惣而朝廷之御祭之様ニ相見、天下ノ公民なと何レも失体と被存候。伺直し候而ハ間ニ合不申候間、此地ニて出来候を用候より外ハ無之候哉、如何。以上。

正月廿二日　　安拝

＊本書簡は宛名を欠くが、館務について相談していることやその筆跡・伝来等からして、会沢が青山に宛てた書簡と推される。前出43通目書簡執筆の前日に執筆されたもののようである。

139

〔安政元〜万延元年〕二月十五日

青山大兄
　　貴答　　　　　　　　　　　　　　　　　安拝

拝見。万福奉賀候。今日登城可仕も不快ニて相引申候。太田原へ頼可申奉存候。甲冑申出ハ此間柏取扱申候。

雑賀殿之儀、心付不申候へき。不得已追而申訳差出可申奉存候。以上。

　二月十五日当賀

＊書中に「今日登城可仕云々」とあり、また「雑賀殿之儀云々」ともあるので、本書簡の執筆時期は、会沢の弘道館教職復帰以降で、雑賀（孫市）が没した万延元年二月十九日以前と推される（『南梁年録』四二）。

140〔安政二年〕二月廿七日

佩弦大兄
　文机下　　　　　　　　　　　　　　　　安拝
　　　　　　　　「二月廿七日
　　　　　　　　改名等　　」（張紙、異筆）

謹啓。愈御万祥奉賀候。先日御話之通、東湖へ一書相認候所、何歟事足不申候様ニ御座候。此間御話之趣も書取申度候所、心ニ浮不申、脱漏だらけニ御座候。何卒御書直しと歟、又ハ御書添と相願申候。
一　七十以上武役御免と申事ニ候間、追鳥狩も御免ニ可相成候哉。其筋御問合被下候様奉祈候。

一　改名之儀も、中衛門・太郎兵衛と願出可申奉存候。認振等へ宜御頼被下候様奉祈候。隠居より俗名ニ改候事例も無之候間、改名迚も例ニはつれ候而も可然哉、其筋へ宜敷御内談被下候様奉祈候。以上。

二月廿七日

＊前出137通目書簡に会沢の改名に関する記述がみえ、「恒蔵」と改めるようにとの通達のあったことが記されていたが、本書簡をみると会沢自身は、「中衛門」もしくは「太郎兵衛」と名乗ることを望んでいたようである。執筆年次については137通目書簡の考証を参照されたい。

141　〔安政五年〕三月九日

佩弦大兄　座右　　安拝

「三月九日」（張紙、異筆）

□〔欠損〕差出辞表候儀ニ付御開諭、奉感佩候。如喩朋比之嫌無之ニも非候へ共、素意貴兄とハ次第も違、第一ニ太平之世と違、兵端開候日ニ八十ニて軍籍ニ列候事、何より指支も左も無之候ハヽ、従貴教候様ニも可仕候所、此一事ハ身ニ切迫候間、差出候心得ニ御さ候。尤結末之事計ニても宜様ニ候へ共、辞候ニハ貴兄と事の厚薄ハ候へ共、一切不言候而ハ不安候間、別紙位ニ認候。猶又宜御示教奉万祈候。以上。

三月九日

＊会沢は、安政二年に格式新番頭列に補され弘道館教授頭取として勤仕してきたが、安政五年に至ると、米国総領事ハリスの強硬な通商条約締結要求に反対して戦端が開かれる可能性もないとはいえないと考え、老年の身でありながら格式新番頭列の軍籍に連なることに疑問を感じて致仕を請う願書を提出したようである。しかし、同年五月十四日付で藩庁から会沢に下された命の内容は、致仕は許さないが教授頭取職は免ずるので、引き続き教授として勤仕するようにせよ、というものであった。（「（弘道館）御用留」）。書中に「八十ニて軍籍ニ列候事云々」とあるが、このとき会沢は七十七歳であったから、ここに「八十」とあるのは文字どおりの意味ではなく、「八十歳近い年になって」ということであると推される。

142　〔安政五年〕三月十日

佩弦大兄
　　座右
　　「三月十日
　　退隠願　」（張紙、異筆）

安拜

貴書拝見。退隠ニ候へハ願書之方可然被仰下、敬服仕候。則願書草案御相談申候。戦場之儀も御免同様ハ如貴諭ニ候所、筋より表立候而達無之候而ハ御軍用方抔ニ而弥張行伍へ組候事と相見候而、退隠を乞候事ニ御坐候。閑散ニさへ成候へハ、貴教も有之候間、学校へハ罷出候而も達次第ニて不苦と奉存候。扨願書ニ候へハ誰ぞへ頼不申候而ハ相成間敷候所、乍御手数貴兄より御指出被下候儀相成間敷候哉。同クハ外人之手を経不申様致度候。御引込中御手紙ニ而御差出被下候而も可然哉、如何。誰ぞへ頼杉浦殿へ口上ニて願之儀、僕ハ書記ニ心安き人も無之候所、貴兄より柳瀬江か誰かへ御話被下候様ニハ相成間敷候哉。諺ニ可負と云へハ可被抱と云と申如く貴兄計奉煩候へ共、何分相願候。草案ハ御存分御削正奉祈候。久木云々も削申候。何も宜様奉願候。以上。

三月十日

＊本書簡の執筆年次は、前出141通目書簡の考証を参照されたい。

143 〔安政元年以降〕四月廿一日

青山大兄

座右

安拝

拝啓。冷気御万福奉賀候。御用書御落手可被下候。先日傔仗之儀御話申候所、其人参候由被仰下奉謝候。当時召仕候者、短小ニ付取替可申歟共申候間御話申候所、一旦指置候者ニ候間此者を指置可申旨悴も申聞候間、御世話之人わざ〳〵罷出候事ニも候而ハ気之毒仕候へ共、右之次第可然御申為聞被下候様可相成候哉。若又貴兄ニも御迷惑之御次第ニ候哉、相伺候。過刻文館ニ而御話可申奉存候所、不得拝面候間一寸得貴意候事ニ御座候。以上。

四月廿一日

＊書中に「過刻文館ニ而御話可申云々」といった記述がみえることから、本書簡の執筆時期は会沢の弘道館教職復帰後と推される。

144 〔安政四年〕四月廿六日

青山大兄

貴答　　　　　　　　　　　　　　　　　　安拝

拝見。賤恙順快ニ御座候。右ニ付松宮より御手製之御薬頂戴、且親批を以用法等委細蒙御意、難有仕合奉存候。病中御受も指上兼申候間、貴兄より宜御礼被仰上被下候様奉祈候。且瘧も落候間、乍恐不被為紆高慮候様、是又御申上可被下候。以上。

四月廿六日

＊斉昭は、日頃から医学に関心を示し積極的に知識を求めており、家臣らの病気に対しても単に気を使っただけでなく、自分の知っている薬方を教示したり手製の薬を下賜したりしていた（瀬谷義彦『新装 水戸の斉昭』、宮田正彦『水戸学の復興』等）。書中に「御手製之御薬頂戴、且親批を以用法等委細蒙御意云々」とあるのはまさにその一例であろう。斉昭から手製の薬を頂戴し用法まで伝授された会沢ではあったが、病中なので自分に代わって御礼の気持ちを伝えてほしい旨を青山に依頼している。そして、後出する「閏月十三日」付の149通目書簡をみると、青山がこの会沢の依頼に応えてくれたことへの謝意が表されている。そこで、本書簡が書かれた「四月廿六日」後で閏月が近くにある年を調べてみると、閏四月のある嘉永二年と閏五月のある安政四年が挙げられるが、149通目書簡の署名が「恒蔵」となっているので、執筆年次は安政四年ということになる。弘化二年三月から「憩斎」と名乗っていた会沢は、安政二年三月頃に改名して「恒蔵」に復していたからである。

145　〔文久二年〕五月十五日

青山大兄

奉復　　　　　　　　　　　　　　　　　　安拝

薫誦仕候。如高諭暑気、愈御万福奉賀候。為御祝寿嘉魚御投恵、御厚意奉感佩候。御礼期拝顔、草々貴答如此御座候。以上。

五月十五日

＊書中に「為御祝寿嘉魚御投恵云々」とあるが、会沢は安政五年に喜寿を、文久元年には傘寿を迎えている。藩主慶篤が文久二年に会沢の老健を賀して寿筵を設けていることから推するに（西村前掲書）、恐らく青山も、この折に「祝寿」として会沢に「嘉魚」を贈ったのではあるまいか。

146　〔文久元年〕十二月廿一日

青山大兄　　　　　　　　　　　安拝

貴答　金子入

如貴命余寒、御万福奉賀候。新刻書呈咲候所、為御礼芳樽御投恵被下、奉感謝候。乍去木桃瓊瑩、慚愧之至奉存候。御礼期拝眉候。以上。

十二月廿一日

尚々、御文庫小僧等へ御取扱被下、奉謝候。忘却仕居、御蔭ニて都合宜候。二百五十疋返納候間、御入手可被下候。

一　御告ハ御祝文有之候而宜候様ニ奉存候へ共、既往ニ相成、先ツ夫ニて宜候事と相見申候。以上。

＊本書簡は、書中に館務について触れている記述がみえることから、会沢が弘道館教職に復して以降に執筆されたものであることは明らかである。周知のごとく会沢は多くの文章を残しているが、生前に刊行されたものはごく僅かであり、そのうち教職復帰以降に上梓されて刊行年の確かなものということになると、『新論』（安政四年）、『及門遺範』（安政五年、文久元年）等が挙げられるに過ぎない（『国書総目録』、秋山高志『近世常陸の出版』等）。ここにいう「新刻書」とはこれらのうちのどれかを指すものと思われるが、本書簡同様「御告云々」の記述のある161通目書簡中に、安政六年八月二十七日に刑死した茅根伊予之介の葬式に関する記述が見えることから、文久元年刊の『及門遺範』がこれに該当するものと推される。

147　〔嘉永六年以降（除安政六年）〕十二月廿二日

佩弦大兄

座右

安

拝

尚々、御用書見出候間返完仕候。以上。

拝啓。陰寒御万福奉賀候。然者此品乍軽微到来候間、相呈申候。御咲留被下候様奉祈候。他期拝眉候。以上。

十二月廿二日

＊書中に「御用書見出云々」の記述がみえることから、会沢が弘道館教職に復して以降に執筆された書簡であることが分かる。但し、青山が江戸表への出張で水戸を離れていた安政六年は除外される（『南梁年録』三七）。

148　〔安政五年〕十二月廿四日

青山大兄　　　　　　　　　　　　　　安拝
　　座右

拝啓。雪寒御万福奉賀候。今日先日之代り僕出仕可仕候所、今以寒熱有之候間相願度奉存候。
一　賤息召状来候間御免と相見候所、僕も御礼有之候事相見候所、悴名代ニても可然候哉。廻りヶ所、悴御詰所へ罷出候ハヽ、宜御指図奉頼候。
一　師範代り合之事、未沙汰無之候哉。浅田等十人計先日鳥執政へ出候由、先ツ是等を為登候而ハ如何。貴意次第書記等へ御相談被成候共、可然相願候。以上。
　十二月廿四日

＊書中に「賤息召状来候間御免と相見候」とあるのは、安政五年十一月二十四日に無願出府の廉で逼塞を命じられた会沢の子息熊三郎が同年十二月二十四日に御免になったことと推されるので（『南梁年録』一八）、本書簡は同年に執筆されたものであることが分かる。

149　〔安政四年〕閏月十三日

青山量太郎様　　　　　　　　　　会沢恒蔵

御手紙致拝見候。御薬方拝領被仰付、難有仕合奉存候。御礼之儀御取扱ニ相成奉謝候。右御答得貴意度如此御座候。以上。

閏月十三日

＊前出144通目書簡との関連で、同じく安政四年に執筆されたものと推定した。

150〔万延元年十月〕六日

拝啓。御眼疾御順候と奉存候。明日ハ御上途、御賢労奉察候。御用書御覧後御遣可被下候。昨日ハ高年ニ付白羽二重御手より拝領、難有仕合奉存候。昨日御筆拝見、僕立稿之方歟と奉存候。御前へ罷出候刻限指合拝見不仕候。先日貴兄御立稿之分相済、両様共御慶ニ相成候義と奉存候。

六日　安拝

＊本書簡には宛名が記されていないが、その内容から青山宛の書簡と推される。書中に「昨日ハ高年ニ付白羽二重御手より拝領云々」「御前へ罷出候刻限云々」とあり、また「明日ハ御上途云々」とあることから、本書簡が執筆されたときには会沢・青山両名共水戸にいたことが分かる。万延元年八月十五日に死去した斉昭の葬儀のため帰水していた藩主慶篤は、葬儀を済ませ、同年十月七日江戸へ向けて出立した。この折に青山は、公式の御供からは外れて「上途」しているので（『南梁年録』四八）、本書簡の執筆年次は同年と推定することができる。そして、このとき会沢は、出立を明後日に控えた慶篤の御前に召出されて、慶篤から直々に白羽二重を下賜されたようである。

151〔文久元年〕十二月廿七日

青山大兄　安拝

奉復

拝見。如命凝寒、愈御万福奉賀候。拙著呈咲候所、為御報美酒御投恵被下、木桃瓊瑛、奉拝謝候。御礼期拝眉、草々及貴答候。以上。

十二月廿七日

尚々、鈴祐文御示被下、熟覧可仕奉存候。以上。

＊146通目書簡に同じく、書中に「拙著呈咲云々」という記述がみえるので、文久元年執筆の書簡と推される。

152　〔安政六年〕三月廿六日

佩弦大兄　　安拝

座右

拝啓。呈疏、御城ニて高橋へ小僧を遣し候所、不来候間御用有之事と存、今夕遣可申奉存候。

一　石川惣三郎墓碑、無拠被頼候而相認候所、例之不文、宜御削正奉祈候。履歴抔冗長ニ候所、大抵要職故認候所、削候方可然候哉。其他付札仕候。此外ニも御心付之所、宜御斧正奉祈候。以上。

三月廿六日

＊書中の「石川惣三郎」は安政五年四月十一日に七十四歳で死去していること（『水府系纂』巻五九下）、また「高橋」は万延元年三月二十三日に大坂で切腹して果てた高橋多一郎のことのようであるので、本書簡が執筆されたのは石川死去の翌年と推される。

153〔安政元年以降（除安政六年）〕五月七日

佩弦大兄　　安拝
　貴答

拝誦。如貴喩梅天、愈御万福奉敬賀候。墓表冗長ニて如何にも不文、改竄之上御相談申度奉存候所、御入用之由ニ付、先ッ入貴覧候。御存分御削正奉祈候。万期拝眉候。以上。

五月七日

＊書中に会沢・青山両名が誰かの「墓表」の文章について相談している記述がみえるが、「御入用之由ニ付、先ッ入貴覧候」ともあることから、私的なものではなさそうである。おそらく会沢が弘道館教職に復して以降に執筆された書簡であろう。但し、青山が江戸表への出張で水戸を離れていた安政六年は除外される（『南梁年録』三三）。

154〔安政元～六年（除安政五年）〕五月廿七日

佩弦大兄　　安拝
　座右

拝誦。貴恙御順快奉敬賀候。此上緩々御保養可被成候。御碑文何も存意無御座候。祝姫様之分、水戸中納言景山公と歟有之候ハヽ、詳ニ相分可申候所、官ノ下ヘ号ヲ出候例ハ御見当り無之候哉。御相談申候。以上。

五月廿七日

＊書中の「祝姫様」は、天保十二年に山野辺兵庫（義正）へ輿入れし、嘉永六年三月に死去した斉昭の息女祝姫（貞操院）のことで、同年四月にその葬儀が行われている（『南梁年録』八、『江水御規式帳』六四頁）。本書簡の執筆時期については、後出168通目書簡の考証を参照されたい。

155　〔安政三年以降（除安政六年）〕六月廿一日

佩弦大兄　　安拝

別紙入

拝啓。炎熱御万福奉賀候。賤恙順快、近日出勤仕度候所、炎暑下痢を怕れ申候間、今少し相願候。富田左近墓誌伝蔵認候間、碑銘被頼先ッ立稿仕候。例之不文瑕疵数多、何卒御存分御削正被下候様奉願候。両三日中人上候間、緩々御熟覧奉祈候。以上。

六月廿一日

＊書中に「近日出勤仕度云々」とあるので、会沢が弘道館教職に復して以降に執筆された書簡であることが分かる。さらに「富田左近墓誌云々」ともあり、富田の没年は未詳であるが安政元年十二月二十四日に致仕しているので（『水府系纂』巻四六下）、

本書簡の執筆年次はそれ以降と推される。但し、会沢が出府していた安政二年、及び青山が江戸表への出張で水戸を離れていた安政六年は除外される。

156 〔安政二年〕八月十四日

佩弦大兄
　座右
　　　　　　　　　　　　　　　　　　安拝

拝啓。愈御万福奉賀候。今日ハ僕邸中ニて謁見被仰付、明日ハ幕府へ罷出申候。雑事紛冗、右之段草々得貴意候。乍憚館僚へも宜御致声奉祈候。以上。

　八月十四日

＊会沢は、安政二年八月十五日に江戸城中で将軍家定に拝謁した。書中に「明日ハ幕府へ罷出申候」とあるので、本書簡はその前日に執筆されたものである。

157 〔文政十二年〕九月十九日（延光の父量介〈延于、拙斎〉宛）

量介様
　梧下
　　　　　　　　　　　　　　　　　　恒蔵

御答書被下、忝致拝見候。秋冷御坐候所、愈御安健被成御勤仕奉遥賀候。御次男様五月中より御咳嗽、御熱気有之、御療医も数御易被成候所、今以御同様ニ御坐候由、嘸々御憂慮之御儀奉察候。御長病之儀、御疲労被成候半。此上何分御療養可被成候。

一　御機嫌伺状御差出被下候由、御世話ニ相成奉謝候。

一　上公、去月末より腫気被為在候而、今以御同様ニ御坐候由、御同意不勝憂懼奉存候。今程ハ御順快にも被為在候哉。道路之説に、杉本仲温ニ御転薬被遊候様承知仕候。右等之御薬、何卒御相応にも被為在候様、御同意奉祈候事ニ御座候。又々此後御序も御座候ハヽ、貴書ニ而御快復之御沙汰相伺度奉存候。他期後便、草々如此御坐候。以上。

九月十九日

尚々、小沢篤介事、貴兄にも兼々御懇切御世話も御坐候所、先達而草津途中ニ病死之事、御同意可憐奉存候。定而多門方より御為知にて、御驚愕被成候事と奉存候。以上。

＊本書簡は、会沢が青山佩弦（延光）の父量介（延于、拙斎）に宛てた書簡である。書中に「小沢篤介」病死のことがみえるが、これは文政十二年九月二日のことなので（『水府系纂』巻六五）、同年に執筆されたものと推される。

158　〔文久二年〕正月四日

安拝

青山大兄

座右

拝啓。新禧奉賀候。雪後峭寒を覚申候。此節高野聖御借用之議ニて、孝文・順貞両夫人御位牌御納との説客冬承及候所、高野聖永久之害ハ世人所知勿論ニ候所、御位牌御納と申事威義以来無之儀、御卓見之段会沢と御家而已と承候所、猶更先公排仏之思召ハ御幼年より始終如一ニ候を、薨後直ニ御変革と申ハ臣子之情不忍聞奉存候。先公ニも右之思召抔と申説も後宮抔ニ有之歟之様ニも承候所、大臣衆へ屹と御意ニも無之候而ハ、曖昧夫人之語抔ハ非可信候。排仏之御素志ハ御著書ニも歴然候を、思召抔と奉誣候而ハ天下後世へも可愧之甚と奉存候。黙し候而ハ辱職候様ニ候間、戸執政へ極晩故一書《手紙也》遺候所、慥之所ハ未承候へ共、□□□〔判読不能〕へ可申旨返書ニ御坐候。貴兄も何歟御承知ニ候哉。如何ニも御駁議奉祈候。万期拝眉候。以上。

正月四日

＊書中に「薨後直ニ御変革云々」とあるが、斉昭死去は万延元年八月十五日のこと。また「雪後峭寒云々」とあるが、文久二年元旦に江戸で大雪が降り、二十日頃まで消えなかったと前出『増訂 武江年表二』にみえ、『鈴木大日記』にも「深八寸余」の積雪となったことが記されている。よって水戸でも降雪があったろうと推されるので、本書簡は同年に執筆されたものとみていいのではあるまいか。

159〔安政元年以降〕三月八日

「廟転
廟有二主」〔張紙、台紙上、異筆〕

安拝

青山大兄
別紙入

拝見。御懸之儀、愚意ニハ御仮殿ニ御安置ニ而ハ廟有二主之俑を作候様ニ候間、御不用ニ相成候事ニ候へハ、御封しニて御祠堂へ御納ニ相成候而ハ如何可有之候哉。猶又御再思可被下候。以上。（異論も可有之候へ共、一体ハ不都合之事故、致方無之奉存候。）

三月八日

＊書中の記述の内容から、本書簡の執筆時期は会沢の弘道館教職復帰後と推される。

160　〔執筆年未詳〕三月廿六日

「庶人下ヶ棺」（張紙、台紙上、異筆）

庶人官《ママ》〔「棺」カ〕制之儀付札ニ而申出候所、一説ニ庶人臥棺相用候ハヽ、長持の如く棒へ掛候様為致可然との説も御座候。是も一理有之様候間、棺之儀ハ坐棺臥棺共面々心次第、但臥棺相用候ハヽ下ヶ棺ニ可致旨、御達ニ而も可然哉。尤付札ニ而申出候通、先ツ御沙汰無之方穏之様ニ候へ共、右両様之内ニ而御判断御坐候様奉存候事。

右之通り之一説も先日承候処、昨日ハ心付不申候へき。依而是も申出置可然哉と存候所、猶又御思慮之上可然と思召候ハヽ、御復写御差出可被下候。夫ニも及間敷と御了簡被成候ハヽ、其儘ニ御指置可被下候。以上。

三月廿六日

恒蔵

量太郎様

几下

＊本書簡の執筆時期については、斉昭が天保の改革の一環として葬祭その他の仏事について制限し、「葬祭式」を制定した弘化元年二月前後の頃か、それとも、斉昭が再び藩政関与を許され会沢も弘道館教職に復帰した後の、改革政治巻き返し期の頃か、今はまだどちらとも確定することができない。

161　〔文久二年〕正月四日

「葬儀」（張紙、台紙上、異筆）

青山量太郎様
　　　　貴答　　　　　　　　　　　　　　　　　　会沢恒蔵

拝見。御告之儀、順貞夫人も御同様ニ御申遣被成候由、弥張夫ニ而宜候様奉存候。祖宗之力也抔有之候而も随分宜候歟。猶又御再考可被下候。以上。

　正月四日

尚々、茅根葬式之儀、両生弊廬へ参候節も、筋へ申出候上ニ候ハヽ、此方ニ而ハ構不申候とハ僕も答候所、とかく不呑込と相見へ情と申事を申張候間、礼と情との弁も開諭候所、枘鑿入兼候様子ニ候へき。然所、貴兄御許被成候ニてと申候而宅へ持込候由、如諭癡人面前不可奈何、養父を不仁也と憤候由、僕抔不仁仲間ニ相見候。呵々。以上。

＊本書簡中には、安政六年八月二十七日に幕府によって死罪に処された茅根伊予之介の葬儀に関する記述がみえる。水戸藩では、万延元年十月十九日に茅根らの遺族に禄を与えているが、文久二年八月九日になると、幕府が水戸藩士で安政五年以降に罪を得た者を赦免し、さらに十一月二十八日には大赦の令を発して茅根らの建碑を許可した。水戸藩主徳川慶篤は、こうした幕府の動きに合わせるように同年十二月二十六日、いわゆる「戊午の密勅」降下事件に関係して処罰された藩士の赦免を決定している。このような経緯と、本書簡同様「御告之儀」についての記述の見える146通目書簡（文久元年執筆と推定）との関係を勘案すると、本書簡の執筆年次は文久二年と見なすことができるであろう。

162　〔文久二年〕四月廿六日

「四月廿六日」（張紙、台紙上、異筆）

佩弦大兄　　安拝

座右

新晴御同慶。櫝へ認候と申も珍敷候へ共、数多御排列ニて御分り兼候故、不得已候歟。櫝を塗候様ニも見へ候間、胡粉抔ニて認候哉。書家ハ宇留野被仰下候通可然奉存候。

一　御侍妾之神位櫝有之候由、ちと出来過と被存候。是ハ既往之事不得已候へ共、御方々様是ニ御傚にも礼意ニ叶候方宜様ニ候へ共、是又御出来ニ候ハヽ、致方無之候。塗もかき合せ抔ニて、御歴代様より一等御手軽之廉ニ而も有之可然候所、如何御出来ニ候哉。都而鼠こつ過の如く、次第ニ御手重ニ相成候。如何。

四月廿六日

［邸中へ罷出取扱候事と相見候。如何］
御用書桜任蔵云々、御進献御遣納等御済之後ニ候ハヽ、御故障も有之間敷候哉。貴意如何。

＊次の163通目書簡で話柄に上されている「櫝云々」について青山の見解が述べられていることから、執筆年次は同書簡と同じく文久二年と推される。

163　〔文久二年〕四月廿七日（会沢が青山からの来簡の行間等に書き入れをして返書としたもの）

「四月廿七日
御位牌史館ニテ認ル例」（張紙、台紙上、異筆）

青山（会沢筆）　　　安（会沢筆）
会沢先生　　　　　延光拝
　別紙添

拝啓。快晴御同慶奉存候。然は別紙之通御位牌認候儀、筋より申来候ニ付、木主牌子書式検閲候所、追々御位牌も史館ニて認候趣ニ相見へ申候［迷惑なる事ニ候へ共不得已候］。尤此節ハ史館ニ書家無之候へは、宇留野へ被仰付［此通りニて可然奉存候］、御用部屋ニて認候て可然候。但裏書ハ此方より廻し可然候故、別紙之通相認入御覧申候［存寄無御座候］。置牌抔可咲事ニ候へ共、先従旧例申候。貴意可被仰下候。以上。（御位牌仏寺へ御納、非礼之礼ニ候間、置牌等之字面も不苦候様奉存候）（行間と括弧内は会沢の書き入れ）

四月廿七日

尚々、昨日は貴答奉謝候。櫝へ認候ニハ無之、是迄紙張り被認候分、紙ヲ取りて認直候事ニ可有之候。櫝之儀貴意之通可宜ニ、既ニ先達而伺候様申出候へ共、伺之上左様相成候事と相見へ申候（不得已奉存候）。以上。

（括弧内は会沢の書き入れ）

＊本書簡は、会沢が青山からの来簡の行間等に書き入れをして返書としたもの。本書簡への会沢書き入れに「御位牌仏寺へ御納、非礼之礼ニ候間云々」とあることから、「孝文・順貞両夫人御位牌御納云々」とか「先公排仏之思召ハ御幼年より始終如一ニ候を、薨後直ニ御変革云々」といった記述のみえる158通目書簡に同じく、文久二年に執筆されたものと推定した。

164　〔万延元年〕六月廿二日

「六月廿二日
長倉葬地ノ件」（張紙、異筆）

安拝

青山大兄
座右

拝啓。酷暑御万福奉賀候。沈痾長々相引居、御指引ニ相成奉謝候。扨長倉葬地之儀、実ハ葬祭之儀ハ御同様学校持前之事ニ候間、御相談も仕度候所、病中不及其儀候所、尤心付之儀概略富田へ文通候間、定而御承知被下候哉。長倉へ葬と申候儀、一時苟且之論ニハ左も可有之候所、前後を通観永久を論候へハ、瑞竜ハ先世より賜り、他の人臣葬送不相成候御場所へ、先君の御墓下へ陪葬候事、全く彼家之寵栄無此上候。長倉ハ自分屋敷地へ葬候と同しく、士庶人ニも間々有之候。猶更其初も竜四郎殿等瑞竜へ陪葬不相成身柄之人より始り候事ニ候へハ、臣子之身として、其例を逐て尸柩を其中ニ捨候ハ不忍候事尤ニ御座候。猶更竜瑞《ママ》山之儀ハ将監殿へ遺命も有之由ニ候へハ、臣子ニ於てハ難黙止筈と奉存候。且国家之礼ニ而も、敬大臣親九族之御意味ニて右之礼節も賜候事と奉存候所、罪もなきニ其礼を奪ひ家格御引下ニ而ハ、余り御無理と奉存候。一旦御引下ニ候へハ永く瑞竜陪葬不相成、臣子飲声之哭と相察申候。御同様学職之長を辱め、ヶ様之葬祭等之大礼を等閑ニ旁観候而ハ、何共恐入候儀奉存候。老夫儀ハ病中出門も相成兼候間、乍御賢労貴兄へ奉託候間、何分御存分御負荷、委細御申上ニ相成候様万祈此事奉存候。病中把筆艱渋、宜御見分可被下候。以上。

六月廿二日

＊書中にみえる「長倉」は、天保十年、斉昭の命により水戸家の一族松平頼譲が土着し、近村三千石を領した地。前出『南梁年録』四七の万延元年六月二十五日条に、長倉松平家では現当主采女（松平竜四郎子息）の養父で隠居の身である将監（頼譲）が死去し、両日程を隔てて采女自身および将監妾腹の男子も死去するという不幸に相継いで見舞われたことが記され、さらに願いの上で瑞竜山への葬送が認められたことも記されているので、本書簡の執筆年次は万延元年と推定した。

165　〔万延元年〕六月廿二日

青山大兄　　安拝
　座右

拝見仕候。瑞竜ニて可然と江戸伺被成候由、夫なれハ何を申にも不及候所、此節ハ夜過候も如此と相見御異論之由、乍恐君徳ニも拘り候儀前書之通ニ御座候。政府ハ政府学校ハ学校ニて、別ニ御伺相成候而も宜候様奉存候。君徳之儀ハ勿論、彼家痛哭も御察、不忍の惻隠も御尽被成候様、御挽回之儀仰万牛之力申候。以上。

六月廿五日

先君親々之盛徳獲麟、御同意不勝憾候。何ニ致セ親々之義入御聴申度奉至願候。

＊本書簡の執筆年次は、164通目書簡との関連で万延元年と推される。次の166通目書簡に対する青山からの返書を見た上で書いたものであろう。

166　〔万延元年〕六月廿二日

「六月廿五日

長倉葬地　」（張紙、異筆）

青山大兄

座右

安拝

拝啓。御万福奉賀候。長倉葬地之儀、昨夜山崎幾之進申聞ニハ六ヶ敷候由ニて、甚力を落し候事御座候。若貴兄御伺ニて御分ニも相成候哉、相伺度奉存候。昨日も御面語申候通、瑞竜も高所と違、山下平衍之地ニは如何程も地面有之、此後幾世葬候而も狭隘之患ハ無之、彼家葬地之儀ハ御先代様親々之思召を以御連枝様ニ御準し、中山・山野辺ニ而も不相成之瑞竜ニて賜り候事、全く親々之尊慮堯の親九族之御意味、御聖徳之御儀と奉存候。

只今館持ニ相成候迚、外様之助川等と同様私邑へ葬候而ハ、申サハ御連枝様を長沼・府中等御葬之姿ニて、御先代様之厚き尊慮を御破被遊候ニ相当り、乍恐御孝道ニ於ても如何可被為在候哉と奉恐懼候。又長倉臣子之身ニ取候而も、御国御連枝と申候儀を失候而ハ永世迄痛哭飲泣候事、乍恐御仁心ニ於ても如何可被為在候哉。長倉之儀ハ是迄主従心を一にして忠誠を尽候所、以後解体候様相成候而ハ御政体ニ於而も如何可有之候哉。是迄長倉之儀も無残所御寵遇被遊候所、此節ニ至り人心を御失被遊候而ハ残念至極奉存候間、昨日も得貴意候通、御同様職分を尽し申度、又々得貴意候。草々不宣。

六月廿五日

＊本書簡は、164・165両通書簡との関連で万延元年の執筆と推される。

167　〔文久元年〕九月四日（会沢が青山からの来簡の行間に書き入れをして返書としたもの）

「九月四日」（張紙、異筆）

会沢先生　　延光拝

座右

拝啓。秋冷之色、弥御万福奉賀候。然は御遷廟御儀、昨日奥御殿様御話ニハ、因州様より段々川越之方御聞セ候所、御弘メハ十一月ニ相成可申、仍而此節之所御仮葬被成候趣、さすれハ急々之事ニも無之候間、此方ニ而ハ十月ニ相成候へハ、御内実御服忌も御済ニ相成候故、御遷廟有之候てよろしく可有之や之御儀、何も申合候上ニてと申被下候。仍而御相談仕候間、貴意伺度候。御同意奉存候　別紙之通申出草案も試ニ相認候所、御同意御指出可然奉存候　御一覧可被下候。右

申出候ニも不及候所、申出有之方御目付方へ御懸ニも可宜歟と被存候。草々。（行間は会沢の書き入れ）

九月四日

大和守様御儀、御弘メニ相成候義ハ十一月之比ニ可有之やニ而、此節御仮葬之由ニ候へハ、中納言様ニハ、御内実御服ハ当月中之間被為祠候故、烈公様御遷廟ハ来月初旬より服忌致候て御式御坐候ても可然や奉存候。御兄弟様之御儀ニて長く御遷廟御延ニ罷成候も如何と奉存候。且御中奥ニ被為入候内ハ近火等も難斗、旁十月中御遷廟有之可然奉存候。此段申出候。以上。

＊本書簡は、会沢が青山からの来簡に書き入れをして返書としたもので、受取人・差出人等の個所は全体が「見せ消ち」のようになっているが、訂正の書き入れはない。斉昭の死去は万延元年八月十五日、水戸藩がその諡号を「烈公」と称することに決定したのは同年九月十三日のこと。よって執筆年次は文久年間、しかも書中に「因州様より段々川越之方へ聞セ候所、御弘メハ十一月ニ相成可申、仍而此節之所御仮葬被成候趣云々」とか「御兄弟様之御儀ニて長く御遷廟御延云々」等とあるのは、文久元年八月十五日に歿した斉昭の息子昭融（川越藩主松平典則養子）の葬儀の時期について言及しているものと推されることから、さらに同年の執筆と絞り込むことが可能である。

168　〔安政元～六年（除安政五年）〕九月十一日

「山野辺婦人」（張紙、台紙上、異筆）

安拝

佩弦大兄

座下

拝見。如貴喩寒冷、御痲疾何分御加養可被成候。御頼合之儀、承知仕候。
一　御碑面之儀、山野辺婦人之方宜候様奉存候。貞操院も御先例ハ有之候へ共、仏家之称に候間、実ハ瑞竜へハ相当も不仕候。均しく不相当ニ候ハヽ、書法正候方可然候哉。猶又貴考之上、可然御申出可被成候。以上。
九月十一日

＊前出154通目書簡に同じく「山野辺婦人」の建碑の件で両者が相談している記述がみえる。この建碑の件がいつ頃検討されたのかは、これらの書簡の執筆年次が推定できれば自ずと分かることなのであるが、今は会沢の弘道館教職復帰後であるということが言えるのみである。但し、書中に「均しく不相当ニ候ハヽ云々」とあるように、会沢が祝姫の建碑を疑問視はしても反対することができなかったのは、当時まだ斉昭が存命中であったからなのではあるまいか。もしそうであれば、執筆年次の下限は安政六年ということになろう。もちろん青山が江戸表への出張で水戸を離れていた安政五年は除外される。

169
〔文久元年〕十二月廿三日
「十二月廿三日
陥中書法　」（張紙、台紙上、異筆）

陥中ハ身体同様故生時之称而已ニて、諡ハ死後之称故陥中へ不書、粉面ハ外飾故死後之号を書との事、一理有之様ニて候へ共、神主へ文字を題候事宋以後始り候へ共、生前死後の号をヶ様ニ分候説も見当り不申、諡も死後の号とハ乍申、弥張生前之徳行ニ象候事ニて、身体中ニ徳行をも兼称し、且賜諡之類其人の寵光を身体ニ荷はせ候ハ、情にも叶義ニも無害候様被存候。家礼ニも死後之称を不書と申所ニ意義有之候ハヽ、諡を不書と申事を文面ニ著し候筈ニ候所、只某公と計有之候ハ、謚の有無ニ不拘大略を挙候迄ニて、謚を書候も不書候も人々心得次第ニて、指て意義有之事ニハ無御坐候様奉存候間、情義ニ本つき候ヘハ謚を書候方穏当かと存、前便論及候所、固執候次第ニハ無之候間、僻見ニ候ハ、御再論可被下候。

拝啓。豊瑞御同慶奉存候。御用書中陥中之儀、愚意如右ニ御坐候所、猶又貴論も伺度奉存候。以上。

十二月廿三日　　安拝

＊本書簡には宛名の部分が欠けているが、その内容・伝来等からすると会沢から青山に宛てた書簡とみて差し支えなさそうである。そして、その執筆時期については、書中に「豊瑞御同慶奉存候」とあるのがひとつの手掛かりを示してくれる。会沢と青山が同じく弘道館教職にあった期間で、「豊瑞」であった年はきわめて少なかったようで、管見のかぎりでは、『南梁年録』五六の文久元年十二月条に「本年諸州共豊熟之由ニ相聞候云々」という記述がある以外に、それを示す資料が見当たらない。嘉永六年と安政元年も大風雨による那珂川の氾濫こそなかったようであるが、豊年であったかどうかは分からない。そうなるとやはり、文久元年執筆の可能性が大になってくるのである。

170　〔万延元年　月　日〕

「吉凶不混」（端裏書）

来ル十四日鹿島神新嘗祭、靖定夫人様御忌日ニ御勝合ニ付、十五日ニ御延之儀御伺被成候所、重き御祭ニ付御日延無之様との思召被為在候趣、神を御敬被遊候御儀ハ御盛意ニ御座候所、礼意ニ於ても、却而重き御祭故御日延と申次第ニ御座候。礼ニ吉凶不混候と申儀ハ、神ニ事え候にハ清潔純一を貴候所、忌日ハ主人哀心有之候故、心中ニ哀情有之候而ハ清潔《ケツ》ニ相成兼、哀と敬と相混し誠敬之心純一ニ難相成候間、忌日を不用候儀、神へ誠敬之心を純一ニ致、心中ニ掛り曇り無之、清潔を以神に事え候ハ、神を敬候意より出候儀ニて、重き御祭ハ別而誠敬を専ニ致候為ニ御座候。猶更朝典ニも、卯日大嘗祭辰日大嘗の節会ニて、両日共同し神事之日ニ候へハ、辰日ニ御延ニ相成候而御次第も無之様奉存候。吉凶御同日ニて哀心と敬心と混雑候而ハ、却而敬神之御意味ニ叶不申候様奉存候間、今一応御伺ニ相成候方と奉存候。

＊この一文が執筆された年は、鹿島神宮の新嘗祭と靖定夫人（光圀生母久昌院）の忌日（寛文元年十一月十四日死去）とがかち合ったようである。藩庁は新嘗祭を延期すべきでないと青山に言ってきたらしく、さてどうしたものかと相談を受けた会沢が、これに応えて書き送ったのがこの文章である。万延元年十一月十日に靖定夫人の二百回御忌についての通達が出されているので（『南梁年録』四九）、同年執筆の文章と推定した。

171〔安政三年　月　日〕

順貞夫人様御祔廟之儀、雑記ニ婦附於其夫之所附之妃と有之喪服小記ニも婦附於祖姑と有之候間、孝文夫様《ママ》〔「人」欠カ〕御廟へ御同室ニて御祔祭ニ相成候而宜候御儀と奉存候。御祭之儀ハ、服門ニ君所主夫人妻大子適婦其妻見大夫以下亦為此三人為喪主也と有之、喪服小記ニ婦之喪虞卒哭其夫主之注文：虞卒哭祭婦非舅之事也と有之、喪主ハ即ち祭主と相成候事ニ御さ候間、当君様ニ而御主祭被遊候而可然奉存候。但小記下文ニ祔則舅主之祔於祖廟尊者宜主焉。○疏祔是於祖廟其事重故舅主之婦之所附者則舅之母也と有之候間、御遷廟之節ハ、老公御主祭之所を御摂祭之御例ニて宜候様奉存候。猶又後世以夫祭妻之例相添、此段申出候。以上。

礼書之文解釈候而委敷認候方宜候哉。

＊この文章は、いずれかの書簡に添えるなどして青山の許に送られたものであろう。文中では「順貞夫人様御祔廟之儀」が、『礼

記』中の諸説を典拠として検討されており、内容的に131通目書簡と共通することから、同じく安政三年の執筆と推定した。

172 〔安政二〜四年〕三月七日

青山大兄　　安拝

　御用書添

拝啓。御万福奉賀候。賎恙少しハ快様ニ候へ共、神気未復候間昨日も終日伏枕、此節不寸安候へ共、相願申候御用書上置候間、宜奉頼候。

一 御日取相分候哉。祝詞・祝文相分候哉。文恭先生之儀、如何相成候哉。匆々閣筆。以上。

三月七日

＊「御日取」「祝詞・祝文」等が話柄に上されていることから、安政四年の弘道館本開館にむけて準備中であった頃の書簡と推される。

173 〔安政元年以降（除安政二・六年）〕七月十二日

佩弦大兄　　安拝

　座右

拝啓。少々蒸暑ニ相成申候。昨日之御書等御手元へ上置候間、宜様奉願候。

一　吉村之書、是又上置申候。此方ニ而も無理之所を枉て繰合候事故、双互ニふせう致申合候様のミこみ候へハ宜候様也。例之褊心如何ニ候哉。宜相願候。以上。

七月十二日

＊書中に館務について相談している記述が見えることから、本書簡の執筆時期は会沢の弘道館教職復帰後と推される。但し、会沢が出府して水戸を離れていた安政二年及び青山が同じく江戸表に出ていた安政六年は除外される。

174　〔天保十一～十三年〕七月十三日（延光の父量介〈延于、拙斎〉宛）

青山量介様　　会沢恒蔵

「会」（朱、異筆）

啓小楮候。残炎甚敷候所、貴恙如何被成候哉。賤恙もとかく宜無之、押而出仕ハ仕候へ共、毎々御無音計仕候。此間別紙之通御掛御座候間、案文之意ニ而申出可然哉、及御相談候。以上。

七月十三日

＊本書簡は、青山延光の父量介（延于、拙斎）に宛てたものである。量介は、天保十一年二月二十日に会沢と共に弘道館教授頭取となり、同十四年九月六日に亡くなっている。書中の記述内容から両者が並んで教授頭取を勤めていた期間に執筆された書簡と推される。但し、天保十四年の量介は、正月一日の「御廟御備」の不手際により五月九日付で「遠慮」を仰せ付けられるほどに体調を崩しており、とても公務に堪えられるような状態ではなかったようである（「弘道館御用留」）。

175 〔安政元年以降（除安政二・六年）〕七月廿一日

青山大兄
貴答
安拝

拝見。御万福奉賀候。吉村返書、御筆労奉謝候。外ニ心付も無之、但筋伺と成候ハヽ、例之調停ニて日割を立候様達被成候も難計候間、押付られ候様ニ成候而ハ如何。夫ニハ御不都合ニ候ハヽ、の下へ、繰合ニ無之日割を立候へハ全く本務を闕候。指出候儀ニ相成、当役切ニ而ハ及御挨拶兼候間筋伺云々、なと有之候而ハ如何。とかく貴意次第。以上。

七月廿一日

＊書中に「吉村返書云々」とあるが、173通目書簡にも「吉村之書云々」とあり日付も近いので、同時期に執筆された書簡と推される。但し、会沢が出府して水戸を離れていた安政二年及び青山が同じく江戸表に出ていた安政六年は除外される。

176 〔安政六年〕八月十三日

青山量太郎様
貴答
会沢恒蔵

拝見。如貴諭大風雨、此度御安健御下着奉賀候。今日ハ御下痢ニて御伏枕之由、何分為国御加養可被成候。小室生より承知仕候所、極秘之一条御座候由、老夫も此間中頼合居申候所、明夕抔参堂可仕哉と奉存候。左も無

之候ハ、十六日学校ニて御面会、承知仕候。以上。

八月十三日

＊書中に「此間中頼合居云々」「十六日学校ニて御面会云々」等とあることから、本書簡の執筆時期が会沢の弘道館教職復帰後であることは明らかである。さらに、書中に「如貴諭大風雨、此度御安健御下着奉賀候」とあるが、安政六年七月二十五日に「大風雨」で那珂川が氾濫していること、八月四日付の14通目書簡から分かるように安政六年のこの頃まで青山が江戸に出ていたこと等から、同年執筆の書簡と推される。

177〔安政五年〕重陽

佩弦大兄　　安拝

座右

拝見。如仰好晴、御同慶仕候。隠居席之儀、武田之席相定候由被仰下、僕迚も右之心得ニて罷出候様可仕奉存候。以上。

重陽当賀

＊書中に「隠居席之儀、武田之席相定候由云々」とあるが、当時家老職にあった「武田」（正生、耕雲斎）は、安政五年七月五日に斉昭が幕府から急度慎を命じられると、少し遅れて八月三十日、同じく幕府から隠居を命じられている。その武田のために「隠居席」が設けられたことを青山から知らされた会沢は、同年五月に隠居を願い出て許されなかったという経緯があるので、「僕迚も右之心得ニて罷出候様可仕奉存候」と、つい本音を漏らしてしまったようである。

178　〔安政元年以降〕十月廿二日

青山大兄
　　貴呈　　　　　　　　　　　　　安拝

昨夜御答書拝見。御茵御離御試被成候由奉賀候。豊田同論大慶。御写ニて御呈覧、御尤奉存候。
一　執政へ御指出御書付、事理詳備、御感発可被遊哉と奉存候。政府へハ今日御一同指出可申奉存候。
一　江戸来書、大意書抜候所、全文御写ニて尚更宜候。御筆労奉謝候。以上。
　十月廿二日

＊書中の記述の内容からすると、本書簡は、会沢の弘道館教職復帰後に執筆されたものと推定される。

179　〔安政元年〕閏月十三日

佩弦賢兄
　　玉机下　　　　　　　　　　　　　安拝

過刻ハ草々得貴意候。藤田へ返書、御話之通相認候所、猶又可然御添削可被下候。勧請之字も改候所如何、仰正候。明日御頼合申度候間宜奉頼候。以上。

　閏月十三日

＊書中に館務について相談している記述が見えることから、本書簡の執筆時期は、会沢の弘道館教職復帰後ということになる。そして、書中に「藤田（東湖）云々」とあるので、藤田が没した安政二年十月よりも前で閏月のある年ということになると、閏七月のある安政元年に絞られる。

180
〔嘉永六～万延元年　月〕十五日

食事ニ起坐候所、只今より伏枕之つもりニ御座候。高橋より別紙之通申来候所、火急且病中、書取等も安心不仕候。貴兄御心付御申立奉祈候。力疾候而後刻書取出来候ハヽ、貴兄迄可相願候所、先ツハ間ニ合兼可申候。高橋へも宜様奉願候。以上。

十五日　　安拝

御受取、心ニ御答書ざつと奉待候。以上。

＊書中の記述の内容からすると、本書簡の執筆時期は、嘉永六年の会沢の弘道館教職復帰後と推定される。そして、書中にみえる「高橋」とは高橋多一郎のことのようなので、その没年である万延元年三月二十三日よりは前ということになる。

『会沢正志斎書簡』関係略年表

天明二年（一七八二）
五月二十五日、会沢正志斎出生。
寛政十二年（一八〇〇）
三月十一日、徳川斉昭出生。
文化二年（一八〇五）
豊田天功出生。
文化三年（一八〇六）
三月十六日、藤田東湖出生。
文化四年（一八〇七）
十月二十三日、青山延光出生。
文化十三年（一八一六）
この年、会沢の「居喪大意」「心喪略説」成る。
文政七年（一八二四）
この年、会沢の「諳夷問答」成る。
文政八年（一八二五）
三月、会沢の「新論」成る。
文政九年（一八二六）
十二月一日、藤田幽谷（正志斎の師、藤田東湖の父）死去。
文政十二年（一八二九）
十月四日、水戸藩第八代藩主斉脩病没し、十月十七日、斉昭第九代藩主となる。この年、青山の「赤穂四十七士伝」成る。
天保四年（一八三三）
三月五日、斉昭初めて水戸に帰国。この年から翌年にかけて諸国飢饉。この年、会沢の「迪彝篇」成る。
天保五年（一八三四）
この年、会沢の「草偃和言」成る。

天保六年（一八三五）
この年、会沢の「刪詩義」成る。

天保八年（一八三七）
二月十九日、大塩平八郎の乱。六月一日、生田万の乱。六〜七月、モリソン号事件。この年、前年来の奥羽地方の飢饉は惨状を極め、同年春より翌年にかけて多くの流民が相次いで水戸藩領内に入る。

天保九年（一八三八）
三月、斉昭の「弘道館記」成る。

天保十年（一八三九）
六月二十日、斉昭、「戊戌の封事」を将軍家慶に上呈し幕政改革の必要性を強調。十二月十八日、蛮社の獄。この年、会沢の「学制略説」「典謨述義」「中庸釈義」成る。

天保十一年（一八四〇）
一月二十五日、斉昭二度目の就藩。二月二十日、青山延于（延光の父）と正志斎が共に弘道館教授頭取に任じられ、延光は教授となる。三月二十二日、斉昭、軍事演習「追鳥狩」を挙行し、以後毎年一回行うこととする。九月、斉昭、『大日本史』の仮名書を計画。この年、中国で阿片戦争勃発。

天保十二年（一八四一）
八月一日、水戸藩校弘道館の仮開館式挙行。この年、幕府の天保の改革が始まる。豊田、弘道館勤となり史館編修を兼務。

天保十三年（一八四二）
七月二十四日、幕府、文政の「無二念打払令」を廃止。この年、会沢の「退食間話」成る。中国清朝、阿片戦争でイギリスに敗れ、南京条約を結んで五港を開港し香港を割譲、翌年には追加条約で上海も開港。

天保十四年（一八四三）
一月二十三日、小石川藩邸内に文武の教場（江戸弘道館）を創設。五月十八日、斉昭、江戸城で将軍家慶から賞賜を受け宝刀などを授けられる。六月二十八日、藩校弘道館内に医学館を開く。九月六日、青山延于没し、十月一日、嗣子延光、弘道館教授頭取となり会沢と共に彰考館総裁を兼任する。十一月二十二日、豊田、国史志表編修頭取となる。この年、会沢の「洙泗教学解」成る。

弘化元年（一八四四）※十二月二日から弘化
三月、フランス船琉球に来航し通商を求める。五月六日、斉昭、幕府より致仕謹慎を命じられ、慶篤（十三歳）、水戸藩第一〇代藩主を襲封。斉昭に協力した藤田東湖らも幕府から免職蟄居を命じられる。七月二日、オランダ軍艦長崎に来航し、使節コープス国書を呈して幕府に開国を勧める。十月、水戸藩士民の斉昭雪冤運動ピークに達する。十一月二十六日、斉昭、謹慎を解かれるが藩政関与は不許可のまま。

弘化二年（一八四五）

三月三日、会沢、致仕して憩斎と号する。五月十五日、イギリス船琉球に来航し貿易を強要。六月一日、幕府、オランダ国王に返書を送り開国勧告を拒む。七月、斉昭と老中阿部正弘との書簡の交換が始まり、嘉永六年六月のペリー来航直後まで続く。この年、青山・豊田らも罷免される。

弘化三年（一八四六）

一月一日、会沢ら改革派の九名、斉昭雪冤運動の罪に問われ禁固される。二月十六日、青山再び入館して国史編修頭取となる。四月、イギリス船・フランス軍艦琉球に来航。同月、斉昭、薩摩藩世子島津斉彬と互に蔵書を交換し、経世有用の学芸の攻究に意を致す。五月二十二日、島津斉彬、琉球外警の近状を斉昭に告げてその措置を諮る。閏五月二十七日、アメリカ東印度艦隊司令長官ビッドル、浦賀に来航し通商を求めるも幕府拒絶。六月、フランスインドシナ艦隊司令官セシュ、長崎に来航し薪水と漂流民の救護を求める。七月十三日、斉昭、書を老中阿部正弘に送り、外国船掃攘、軍艦製造及び琉球・松前の防備等に関する意見数条を述べる。八月、イギリス軍艦那覇に来航し琉球国王に面会を求める。十月六日、幕府、斉昭の請を容れて藩地での大砲鋳造を許す。同月、幕府、所司代を通じて外国船来航の状況を朝廷に伝える。十二月二十八日、藤田ら幕命により蟄居を解かれる。

弘化四年（一八四七）

一月二十四日、藤田、水戸に帰り竹隈での宅慎を命じられる。二月、薩摩藩、琉球へ外国貿易開始の内諾を伝える。同月、幕府、相模・安房・上総沿岸の警備を厳にする。六月、オランダ船長崎に入港して風説書を提出し、幕府の外交について忠告。九月一日、幕府、慶篤の弟松平昭致（慶喜）に一橋家相続を命じる。同月六日、宇和島藩主伊達宗城、長崎警備の状を斉昭に報じる。同月二十三日、孝明天皇即位。同月、藤田の「弘道館記述義」成る。十一月、藤田、病の癒えないのを憂慮し、斉昭宛てに藩難救済に関する心事を記した「許々路廼阿登」を高橋多一郎に託す。この年、会沢の「下学邇言」「読論日札」成る。

嘉永元年（一八四八）※二月二十八日から嘉永

三・四月頃、外国船、対馬・五島・蝦夷地・陸奥沿岸に頻りに出没。六月一日、慶篤登営。老中阿部正弘、将軍家慶の旨を承け、連枝後見以来の失政を指摘してこれを戒める。七月、国史編修廃止の議が起り、水戸藩士高橋多一郎、阿部正弘らに祖業継述の意見を述べる。九月、水戸藩の後見政治に参ずる者、六月一日の幕府の諭旨以来、密かに幕府と藩主慶篤父子との離間を策する。この年、会沢の「泮林好音」成る。

嘉永二年（一八四九）

三月十三日、斉昭、藩政関与を許される。同月、アメリカ軍艦プレブル号長崎に来航し、漂流民を受け取り退去。四月十四日、会沢ら禁固を解かれ、十一月二十九日には私宅蟄居を解かれる。閏四月、イギリス軍艦マリナー号来航し、江戸湾を測量後下田に入港、江川英竜退去を要求。八月、藤田及び戸田銀次郎謹慎を解かれる。十一月、イギリス船那覇に来航し貿易を要求するも、中山府これを拒絶。十二月、「大日本史」紀伝刻本の完成を光圀の廟に報告。

嘉永三年（一八五〇）

三月、オランダ商館長レファイスソーン江戸参府。オランダ人江戸参府の最後となる。四月、孝明天皇、七社七寺に外患攘除を祈禱させる。十月、高野長英幕吏に囲まれ自殺。同月に佐賀藩が、十二月には伊豆韮山代官江川英竜が反射炉を築造。この年、会沢の「及門遺範」「江湖負暄」成る。清国に太平天国の乱勃発。

嘉永四年（一八五一）

一月三日、土佐の漁民中浜万次郎ら、アメリカ船に送られて琉球に上陸。同月、斉昭、島津斉彬の鹿児島藩主襲封の事を斡旋。四月、豊田の「靖海全書」成る。八月、島津斉彬、精煉所を鹿児島に設置。十二月、吉田松陰水戸を訪れ、翌年一月まで滞在して会沢・豊田らに面会。この年、会沢の「読書日札」成る。

嘉永五年（一八五二）

二月、『大日本史』紀伝刻本を朝廷及び幕府に献上。青山、朝廷への献上本の斉昭跋文を代作。六月二十四日、ロシア軍艦下田に来航し漂流民を置いて退去。八月十七日、オランダ商館長クルチウス、幕府に東印度総督の書簡を届け、明年アメリカ使節が来航し開国を要求することを予告。九月、青山、再び弘道館教授頭取となり彰考館総裁を兼任する。十月一日、斉昭、諭書を下して藩士に党派の争いを止め文武に精励すべきことを説く。同月二十二日、福井藩主松平慶永が書を斉昭に致して海防意見を求め、かつ幕府に建策することを勧めたのに対して、斉昭は十一月十八日慶永に復書し持論の大意を述べる。十二月十四日、将軍家慶の養女幟子（線姫、順貞夫人）、水戸藩主慶篤に嫁する。この年、会沢の「息邪漫録」成る。

嘉永六年（一八五三）

三月、藩主慶篤姉祝姫（山野辺包丸義正に嫁ぐ。謚号貞操院）

死去。六月三日、米国東印度艦隊司令長官ペリー、軍艦四隻を率いて浦賀に来航。同月九日、ペリー、久里浜に上陸して米大統領フィルモアの親書を幕吏に手交し、明年の再来を伝えて十二日に退去。同月十三日、阿部正弘、米艦退去を斉昭に報じて以後の対策を問い、翌日には海防掛川路聖謨・筒井政憲の両名を斉昭の許に遣わして善後策を講じさせる。同月十五日、幕府、ペリー来航を奏聞。同月二十二日、将軍家慶死去。同日、藩主慶篤の祖母美子（峯姫、峯寿院、孝文夫人）死去、二十六日発喪。同六月、豊田、「防海新策」を斉昭に上呈し、その二カ月後には「合衆国考」を著わす。七月一日、阿部正弘、米国国書の返書に関して諸大名の意見を求める。同月三日、幕府、斉昭に海防の幕政参与を命じ、同月八日、斉昭、海防の大本についての意見書「海防愚存」を幕府に提出。同月十八日、露国使節プチャーチン、軍艦四隻を率いて長崎に来航。同月二十日、水戸藩、戸田忠敞・藤田東湖両名に定府を命じ斉昭の幕政参与を補佐させる。八月十三日、斉昭、駒込別邸から小石川藩邸に移る。同月十五日、福井藩主松平慶永、米国国書に対する答申書を斉昭に示して批評を求め、斉昭の内戦外和説について説明を請う。同月二十四日、幕府、品川台場築造に着手。九月十五日、幕府、大船建造の禁を解き、十月十二日に大船建造を水戸藩に命じる。十月二十三日、徳川家定、第一三代将軍となる。十一月十九日、会沢、弘道館教職に復し、豊田も再び国史志表編修を拝命。十二月五日、プチャーチン長崎に再度来航。同日、幕府、江戸石川島を造船所敷地と定めて水戸藩にその設立・運営を委託。同月六日、中浜万次郎、幕府に普請役格で登用され外交文書の翻訳を担当。この年、オスマントルコがロシアに宣戦してクリミア戦争が始まり、翌年三月には英仏がロシアに宣戦（安政三年にパリ平和条約が成立して終結）。

安政元年（一八五四）※十一月二十七日から安政

一月四日、水戸藩、江戸石川島において軍艦の建造に着手。同月十六日、ペリー、軍艦七隻を率いて再来し江戸小柴沖に投錨。同月二十二日、水戸藩、牀几廻組を江戸藩邸に派して外警に備える。二月七日、斉昭、在府の藩士に諭して米艦に対する非常準備を講じさせる。同月十二日、福井藩主松平慶永、阿部正弘を訪い通信交易拒絶の幕議を確立するよう勧説。同月二十日、斉昭、下田開港の議があるのを憂慮して幕府に覆議を建言。三月三日、幕府、横浜応接所において日米和親条約を締結・調印し、下田・箱館二港を開く。同月二十三日、吉田松陰、下田で米艦に乗り密航を企てて逮捕される。同月二十七日、水戸藩、神勢館（砲術等の訓練場）の開館式を挙行。同月、斉昭、海防参与を辞退するが、七月には軍制参与を命じられる。同月、会沢、水戸南町旧宅近くに転居。四月五日、幕府、水戸藩主慶篤の請を容れて反射炉建設の資金一万両を貸与。同月六日、京都の大火で皇居炎上。同月、斉昭、会沢・青山両名宛の書簡で、弘道館本開館のための祭式等の調査を督励する。六月二十六日、幕府、松前藩領箱館周辺を直轄地とし、同月三十日箱館奉行を再置。八月二十三日、幕府、日英和親条約調印。九月、プチャーチン率いる露国軍艦大坂湾天保山沖に来航、幕府、諸藩兵等による警備を厳にすると同時に下田への回航を促す。十月一日、斉昭、豊田著「北島志」を阿部正弘に贈る。十一月四日、諸国大地震。下田を襲った津波でプチャーチンの乗艦ディアナ号が大破し、のち沈没。十二月二十一日、幕府、下田で日露和親条約調印。エトロフ・ウルップ島間を国境とし樺太を両国雑居地と定める。

安政二年(一八五五)

二月十六日、水戸藩、新造艦(旭日丸)の船霊祭を江戸石川島で挙行。同月二十一日、水戸藩、露人の造船を見学させるため藩士鱸半兵衛らを伊豆戸田村に派遣。同月、会沢、弘道館教授頭取に再任される。三月頃、会沢、元服後に使用していた通称「恒蔵」に復する。四月九日、水戸藩、追鳥狩を復活し、以後安政五年まで実施。六月七日、藩主慶篤父子、品川諸台場を巡視し、薩摩藩建造の砲艦昇平丸に試乗。同月九日、オランダ国王、蒸気船スンビン号(のち観光丸)を幕府に贈る。同月十一日、会沢、江戸に向けて水戸を出立。七月二十九日、幕府、永井尚志に命じて長崎に海軍伝習所を開設させる。八月十四日、幕府、改めて斉昭に政務参与を命じる。同月十五日、将軍家定、会沢の篤学を賞して特に賜謁する。同月二十日、会沢、格式新番頭列となる。九月十九日、藤田、学校奉行兼務を拝命。十月二日、この夜の江戸大地震で戸田忠敞・藤田東湖ら圧死。同月五日、斉昭、改刻「大日本史」を朝廷に献上。同月九日、幕府、佐倉藩主堀田正睦を老中首座に任命。同月十五日、日仏和親条約調印。十一月二日、那珂湊の反射炉第一基工事完成。十二月二十三日、日蘭和親条約調印。この年、会沢の「銃陣論」「禦侮策」成る。伊勢おかげまいりが流行する。

安政三年(一八五六)

三月、水戸藩、自藩の反射炉で初めて臼砲を鋳造。四月二十五日、反改革派の元家老結城寅寿死罪。五月、斉昭、刻本「大日本史」を諸国大社及び公卿・諸侯らに贈呈。六月二十日、水戸藩、軍制を改めて銃隊を組織し砲術を神発流に一定する。七月十二日、幕府が水戸藩に命じて建造させた軍艦が竣工し、「旭日丸」と命名される。同月二十一日、米駐日総領事ハリス下田に来航。同月、豊田、史館総裁となり、斉昭、豊田に五年を限って志類脱稿を命じる。八月五日、ハリス、下田に着任し玉泉寺を領事館とする。同月二十五日、関東地方洪水。九月十七日、阿部正弘、勘定奉行川路聖謨・水野忠徳、目付岩瀬忠震を斉昭のもとに遣わして外交事情を報じ協議させる。十月六日、松平慶永、書を尾張藩主徳川慶恕・阿波藩主蜂須賀斉裕らに送り、将軍継嗣に一橋慶喜を推すことに協力を求める。同月十七日、幕府、老中堀田正睦を外国事務取扱・海防月番専任とする。同月、会沢、対外措置及び銃陣改良等について斉昭に提言。十一月十九日、藩主慶篤夫人幟子（順貞夫人）死去。十二月、「破邪集」翻刻成る。この年、吉田松陰松下村塾を開く。中国広州でアロー号事件勃発。

安政四年（一八五七）

一月十一日、斉昭、「破邪集」を朝廷に進献。二月一日、クルチウス、アロー号事件を長崎奉行に報じて幕府の通商拒否を危惧する。五月九日、水戸藩校弘道館本開館。六月十七日、阿部正弘死去。七月二十三日、斉昭、軍制・幕政参与を免じられる。同月二十四日、幕府、ハリスの出府を許可する件を徳川三家に内達。慶篤父子、上書してこれを不可とする。八月五日、オランダ海軍軍医ポンペ、長崎海軍伝習所教官として来日。同月、会沢の『新論』（玉山堂本）公刊される。十月二十一日、ハリス、将軍に謁見し米大統領ピアースの国書を呈する。十二月十三日、幕府、アメリカと通商条約を締結すべき旨を朝廷に伝える。この年、インドでセポイの反乱勃発。英仏連合軍広東を占領。

安政五年（一八五八）

二月九日、老中堀田正睦、通商条約の勅許を得るため参内。三月二十日、孝明天皇、条約調印拒否の勅答を堀田に与える。同月、会沢、内政及び軍制改革に関する意見書を藩主慶篤に呈する。四月二十三日、井伊直弼大老就任。同月、会沢・豊田ら慶篤の諮問に応えて条約調印に関する意見書を呈する。五月十四日、会沢、老年により弘道館教授頭取職を免じられ、引き続き教授として勤務を命じられる。同月二十日、幕府、洋書の研究を奨励、七月には官医の西洋医術採用を許し伊藤玄朴ら幕府医官となる。六月十九日、幕府、日米修好通商条約に調印、この後蘭・露・英・仏とも調印。同月二十四日、藩主慶篤父子、不時登城して井伊大老の条約無断調印を面責。同月二十五日、将軍家定、紀州藩主慶福を継嗣と定める。七月五日、幕府、不時登城の罪により斉昭に急度慎を命じ、翌六日、慶篤に登城停止を命じる。同月六日、将軍家定死去。同月十日、幕府による斉昭処分により水戸藩内に動揺の兆しが生じ、この日藩士高橋多一郎ら江戸に出府。同月十五日、薩摩藩主島津斉彬死去。八月一日、幕府、水戸藩駒込邸の警固を高松・守山・常陸府中三支藩兵に命じる。また幕府が斉昭を紀州藩邸に幽閉しようとしているとの報（のちに流言と判明）に水戸藩邸内は動揺し、藩士ら小石川・駒込両邸を警備。同月八日、条約締結に不満の意を表明した孝明天皇の勅諚、いわゆる「戊午の密勅」が水戸藩に降下。同月十八日、慶篤、奥右筆頭取高橋多一郎らをして勅書写を水戸にもたらしめ、老臣らに諮問する。同月十九日、慶篤、老中太田資始・間部詮勝を招き勅書伝達の事を諮るが、太田らは勅書が幕府にも届いたことを告げて確答を避ける。同月二十日、慶篤、勅書降下の旨を藩士に告げて各々敬慎するよう内諭。同月二十九日、太田・間部両老中が慶篤を訪い、間部が上京して弁明するということで、勅書の諸侯への伝達を止める。九月五日、水戸藩士民、幕府の圧制に激昂し相継いで江戸に上る。同藩家老杉浦羔二郎・側用人久木直次郎ら、二日に水戸を発してこれら士民を鎮諭し下総小金駅に抑留後、この日着府して慶篤に謁し藩地の情状を訴える。青山は五日に水戸を出立。同月八日、梅田雲浜が京都で捕縛され、「安政の大獄」が始まる。同月十九日、青山、家老白井久胤らと下総小金駅に遣わされ、屯集士民の帰藩説諭にあたる。同月二十六日、水戸藩家老白井久胤・太田誠左衛門・宇都宮弥三郎、若年寄中山与三左衛門ら、士民動揺の責を負って閉居。十月十一日、奉勅義挙の義盟を西南諸藩に求めるため、水戸藩士住谷寅之介・大胡聿蔵は南海・西海二道へ、矢野長九郎・関鉄之介は北陸・山陰・山陽三道へ向けて江戸を発つ。同月二十五日、徳川家茂、第一四代将軍となる。十一月二十五日、小川修理死去。十二月五日、長州藩、老中間部詮勝襲撃を計画した吉田松陰を投獄。同月十七日、薩摩藩士日下部伊三治獄死。同月五日、老中間部詮勝、参内して条約調印了解の勅諚を受ける。この年、会沢の「読直毘霊」成る。江戸などでコレラが大流行。ムガール帝国が滅亡しインドが英王直轄地となる。

安政六年（一八五九）

一月十七日、水戸藩士住谷寅之介・大胡聿蔵、西国諸藩を遊説して水戸に帰着。二月二十七日、水戸藩士矢野長九郎・関鉄之介、西国諸藩遊説を終えて江戸に帰着。三月二十二日、薩摩藩士高崎猪太郎、水戸に来て高橋多一郎らと会い、ともに提携して国事にあたるべしと説くが説得しきれずに帰る。四月二十四日、幕府、家老安島帯刀らを二十六日までに評定所に出頭させるよう水戸藩に命じる。同月二十七日、藩主慶篤、諭書を家老らに下して藩士の動揺を戒め、会沢・青山・豊田を士民鎮撫のことに当らせる。五月十九日、会沢、慶篤に上書して勅書回達に反対の意見を述べ、また前後しばしば上書して徳川宗家への恭順を説く。同月二十六日、英駐日総領事オールコック着任。同月二十八日、幕府、六月以降神奈川・長崎・箱館三港において、露・仏・英・蘭・米五国との自由貿易を許可する旨を布告。同月、水戸藩士民多数、相継いで江戸に上り江戸小梅藩邸・下総小金・八幡両駅等に屯集、慶篤父子、各諭書を下して退去を促す。六月十三日、水戸藩家老白井久胤ら、嘆願書を老中太田資始に致し、斉昭の謹慎及び慶篤の登城停止を免ぜられるよう陳述。同月二十五日、これより先に斉昭は、昨年降下した勅書を回達して幕政を正すことを側近に諮ったが、この日、その文案を慶篤に示し、さらに側用人久木直次郎らを参画させ、臨機断行の止む無きに至った場合のための準備を整えさせる。七月九日、斉昭、諭書を家老らに下して士民の軽挙妄動を戒める。また会沢・豊田ら、しばしば上書して高橋多一郎らの行動を難じ、これを処分しなければ士民の鎮撫は難しい旨を述べる。同月、老中太田資始辞任。八月十六日、高橋多一郎、薩摩藩士有村雄助・高崎猪太郎らと江戸墨田大七楼に会して大老井伊直弼要撃について密議。同月二十七日、斉昭、国許永蟄居を命じられ、九月一日に江戸を発って帰水。同時に藩主慶篤は差控えを、また、安島帯刀は切腹、茅根伊予之介・鵜飼吉左衛門は死罪を命じられる。同月二十八日、幕府、若年寄安藤信睦に水戸藩政取締を命ずる。十月五日、元水戸藩家老大場景淑、勅書を守護して水戸に帰り、これを祖廟に収める。同月七日、幕府、頼三樹三郎・橋本左内らを、二十七日には吉田松陰らを死罪に処する。同月八日、弘道館再開。十一月十二日、水戸藩、高橋多一郎・金子孫二郎・関鉄之介に蟄居を命じ、野村彝之介・矢野長九郎・大胡聿蔵らを小普請組に左遷。十二月十六日、幕府、若年寄安藤信睦を遣わして藩主慶篤に勅書返納の朝旨を伝達させる。同月二十三日、水戸藩有志数百名、勅書返納を阻止するため常陸長岡駅に屯集、これにより水戸藩の尊攘派は事実上分裂。同月、老中間部詮勝辞任。この年、フランス、サイゴンを占領。

万延元年（一八六〇）※三月十八日から万延

一月九日、若年寄安藤信睦、水戸藩邸に至り勅書返納を督促。同月十三日、水戸藩庁、若年寄大森多膳らを常陸長岡駅に派して屯集士民を鎮撫させる。同日、軍艦奉行木村喜毅・軍艦操練所教授勝安房らは咸臨丸で、同十八日、条約批准交換の遣米特使外国奉行新見正興・村垣範正、目付小栗忠順らは米艦ポーハタン号で、それぞれアメリカに向けて出航。同月十九日、水戸藩士木村権之衛門ら江戸に到り薩摩藩士有村雄助らと会して、両藩同志が結盟しての斬奸義挙のことを議する。同月三十日、水戸藩家老、斉昭の諭書を士分以上に示し勅書返納の止むを得ないことを諭す。同月、青山側用人となる。二月九日、藩主慶篤、家老興津蔵人らを老中安藤信睦に遣わして勅書返納の困難な事情を陳べ、斉昭の藩政参与許可を請わしめる。同月十三日、会沢子息熊蔵目付となる。同月十四日、側用人久木直次郎、水戸城外で襲撃される。同月十六日、会沢、同月四日に続いて再び勅書返納の断行を藩庁に建言。同月十八日、長岡駅屯集の藩士林忠左衛門ら、水戸城下消魂橋畔で説諭のため藩庁が遣した家老鳥居瀬兵衛らの一隊と衝突。同月二十日、長岡駅屯集の士民、勅書返納の不可及び同志屯集の趣旨を藩庁に述べて自ら解散。同月二十三日、長岡駅屯集士民鎮撫のため青山らの率いる藩兵二隊が派遣されたが、屯集士民は既に解散しており、二十五日に空しく帰陣。同月二十四日、水戸藩、勅書返納の止むを得ない事情を布告。同月二十五日、水戸藩要路者前夜より徹宵会議し、一転して勅書返納の猶予を幕府に請うことに決する。三月二日、水戸浪士関鉄之介ら、江戸品川の相模屋に会して訣別の宴を張る。同月三日、桜田門外の変。事後、幕府は町奉行らに命じて水戸藩邸を監視させ、また会津等の諸藩に令して水戸藩士民の大挙出府に備えさせる。この日、藩主慶篤、諭書を家老に下して藩士の無断出府を厳禁する。同月六日、斉昭、親書を下して藩士の盲動を戒め文武精励を諭す。同月九日、会沢、書を藩庁に奉り、桜田事変に対して藩の採るべき態度と過激な士民を鎮静することの必要性を述べる。この日、水戸浪士金子孫二郎ら、伊勢四日市駅において追捕される。同月十七日、朝廷、桜田事変関係者西上との風説があるため、廷臣に出遊して不行跡のないよう戒める。同月二十三日、水戸浪士高橋多一郎及びその子庄左衛門、捕吏に囲まれ大坂四天王寺境内において切腹。同月二十四日、斉昭、書を慶篤に送って桜田事変の善後策と速やかな勅書の返納を説く。閏三月二十八日、遣米特使外国奉行新見正興ら、ワシントンで大統領ブカナンに謁見、翌月三日、国務長官カスと条約批准書を交換。同月、領内大貫村に屯集する水戸藩士民、藩庁に陳情書を提出して退散。六月十一日、水戸藩内連枝松平頼譲死去。同月十三日、朝廷、先に水戸藩に下した勅書の返納を命ずる勅書を京都所司代酒井忠義に下す。同月十七日、幕府、諸藩士の軍艦操練所入学を許す。同月二十一日、ポルトガルと通商条約調印。八月十五日、徳川斉昭死去。同月二十六日、老中久世広周・本多忠民、水戸藩邸に臨み斉昭の永蟄居宥免の台命を伝える。この日、藩主慶篤江戸を発ち、二十九日水戸に着す。同月二十七日、水戸藩士林忠左衛門ら三七人、薩摩藩江戸芝邸に投じて攘夷の先鋒たらんことを請うが、同藩これを幕府に報告。九月十三日、斉昭、「烈公」と諡され、同月二十七日、太田瑞竜山に葬られる。同月二十七日、遣米特使新見正興ら帰国。同月二十八日、英公使オールコック、英仏連合軍の北京攻略を報じる。同月、幕府、長崎に養生所を設置し、ポンペ教鞭を執る。十月七日、慶篤、参府の途に就き、十日着府。同月十八日、水戸藩、藩士住谷寅之介・矢野長九郎らの蟄居を許し、翌日、さらに故藩士安島帯刀・茅根伊予之介の遺族及び元藩士鮎沢伊大夫の家族に禄を与える。十一月一日、皇妹和宮の将軍家茂への降嫁が発表される。同月十四日、幕府、慶篤の登営停止を解く。同月二十四日、水戸藩、前家老岡田徳至・大場景淑・武田正生を起用して藩政に参与させる。十二月五日、アメリカ通訳官ヒュースケン、三田で浪士に斬られる。同月十四日、プロシアと通商条約締結。この年、箱館五稜郭完成。

文久元年（一八六一）※二月十九日から文久

二月一日、幕府、関八州に対して暴徒・浮浪の徒の鎮圧を命じる。同月三日、ロシア軍艦ポサドニック、対馬の占領を謀る。同月九日、藩主慶篤、直書を家老に下して領内の鎮撫を命じる。同月二十四日、水戸藩領内玉造・小川・潮来等の屯集士民ら、漸く藩庁の説諭に服して鎮静に向かう。三月二十八日、長州藩士長井雅楽、藩主へ「航海遠略策」を建言。五月二十八日、水戸浪士、江戸高輪東禅寺の英国仮公使館を襲撃。六月七日、幕府、慶篤に登営を命じて藩政の改正を促す。翌日、慶篤、家老白井久胤・興津蔵人・尾崎豊後らを招いてその怠慢を責める。同月二十四日、水戸藩、家老杉浦羔次郎・肥田大介を廃して逼塞に処し、元家老岡田徳至・大場景淑・武田正生の政務参与を免じて大場・武田に謹慎を命じ、元家老太田誠左衛門・鳥居瀬兵衛を家老に復する。七月十一日、幕府、品川御殿山に各国公使館設置を決定。同月二十三日、英艦対馬に赴き露艦の退去を要求、翌月十五日に露艦退去。同月二十六日、幕府、桜田事変の獄を断じ浪士金子孫二郎らを死罪に処する。八月十五日、川越藩主松平直侯（斉昭八男）死去。同月十六日、長州藩士久坂玄瑞、書を入江九一に寄せて親子内親王降嫁を慨し、水戸・薩摩二藩士の頼むに足らざるを述べる。十月二十三日、浪士関鉄之介、越後湯沢において水戸藩捕吏に捕えられる。十一月十二日、斉昭神主遷座。同月、水戸藩士野村彝之介・下野隼次郎、ひそかに老中安藤信行要撃の計を策す。十二月二十四日、幕府使節竹内保徳ら、開市開港延期交渉のため欧州へ向けて出発。福沢諭吉・寺島宗則・箕作秋坪・福地桜痴らこれに随行。この年、会沢・青山・豊田らによる「烈公行実」成る。会沢の「閑聖漫録」成る（文久三年刊行）。青山の『国史紀事本末』成る。

アメリカで南北戦争開始（慶応元年終戦）。

文久二年（一八六二）

一月十五日、坂下門外の変。同月、坂本竜馬長門に遊説し、久坂玄瑞らと薩・長・土三藩連盟を約する。二月十一日、将軍家茂と皇妹和宮との婚儀挙行。同月二十九日、弘道館教授頭取代国友善庵死去。四月二十三日、薩摩藩士有馬新七ら、島津久光の命により伏見寺田屋で斬殺される。五月九日、幕府使節竹内保徳ら、英外相ラッセルとロンドン覚書に調印。六月十日、島津久光を従えて東下した勅使大原重徳、一橋慶喜・松平慶永登用の勅旨を将軍に告げる。同月二十九日、会沢、格式馬廻頭上座列となる。同月、豊田ら書を勅使大原重徳に致して幕政改革・国威伸張の方策を献じ、併せて藩状を訴える。七月六日、幕府、一橋慶喜を将軍後見職に任じ、同月九日、松平慶永を政事総裁職に任じる。八月二日、議奏中山忠能・正親町三条実愛ら、長州藩世子毛利定弘を学習院に召見し、東下国事周旋の勅命を伝え、かつ戊午以来官武間で処分された者らの特赦・殉難者の収葬等に関する叡旨を幕府に諭示させる。同月九日、幕府、故斉昭の三周忌に側衆新見正興を太田瑞竜山に差遣し、将軍名代として焼香させる。また水戸藩士の戊午以降罪を得た者を赦免する。同月二十日、岩倉具視ら和宮降嫁関係者処罰される。同月二十一日、生麦事件。閏八月一日、幕府、松平容保を京都守護職に任じる。閏八月五日、将軍家茂、老中水野忠精を水戸藩邸に遣わし、故斉昭への従二位権大納言追贈の勅旨を伝達させる。閏八月二十二日、幕府、諸侯の参勤在府期間を縮め、妻子の帰国を許す。九月九日、将軍家茂、将軍後見職一橋慶喜らに上洛の随行を、水戸藩主慶篤らに留守を命じる。同月十一日、幕府最初の海外留学生として内田正雄・榎本武揚・赤松則良ら一一人、長崎よりオランダに向かう。同月二十一日、薩・長・土尊攘派の運動により、朝廷、三条実美・姉小路公知を勅使として、幕府に攘夷勅旨の伝達を決定。十一月二十二日、藩主慶篤、元家老岡田徳至・大場景淑・武田正生らを家老に復し、家老太田誠左衛門・白井久胤を退けて隠居・謹慎を命じる。同月二十七日、勅使三条実美、攘夷督促・親兵設置の勅書を将軍家茂に手交。同月二十八日、幕府、朝旨を奉じて大赦の令を布き、故水戸藩士安島帯刀・鵜飼吉左衛門父子・茅根伊予之介、故長州藩士吉田松陰らの建碑を許し、さらに元水戸藩士鮎沢伊大夫ら数十人を逐次釈放させる。十二月十一日、水戸藩家老武田正生、幕府より将軍後見職一橋慶喜上坂に随従するよう命じられ、同月二十四日江戸を発って西上。同月十二日、高杉晋作ら、品川御殿山の英国公使館を焼く。同月十五日、幕府、水戸藩に下った戊午八月の勅書を公表し、改めて藩主慶篤にこれを奉承させる。同月十八日、将軍家茂、朝旨により水戸藩主慶篤の江戸留守を止め、先発上京を命じる。同月二十六日、慶篤、戊午八月の勅書奉承を藩中に布告し、密勅降下事件に関係して処罰された藩士を赦免する。この年、水戸藩、斉昭編「明倫歌集」を刊行。会沢の「読易日札」「時務策」成る。幕府の洋書調所、「官板バタビア新聞」「官板海外新聞」「英和対訳袖珍辞書」を刊行。仏軍、サイゴン地方征服。安南、フランスと講和しサイゴン条約を結んでコーチシナを割譲する。

文久三年（一八六三）

一月二十七日、熊本藩士宮部鼎蔵・土佐藩士武市半平太・水戸藩士下野隼次郎・長州藩士久坂玄瑞ら、京都東山翠紅館に会して時事を議する。長州藩世子毛利定広、この席に臨む。二月十六日、水戸藩主慶篤、江戸を発して上京の途につく。同月二十二日、尊攘派、洛西等持院の足利尊氏等の木像の首を加茂川原に梟す。三月四日、将軍家茂、上洛して二条城に入る。同月七日、家茂、慶喜・慶篤らを従えて参内。同月十一日、天皇、賀茂社に行幸して親しく攘夷を祈願、家茂・慶喜・慶篤らこれに供奉。同月十三日、幕府、上京中の浪士組清川八郎らに東帰を命じる。近藤勇ら京都に残留して新撰組と称す。同月二十四日、慶篤参内、将軍目代として東帰し江戸守備の任に就くよう命じられ、翌日出発。四月七日、将軍家茂、水戸藩主慶篤弟松平昭訓を二条城に召見し滞京中の労を慰する。同月十一日、天皇、石清水八幡宮に行幸し攘夷を祈願。同月二十日、幕府、五月十日を攘夷期限と上奏。同月二十二日、慶喜、京を発して帰府の途に就く。水戸藩家老武田正生らこれに随従。五月十日、長州藩、下関で米船を砲撃、ついで仏・蘭艦をも砲撃。同月十二日、井上馨・伊藤博文ら、英国留学のため出発。同月二十日、姉小路公知暗殺される。六月十日、仏・英・米・蘭四国代表、長州藩攻撃を決議。同月、高杉晋作ら奇兵隊を編成。七月二日、薩英戦争。同月十四日、会沢死去、享年八十二。この年、カンボジア、フランス保護領となる。

明治四年（一八七一）

九月二十九日、青山死去、享年六十四。

あとがき

本書においては、第I部で国立国会図書館が所蔵する『会沢正志斎書簡』所収の書簡全一八〇通の中から特徴的かつ重要と思われる内容をもつ書簡を摘出して主題別にまとめて紹介し、第II部では同書簡集所収の全書簡の本文を翻字すると同時に各書簡の年代を考証し、その本文翻字の前には「内容細目次」というものを作成して付けておいた。これは各書簡の内容を粗々記したもので、索引的な機能と共に目次の役割も併せもたせようとしたものである。なお、その記述にあたっては、できるだけ本文の表現を生かすようにした。

また、各書簡の執筆年次を考証した結果は、各書簡末にその推定理由を記し、各書簡及び内容細目次の通し番号下に記入しておいた。短簡が多いこともあり年次を確定できないものが相当数あったが、それらについても「安政年間」「安政元年以降」等と、大まかではあるが執筆時期を示しておいた。なお、年月の表記には和暦を採用し、改元が行われた年については、便宜上新元号を正月まで遡って用いた。

ところで、先に翻刻した『藤田幽谷書簡』（『国立国会図書館所蔵貴重書解題 第一四巻 藤田幽谷書簡』）及び『豊田天功書簡』（『国立国会図書館所蔵貴重書解題 第一五巻 豊田天功書簡』）では、筆者の力不足・勘違い・不注意等による誤読や判読不能個所がいくらかあった上に、各書簡の年代考証がまったく不十分であった。本書ではこの点を反省し、各書簡の読み込みをより深めると同時に、執筆された年代の考証にも多くの労力を費やした。それでもなお、全面的に信を置いていただけると言いきれる自信はないのであるが、本書簡集には、先に翻刻した藤田・豊田両書簡集に同じく、水戸藩の藩政、なかでも教育・文化政策などを研究する上で重要と思われる書簡がかなり含まれているように見受けられるので、疑問に思われる点は国立国会図書館のデジタルデータで確認の上、活用していただければ幸いである。

次に、本書第Ⅰ部の解題の文章を纏めるにあたって、筆者は、先に刊行した拙著『江戸時代後期の水戸藩儒――その活動の点描』(汲古書院、二〇一三年)の場合と同様、「ひとつの資料を択びそれを読み込むことによって、現時点において書けるだけのことを書くということ」、及び「でき得る限り生の資料そのものに歴史を語ってもらうということ」、この二点を常に念頭に置いて作業を進めた。この手法のもつ欠点については先著の「あとがき」で触れておいたが、本書の第Ⅰ部は会沢書簡集の解題であるから、ここではむしろこの手法でよかったのではないかと考えている。但し、どのような手法を採るにせよ、本書簡集のみで会沢を論じては軽挙の誹りを免れないであろう。本書で扱った各テーマについては、本書脱稿後の二〇一六年三月に思文閣出版から刊行された『会沢正志斎書簡集』をはじめ、他機関所蔵の書簡や記録類、さらには会沢の諸著作にも十分目をとおした上で、総体的に論じていくことが求められるであろう。本書もそうした資料の一つとしての役割が果たせれば、筆者としては望外の喜びである。

それから、巻末の関係略年表は非常に長いものとなったが、これは、本書簡集所収の各書簡が、短期間ではあるが多くの出来事が生起した激動の時代を背景に執筆されたものであることから、自ずとこのような結果になった次第である。

さて、本書を執筆・刊行するにあたっては、本書の参考文献の項に列記しておいたように、多くの先学諸賢の研究成果を参考にさせていただいた。なかでも、水戸市が刊行した『水戸市史』の中巻三・四・五所収の諸論考から多大な学恩を蒙った。ここに記して謝意を表したい。

また、本書簡集を所蔵し、デジタル化によってネット上での閲覧を可能にしている国立国会図書館ならびに自館の収蔵資料だけでなく、彰考館文庫・静嘉堂文庫・東京大学史料編纂所等々の諸機関から個人所蔵の資料にいたるまで、広範囲に関係資料を調査してマイクロ収集し、複製を作成して研究者に提供しておられる茨城県立歴史館のご苦労とご尽力に敬意を表すると共に、これらを利用できる恩恵に浴せたことに感謝している。

本書は、常陸書房の中川英治社長からぺりかん社の廣嶋武人社長をご紹介いただき、同社から刊行される運びとなった。仲介の労を取って下さった中川社長、並びに本書の刊行を快くお引き受け下さった廣嶋社長に心よりお礼を申し上げます。そして編集を担当され、いろいろとご助言を下さった藤田啓介氏に謹んで謝意を表します。

最後に、私事にわたり恐縮であるが、筆者の故郷水戸市在住の母豊子は、九十歳をこえ、年相応の意識の混濁により同居している弟夫婦を困惑させつつも、いまだ健在である。また、鹿児島市在住の義父母稲盛忠義・房子ご夫妻も、八十歳代の半ばを過ぎてなおご壮健に暮らしておられる。まもなく古稀を迎えようとしている筆者が、高齢の三人の親に拙著の刊行を報告できる幸運にも心から感謝したい。

平成二十八年十二月

井坂清信

著者略歴

井坂　清信（いさか　きよのぶ）

昭和22年（1947），茨城県水戸市生まれ。早稲田大学法学部卒業。早稲田大学大学院文学研究科東洋哲学専攻修士課程修了，博士課程単位取得退学。昭和50年（1975），国立国会図書館に奉職し，支部東洋文庫長，資料保存課長を歴任。平成20年（2008）退職。

国立国会図書館在職中は古典籍資料室・憲政資料室に長く在籍し，古典籍資料室では『国立国会図書館所蔵貴重書解題 第一四巻 藤田幽谷書簡』『国立国会図書館所蔵貴重書解題 第一五巻 豊田天功書簡』の翻刻を担当したほか，憲政資料室では「安部井磐根文書仮目録」の作成と同文書公開に携わる。

著書・論文―『江戸時代後期の水戸藩儒――その活動の点描』（汲古書院），「東洋文庫所蔵『プーチャチン以下露国船来朝戸田浦にて軍艦建造図巻』の筆者について」（『東洋文庫書報』第三五号），「国立国会図書館所蔵の和刻本漢籍概観」（『参考書誌研究』第四三号）ほか。

装訂――鈴木 衛

会沢正志斎《あいざわせいしさい》の晩年《ばんねん》と水戸藩《みとはん》
国立国会図書館所蔵『会沢正志斎書簡』解題と翻字

2017年１月30日　初版第１刷発行

著　者　井坂 清信

発行者　廣嶋 武人

発行所　株式会社 ぺりかん社
〒113-0033 東京都文京区本郷1-28-36
TEL 03(3814)8515
http://www.perikansha.co.jp/

印刷・製本　創栄図書印刷

Printed in Japan

ISBN 978-4-8315-1461-5